Peergroups und Zugehörigkeit

Steffen Amling

Peergroups und Zugehörigkeit

Empirische Rekonstruktionen und ungleichheitstheoretische Reflexionen

G.t. ✓

Springer VS

Steffen Amling
Hamburg, Deutschland

Zugl. Diss. an der Freien Universität Berlin, 2014

ISBN 978-3-658-09012-8 ISBN 978-3-658-09013-5 (eBook)
DOI 10.1007/978-3-658-09013-5

Die Deutsche Nationalbibliothek verzeichnet diese Publikation in der Deutschen Nationalbibliografie; detaillierte bibliografische Daten sind im Internet über http://dnb.d-nb.de abrufbar.

Springer VS

Gedruckt auf säurefreiem und chlorfrei gebleichtem Papier

Springer Fachmedien Wiesbaden ist Teil der Fachverlagsgruppe Springer Science+Business Media (www.springer.com)

Danksagung

Dass diese Arbeit zustande kommen konnte, ist in erster Linie den fast fünfzig Jugendlichen zu verdanken, die an der Studie teilgenommen haben, denen ich daher zu großem Dank verpflichtet bin. Über den gesamten Entstehungsprozess der Arbeit begleitet und beraten haben mich Gerhard de Haan und Ralf Bohnsack, denen ich für ihre Anregungen, Ermutigungen und ihre Geduld danke: Beide haben meine Perspektive auf sehr unterschiedliche Art erweitert und bereichert. Die Forschungswerkstatt von Ralf Bohnsack hat mir den Weg in die empirische Sozialforschung gewiesen und mich mit den Tücken der Rekonstruktion vertraut gemacht: Ich danke allen Teilnehmer*innen, die meine Vorlagen kritisch kommentiert haben. An der Fertigstellung der Dissertation waren schließlich eine ganze Reihe von Kolleg*innen und Freund*innen aktiv beteiligt. Mein Dank geht insbesondere an Nora und Katti Schroeter, die mir mit der Transkription großer Teile der Gruppendiskussionen die Arbeit sehr erleichtert haben; an Juliane Lamprecht, Annegret Warth und Sonja Kubisch, die mir mit konstruktiven Rückmeldungen das Gefühl gaben, auf dem richtigen Weg zu sein; an Sarah Thomsen und meinen Vater, Ingo Amling, die mit einer sehr geduldigen Lektüre meiner Arbeit deren inhaltliche und sprachliche Mängel in die Mangel genommen haben; und ganz besonders an Nora Hoffmann und Kevin Stützel, ohne die mir an den entscheidenden Punkten wahrscheinlich die Begeisterung gefehlt hätte. Für ihre in den letzten Jahren weit über die Dissertation hinausreichende Unterstützung danke ich außerdem meiner Freundin; und nicht zuletzt danke ich auch dem Knirps, der mir am Ende dabei geholfen hat, pragmatisch zu bleiben.

Steffen Amling
Berlin, Oktober 2014

Inhaltsverzeichnis

1 **Einleitung** **11**

Teil 1: **Analyserahmen, Gegenstandsbestimmung und Stand der Forschung** **19**

2 **Perspektiven auf die Entstehung und Herstellung von Zugehörigkeit und Differenz** **21**
2.1 Alltagspraxis und soziale Interaktion 22
2.2 Die Institutionalisierung von Alltagswissen 25
2.3 Der Habitus als modus operandi 27
2.4 Konjunktives Wissen und konjunktive Erfahrung 30
2.5 Fazit 33

3 **Gegenstandsbestimmung und Stand der Forschung** **37**
3.1 Jugend als Seismograph für gesellschaftliche Entwicklungen 38
3.1.1 Die Jugendphase als Möglichkeitsraum 38
3.1.2 Jugendliche Peergroups als zentrale Sozialisationsinstanz 43
3.2 Forschungslinien der deutschsprachigen Jugendforschung 45
3.2.1 Jugendkulturen und jugendkulturelle Szenen 48
3.2.2 Soziale Klassifikationen und jugendliche Biographien 52
3.2.3 Adoleszenz als Phase der Entstehung von Milieus 57
3.2.4 Interaktion und Distinktion in jugendlichen Peergroups 61
3.3 Fazit 71

Teil 2: **Empirische Studie** **75**

4 **Zusammenfassung der heuristischen Vorannahmen und der Forschungsziele** **77**

5 **Zur Anlage der Untersuchung** **81**
5.1 Untersuchungsdesign 81
5.1.1 Methodologische Grundannahmen und Grundbegriffe 81
5.1.2 Das Gruppendiskussionsverfahren 86
5.1.3 Fallkontrastierung und praxeologische Typenbildung 90
5.1.3.1 Komparative Analyse und sinngenetische Typenbildung 91
5.1.3.2 Soziogenetische Analysen und soziogenetische Typenbildung 96

5.2 Materialzugang ... 99
5.2.1 Suchstrategie und Samplebildung ... 99
5.2.2 Kontaktaufnahme, Erhebung und Sampleerweiterung ... 101
5.2.3 Sampleübersicht und Fallauswahl ... 103
5.3 Reflexion der Durchführung der empirischen Phase ... 106

6 Die ‚Normalität' des Individuums – Empirische Rekonstruktionen ... 109
6.1 Distinktion und Zugehörigkeit in jugendlichen Peergroups ... 109
6.1.1 Gruppe *Lagerfeuer:* Vermeidung von Nicht-Zugehörigkeit ... 111
6.1.2 Gruppe *Zelt*: Ordnung um der Ordnung willen ... 122
6.1.3 Gruppe *Gelb:* Sicherung von Zugehörigkeit über Distinktion ... 132
6.1.4 Gruppe *Blau:* Sinnloses Verhalten vs. vernünftiger Stil ... 141
6.1.5 Gruppe *Marder:* Kollektiv fundierte Konventionen ... 152
6.1.6 Gruppe *Fuchs*: Das implizite Ideal des rationalen Dialogs ... 162
6.1.7 Gruppe *Birke*: Fremdzuschreibung als Praxis und als Erfahrung. 173
6.1.8 Gruppe *Rot*: Partikularisierung von Zugehörigkeit ... 182
6.1.9 Gruppe *Schwarz*: Die Relativität sozialer Ordnung ... 196
6.1.10 Gruppe *Pinie*: Individualität und Anerkennung durch Andere ... 208
6.2 Die ‚Normalität' des Individuums als Orientierungsproblem ... 220
6.3 Milieuspezifische Lösungen des Orientierungsproblems ... 225
6.3.1 Milieuspezifische Desintegration und Ordnung um der der Ordnung willen ... 225
6.3.2 Milieuspezifische Integration und die Irrationalität der Anderen ... 232
6.3.3 Zugehörigkeit durch wechselseitige Anerkennung persönlicher Identität ... 238

7 Die Bedeutung von Bildung und Quartier – Soziogenetische Analysen ... 245
7.1 Die Erfahrungsräume Schule, Quartier, Geschlecht und Peergroup ... 246
7.2 Quartier und Bildungshintergrund als relevante Dimensionen sozialer Lagerung ... 254
7.3 Zur Bedeutung der Selbstverortung über Differenzierungskategorien ... 260

Teil 3: Diskussion ... 271

8 Zugehörigkeit und Differenz in jugendlichen Peergroups – Gegenstandstheoretische Reflexionen ... 273
8.1 Zur Analyse der Jugendphase ... 274
8.1.1 Zugehörigkeit als jugend- oder generationenspezifisches Orientierungsproblem? ... 274
8.1.2 Rollendistanz und Moralentwicklung: Ausblicke auf die Sozialisationstheorie ... 276

8.1.3 Peergroups und jugendkulturelle Szenen ... 280
8.2 Zur Analyse von Distinktionspraktiken ... 285
8.2.1 Dimensionen der Distinktion: Körper, Stil, Authentizität ... 285
8.2.2 Ursachen der Distinktion: Bildung und Quartier ... 291
8.2.3 Normativer Bezugsrahmen: Theorie der Anerkennung? ... 293
8.3 Zur relationalen Analyse sozialer Ungleichheit ... 296
8.3.1 Distinktion und Scham ... 296
8.3.2 Soziale Klassifikationen und Deutungsmuster sozialer Ungleichheit ... 299
8.3.3 Das Theorem der kulturellen Passung ... 301
8.4 Fazit ... 303

9 Methodologische und grundlagentheoretische Anfragen an die Milieuanalyse der dokumentarischen Methode ... 307
9.1 Milieuanalyse und Analyse von Einzelfällen ... 307
9.2 Milieuanalyse und Analyse gesellschaftlicher Eigenlogiken ... 311
9.3 Fazit ... 315

10 Ausblick ... 319

Anhang ... 325
Literaturverzeichnis ... 325
Richtlinien der Transkription ... 345

1. Einleitung

Obwohl sich das Feld der empirischen Ungleichheitsforschung in Deutschland in den letzten Jahrzehnten stark ausdifferenziert hat[1], wird es nach wie vor von Analysen der ungleichen Verteilung materieller Ressourcen dominiert, von der auf die ungleiche Verteilung von „Lebenschancen" (Dahrendorf 1979) geschlossen wird (vgl. exemplarisch: Geißler 2011; Hradil 2009 u. 2001). Der Sozialstrukturanalyse im engeren Sinne[2] liegt mithin immer noch die Annahme zugrunde, dass soziale Ungleichheit dann vorliegt, wenn Menschen aufgrund ihrer Stellung in sozialen Beziehungsgefügen von den wertvollen und begehrten Gütern einer Gesellschaft regelmäßig mehr als andere erhalten (vgl. zu dieser Definition etwa Hradil 2001: 21; Solga/Berger/Powell 2009: 15) – und dass Ungleichheit daher über die standardisierte Erhebung der Verteilung dieser Güter relativ eindeutig bestimmbar ist. Allerdings wird durchaus diskutiert, um welche Güter es sich dabei im Einzelnen handelt, welche also überhaupt als wertvoll und begehrt gelten können (vgl. Barlösius 2004: 11) und auf diese Frage nehmen auch Arbeiten Bezug, die sich bemühen, das zu rekonstruieren, was die sozialen Akteure *selbst* als soziale Ungleichheit erfahren und bewerten (vgl. etwa Mau 2004).[3] Gerade in den Analysen der „Deutungsmuster sozialer Ungleichheit" (Sachweh 2010) dokumentiert sich so ein Bedarf an einer die theoriegeleiteten Erhebungen einer standardisierten Forschung ergänzenden *interpretativen*

---

1 So hat sich eine ganze Reihe von Ansätzen etabliert, die sich nicht mehr auf die Kategorien Klasse oder Schicht, sondern auf die Analyse von Milieus oder von Lebensstilen konzentrieren (vgl. dazu etwa den Überblick über Theorien sozialer Ungleichheit bei Burzan 2012). Allerdings lassen einige dieser Ansätze eine ungleichheitstheoretische Verankerung vermissen (vgl. dazu etwa den Überblick über die in der neueren soziologischen Diskussion relevanten Milieubegriffe in Amling/Hoffmann i.E.).

2 So spricht Rössel von der Forschung, die sich auf Lebensstile und soziale Milieus konzentriert, als einer Art „neuen Sozialstrukturanalyse" (Rössel 2009: 5). Hier richtet sich der Fokus nicht mehr nur auf die Ressourcen oder wertvollen Güter, sondern auch auf Formen der Lebensführung (vgl. auch Rössel/Otte 2012).

3 Einen ganz grundsätzlichen Einwand gegen die Fokussierung auf *materielle* Güter erheben in diesem Zusammenhang auch Arbeiten, die auf die Relevanz der Anerkennung kultureller Identitäten hinweisen (vgl. dazu grundlegend Hall 1993; zur Theorie der Anerkennung in der deutschsprachigen Diskussion Honneth 1992; Honneth/Fraser 2003).

oder rekonstruktiven Annäherung an Phänomene sozialer Ungleichheit.[4] Analysen, die einer solchen Perspektive folgen, geben zum einen der Perspektive der Akteure mehr Raum und bringen zum anderen die *kulturelle Dimension sozialer Ungleichheit* ins Spiel oder jenen Komplex von Sinnsystemen oder von symbolischen Ordnungen, „mit denen sich die Handelnden ihre Wirklichkeit als bedeutungsvoll erschaffen und die in Form von Wissensordnungen ihr Handeln ermöglichen und einschränken" (Reckwitz 2000: 84).

Eine erste Gemeinsamkeit von Arbeiten, die von einer solchen, gewissermaßen kulturtheoretisch informierten Perspektive ausgehen, ist, dass sie den *Analysefokus auf soziale Prozesse der Zuschreibung und Einstufung* richten, „die keine vorab bereits feststehende Rangordnung bloß exekutieren, sondern diese tatsächlich erst schaffen" (Neckel 2003: 160). Es zeigt sich dabei schon in den mittlerweile klassischen Untersuchungen, die sich in mikro-soziologischer Perspektive auf die Analyse von Prozessen der Gruppenbildung konzentriert haben, dass diese Prozesse immer *sowohl* zur Etablierung von (sozialer) Differenz, *als auch* von Zugehörigkeit führen. So beobachten Tajfel und Turner (Tajfel/Turner 1986), dass Grenzziehungen dazu dienen, einerseits die eigene soziale Gruppe nach außen abzuheben, und damit Zugehörigkeit zu konstitutieren, und andererseits die Eigengruppe begünstigen zu können und also soziale Differenz herzustellen. Und auch die Arbeiten Erving Goffmans zu den Prozessen der wechselseitigen Selbst- und Fremdzuschreibung „sozialer Identität(en)" (vgl. etwa Goffman 2012 | 1963; 1972 | 1961; 2001 | 1994) machen deutlich, dass entsprechende kategoriale Positionierungen immer Zugehörigkeit *und* Differenz markieren.[5] Die Annahme eines engen Zusammenhangs zwischen der Herstellung von Zugehörigkeit und der Herstellung von sozialer Differenz kann also als zweite Gemeinsamkeit der auf die kulturelle Dimension sozialer Ungleichheit fokussierten Arbeiten gelten. Goffman deutet zudem in seinem Begriff des „Rahmenwissens" (vgl. Goffman 1980 | 1974) an, dass sich die Akteure bei den Prozessen der Ein- und Ausschließung an einem über die konkrete Situation hinausgehenden Wissen orientieren. Ansätze, die in ähnlicher Weise argumentieren, versuchen etwa, die Zusammenhänge der Herstellung von

4 In der Unterscheidung von rekonstruktiven und theoriegeleiteten oder hypothesenprüfenden Verfahren beziehe ich mich auf die Ausführungen von Ralf Bohnsack, der damit die gängige Differenzierung zwischen quantitativen und qualitativen Verfahren ersetzt, und der Systematisierung weniger die Form der gewonnenen Daten als vielmehr die der Erhebung vorausgehende methodologische Relationierung von Empirie und Theorie zugrunde legt (vgl. Bohnsack 2008).

5 Vgl. zudem die Studie zum Verhältnis von „Etablierten" und „Außenseitern" von Elias und Scotson (1990).

Zugehörigkeit und Differenz in konkreter sozialer Interaktion mit verfügbaren Kategorien – etwa von Mustern sozialer Klassifikation – zu analysieren (bspw. Neckel/Sutterlüty 2005 und 2008; Berger 1989). Diese Arbeiten, die in einem weiteren Sinn als sozialkonstruktivistisch bezeichnet werden können, weisen auf den Zusammenhang zwischen der in einer konkreten Interaktionssituation erfolgenden Selbst- und Fremdzuschreibung von Gruppenzugehörigkeit(en) mit den in sozialen Institutionen oder in relativ eigenständigen, symbolisch strukturierten Aussagesystemen aufgehobenen und dadurch sozial geteilten Wissensbeständen hin. Mit Rückgriff auf die Einsichten einer Theorie der Praxis (Schatzki 1996; Bourdieu 1997 | 1979) kommt zudem noch eine dritte Ebene ins Spiel, insofern sich (Gruppen-)Zugehörigkeit in dieser Perspektive auch als eine Form der Verbundenheit kennzeichnen lässt, die weder auf der sich in einer konkreten Situation vollziehenden sozialen Interaktion, noch auf der Bezugnahme auf kollektivierende Kategorien basiert, sondern sich auf der Grundlage habitueller Übereinstimmungen konstituiert.[6]

Zugehörigkeit kann somit zwei Bedeutungen haben, die ich hier nur andeuten will und die im Verlauf dieser Arbeit näher beleuchtet werden sollen: Erstens lässt sich *Zugehörigkeit als Ergebnis von kommunikativen Akten der sozialen Klassifikation* fassen. Dabei kann analytisch unterschieden werden zwischen der Etablierung einer sozialen Gruppe auf der Basis von face-to-face-Interaktionen – wie die *in-groups* bei Tajfel und Turner – und der Etablierung eines mehr oder weniger imaginären Kollektivs auf der Basis kollektivierender Kategorien – wie die „sozialen Identitäten" bei Goffman, zu denen etwa auch die „vorgestellte Gemeinschaft" der Nation (Anderson 1988 | 1983), aber auch andere Formen „kollektiver Identität" (Assmann/Friese 1998; Niethammer 2000) gehören. Zweitens kann *Zugehörigkeit als habituelle Übereinstimmung oder als Verbundenheit über Formen impliziten, handlungspraktischen Wissens* verstanden werden, ohne dass für diese Übereinstimmung die konkrete Situation ausschlaggebend ist oder symbolische Grenzziehungen wie die genannten Selbst- und Fremdzuschreibungen bemüht werden müssen. Eine solche Form der Zugehörigkeit, die also weder auf einer face-to-face-Interaktion be-

6 In vielen Arbeiten wird in dieser Hinsicht allerdings ein zirkuläres Wechselverhältnis konstatiert: So geht Bourdieu in seinen Untersuchungen zur „symbolischen Gewalt" von der Annahme aus, dass symbolische Grenzziehungen *Ausdruck* habitualisierter Gemeinsamkeiten sind, die aber auf die der Ausbildung von Habitusformen zugrunde liegende Kapitalverteilung und insbesondere die Kapitalbewertung *zurückwirken* (vgl. Bourdieu 1997a/b und 1992b, aber auch Schmidt/Woltersdorff 2008; Weiß et al. 2001a).

ruht, noch auf der Selbst- und Fremdzuschreibung kollektiver Identität(en), kann als Milieuzugehörigkeit bezeichnet werden.[7]

Folgt man dieser Perspektive geraten in der Analyse der Entstehung von Zugehörigkeit und sozialer Differenz drei Ebenen in den Blick: Steht auf der ersten Ebene die Herstellung von Zugehörigkeit in kommunikativen Akten der sozialen Klassifikation oder über Praktiken der Distinktion und Attribution im Fokus, müssen auf der zweiten Ebene die kollektiven und implizit bleibenden Wissensbestände berücksichtigt werden, die diese Prozesse anleiten oder orientieren. Mit Blick auf ein solches habituelles Wissen werden zudem auf einer dritten Ebene die unterschiedlichen kollektiv geteilten Erfahrungen relevant, die für dessen Entstehung ursächlich sind. Den Zusammenhang zwischen diesen drei Ebenen will ich in der vorliegenden Arbeit in den Blick nehmen. Dazu richte ich den Fokus auf die Lebensphase der Adoleszenz, in der die Auseinandersetzung mit Zugehörigkeit und Differenz und die Selbst- und Fremdzuschreibungen von ‚sozialer' und ‚persönlicher Identität' einen besonderen Stellenwert einnehmen. In diesem Erprobungs- oder „Möglichkeitsraum" (King 2013: 39) sind gerade jugendliche Peergroups von besonderer Relevanz, weil sie es als „sozialer Ort jugendspezifischer Erfahrungsbildung" (Bohnsack 1989: 11) ermöglichen, „dass Jugendliche aus der Familie heraustreten und eigene Lebensformen erproben" (Ecarius 2012: 174). Es geht mir im Einzelnen darum, die Frage zu beantworten, ob sich in solchen Peergroups regelmäßige Unterschiede hinsichtlich der Form der Herstellung von Zugehörigkeit (und damit immer auch sozialer Differenz) und in den zugrunde liegenden impliziten Wissensbeständen finden und worauf diese Unterschiede zurückzuführen sind, wie sich also die soziale Genese der unterschiedlichen Praktiken bzw. der diesen zugrunde liegenden Bestände impliziten Wissens erklären lässt. Darüber hinaus ist Anspruch der vorliegenden Studie, sich (nicht zuletzt ausgehend von den Erfahrungen im Forschungsprozess) mit den unterschiedlichen Perspektiven auf den Gegenstand auseinanderzusetzen und dabei insbesondere die Möglichkeiten der rekonstruktiven Sozialforschung zu erkunden, zu einer Erforschung sozialer Ungleichheit beizutragen.

7 Was mit dem Begriff des Milieus bezeichnet wird, variiert je nach grundlagentheoretischer Perspektive. Vgl. als Überblick über einige gängige Milieukonzepte in der neueren deutschsprachigen soziologischen Forschung: Amling/Hoffmann i.E. Zum Milieubegriff, der dieser Arbeit zugrunde liegt: Abschnitt 2.

Zum Aufbau der Arbeit

Die Arbeit ist in drei Abschnitte gegliedert: Im ersten Teil (Kapitel 2 und 3) begründe ich die Perspektive der vorliegenden Arbeit auf ihren Gegenstand und fasse Forschungsergebnisse zum Gegenstand selbst zusammen. Im zweiten Teil (Kapitel 4, 5, 6 und 7) erläutere ich die Anlage der empirischen Untersuchung und fasse die zentralen Ergebnisse zusammen. Im dritten Teil (Kapitel 8 und 9) stelle ich im Anschluss daran gegenstandstheoretische, darüber hinaus aber auch methodologische und grundlagentheoretische Überlegungen an.

In Kapitel 2 erläutere ich zunächst die Perspektive der Arbeit auf die Herstellung von Zugehörigkeit und Differenz. Das Kapitel soll die der Arbeit zugrunde liegenden theoretisch ausgearbeiteten Grundbegrifflichkeiten entwickeln, mit denen sich bestimmte „Aspekte" der Erkenntnis verbinden (vgl. Mannheim 1952 | 1929: 230). Es geht mit anderen Worten um die formale Theorie, die der Arbeit zugrunde liegt und die den Blick „selektiv auf bestimmte Bereiche sozialen Handelns [lenkt]" (Bohnsack 2007a: 48). Ich entwickle und begründe hier im Durchgang durch eine Reihe von meta-theoretischen[8], also nicht gegenstandsbezogenen Grundlegungen, die für die rekonstruktive und interpretative Sozialforschung von besonderer Relevanz sind, die Annahme, dass man soziales Handeln nur verstehen kann, wenn man die implizit bleibenden, kollektiven und handlungsleitenden Wissensbestände der Akteure rekonstruiert. Diese Perspektive ist u.a. in der praxeologischen Wissenssoziologie ausgearbeitet worden. In Kapitel 3 fasse ich im Anschluss an diese metatheoretische Fundierung der Arbeit wesentliche Ergebnisse der deutschsprachigen soziologischen Jugendforschung zu Prozessen der Herstellung von Zugehörigkeit und zur Reproduktion sozialer Ungleichheit zusammen. Ich konzentriere mich hierbei auf Studien, die die kulturellen Praktiken von Jugendlichen fokussieren, und diskutiere auch mit Blick auf die jeweilige paradigmatische Perspektive, der die referierten Arbeiten folgen, die Möglichkeiten und Grenzen, in der vorliegenden Studie daran anzuschließen.

Zu Beginn des zweiten Teils ziehe ich in Kapitel 4 ein Zwischenresümee mit Blick auf die meta-theoretische und gegenstandsbezogene Rahmung meiner Forschungsarbeit. Hier konkretisiere ich meine Forschungsziele im Hinblick auf die empirische Untersuchung. Im anschlie-

8 Im Folgenden verwende ich die Begriffe „grundlagentheoretisch" und „meta-theoretisch" synonym: Ich bezeichne damit eine Auseinandersetzung mit der paradigmatischen Perspektive auf den Gegenstand, die über gegenstandstheoretische Überlegungen hinaus geht.

ßenden Kapitel 5 erläutere ich die Anlage der empirischen Untersuchung selbst und das heißt zunächst die methodische Umsetzung der Perspektive der praxeologischen Wissenssoziologie im Rahmen der dokumentarischen Methode der Interpretation. Ich stelle kurz das gewählte Erhebungsverfahren der Gruppendiskussion vor, die Schritte der Auswertung mit Blick vor allem auf die komparative Sequenzanalyse und die sinngenetische und soziogenetische Typenbildung und erläutere abschließend meinen Materialzugang und die Datengrundlage der Studie. In Kapitel 6 fasse ich die Ergebnisse der empirischen Rekonstruktionen zu Formen der Herstellung von Zugehörigkeit und Differenz in jugendlichen Peergroups zunächst fallbezogen zusammen. Ich unterscheide dabei zwischen den Formen der Differenzsetzung und Attribution, also der Zuschreibung von ‚persönlicher' und ‚sozialer Identität', auf der einen, und den handlungsleitenden aber implizit bleibenden Orientierungen zu Zugehörigkeit auf der anderen Seite. Ich komme dann zur Identifizierung eines allen untersuchten Gruppen gemeinsamen *Orientierungsproblems* und stelle im Anschluss die drei distinkten Formen der *Bearbeitung* oder *Lösung* dieses Problems vor, die sich in der fallübergreifenden komparativen Analyse herausarbeiten lassen. In Kapitel 7 konzentriere ich mich auf mögliche Erklärungen für die soziale Genese dieser Formen. Ich kann dabei in soziogenetischen Interpretationen der einzelnen Fälle die Bedeutung der Erfahrungen der Jugendlichen in Schule, Quartier, Geschlecht und Peergroup herausarbeiten und ergänze diese Interpretationen mit zwei Korrespondenzanalysen: Erstens analysiere ich Zusammenhänge zwischen den rekonstruierten kollektiven Orientierungsrahmen und der Verteilung von relevanten Ressourcen über die Auswertung von ergänzend zu den Gruppendiskussionen erhobenen standardisierten Fragebögen. Zweitens analysiere ich die Verwendung von Differenzierungskategorien im Typenvergleich.

Im dritten Teil werden die Ergebnisse der Studie vor dem Hintergrund der im ersten Abschnitt referierten Forschungsarbeiten und der der Arbeit zugrunde liegenden meta-theoretischen Perspektive diskutiert: In Kapitel 8 ordne ich die empirischen Rekonstruktionen in Arbeiten aus dem Kontext der soziologischen Jugend- und der empirischen Ungleichheitsforschung ein und stelle gegenstandstheoretische Überlegungen an. In Kapitel 9 gehe ich ausgehend von den Erfahrungen im Forschungsprozess und der damit verbundenen Reflexion auf den metatheoretischen Analyserahmen und die Methodologie der Arbeit auf Möglichkeiten der Verschränkung des gewählten Zugangs mit paradigmatisch anderen Perspektiven ein. Ich komme dabei auch auf Überlegungen zu den Möglichkeiten und Grenzen einer rekonstruktiven Analyse sozialer Ungleichheit aus einer praxeologisch-wissenssoziologisch fundierten Perspektive zu sprechen.

Im Ausblick ziehe ich eine kurze Bilanz zu den in der Arbeit geleisteten gegenstandstheoretischen Analysen und grundlagentheoretischen sowie methodologischen Reflexionen und diskutiere abschließend kurz die Möglichkeiten und Grenzen einer Übersetzung der Ergebnisse in die Praxis. Dabei konzentriere ich mich exemplarisch auf pädagogische Interventionen.

Teil 1: Analyserahmen, Gegenstandsbestimmung und Stand der Forschung

2. Perspektiven auf die Entstehung und Herstellung von Zugehörigkeit und Differenz

Die Analyse von Prozessen der Entstehung und Herstellung von Zugehörigkeit und Differenz kann, wie bereits in der Einleitung angedeutet wurde, sehr unterschiedlichen forschungsleitenden oder paradigmatischen Perspektiven folgen. In diesem Kapitel steht daher die Frage im Zentrum, mit welchen Grundbegrifflichkeiten diese Perspektiven jeweils verbunden sind. Es geht dabei insofern um die Begründung eines *meta*-theoretischen Analyserahmens, als diese forschungsleitenden oder paradigmatischen Perspektiven den Status der sozialen Tatsachen begründen, die eine Forschungsarbeit überhaupt in den Blick nehmen kann. Mit dem folgenden Kapitel wird also die „Aspektstruktur" der Erkenntnis (Mannheim 1952 | 1929: 234) der vorliegenden Untersuchung deutlich gemacht, die, da sie paradigmatisch bedingt ist, noch vor jeglicher Empirie liegt und durch diese nicht mehr kontrolliert zu werden vermag (vgl. Bohnsack 2007a: 48).[9] Ich setze mich dazu im Folgenden sowohl mit interpretativen als auch mit rekonstruktiven Ansätzen aus dem Bereich der empirischen Sozialforschung auseinander und stelle dar, auf welche Bereiche sozialen Handelns oder auf welche Analyseebenen sie den Blick lenken. Zunächst geht es um die Untersuchungen Erving Goffmans, in denen der Aspekt der Herstellung von Zugehörigkeit und Differenz in sozialen Interaktionen zentral ist, und die Ethnomethodologie nach Harold Garfinkel, der auf die Bedeutung der interaktiven und situativen Herstellung von sozialen Tatsachen aufmerksam macht (2.1). Zweitens erläutere ich Ansätze, die die Objektivierung dieser sozialen Tatsachen zu erklären versuchen, und beziehe mich dabei vor allem auf das Konzept der Institutionalisierung in der Sozialphänomenologie nach Alfred Schütz und in der sozialkonstruktivistischen Wissenssoziologie nach Peter Berger und

---

9 Anders als in hypothesenprüfenden Verfahren, bei denen die Empirie der Theorie deduktiv nachgeordnet ist, wird in der vorliegenden Arbeit allerdings von einem heuristischen Wechselverhältnis von Empirie und Theorie ausgegangen (vgl. auch Bohnsack 2008). Den meta-theoretischen Analyserahmen zu explizieren, dient insofern auch dazu, diesen im Lichte der empirischen Ergebnisse und der Erfahrungen in der Forschungspraxis zu diskutieren. Damit entsteht ein zirkuläres Wechselverhältnis zwischen Metatheorie oder formaler Theorie, empirischer Rekonstruktion und Gegenstandstheorie.

Thomas Luckmann (2.2). Anschließend skizziere ich kurz den Ansatz Pierre Bourdieus, in dem die Differenz zwischen einer *situativen* Herstellung von Zugehörigkeit und einer *durch soziale Institutionen bedingten Kollektivität* im Konzept des Habitus aufgehoben wird (2.3), und stelle zum Schluss die Perspektive einer praxeologischen Wissenssoziologie vor, die sich auf Bourdieu, darüber hinaus aber auch auf die Arbeiten Karl Mannheims bezieht (2.4). Am Ende des Kapitels fasse ich die Ergebnisse der Sichtung dieser unterschiedlichen Ansätze und Perspektiven zusammen und konstatiere, welche für die Entstehung von Zugehörigkeit und Differenz relevanten Ebenen die vorliegende Arbeit in den Blick nimmt (2.5).

2.1 Alltagspraxis und soziale Interaktion

Die Arbeiten Erving Goffmans zur Herstellung und Stabilisierung gesellschaftlicher Normalität richten den Blick auf die Ebene sozialer Interaktion als Ursprung von Zugehörigkeit und Individualität (vgl. etwa Goffman 2012 I 1963; 1972 I 1961; 2001 I 1994). Goffman interessiert sich in erster Linie dafür, wie sich Menschen in sozialen Situationen darstellen oder inszenieren, wie sie ihre Darstellungen und Inszenierungen wechselseitig wahrnehmen und wie sie sie aufeinander abstimmen. Er nimmt in seinen Arbeiten dazu die in jeder sozialen Situation ablaufenden Prozesse der Selbst- und Fremdzuschreibung des Individuums in den Blick. Dabei kann Goffman zeigen, dass sich Interaktionspartner in einem ersten Schritt der sozialen Klassifikation oder der „Image-Bildung“ (Goffman 2001 I 1994: 56 und 58f.) *kategorial* identifizieren: Sie schreiben sich wechselseitig die Zugehörigkeit zu Struktur- und Statuskategorien zu, die Goffman „soziale Identitäten“ (Goffman 2012 I 1963: 9ff) nennt. Die Selbst- und Fremdzuschreibung einer ‚sozialen Identität‘ oder mehrerer ‚sozialer Identitäten‘ ist dabei immer mit (stereotypen) Verhaltenserwartungen verknüpft. Erst in einem zweiten Schritt identifizieren sich die Interaktionspartner dann gewissermaßen *personal*: Sie weisen sich in Relation zu den Standarderwartungen, die sich aus der Zuordnung zu Struktur- und Statuskategorien ergeben (und das heißt, in Relation zur vorgenommenen Verortung über ‚soziale Identitäten‘), einen *besonderen* sozialen Platz zu. In diesem zweiten Schritt wird also eine „Spezifizität“ oder „Einzigartigkeit“ des Individuums festgestellt und diesem eine „persönliche Identität“ (Goffman 2012 I 1963: 72ff.) zugeschrieben. Die ‚persönliche Identität‘ hebt die Unverwechselbarkeit jeder Einzelperson hervor, die sich an ihrer körperlichen Erscheinung, an ihrem Namen, an der besonderen Kombination und Ausprägung von bestimmten Merkmalen

‚sozialer Identität(en)' und vor allem an der Biographie festmachen lässt – sie ist, wie Goffman es ausdrückt, eine „einzigartige Kombination von Daten der Lebensgeschichte" (ebd.: 74).

Goffman fasst nun ‚soziale' *und* ‚persönliche Identität' als Effekte von Zuschreibungsprozessen, von Selbst- und Fremdidentifizierungen in Interaktionssituationen: ‚Soziale' *und* ‚persönliche Identität' sind insofern „zuallererst Teil der Interessen und Definitionen anderer Personen hinsichtlich des Individuums, dessen Identität in Frage steht" (ebd.: 132).[10] In dieser Fokussierung auf die *Prozesse der wechselseitigen Zuschreibung* und damit verknüpften Verhaltenserwartungen gibt es Übereinstimmungen mit der Perspektive der Ethnomethodologie Harold Garfinkels. In Auseinandersetzung mit der Sozialtheorie Talcott Parsons stellt nämlich Garfinkel die Annahme in Frage, dass es ausreiche, Normen und Regeln zu benennen, um zu erklären, warum sich Menschen in konkreten Situationen so und nicht anders verhalten. Dazu müssten vielmehr „die komplexen Deliberationsprozesse, in die sich Akteure begeben müssen, um überhaupt einer Norm folgen zu können" (Joas/Knöbl 2004: 223), berücksichtigt werden. In Garfinkels Arbeiten rückt daher die Frage in den Blick, *in welcher Weise* soziale Akteure sich auf Normen oder soziale Klassifikationen beziehen bzw. auf welcher Ebene die Mechanismen zu suchen sind, auf die sie sich beziehen, um sich im Alltag ihrer Wirklichkeit zu versichern. Garfinkel stellt mithin den *routinierten Vollzug* in den Mittelpunkt seiner Analyse und fokussiert in seinen Analysen die Alltagstätigkeiten oder die alltägliche Handlungspraxis der sozialen Akteure. Seine Untersuchungen können dann die Bedeutung der in der Handlungspraxis erfolgenden Prozesse der Herstellung sozialer Tatsachen unterstreichen. In seiner Perspektive ist die Alltagswirklichkeit ein „endless, ongoing, contingent accomplishment" (Garfinkel 1967: 1), d.h. auch Zugehörigkeiten werden in den Handlungen der Akteure *stetig hervorgebracht.*

Die Arbeiten Goffmans und Garfinkels machen deutlich, dass eine Analyse der Prozesse der Entstehung von Zugehörigkeit und Differenz die tatsächlichen sozialen Interaktionen berücksichtigen und von der *Rekonstruktion der Handlungspraxis der Akteure* ausgehen muss. So weist Garfinkel zwar auf die Verantwortlichkeit der handelnden Akteure hin, die Sinnhaftigkeit ihres Handelns zu erklären und zu bestätigen – er prägt dafür den Begriff der „accountability" (vgl. Garfinkel 1967). Er kann aber

10 Der Begriff der „Ich-Identität" ist davon noch einmal zu unterscheiden. Diese entsteht in Goffmans Verständnis als ein Verhältnis zu sich selbst erst in der *Auseinandersetzung* mit erfahrenen Zuschreibungen und Erwartungen auf der Ebene der ‚persönlichen' wie der ‚sozialen Identität' (vgl. Goffman 2012 | 1963: 132ff.).

an seinem empirischen Material zeigen, dass das „doing accounts" mehr eine *nachträgliche* Rechtfertigung und Rationalisierung bereits erfolgter Handlungen ist und nicht der Entwurf für zukünftiges Handeln.[11] Und auch wenn Goffman in seinen Arbeiten den Fokus auf die *kommunikative* und *reflektierte* Aushandlung von Identität legt, deutet er im Begriff des „Rahmens" an, dass die Akteure ein weitgehend implizites Wissen an die Situationen herantragen, in denen die genannten Prozesse der Selbst- und Fremdzuschreibung erfolgen. Goffman hält dazu fest, dass „der Einzelne in unserer westlichen Gesellschaft" dazu neigt, „seine Reaktion faktisch von einem oder mehreren Rahmen oder Interpretationsschemata bestimmen zu lassen, und zwar von solchen, die man primäre nennen könnte" (Goffman 1980 | 1974: 31). Die Organisationseigenschaften dieser primären (Interpretations-)Rahmen sind allerdings „im allgemeinen nicht bewußt " (ebd.), wie er bemerkt.

In beiden Ansätzen bleibt nun unklar, wie die *Regelhaftigkeit* der sozialen Praxis der Selbst- und Fremdzuschreibung zu erklären ist. So macht Garfinkel u.a. in seinen „Krisenexperimenten" (Garfinkel 1967: 35-75) vor allem darauf aufmerksam, „wie zerbrechlich, prekär die Kommunikation bereits im normalen Alltag sein kann" (Bohnsack 2008: 20).[12] Auch die Zugehörigkeit zu einer Gruppe kann in dieser Perspektive nur als immer wieder in Frage stehendes Ergebnis der in konkreten Situationen ablaufenden Interaktion und kommunikativen Aushandlung verstanden werden.[13] Die Annahme eines im Kern *„contingent* accomplishment" ermöglicht ja gerade nicht, die *Dauer und Stabilität von Zugehörigkeitskonstruktionen und Differenzfiktionen* begrifflich zu fassen. In Frage steht dabei gerade mit Blick auf eine ungleichheitstheoretisch informierte Analyse, wie es möglich ist, zwar im Sinne der Adäquanz von begrifflich-theoretischer Konstruktion und empirischem Sachverhalt den Fokus auf die Handlungspraxis der sozialen Akteure oder ihr Handeln in der konkreten In-

---

11 Das Konzept der „accountability" bezieht sich allerdings auch auf die implizite Alltagsrationalität, die der alltäglichen Kommunikation unterliegt, wie Garfinkel in seinen Krisenexperimenten herausarbeiten kann (vgl. Garfinkel 1967: 35-75).

12 In diesen Experimenten verhielten sich die Experimentatoren den Versuchspersonen gegenüber wie (kulturell) Fremde, das heißt, sie ordneten „den sprachlichen Äußerungen die vom Sprecher gemeinten, intendierten Auslegungsschemata, Sinngehalte, semantischen Gehalte nicht [zu]" (Bohnsack 2008: 21). Die in den Experimenten aufscheinende Kontextabhängigkeit der Bedeutung von Begriffen wird von Garfinkel und Sacks mit dem Begriff der „Indexikalität" gekennzeichnet (vgl. Garfinkel/Sacks 1976 | 1970).

13 Allerdings stellt Knoblauch in Bezug auf die Arbeiten Goffmans fest, dass dieser nicht der Auffassung ist, dass die Interaktionsordnung „wirklicher" sei als die Sozialstruktur: „Auch wenn er [Goffman] das Reich der Interaktion als Untersuchungsgegenstand in eigenem Recht heraushebt, plädiert er doch für die Suche nach den Verbindungen dieses weitgehend eigenständigen Bereichs zur Gesamtgesellschaft [...]." (Knoblauch 2001: 7).

teraktions-Situation zu legen, gleichzeitig aber nicht die Dauerhaftigkeit entsprechender Prozesse der sozialen Differenzierung aus dem Auge zu verlieren bzw. auch die diese Situation rahmenden oder bedingenden sozialen Strukturen und materiellen Realitäten in den empirischen Analysen auszublenden.

2.2 Die Institutionalisierung von Alltagswissen

Um die Frage nach der Dauer und Stabilität von Differenzierungs- und dann auch Hierarchisierungsprozessen zu beantworten, beziehen sich eine Reihe von Ansätzen im Bereich der empirischen Sozialforschung auf den Begriff der *sozialen Institution*. Als soziale Institutionen werden soziale Normen oder „Regulativmuster menschlichen Handelns und menschlichen Zusammenlebens [bezeichnet] [...], und zwar insbesondere solche, die durch eine Verankerung in den Handlungsorientierungen und Sinngebungsmustern der Gesellschaftsmitglieder gekennzeichnet sind" (Gildemeister/Wetterer 1995: 237; vgl. auch Hirschauer 2001). Es geht mithin um allgemeine, aber weitgehend implizite Verhaltenserwartungen, die der Interaktion in einer konkreten sozialen Situation vorausgehen. Ganz in diesem Sinne verweist wie gezeigt schon Goffman in seinen Arbeiten darauf, dass die Selbst- und Fremdidentifizierungen, die die Akteure vornehmen, durch ein spezifisches Wissen (mit)bedingt sind, welches er „Rahmenwissen" nennt (Goffman 1980 | 1974). Mit Hilfe von Rahmen wird die „Organisation von Erfahrung" (Knoblauch 2001: 26) und von Interaktionen geregelt, sie sind „Interpretationsschemata", die „einen sonst sinnlosen Aspekt der Szene zu etwas Sinnvollem" machen können (Goffman 1980 | 1974: 31f.). „Rahmen" stellen in dieser Perspektive „bestimmte Maßstäbe zur Verfügung, auf deren Grundlage soziale Beurteilungen getroffen werden" (Jungwirth 2007: 325) – sie können daher als soziale Institutionen gelten.[14]

Insbesondere in den Arbeiten von Alfred Schütz (vgl. etwa Schütz 1971 | 1962; Schütz/Luckmann 2003 | 1975) und im Anschluss daran von Berger und Luckmann (1999 | 1969) wird der Frage nachgegangen, wie die *Entstehung* eines solchen Rahmenwissens oder besser: die Entstehung sozialer Institutionen zu erklären ist. Bei Schütz wird dazu an zentraler Stelle der Begriff der „natürlichen Einstellung des Alltags" (Schütz

14 Zwischen dem ‚Rahmenwissen' und den in konkreten Situationen erfolgenden Zuschreibungsprozessen besteht nach Goffman allerdings nur eine lose Verbindung oder ein „loose coupling" (vgl. Goffman 1981 | 1979). Ausführlicher zur „institutional reflexivity" in Goffman 2001 | 1994.

1971 | 1962: 278ff.) eingeführt. Der Blick richtet sich hier, ähnlich wie in den Arbeiten Garfinkels und Goffmans, zunächst auf die konkrete Interaktionssituation. Schütz arbeitet heraus, dass die Akteure, um im Alltag handlungsfähig zu sein, eine Reihe von „Idealisierungen" vornehmen müssen. Er unterscheidet zwei Formen, die „Idealisierung der Vertauschbarkeit der Standorte" und die „Idealisierung der Kongruenz der Relevanzsysteme" (ebd.: 13). Damit bringt Schütz zum Ausdruck, dass die sozialen Akteure in der „natürlichen Einstellung des Alltags" fraglos annehmen, dass, erstens, ihre Gegenüber mit einem ähnlichen Bewusstsein ausgestattet sind wie sie selbst, und dass, zweitens, alle Akteure in eine gemeinsame Sozial- und Kulturwelt eingebunden sind, die einen kommunikativen Austausch überhaupt erst ermöglicht. Schließlich haben die Akteure, drittens, ein Wissen davon, dass ihr eigenes Bewusstsein schon aufgrund der unterschiedlichen biographischen Erfahrungen nicht mit dem Bewusstsein ihrer Gegenüber identisch sein kann. In konkreten Interaktionssituationen erfolgt nun auf der Basis dieser Idealisierungen eine permanente Konstruktion von Sinn, die von Schütz als intentionaler und wechselseitiger Prozess verstanden wird, in dem die sozialen Akteure das eigene Handeln und das Handeln ihres Gegenübers interpretieren und typisieren. Diese wechselseitigen Sinnzuschreibungen – die in etwa den Selbst- und Fremdzuschreibungen bei Goffman entsprechen, wenn sie auch über die Zuschreibung ‚sozialer' und ‚persönlicher Identität' hinausgehen – beschreibt Schütz als Unterstellung oder Attribuierung von Motiven, die auf einer dritten Idealisierung basieren, der „Idealisierung der Reziprozität der Motive" (ebd.: 26).

Im Anschluss an Schütz haben nun Berger und Luckmann herausgearbeitet, dass durch die *Wiederholung* von Interaktionen und der darin ablaufenden Prozesse der wechselseitigen Typisierung oder der Sinn- und Motivzuschreibung eine *Habitualisierung* des Verhaltens der Interaktionspartner einsetzt. Die Handlungen des jeweils anderen werden damit im Laufe der Zeit voraussehbar (vgl. Berger/Luckmann 1999 | 1969: 61). Die in der Habitualisierung angelegte *Institutionalisierung* vollendet sich schließlich, wenn das habitualisierte Wissen um Typisierungen und Motivzuschreibungen, das zunächst an das konkrete Individuum gebunden ist, an die nächste Generation weitergereicht wird, sich also vom konkreten Individuum löst. Das Wissen weist dann nicht nur über die *Situation*, sondern auch über die Erfahrung *des einzelnen Akteurs* hinaus, es geht mit anderen Worten um „Wissenselemente, die sich nicht auf spezifische Gegenstände und Personen beziehen, sondern auf typische Aspekte und Attribute von Gegenständen, Personen und Vorgängen" (Schütz/Luckmann 2003: 204).

Diese hier nur in Stichworten skizzierte Perspektive richtet den Blick auf eine weitere, für die Analyse von Prozessen der Entstehung von Zugehörigkeit und Differenz relevante Ebene: Die genannten Arbeiten machen darauf aufmerksam, dass diese Prozesse durch soziale Institutionen im Sinne kollektiver oder sozial geteilter Wissensbestände gerahmt oder bedingt werden. Auf diese Wissensbestände beziehen sich die Akteure in ihren Selbst- und Fremdzuschreibungen und sie können jenseits der konkreten Interaktionen eine Eigenlogik haben und soziales Handeln ermöglichen oder beschränken. Es stellt sich nun allerdings zunächst ein forschungspraktisches Problem: So wird die Entstehung von Institutionen bei Berger und Luckmann unmittelbar aus Interaktionen abgeleitet, ihr Ursprung liegt demnach in der Wiederholung und Gewöhnung, das heißt, in der Habitualisierung von Typisierungen oder von Motiv- und Sinnzuschreibungen. In den Arbeiten von Berger und Luckmann kommt nun der Rollenanalyse eine besondere Bedeutung zu, „weil sie die Brücken zwischen Makro-Sinnwelten einer Gesellschaft und den Formen, in denen diese Sinnwelten für den Einzelnen Wirklichkeitscharakter erhalten, sichtbar macht" (Berger/Luckmann 1999 | 1969: 83). Mit anderen Worten: Sobald der Prozess der Institutionalisierung abgeschlossen ist, stehen die in sozialen Institutionen geronnenen Wissensbestände zu Typisierungen und Konventionen dem einzelnen Individuum als Rollen(erwartungen) gegenüber, mit Hilfe derer die Institutionen der individuellen Erfahrung einverleibt werden. Die Frage, wie sich die Wissensbestände in Form von Rollenerwartungen in die Alltagspraxis der gesellschaftlichen Akteure *übersetzen*, führt aber die Analyse „wieder zurück auf die Ebene der Interaktion – denn auf dieser Ebene wird soziale Wirklichkeit *re*produziert" (Gildemeister 2001: 75; Herv. im Original). Hier wird nun auch ein theoretisch-konzeptionelles Problem der skizzierten Ansätze deutlich, denn es steht in Frage, wie eine Perspektive auf Prozesse der Entstehung von Zugehörigkeit und Differenz aussehen kann, die sowohl die Alltagspraxis der sozialen Akteure als Ausgangspunkt der empirischen Analyse nimmt, als auch die Rahmung dieser Praxis durch soziale Institutionen berücksichtigen kann. Es geht letztlich um eine theoretisch-konzeptionelle *Verbindung* von Makroebene (Rollenerwartungen, Zugehörigkeitsordnungen, Diskurse) und Mikroebene (Alltagspraxis, Zuschreibungsprozesse, interaktive Herstellung von Zugehörigkeit).

2.3 Der Habitus als modus operandi

Die Forschungsansätze einer Theorie der Praxis (vgl. Bourdieu 1997 | 1979; Schatzki 1996; als Überblick: Reckwitz 2003 und 2009) versuchen, diese Dichotomie zwischen Mikro- und Makroebene zu überwinden, indem sie die Wirkung gesellschaftlicher Strukturen *im Handeln* der Akteure aufzeigen. Damit ist eine Aufwertung der Analyse des so genannten „impliziten Wissens" (vgl. Loenhoff 2012) verbunden. Es ist in erster Linie der von Bourdieu auf der Grundlage empirischer Erhebungen ausgearbeitete Habitus-Begriff, der für eine Verbindung von sozialer Struktur und (individueller wie kollektiver) Handlungspraxis steht, die ohne eine Vermittlung oder Übersetzung auskommt (Bourdieu 2009 | 1972; 1997 | 1979; 1993 | 1980; 1998 | 1984). Wie Bourdieu ausführt, erklärt der Habitus, „wie Verhaltensweisen geregelt sein können, ohne dass ihnen eine Befolgung von Regeln zugrunde liegt" (Bourdieu 1996 | 1992: 86). Bourdieu nimmt an, dass das Verhalten der gesellschaftlichen Akteure eine gewisse Regelhaftigkeit hat, die sich nicht nur unter Bezugnahme auf allgemeingültige Mechanismen der Alltagskommunikation erklären lässt, wie sie etwa Garfinkel herausarbeitet. Die „geregelte" Praxis beruht in Bourdieus Verständnis andererseits auch nicht darauf, dass die Akteure formalisierte Verhaltenserwartungen, die in Rollenerwartungen, Institutionen oder Diskursen abgelegt sind, *befolgen*, sie *übersetzen* oder sich zu ihnen *bewusst verhalten*. Zwar hat auch Bourdieu einen Begriff von Institutionen, er fasst sie aber nur als eine (nachrangige) Form der Objektivierung, denn erst der Habitus erlaubt es, „Institutionen zu bewohnen (*habiter*), sie sich praktisch anzueignen und sie damit in Funktion, am Leben, in Kraft zu halten" (Bourdieu 1987 | 1980: 107; Herv. im Original). Das Verstehen einer Situation oder darin präsenter Handlungserwartungen oder die Auslegung von Rollenerwartungen erfolgt in dieser Perspektive nicht in einem Akt der bewussten Zuwendung, sondern ist integraler Teil des Handelns in der Situation selbst (vgl. auch Meuser 2007: 210). Der Habitus fungiert dabei als „praktischer", im Wesentlichen unbewusster und gewissermaßen *einverleibter* „gesellschaftlicher Orientierungssinn" (Bourdieu 1997 | 1979: 728), das habituelle Wissen ist insofern ein „Wissen ohne Bewusstsein" (Meuser 2007: 210) und Bourdieu bezeichnet es auch als „modus operandi" (Bourdieu 1997 | 1979: 281).[15]

Bourdieu nimmt nun an, dass strukturgleiche Lebenslagen oder Existenzbedingungen zur Erzeugung homologer Habitusformen führen, die sich in „Lebensstilen" (Bourdieu 1987 | 1980: 98) dokumentieren. Mit anderen Worten: Die Zugehörigkeit zu einer sozialen Lage – weiter differenziert über die Ausstattung mit Kapitalien (vgl. Bourdieu 1992 | 1983) – schlägt sich in den Modi der Welterfahrung nieder (vgl. Meuser 2007:

15 Oder wie Reckwitz es formuliert: Der modus operandi ist die Art und Weise der „subjektiven Transformation von Welt in eine sinnhafte und im Handeln bearbeitbare Wirkungssphäre" (Reckwitz 2000: 318).

209). Damit ist allerdings kein einfaches Ableitungsverhältnis beschrieben: Das habituelle oder Handlungs-Wissen ist mit Bourdieu zwar durch soziale Strukturen (und d.h. durch die auf der Kapitaldistribution basierende soziale Positionierung der Akteure) bedingt, diese aber *gleichzeitig* bedingendes, der Habitus fungiert als „strukturierte" *und* „strukturierende Struktur" (Bourdieu 1997 | 1979: 279). Zudem ist der Habitus im Sinne einer „sozialen Grammatik" nicht handlungsdeterminierend, sondern Grundlage für „geregelte Improvisationen" (Bourdieu 2009 | 1972: 170) – nicht zuletzt weist Bourdieu darauf hin, dass der Habitus in der Regel unter sozialen Umständen angewendet wird, die nicht den Umständen seiner Erzeugung gleichen (vgl. Bourdieu 1987 | 1980: 117).[16]

Die Habitus-Konzeption Bourdieus ermöglicht eine Perspektive auf Prozesse der Entstehung von Zugehörigkeit und Differenz, die einige der Schwierigkeiten der in den vorangegangenen Abschnitten skizzierten Ansätze umgeht. Bourdieu hebt erstens die Bedeutung eines impliziten oder habitualisierten Wissens hervor, das aus der Inkorporierung sozialer Strukturen resultiert, und fokussiert insofern anders als die Ethnomethodologie Garfinkels oder der Sozialkonstruktivismus von Berger und Luckmann die Wirkung gesellschaftlicher Strukturen im Handeln der Akteure selbst. Zudem liegt seinen Arbeiten zweitens die Annahme zugrunde, dass Zugehörigkeit auf Gemeinsamkeiten in den Formen habitualisierten Wissens beruht, über die die Akteure verfügen, und das heißt, auf Gemeinsamkeiten in Wahrnehmungs-, Handlungs- und Denkschemata. Mit Blick auf eine rekonstruktive Forschung, die die Alltagspraxis der Akteure als Ausgangspunkt der Analyse nimmt, stellt allerdings schon Matthiesen mit Blick auf den Stil der Bourdieu'schen Methodologie fest, dass dieser im Grunde weniger eine Rekonstruktion der Habitusformen, sondern vielmehr eine Konstruktion betreibe (Matthiesen 1989; vgl. auch Meuser 2007), insofern Bourdieu aufgrund der statistischen Verteilung von über standardisierte Indikatoren erhobenen Daten zu Lebensstilen rückwirkend auf die in diesen Daten zum Ausdruck gebrachten Unterschiede in Habitusformationen schließt. Das ist insofern von Bedeutung, als ein Zugang zur Alltagspraxis der Akteure, wie ihn hinsichtlich der Untersuchung der Prozesse der Entstehung von Zugehörigkeit und Differenz insbesondere die referierten Arbeiten von Goffman und Garfinkel nahelegen, hier an eine Grenze stößt: Die Verbindung von mittels standardisierter Verfahren erhobener Daten mit empirischen Rekonstruktionen kann zwar *Korrespondenzen* aufweisen, die Frage, ob und

16 Weitere Aspekte der Theorie Bourdieus und insbesondere seine Ausführungen zur Feldanalyse, die sich an die hier vorgestellten Überlegungen anschließen, diskutiere ich in Kapitel 9.2 mit Blick auf meine empirischen Rekonstruktionen.

in welcher Weise etwa die Verfügung über bestimmte Kapitalien für die Akteure *tatsächlich handlungspraktisch relevant* wird, ist damit aber noch nicht geklärt. Zudem setzt Bourdieus Habitus-Konzept ein gesellschaftstheoretisches Modell voraus, das die Erklärung des Zusammenhangs von Lebensstilen und Kapitalverteilungen ermöglicht: Soziale Ordnung ist in dieser Perspektive immer schon klassenbezogen, der Begriff des (sozialen) Milieus, der bei Bourdieu den Zusammenhang zwischen Akteuren mit homologen Habitusformationen bezeichnet, bezieht sich immer schon auf die Gemeinsamkeit zwischen *Klassen*. Bohnsack stellt daher fest, dass Bourdieu seinen Forschungsgegenstand nur eindimensional erfasse, auch wenn er prinzipiell die Bedeutung von „Geschlechts- und Generations-‚Klassen'" durchaus anerkenne (Bohnsack 2008: 152f.).[17]

2.4 Konjunktives Wissen und konjunktive Erfahrung

In Frage steht also die Möglichkeit einer empirischen Rekonstruktion der Alltagspraxis der sozialen Akteure, die von einer Wirkung gesellschaftlicher Strukturen *im Handeln* der Akteure ausgeht – und die Alltagspraxis damit auch als kollektive fasst –, und die zugleich die Mehrdimensionalität der Bedingtheit sozialer Praxis nicht ausblendet. Hierzu finden sich Hinweise vor allem in den Arbeiten Karl Mannheims (1980 | 1922; 1964a | 1921-22; 1964b | 1928; 1952 | 1929), auf die sich die praxeologische Wissenssoziologie bezieht (vgl. Bohnsack/Nohl 1998; insbesondere Bohnsack 2003b; 2006a; 2005; 2008; 2014a). Mannheim unterscheidet zunächst zwei Ebenen des Wissens und Erkennens: Ein explizites oder „kommunikativ-generalisiertes Wissen" oder Erkennen einerseits und ein implizites oder „konjunktives Wissen" und Erkennen andererseits (Mannheim 1980 | 1922: 264ff.). Das konjunktive Wissen ermöglicht ein unbewusstes „Erkennen auf Grund verwandter Ausgangspunkte" (ebd.: 211), es ermöglicht also ein unmittelbares, intuitives Erfassen einer Situation auf Grundlage geteilter konjunktiver Erfahrungen. Bohnsack hat dieses intuitive Erfassen als „Verstehen" bezeichnet, das vom „Interpretieren" unterschieden werden muss (Bohnsack 2008: 129ff.). Mit dem Begriff des „Interpretierens" verweist Bohnsack darauf, dass in Interaktionen zwischen Akteuren, denen eine konjunktive Erfahrung gerade nicht zugrunde liegt, eine wechselseitige kommunikative Explikation dessen,

17 Es gibt allerdings Ansätze, die ausgehend von den Arbeiten Bourdieus zum „symbolischen Kapital" die Frage aufwerfen, inwiefern sich die in symbolischen Grenzziehungen aufscheinenden Wissensbestände etwa zu ethno-nationaler Zugehörigkeit als relevantes Kapital und damit auch als relevant für die Genese des Habitus erweisen können (vgl. Weiß 2001; Mecheril 2003).

was gemeint ist, erforderlich ist. Das konjunktive ist also ganz im Sinne der *habituellen Gemeinsamkeit* bei Bourdieu ein gewissermaßen a-theoretisches Wissen und bildet bei Mannheim (ebenfalls ähnlich wie bei Bourdieu) einen „gesamt-geistigen ‚Habitus'" (Mannheim 1980 I 1922: 117), bezeichnet also eine Verfasstheit des Denkens und Handelns insgesamt. Mannheim spricht auch von einer „Seinsverbundenheit" des Wissens bzw. genauer von einer „‚seins-verbundenen – oder standortgebundenen – Aspektstruktur' eines Denkers" (Mannheim 1952 I 1929: 229). Wenn man diese „Seinsverbundenheit" eines Denkers oder sozialen Akteurs nicht miterfaßt, kann man, so führt Mannheim weiter aus, „einen großen Teil von Denken und Wissen gar nicht richtig [verstehen]" (ebd.: 232).

Die Annahme einer Seinsverbundenheit des Wissens und Denkens bezieht Mannheim nun auf die Idee der Existenz *kollektiver Wissenszusammenhänge*, in die die Akteure eingebunden sind – Mannheim bemüht zur Kennzeichnung dieser Wissenszusammenhänge auch den Begriff des „konjunktiven Erfahrungsraums" (Mannheim 1980 I 1922: 220). Ein konjunktiver Erfahrungsraum verbindet Akteure nicht durch reflexives, kommunikativ-generalisiertes Wissen, aber auch nicht durch ‚objektiv' ähnliche Existenzbedingungen etwa im Sinne der Verfügung über relevante Kapitalien. Zentral ist vielmehr die Einbindung der Akteure in ein gemeinsames oder gleichartiges Schicksal oder genauer: sind *gemeinsame oder strukturidentische Erfahrungen* (vgl. Mannheim 1980 I 1922: 217ff.) bzw. ist eine strukturidentische „Erlebnisschichtung" (Mannheim 1964b I 1928: 536). In dieser Struktur der Erfahrungen der sozialen Akteure gründet sich die konjunktive Verbindung, wie Mannheim am Beispiel des Unterschieds zwischen „Generationszusammenhang" und „Generationseinheit" ausführt (Mannheim 1964b I 1928: 541ff.). Das nicht explizierte, erfahrungsbasierte Orientierungswissen der Akteure, das in ihrem weiteren Handeln erkennbar ist, bildet sich also, so die Annahme, *aus dem alltäglichen Handeln und Erleben selbst* und verbindet Individuen auch unabhängig davon miteinander, ob sie sich kennen und sich dessen bewusst sind. Zur Kennzeichnung dieses kollektiven Wissenszusammenhangs wird in der an Mannheim anschließenden praxeologischen Wissenssoziologie der Begriff des Milieus gebraucht (vgl. Bohnsack 2014a). Als Milieu gilt in dieser Perspektive also ein „objektiv-geistiger Strukturzusammenhang" (Mannheim 1984 I 1925: 94f.), der Akteure nicht über kommunikative Beziehungen der wechselseitigen Interpretation und Motivzuschreibung verbindet, sondern auf Grundlage von Strukturidentitäten der Sozialisations- und Lebensgeschichte und über die daraus resultierenden Gemeinsamkeiten in konjunktiven Wissensbeständen. Mannheims Begriff des konjunktiven Erfahrungsraums beruht insofern, ebenso wie Bourdieus Habitus-Konzept, auf der Annahme des Fort-Wirkens sozialer Strukturen in der Handlungspraxis der Akteure, ohne dass aber die sozialen Strukturen als die soziale Praxis determinierend verstanden werden. Der im Anschluss an Mannheim weiter konturierte Milieubegriff der praxeologischen Wissenssoziologie (vgl. Bohnsack 2014a) verweist in dieser Hinsicht auf die Verschränkung von sozialer Lagerung und subjektiver Erfahrung, die von vornherein als kollektive gedacht wird (vgl. Bohnsack 1998: 120). In Abgrenzung zum Begriff der sozialen Gruppe wird diese Verbindung bei Bourdieu wie bei Mannheim weder an die reflexive Vergegenwärtigung von Zugehörigkeit noch an tatsächliche Interaktion geknüpft. Die Gemeinsamkeit von Angehörigen eines Milieus sind die gleichartigen Habitusformen bzw. die gleichartigen konjunktiven Wissensbestände. Mannheim hebt nun allerdings anders als Bourdieu die Bedeutung der Strukturidentitäten der Sozialisations- und Lebensgeschichte hervor, knüpft also die Entstehung gesellschaftlichen Seins oder von Zugehörigkeit im Sinne von Milieubindungen an konjunktive *Erfahrungen* und nicht an die Verfügung über bestimmte Kapitalien. Da diese Gemeinsamkeiten in der kollektiven Erlebnisschichtung sich nur in der empirischen Rekonstruktion identifizieren lassen, lassen sich auch andere als klassenspezifische Erfahrungshintergründe finden, die für die Genese von Milieubindungen relevant sind. Der praxeologischen Wissenssoziologie liegt insofern die Annahme einer *Mehrdimensionalität des Habitus* oder der Überlagerung *verschiedener* Habitus oder ‚konjunktiver Erfahrungsräume' zugrunde, deren handlungspraktische Bedeutsamkeit nicht von vornherein als gegeben vorausgesetzt, sondern die methodisch rekonstruiert werden muss (vgl. Bohnsack 2008: 68ff.; Bohnsack/Nohl 1998: 262; Meuser 2007). Es wird davon ausgegangen, dass Individuen oder Gruppen immer schon an *verschiedenen* konjunktiven Erfahrungsräumen bzw. Milieus (beispielsweise geschlechtsspezifischen oder generationsspezifischen) teilhaben, die sich wechselseitig überlagern. Das strukturidentische Erleben, das zur Entstehung eines „objektiv-geistigen Strukturzusammenhangs" führt, kann sich mithin sowohl auf die Erfahrungen im Bereich des Geschlechts, auf die Erfahrung der Schichtzugehörigkeit, aber auch etwa auf die Erfahrung der Migration beziehen. Die Bedeutung der sozialen Interaktion oder allgemeiner des Alltags- und Erfahrungswissens der Akteure, die nicht zuletzt in den Arbeiten Garfinkels herausgearbeitet wurde, wird an dieser Stelle auch in der grundlagentheoretischen Fundierung einer rekonstruktiven und das heißt vor allem gegenstandsangemessenen Perspektive berücksichtigt.

2.5 Fazit

Im vorliegenden Kapitel habe ich mich mit unterschiedlichen Perspektiven auf Prozesse der Entstehung und Herstellung von Zugehörigkeit und sozialer Differenz auseinandergesetzt, die den Blick „selektiv auf bestimmte Bereiche sozialen Handelns lenken" (Bohnsack 2007a: 48). An die skizzierten Ansätze lässt sich in mehreren Hinsichten anschließen. Die Arbeiten Erving Goffmans und Harold Garfinkels weisen auf die Bedeutung der sozialen Interaktion hin. Der von Garfinkel ausgearbeiteten Perspektive der Ethnomethodologie und mit Einschränkungen auch den Überlegungen Goffmans zur Interaktionsordnung liegt die Annahme zugrunde, dass sich *in den sozialen Praktiken* intersubjektiv ein praktisches Wissen herausbildet, „das zwar indirekt auf übergreifende gemeinsame kulturelle Wissens- und Interpretationsschemata verweist, als solches jedoch nur *in* den Praktiken existiert und dort seinen spezifischen *Ausdruck* findet" (Hörning 2004: 23; Herv. im Original). In konkreten Situationen und noch genauer im Handeln der gesellschaftlichen Akteure entscheidet sich, ob und vor allem *wie* die entsprechenden Prozesse ablaufen, etwa welche Zuschreibungen vorgenommen und welche Selbst-Inszenierungen anerkannt werden. Das Interesse gilt dann den formalen Mechanismen der Produktion sozialer Ordnung, die als „eine von den Akteuren immer wieder neu zu erbringende interpretative Leistung" (Meuser 2007: 217) gefasst wird und sich folglich „als ein fragiles Gebilde dar[stellt]" (ebd.). Der sozialphänomenologische Ansatz von Alfred Schütz und die darauf aufbauende sozialkonstruktivistische Perspektive nach Berger und Luckmann verschiebt hingegen den Fokus einer Untersuchung der Prozesse der Herstellung von Zugehörigkeit und Differenz auf die Frage nach der Dauer und Stabilität von mit diesen Prozessen einhergehenden Differenzierungs- und Hierarchisierungsprozessen. Diese werden, verkürzt ausgedrückt, an *sozial geteilten Wissensbeständen* festgemacht, die in sozialen Institutionen und insbesondere in Rollenerwartungen aufgehoben sind. Können Ansätze, die in der Tradition der Ethnomethodologie stehen, die Stabilität und Dauerhaftigkeit von sozialer Ordnung kaum begrifflich fassen, so fällt es in der Perspektive von Arbeiten, die sich an Schütz und an Berger und Luckmann anschließen, schwer, die Übersetzung von institutionalisiertem Wissen in die soziale Praxis aufzuweisen und dabei die in diesen Ansätzen paradigmatische Differenz zwischen beiden Ebenen aufrechtzuerhalten. Die praxeologische Wissenssoziologie schließlich versucht im Anschluss an die Arbeiten Pierre Bourdieus und Karl Mannheims die Differenz zwischen der Handlungspraxis der sozialen Akteure und den diese Handlungspraxis anleitenden institutionalisierten Wissensbeständen einerseits und die einseitige Fokussierung auf die konkrete Interaktionssituation andererseits zu überwinden, indem sie das *Fortwirken sozialer Strukturen oder strukturidentischer Erfahrungen in der sozialen Praxis der Akteure* annimmt. Sie fasst das aus einer Inkorporierung dieser Strukturen bzw. Erfahrungen resultierende Wissen als im Wesentlichen kollektives und implizites und gleichzeitig im Sinne eines ‚modus operandi' als handlungsleitendes Wissen, über das die Akteure verfügen, ohne sich dessen bewusst zu sein, und das die Art und Weise orientiert, in der sie Zugehörigkeit und Differenz herstellen. In Anknüpfung an Mannheim wird die Entstehung des konjunktiven Wissens in der praxeologischen Wissenssoziologie zudem ursächlich an Strukturidentitäten der Sozialisations- und Lebensgeschichte geknüpft und nicht wie bei Bourdieu an die Verfügung über bestimmte Kapitalien.

An diese letzte paradigmatische Perspektive, die wesentliche Teile der referierten Ansätze zu integrieren versucht, knüpft die vorliegende Arbeit an.[18] Auf einer *ersten Ebene* geht es bei der Untersuchung der Herstellung von Zugehörigkeit und Differenz daher um die Rekonstruktion der Interpretationsverfahren der sozialen Akteure oder um die Methoden, mit denen die Handelnden in konkreten Interaktionssituationen Sinn und Ordnung erzeugen. Genauer gesagt stehen Prozesse der Differenzsetzung und Attribution oder, mit Goffman ausgedrückt, die Selbst- und Fremdinterpretationen und entsprechenden Zuschreibungen als definitorische und interpretatorische Herstellung von Zugehörigkeit (und Differenz) im Fokus, und zwar durchaus im Sinne der von Schütz entwickelten Perspektive einer Rekonstruktion der „Theoriebildungen des Common Sense" (Bohnsack 2012: 121). Dagegen steht die *zweite Ebene* des habitualisierten Handelns. Hier geht es nicht um die Interpretationsverfahren oder die wechselseitige Zuschreibung ‚sozialer' und ‚persönlicher Identitäten', sondern um die diese Prozesse orientierenden impliziten und kollektiven Wissensbestände. In der Begrifflichkeit Mannheims: Spielt auf der ersten Ebene das kommunikativ-generalisierte Wissen eine Rolle, steht auf der zweiten Ebene das konjunktive Wissens im Fokus (vgl. Mannheim 1980 | 1922: 264ff.). Dabei folge ich der Annahme, dass erst die Rekonstruktion des konjunktiven oder handlungspraktischen Wissens es ermöglicht, einzuschätzen, „welche ‚Wirklichkeitskonstruktionen' als inkorporierte derart in der habitualisierten Praxis verankert und in sie eingeschrieben sind, dass sie eine Kontinuität des vorreflexi-

18 Es bleibt aber, wie eingangs des Kapitels bereits bemerkt wurde, durchaus offen, inwiefern der Gegenstand ausgehend von anderen „formalen Theorien" (Bohnsack 2005: 70) aus weiteren Perspektiven in den Blick genommen werden könnte oder müsste, um seiner Komplexität gerecht zu werden. Siehe dazu die Diskussion in Kapitel 9.

ven Routinehandelns, d.h. eine Existenzweise zu sichern oder auch zu erzwingen vermögen und somit strukturelle Bedeutung haben" (Bohnsack 2001: 334). Ich folge hier also durchaus einer „Analyse der intentionalen Akte des praktischen Verstehens", und damit der subjektiven Perspektive, ohne aber in den „›Subjektivismus‹ der Phänomenologen zurückzufallen" (Reckwitz 2000: 322), wie es Reckwitz ausdrückt.[19] Mit Bohnsack lässt sich nun im Anschluß an die in der Einleitung bereits angesprochene mehrfache Bedeutung von Zugehörigkeit auch von einer *primordialen* Sozialität der konjunktiven Verbindung über habitualisiertes Handeln aufgrund strukturidentischer oder gemeinsam gemachter Erfahrungen sprechen, die sich von einer *sekundären* Sozialität unterscheiden lässt, welche im Interaktionsprozess und in Prozessen der Differenzsetzung und Attribution, ebenso wie in der Auseinandersetzung mit Rollenerwartungen oder diskursiven Subjektfiguren (vgl. Geimer 2012 und 2014) hergestellt wird (vgl. Bohnsack 2014a).[20] Steht auf den beiden ersten Ebenen die habituelle Übereinstimmung der Milieus oder die handlungsleitenden Orientierungen im Fokus, werden schließlich auf einer *dritten Ebene* die für die so-ziale Genese dieser Orientierungen ursächlichen identischen oder strukturidentischen „Erlebnisschichtungen" (Mannheim 1964b | 1928: 536) im Sinne konjunktiver Erfahrungsräume relevant.

Folgt man diesen Überlegungen gibt es nun einen zweifachen Bezug der hier skizzierten Analyse zur empirischen Ungleichheitsforschung: Auf der ersten Ebene geht es um die Untersuchung von Praktiken der Distinktion und Konjunktion, also der *Herstellung von sozialer Differenz* in kommunikativen Akten der sozialen Klassifikation oder in Zuschreibungsprozessen, die von kollektiven, aber implizit bleibenden Wissensbeständen orientiert werden. Auf der zweiten Ebene, d.h. in Bezug auf die Rekonstruktion der sozialen Genese der jeweiligen ‚modi operandi', können die Orientierungsmuster der Akteure *Ausdruck für ungleichheitsrelevante Strukturen* sein, die die Praktiken der Akteure bestimmen und zugleich durch diese Praxis reproduziert werden.[21]

19 In der Methodologie der dokumentarischen Methode ist die Einbeziehung der ethnomethodologischen und der sozialkonstruktivistisch-wissensoziologischen Ansätze in das praxeologisch-wissenssoziologische Paradigma über den Begriff des „kollektiven Orientierungsrahmens" gelungen. Siehe dazu die Ausführungen in Kapitel 5.

20 Die Unterscheidung zwischen ‚sozialer Identität' und ‚sozialem Habitus', die in diese Richtung weist, taucht bereits bei Bohnsack et al. (1995: 427ff.) und bei Bohnsack/Nohl (2001a: 22) auf.

21 Die Frage, welchen Beitrag eine konsequent rekonstruktive Forschung zur Analyse von sozialer Ungleichheit tatsächlich leisten kann, diskutiere ich ausführlicher in den Kapiteln 8 und 9. Vgl. außerdem die Erläuterungen in Amling/Hoffmann i.E.

3. Gegenstandsbestimmung und Stand der Forschung

In diesem Kapitel setze ich mich mit Arbeiten aus dem Bereich der soziologischen Jugendforschung auseinander, an die die vorliegende Forschungsarbeit anschließen kann, und konturiere in diesem Zusammenhang die gegenstandsbezogene Fragestellung meiner Arbeit. Ich entwickele zunächst in Auseinandersetzung mit unterschiedlichen Konzeptionalisierungen das der vorliegenden Arbeit zugrunde liegende Verständnis der „Jugendphase“ und mache dabei auch deutlich, warum der Fokus auf jugendliche Peergroups für die Frage nach der Entstehung und Herstellung von Zugehörigkeit und Differenz von Bedeutung ist (3.1). Im Anschluss gebe ich einen Überblick über die Ergebnisse der empirischen Forschung zu kulturellen Praktiken und Sozialformen Jugendlicher mit Schwerpunkt auf der Frage, ob und in welcher Weise die referierten Studien in der Lage sind, die Konstitution von Zugehörigkeit und Differenz auf den verschiedenen Ebenen zu analysieren, die im vorangegangenen Kapitel skizziert wurden und dabei gleichzeitig die Alltagspraxis der Akteure als Ausgangspunkt zu nehmen (3.2). Ich unterscheide hierbei drei Stränge, die sich nicht nur auf jeweils unterschiedliche theoretisch-konzeptionelle Grundannahmen, sondern auch auf verschiedene Gegenstandsbereiche beziehen: Zunächst sind das im weiteren Sinne (sozial) phänomenologisch orientierte Studien, die sich mit den Sozialformen Jugendlicher auseinandersetzen (3.2.1); dann Studien, die die Analyse der Übersetzung von institutionalisierten bzw. diskursiven Wissensbeständen in die alltägliche Handlungspraxis der Jugendlichen in den Fokus rücken und sich dabei der Rekonstruktion individueller biographischer Verläufe widmen (3.2.2); schließlich eine Forschungslinie, die der bereits erläuterten Perspektive einer praxeologischen Wissenssoziologie folgt und in der milieuspezifische kulturelle Praktiken Jugendlicher untersucht werden (3.2.3). Zudem nehme ich in einem gesonderten Abschnitt Arbeiten aus allen drei Strängen in den Blick, die sich auf die Formen der Interaktion und Distinktion in jugendlichen Peergroups konzentrieren (3.2.4). Im abschließenden Fazit fasse ich zusammen, an welchen Stellen und in welcher Weise die vorliegende Forschungsarbeit an die referierten Arbeiten anschließen kann (3.3).

3.1 Jugend als Seismograph für gesellschaftliche Entwicklungen

3.1.1 Die Jugendphase als Möglichkeitsraum

Die Fassung der Jugendphase als abgrenzbarer Entwicklungsabschnitt im individuellen Lebensverlauf basiert zuallererst auf den Erkenntnissen *entwicklungspsychologischer* Studien, die die Adoleszenz als Phase des Übergangs oder der Transition von Kindheit zum Erwachsenenleben fassen.[22] Die Jugendphase, und das ist eine erste Konzeptionalisierung, auf die sich in aktuellen Studien immer wieder bezogen wird, ist in dieser Perspektive ein durch bestimmte psychologische und biologische Prozesse bedingtes Entwicklungsstadium, in dem es „zu vermehrten psychosozialen Konflikten [...] kommt und [in dem es] [...] vor allem um Identitätsbildung geht" (Griese/Mansel 2003: 20f.). Im Fokus steht also die Lösung von Entwicklungsaufgaben, die in erster Linie die Auseinandersetzung mit persönlicher im Verhältnis zur Bezugsgruppenidentität beinhalten (Erikson 1988; 1991; Havighurst 1972).[23] Ein zentrales Merkmal der Adoleszenz ist in dieser Perspektive die Bewältigung biographischer Diskontinuitäten. Entsprechende Entwicklungsprozesse bringen, so die Annahme, die Notwendigkeit mit sich, hergebrachte Ordnungsfiguren in Frage zu stellen und neue zu entwerfen. Hier verbindet sich die entwicklungspsychologische Perspektive mit der Übergangsforschung nach Turner, der von der „Liminalität" von Übergangssituationen spricht, das heißt dem Schwellen- oder Grenzzustand zwischen Statuspositionen (Turner 1969). In der Jugendphase wird das Klassifikationssystem der (alltäglichen) Sozialstruktur aufgehoben, die Jugendlichen besitzen weder Eigenschaften ihres vorherigen Zustandes (Kindheit), noch des zukünftigen (Erwachsenenleben), sie sind „betwixt and between" (Turner 1964).

In der *soziologischen* Jugendforschung wird in Anknüpfung an diese Überlegungen nun weniger die *Bedeutung der Jugendphase für den individuellen Lebensverlauf*, als vielmehr die *gesellschaftliche Bedeutung* als Erprobungs- oder „Möglichkeitsraum" (King 2013: 39) betont – so die zweite

22 Im Folgenden werden die Begriffe „Adoleszenz" und „Jugendphase" synonym gebraucht: Sie bezeichnen einen zeitlich begrenzbaren Abschnitt im Lebensverlauf mit bestimmten Charakteristika – je nach theoretischer Perspektive spielen hier andere Dimensionen eine Rolle, wie im Durchgang durch die drei zentralen Konzeptionalisierungen deutlich werden sollte. Hingegen bezieht sich der Begriff „Jugend" auf die konkreten Individuen, d.h. auf die Jugendlichen selbst.

23 Mit Bezug auf die in Kapitel 2 referierten Arbeiten Erving Goffmans könnte man hier von der Auseinandersetzung mit den Selbst- und Fremdzuschreibungen von ‚sozialer' und ‚persönlicher Identität' sprechen, die schließlich zur Ausbildung einer ‚Ich-Identität' führt (vgl. Goffman 2012 | 1963: 132ff.).

Konzeptionalisierung. Während dieser Phase haben die Jugendlichen aufgrund der veränderten institutionellen und gesellschaftlichen Rahmenbedingungen wenigstens in westlichen Industriegesellschaften die Möglichkeit, sich in relativer Autonomie mit den an sie gestellten Anforderungen und normativen gesellschaftlichen Erwartungen auseinanderzusetzen und auch, sich im Zuge dieser Auseinandersetzung von ihnen zu distanzieren. So spricht Zinnecker (1991) in Anlehnung an einen Begriff von Erikson von einem „Bildungs-Moratorium" und bezeichnet damit eine Phase des Bildungserwerbs, die ein ausdifferenziertes System von Bildungseinrichtungen voraussetzt und in der die Jugendlichen aus dem familiären Umfeld und den Herkunftsmilieus herausgelöst werden (vgl. ebd.: 74).[24] Die Fassung der Jugendphase als „Möglichkeitsraum" oder als „Moratorium" löst sich dabei allerdings tendenziell von der Annahme, dass Jugendliche in einer *Phase des Übergangs* bestimmte Fähigkeiten oder Kompetenzen ausbilden oder Werte verinnerlichen, durch deren Erwerb sie zu vollwertigen Mitgliedern der Gesellschaft werden. Es wird vielmehr betont, dass es sich um eine „Periode eigenen Profils" (Merkens 2008: 351) handelt, in der die Jugendlichen eigene kulturelle Praktiken und vor allem eigene Sozialformen ausbilden und sich sowohl mit den an sie herangetragenen Erwartungen auseinandersetzen, aber auch unabhängig davon eine Art eigene Teilkultur entwickeln. Indem sie einen großen Teil ihrer Zeit in relativer Unabhängigkeit von gesellschaftlichen Funktionserwartungen mit Gleichaltrigen verbringen, können Jugendliche auf diese Weise spezifische soziale Lebensweisen, kulturelle Formen und politisch-gesellschaftliche Orientierungsmuster entwickeln (vgl. Zinnecker 1991: 10) – Zinnecker spricht in diesem Zusammenhang auch von der „Autonomie der Geschmacksbildung" (ebd.).

Nun schließt die Annahme, dass das Zusammensein Jugendlicher „einen distinkten und kohärenten Kulturzusammenhang hervor[bringt]" (Schmidt 2004: 77), nicht zuletzt an die jugendkulturellen Arbeiten aus dem Kontext des „Center for Contemporary Cultural Studies" (CCCS) in Birmingham an (vgl. vor allem Willis 1979; 1981 und Clarke et al. 1979). Allerdings wird in diesen Arbeiten die „profane culture" (Willis 1981) oder die Alltagspraxis Jugendlicher in explizit *ungleichheitstheoretischer* Perspektive in den Blick genommen: Jugendliche Sozialformen werden in den Arbeiten aus dem Kontext des CCCS also zwar als gesellschaftliche Teil- oder genauer Subkulturen gefasst, es liegt aber die Annahme zugrunde, dass in den in diesen Subkulturen entwickelten Stilen oder Ausdrucksformen die kulturell verarbeitete soziale Position der Jugendlichen

24 Erikson fasst die skizzierte Entwicklungsphase im Lebensverlauf als „psychosoziales Moratorium" (Erikson 1988: 151ff.).

durchscheint. Mit anderen Worten: Die kulturellen Praktiken Jugendlicher werden als Ausdruck ihrer (notwendigen) Auseinandersetzung mit der hegemonialen Kultur und der Kultur ihrer Herkunftsmilieus gefasst. Die Funktion jugendlicher Subkulturen wird dann darin gesehen, *klassen*spezifische Probleme, die *generations*spezifisch erlebt werden, gewissermaßen „magisch", das heißt auf symbolisch expressive Weise zu lösen (Clarke 1979: 171ff.), und zwar über den kreativen und subversiven Umgang der Jugendlichen mit den Angeboten der Kulturindustrie, deren Anregungen sie im Sinne von „Stil-Basteleien" zur Entwicklung ihrer eigenen Ausdrucksformen und Formen der Inszenierung nutzen (vgl. Fuchs 2000: 56). Es lässt sich insofern festhalten, dass, obwohl die meisten Arbeiten aus dem Kontext der *soziologischen* Jugendforschung die Annahme einer Eigenständigkeit der Jugendphase teilen, sie doch sehr unterschiedliche Perspektiven auf die Adoleszenz richten: Sie unterscheiden sich in erster Linie darin, in welcher Weise die Einbettung der Jugendphase in gesamt-gesellschaftliche Entwicklungen und Strukturen theoretisch-konzeptionell begründet wird. Der Akzent kann hier darauf liegen, dass die Jugendphase ein eigenständiger Handlungszusammenhang ist, in dem sich Jugendliche in weitgehender *Unabhängigkeit von gesellschaftlichen Strukturen und Erwartungen* etwa in jugendspezifischen Sozialformen wie Jugendkulturen oder jugendlichen Peergroups selbst sozialisieren. Die Jugendphase kann aber auch als exemplarischer Fall einer allgemeineren Gesellschaftsanalyse gefasst werden: Jugendliche erfüllen dann „in Abhängigkeit von gesellschaftlichen Entwicklungen gesellschaftliche Funktionen" (Griese/Mansel 2003: 20f.), sei der Blick dabei auf die Auseinandersetzung mit zentralen gesellschaftlichen Werten oder eben auf die Reproduktion und Transformation von Strukturen sozialer Ungleichheit gerichtet.

Es kommt nun noch eine dritte, *sozialkonstruktivistische* Konzeptionalisierung der Jugendphase ins Spiel. So stellen Griese und Mansel (2003: 25) fest, dass „Jugend" und „Adoleszenz" „etwas historisch relatives und gesellschaftlich bedingtes und konstruiertes" sind und verweisen auf vier Jugendbilder, die in der deutschen Sozialgeschichte relevant waren und sind: Jugend als „Hoffnungsträger", als „Gefahr und Gefährdung", als „Erziehungsobjekt" und als „Partner" (ebd.). Die Adoleszenz kann insofern nicht nur erstens als „Übergangsphase" im individuellen Lebensverlauf und zweitens als ein durch die gesellschaftliche Rahmung dieser Phase von gewissen Handlungszwängen befreiter Schonraum, der eingebettet ist in gesellschaftliche Strukturen und Entwicklungen, sie muss drittens auch als *„gesellschaftliches Konstrukt*, als ‚Jugendbild(er)', Deutungen und Interpretationen von Jugend" (ebd.: 20f.) verstanden werden. Diese letzte Fassung korrespondiert nicht zuletzt mit der in medialen und politischen Diskursen verbreiteten Annahme, dass die Jugend als „Seismograph für gesellschaftliche Entwicklungen" dienen kann (ebd.: 7). Gesamtgesellschaftliche Probleme und Bedrohungen werden demnach häufig als Jugenddiskurse verhandelt (ebd.: 22) bzw. dient „die Jugend" als „Reflexionskategorie für allgemeine Problematiken" oder „als gesellschaftliches ‚Frühwarnsystem'" (Eulenbach / Ecarius 2012: 9).

Dieser kurze Überblick ohne Anspruch auf Vollständigkeit macht deutlich, worauf sich die Diagnose einer fehlenden Theorieorientierung der Jugendforschung gründet, auf die in einer Vielzahl aktueller Veröffentlichungen hingewiesen wird (vgl. Griese / Mansel 2003; Merkens 2008; Scherr 2009b; Ecarius 2012; Eulenbach / Ecarius 2012). So ergeben sich, wie Eulenbach und Ecarius (2012: 10) mit Blick auf die beteiligten Disziplinen feststellen, „große Unterschiede etwa im Vergleich des in der Entwicklungspsychologie verankerten Konzepts der Transition mit der eher jugendsoziologischen Vorstellung eines jugendtypischen Moratoriums". Es lässt sich, so die Autoren weiter, konstatieren, „dass die Jugendforschung hinsichtlich ihres Jugendbegriffs, ihrer anerkannten Problemstellungen und ihrer grundlagentheoretischen Fundierung eine ordnende Perspektive weitgehend vermissen lässt" (ebd.).[25] Mit Blick auf den Fokus der vorliegenden Arbeit auf die Analyse von Milieus, d.h. auf den Modus der Differenzsetzung und Attribution und die habituellen oder handlungsleitenden Orientierungen zu Zugehörigkeit auf der einen und die zugrunde liegenden strukturidentischen „Erlebnisschichtungen" (Mannheim 1964b | 1928: 536) im Sinne ‚konjunktiver Erfahrungsräume' auf der anderen Seite, schließe ich an alle drei genannten Konzeptionalisierungen an. Die „Jugendphase" soll für den Zweck dieser Arbeit als eine Periode gefasst werden, die durch biographische Freisetzungsprozesse und den Aufbau autonomer persönlicher und familialer Beziehungen geprägt ist (vgl. Eulenbach / Ecarius 2012: 12; Olk 1986; Scherr 2010a). Diese Phase ist für eine Untersuchung von Zugehörigkeit in besonderem Maße interessant, da Jugendliche sich in ihr in verstärktem Ausmaß der Herausforderung stellen müssen, sich mit den Selbst- und Fremdzuschreibungen von ‚sozialer' und ‚persönlicher Identität' auseinanderzusetzen – in Anlehnung an eine Formulierung bei Lange und Xyländer lässt sich hier von der „Gleichzeitigkeit von Individuation und Bindung" (Lange / Xyländer 2008: 603) sprechen, die diese Phase kennzeichnet.[26]

---

25 Gerade in den letzten Jahren wurden allerdings, wie Ecarius und Eulenbach anmerken, eine Reihe von Versuchen unternommen, diesen Systematisierungsproblemen zu begegnen und ihnen eine grundlagentheoretische Reflexion entgegenzusetzen (vgl. etwa Scherr 2009b; Popp 2009; Riegel / Scherr / Stauber 2010).

26 Lange und Xyländer thematisieren mit dieser Kennzeichnung der Jugendphase allerdings das Verhältnis der Jugendlichen zu ihren Familien.

Diese Herausforderung ist allerdings nicht einseitig an biologisch oder (individual)psychologisch begründete Entwicklungsaufgaben geknüpft: Es lässt sich hier nicht zuletzt darauf verweisen, dass die Entstehung der Jugendphase als „Möglichkeitsraum" „sozialhistorisch mit pädagogischen Maßnahmen und der Idee der Erziehungsbedürftigkeit verknüpft" (Eulenbach/Ecarius 2012: 12) ist und der Jugend erst durch die Etablierung von entsprechenden Institutionen Selbstfindungsräume in jugendkulturellen Gemeinschaften ermöglicht werden. Die Fassung der Adoleszenz als „Möglichkeitsraum" (King 2013: 39ff.) verweist aber auch darauf, dass diese Phase kulturell in besonderer Weise mit Bedeutungen und Zuschreibungen befrachtet wird. Es handelt sich um einen Lebensabschnitt oder Lebenszusammenhang, „in dem Einzelnen die intensive Auseinandersetzung mit dem Verhältnis zu sich selbst nahe gelegt ist, ein Selbstbezug, der sich im Verhältnis zu relevanten sozialen Kontexten ereignet" (Mecheril/Hoffahrt 2009: 240). „Adoleszenz" muss insofern auch als „kulturelle Konstruktion biographischer Periodizität" (ebd.: 241) oder als „beobachterrelativer Sachverhalt" (Scherr 2003: 6) verstanden werden.

Mit dieser Fassung der „Jugendphase" ist in der vorliegenden Arbeit nun keine sozialisationstheoretische Perspektive verbunden: Die Sozialisationstheorie fasst, wie Hurrelmann feststellt, Annahmen und Aussagen zusammen, „die sich mit der menschlichen Persönlichkeitsentwicklung als ‚Subjektwerdung' befassen" (Hurrelmann 2002: 7). Im Fokus steht dann die Frage, „wie ein Mensch mit seiner genetischen Ausstattung an Trieben und Bedürfnissen und seinen angeborenen Temperaments- und Persönlichkeitsmerkmalen zu einem Subjekt mit der Fähigkeit zur Selbstreflexion wird und es schafft, dabei die Anforderungen von Gesellschaft, Kultur und Ökonomie zu bewältigen" (ebd.). In der vorliegenden Arbeit geht es nun gerade *nicht um die biographischen Verläufe Jugendlicher* (vgl. hierzu Ecarius et al. 2011; Tillmann 2006), ich will vielmehr die Formen der Auseinandersetzung mit Zugehörigkeit *exemplarisch* an Jugendlichen untersuchen, die mir in dieser Hinsicht als *Repräsentanten von Milieus* gelten. In diesem Zusammenhang geht es gerade auch darum, sich der *kollektiven* Unterschiede zwischen Jugend*en* empirisch zu vergewissern. Mit der gewählten Perspektive beziehe ich mich zudem auf die Einsicht, dass mit der Auflösung verlässlicher Lebensläufe, die unter dem Stichwort „Ende der Jugend" bzw. „Entstrukturierung der Jugendphase" diskutiert wird (vgl. bereits Olk 1985 und du Bois-Reymond/Oechsle 1990), auch die Struktur der Jugendphase ihre Eindeutigkeit verliert. Somit sind – trotz der allen Jugendlichen gemeinsamen biologisch oder (individual)psychologisch bedingten Entwicklungsaufgaben und den für alle Jugendlichen relevanten Rahmenbedingungen im Sinne von Erwartungen oder Zuschreibungen, denen „die Jugend" ausgesetzt ist – „gesellschaftlich akzeptable Bewältigungsformen der Jugendphase selbst sowie des Übergangs in die Erwachsenenexistenz" (Scherr 2010a: 56) nicht mehr garantiert. An dieser Stelle lässt sich in Anlehnung an Mannheim von einer „Generationslagerung" oder einem „Generationszusammenhang" sprechen: Mannheim rekurriert mit diesem Begriff darauf, dass es einen *potentiellen Erfahrungsraum* derselben Jugend gibt, die an „derselben historisch-aktuellen Problematik orientiert ist" (Mannheim 1964b | 1928: 544). In der *Bearbeitung* dieser Erfahrung müssen nun aber strukturell ungleiche *Formen* in Rechnung gestellt werden.[27] Mit Blick auf den in Kapitel 2 entwickelten meta-theoretischen Analyserahmen lässt sich im Anschluss an Mannheim von Gruppen, die die Erlebnisse innerhalb eines „Generationszusammenhanges" in gleichartiger Weise verarbeiten, als „‚Generationseinheiten' im Rahmen desselben Generationenzusammenhanges" (Mannheim 1964b | 1928: 544) – diese unterschiedlichen „Generationseinheiten" entsprechen unterschiedlichen Milieus.

3.1.2 Jugendliche Peergroups als zentrale Sozialisiationsinstanz

Gerade hinsichtlich der Charakterisierung der Jugendphase als „Periode eigenen Profils" (Merkens 2008: 351) wird in einer Reihe aktueller Veröffentlichungen die Bedeutung informeller Gleichaltrigengruppen oder die Bedeutung von Peergroups als Sozialisationsinstanz betont.[28] Schon Tenbruck spricht in Bezug auf solche Peergroups von einer „Sozialisierung in eigener Regie" (Tenbruck 1962: 92). Damit ist die Annahme verbunden, dass Peergroups als „sozialer Ort jugendspezifischer Erfahrungsbildung" (Bohnsack 1989: 11) gelten können, an dem Heranwachsende im kommunikativen Miteinander biographisch relevante Orientierungen entwickeln (vgl. auch Ecarius 2012: 175). Gerade in der Gleichaltrigengruppe ist ein Austausch unter Personen gleichen Rangs und mit vergleichbarem Erfahrungshorizont möglich und gerade hier bemühen sich Jugendliche darum, „ihre eigene Lebenswelt zu konstruieren, sich mit eigener Sprache, Kleidung und anderen äußeren Attributen (Frisur, Schmuck, Körpermarkierungen) auszustatten und sich damit einen eigenen Raum für die Selbstentfaltung zu sichern" (Hurrelmann 2002: 241). Die vorliegende Arbeit folgt also der Annahme, dass im Rahmen von Peergroups gemeinsam Umgangsformen eingeübt werden und dass sie

---

27 So stellen auch Eulenbach und Ecarius fest, „dass sich die gegenwärtigen jugendlichen Lebensformen sozialstrukturell, regional, geschlechtsspezifisch usw. ausdifferenziert haben" (Eulenbach / Ecarius 2012: 10).

28 Vgl. schon Fend 2000: 310ff. und Hurrelmann 2002: 239ff.; außerdem: Harring et al. 2010a; Ecarius et al. 2011: 105ff.

einen wichtigen Interaktionsraum auch für die in Frage stehende Auseinandersetzung mit Zugehörigkeit abgeben. Der Begriff „peer" verweist dabei eigentlich auf den gleichen *sozialen* Status, hat sich aber in der soziologischen Jugendforschung zur Bezeichnung von *Alters*gleichen durchgesetzt (vgl. auch den Überblick zur Peergroup-Forschung in Schmidt 2004: 70ff.). Zur Abgrenzung von anderen Sozial- oder Beziehungsformen von Jugendlichen beziehe ich mich in der vorliegenden Arbeit auf das Kriterium des „Vorhandenseins einer direkten Interaktion" (vgl. Köhler 2012: 53) im Sinne einer „persönlichen Beziehung" (vgl. Lenz/Nestmann 2009: 10). So müssen sich Angehörige einer Generation nicht zwangsläufig begegnen (vgl. Mannheim 1964b | 1928: 525f.) und auch Angehörige einer Jugendkultur oder einer jugendkulturellen Szene sind nicht auf die gegenseitige Bekanntschaft angewiesen – eher ist hier die Teilhabe am Wissen um einen bestimmten *lifestyle* einer nicht ortsgebundenen Gemeinschaft gemeint (vgl. Ferchhoff/Neubauer 1997: 126ff.). Als Peergroups sollen in diesem Sinne Jugendliche gelten, die an gemeinsamen Freizeitaktivitäten teilnehmen und/oder in einen gemeinsamen Kontext eingebunden sind, also solche ‚signifikanten Anderen', auf die man sich tagtäglich beziehen, zu denen man sich in ein Verhältnis setzen muss und an denen man sich in alltäglichen Interaktionen orientiert.

Untersuchungen zu Peergroups, denen eine ungleichheitstheoretisch informierte Perspektive zugrunde liegt, sind bisher vor allem in der empirischen Schulforschung vorgenommen worden. So können Oswald und Krappmann in einer Studie zu „sozialer Ungleichheit in der Schulklasse und Schulerfolg" (Oswald/Krappmann 2004) zeigen, dass die innerhalb des jeweiligen Klassenzimmers hergestellte Ungleichheitsstruktur stark mit der sozialen Herkunft der jeweiligen Kinder und den damit korrespondierenden Leistungsbewertungen durch die Lehrer zusammenhängt. Und Thole und Schoneville konstatieren, dass die gesellschaftlichen Ungleichheitsstrukturen auch *innerhalb* von Peerkonstellationen zu finden sind und „sich die in den jeweiligen Mikrostrukturen gefundenen Ungleichheiten in einer sehr direkten Form auf die Bildungspartizipation und den Bildungserfolg auswirken" (Thole/Schoneville 2010: 152).[29] Die genannten Studien verbinden empirische Rekonstruktion mit standardisierten Erhebungen und schließen damit an die Erfassung sozialer und kultureller Ressourcen der Herkunftsfamilie über relevante Kapitalien in den PISA-Studien an (vgl. hierzu Baumert/Maaz 2006; Baumert/Stanat/Watermann 2006; Baumert/Water-

29 So konstatieren auch Ecarius et al.: „In Peer-Groups finden Selektionsprozesse nach Schichtzugehörigkeit, Ethnizität und Bildungsniveau statt, sie reproduzieren somit Dimensionen sozialer Ungleichheit." (Ecarius et al. 2011: 113)

mann/Schümer 2003).[30] Aber auch die Ergebnisse ausschließlich rekonstruktiv angelegter Arbeiten weisen auf die Relevanz von Peergroups für die Reproduktion von Bildungsungleichheit hin. Insbesondere ist hier die Hallenser Längsschnittuntersuchung zu nennen (vgl. als Überblick Krüger/Deinert/Zschach 2012; Krüger/ Köhler/Zschach 2010; Krüger et al. 2008). Ohne ins Detail zu gehen, lässt sich konstatieren, dass die im Kontext dieser Erhebung entstandenen Arbeiten die unterschiedlichen Formen herausarbeiten können, die das Verhältnis von individuellen und kollektiven Bildungsorientierungen in Peerkonstellationen annehmen kann.[31] Differenziert werden auf Grundlage des empirischen Materials erstens Gruppen, in denen Peers als Risikopotenzial gelten können, die sich durch bildungsferne Orientierungen und Praktiken auszeichnen und damit den Schulerfolg der Gruppenangehörigen be- oder verhindern. Daneben finden sich zweitens Gruppen, in denen die Peers als Parallelwelt funktionieren, in denen also die Thematisierung der schulischen Leistungsdimension für die Peeraktivitäten keine Rolle spielt, die Leistungsorientierung der einzelnen Gruppenmitglieder aber auch nicht verhindert wird. Drittens konnten Peerkonstellationen rekonstruiert werden, in denen die Peers als Gegenwelt zur Schule funktionieren und für deren Aktivitäten eine eher oppositionelle Auseinandersetzung mit der schulischen Leistungsdimension kennzeichnend ist. Schließlich und viertens wurden Gruppen identifiziert, in denen die Peers die Fortführung einer bildungsbezogenen Distinktion der Einzelnen ermöglichen.[32]

3.2 Forschungslinien der deutschsprachigen Jugendforschung

Ausgehend von diesen Überlegungen werden im folgenden Abschnitt Arbeiten vorgestellt, an die die vorliegende Studie anknüpfen und deren Diskussion gleichzeitig zu einer Konturierung der Fragestellung beitragen kann. Ich konzentriere mich dabei aufgrund des bereits bestehenden Korpus an Studien zu Peergroups im Kontext der Schule bzw. mit Fokus auf Bildungsungleichheit zum einen auf Arbeiten, die den Fokus gerade

30 Thole und Schoneville stellen sogar fest, dass gerade die Auswertung der mit Hilfe quantitativer Methoden erhobenen internationalen Schulvergleichsstudien wie PISA und IGLU in der Jugendforschung zu einer „Neuentdeckung sozialer Ungleichheit als Bildungsungleichheit" (Thole/Schoneville 2010: 150) geführt hat.

31 Genauer müsste man hier von Orientierungen in Bezug auf schulische Leistungserwartungen oder in Bezug auf Bildungszertifikate sprechen.

32 Die Funktion von Peergroups als Ressource oder biographische Gefährdung diskutieren im Übrigen auch andere AutorInnen, etwa Ecarius, Hößl und Berg (2012).

nicht auf bildungs- oder schulbezogene soziale Ungleichheit legen,[33] aufgrund des gewählten rekonstruktiven Zugangs zum anderen nicht auf Arbeiten, die im Wesentlichen auf standardisierten Erhebungen beruhen.[34] Im Fokus stehen vielmehr Untersuchungen, die sich auf die (alltags)kulturellen Praktiken von Jugendlichen und auf die Sozialformen konzentrieren, die Jugendliche ausbilden, und die sich interpretativer oder rekonstruktiver Verfahren bedienen. Nicolle Pfaff stellt in ihrem Überblick über „Forschungsfelder der deutschsprachigen Jugendforschung" dazu fest, dass die systematische Erforschung jugendlicher Praktiken, die etwa Mitte der 1980er Jahre einsetzte, „von Beginn an methodisch sehr vielfältig aufgestellt und theoretisch deutlich weniger an die Analyse der Sozialstruktur gebunden [war]" (Pfaff 2011: 530) als in anderen Wissenschaftskulturen. Das damit in Gang gesetzte Studium der durch jugendliche Gleichaltrigengruppen hervorgebrachten Orientierungen, Praktiken und Sozialformen hat sich – mit konjunkturellen Schwankungen – bis heute kontinuierlich ausdifferenziert (vgl. ebd.). Die Auswahl der im folgenden Abschnitt vorgestellten Forschungslinien und der Arbeiten, die ich intensiver diskutiere, wird daher – auch im Anschluss an die von Ecarius und Eulenbach geforderte „ordnende Perspektive" (Eulenbach/Ecarius 2012: 10) – geleitet und plausibilisiert durch die in der Begründung des meta-theoretischen Analyserahmens in Kapitel 2 erläuterten Unterschiede in den paradimatischen Perspektiven oder in der grundlagentheoretischen Fundierung dieser Arbeiten.

In diesem Sinne lässt sich ein *erster Strang* einer (sozial)phänomenologisch orientierten Forschung identifizieren, die sich mit jugendlichen Ausdrucksstilen, Szenen oder der Peergroup-Interaktion befasst, in erster Linie deskriptiv orientiert ist und sich ethnographischer und/oder konversationsanalytischer Verfahren bedient. Die entsprechenden Studien gehen explizit oder implizit von einer weitgehenden oder vollständigen Entkopplung von sozialstruktureller Positionierung und jugendkulturellen Stilen und Sozialformen aus (vgl. zu dieser Beobachtung auch Pfaff 2011: 530) oder folgen einem an die Ethnomethodologie angelehn-

---

33 Für einen umfassenden Überblick zu Befunden von Arbeiten an der Schnittstelle von Schul- und Jugendforschung mit Fokus auf Peergroups sei auf die Zusammenfassung des Forschungsstands bei Sina Köhler verwiesen (Köhler 2012: 32ff.).

34 Auf entsprechende Studien, die den Zusammenhängen zwischen jugendlichen Ausdrucksformen und/oder Einstellungen und sozialstrukturellen Merkmalen nachgehen (vgl. etwa Otte 2010, 2007a und 2007b; Tamke 2008; Raithel 2006), gehe ich in den Kapiteln 7 und 8 auch mit Blick auf eine mögliche Verbindung zur rekonstruktiven Milieuanalyse einer praxeologischen Wissenssoziologie näher ein.

ten Verständnis sozialer Strukturen als Vollzugswirklichkeit.[35] Im Einzelnen nehme ich hier Bezug auf Arbeiten, die sich mit Jugendkulturen und jugendkulturellen Szenen beschäftigen (Hitzler/Niederbacher 2010; Richard/Krüger 2010; Hitzler/Honer/Pfadenhauer 2008; Baacke 2007; Ferchhoff 2007; Farin 2001; SPoKK 1997; Baacke/Ferchhoff 1993), sowie Untersuchungen zu Formen der Interaktion und Kommunikation in jugendlichen Peergroups (Schmidt 2004; Deppermann/Schmidt 2003; Branner 2003; Neumann-Braun/Deppermann/ Schmidt 2002; Deppermann/Neumann-Braun 1998).

Neben diesen Studien spielen als ein *zweiter Strang* Arbeiten eine Rolle, die – diskurstheoretisch informiert – die Biographien Jugendlicher vor dem Hintergrund der darin erfolgenden Auseinandersetzung mit im weitesten Sinne institutionalisierten Wissensbeständen interpretieren. Der Fokus liegt dabei auf der Frage, wie sich wirkmächtige Differenzordnungen in soziale Praxis übersetzen, wobei diese Praxis selbst als eine tendenziell von sozialen Klassifikationen und darin enthaltenen stereotypen Verhaltenserwartungen abweichende gefasst wird. Anschluss bieten hier vor allem Untersuchungen zu geschlechtsbezogenen Praktiken Jugendlicher bzw. mit Schwerpunkt auf der Frage nach dem „doing gender" in der Adoleszenz (Stauber 2012 und 2004; Hackmann 2007 und 2003; Michalek 2009 und 2006; Jösting 2007 und 2005; Breitenbach 2000; vgl. auch die Beiträge in Budde/Mammes 2009; Hartmann et al. 2007) und zu Jugendlichen mit Migrationshintergrund bzw. mit Schwerpunkt auf der Frage nach dem „doing ethnicity" (vgl. Schulze 2010; Günther 2010; Schulze/Spindler 2006; Lang 2006; Mannitz 2006; Mecheril 2003; vgl. auch die Beiträge in Geisen/Riegel 2010; Bukow et al. 2006; King/Koller 2009).

Ein *dritter Strang* der jugendsoziologischen Forschung wiederum folgt der Perspektive einer praxeologischen Wissenssoziologie und geht im Anschluss an Bourdieu und insbesondere Karl Mannheim von einem Zusammenhang von sozialen Strukturen und sozialer Praxis im Sinne der in Kapitel 2 skizzierten Milieukonzeption aus. Die entsprechenden Studien konzentrieren sich darauf, die Prozesse der Konjunktion und Distinktion Jugendlicher und die zugrunde liegenden ‚Erlebnisschichtungen' zu rekonstruieren und nehmen dabei auch die Transformation von Handlungsorientierungen in der Adoleszenz in den Blick (Bohnsack et al. 1995;

35 Bezeichnet ist damit die an Garfinkels Überlegungen anschließende Annahme, dass die gesellschaftliche Wirklichkeit von den Interagierenden lokal hervorgebracht und intersubjektiv ratifiziert wird: Erst in der sozialen Interaktion stellt sich die Objektivität von ‚objektiv' wahrgenommenen Ereignissen her (vgl. auch Bergmann 2012).

Bohnsack 1989 und 2004; Schäffer 1996; Bohnsack/Nohl 2001b; Nohl 2001; Pfaff et al. 2010; Pfaff 2010 und 2006).

Im Folgenden will ich die Arbeiten entlang dieser drei Stränge geordnet darstellen und dabei mögliche Anschlüsse diskutieren: Zunächst gehe ich auf Studien aus Strang 1 ein, die die Bedeutung von Jugendkulturen und jugendkulturellen Szenen herausarbeiten können (3.2.1); dann auf Arbeiten aus Strang 2, die die Relevanz der Aushandlung von Geschlecht und Ethnie in jugendlichen Biographien fokussieren (3.2.2); schließlich auf Untersuchungen aus Strang 3, die die Adoleszenz als Phase der Entstehung neuer Milieus in den Blick nehmen (3.2.3). Abschließend bringe ich Studien aus allen drei Strängen zusammen und diskutiere ausführlich die empirischen Ergebnisse von Untersuchungen zu Formen von Interaktion und Distinktion in jugendlichen Peergroups und die zugrunde liegenden Perspektiven der entsprechenden Arbeiten (3.2.4).

3.2.1 Jugendkulturen und jugendkulturelle Szenen

Die im Folgenden vorgestellten Studien zielen im Wesentlichen auf eine erfassende Beschreibung der kulturellen Praktiken und Interaktions- und Ausdrucksformen Jugendlicher und der damit verbundenen Sozialformen. Die diesen Arbeiten (explizit oder implizit) zugrunde liegende Annahme, dass die deutsche Gegenwartsgesellschaft von Prozessen der „Individualisierung" und „Pluralisierung" erfasst wurde (vgl. zu dieser modernisierungstheoretischen Annahme Degele/Dries 2005: 73), und dass auch jugendkulturelle Stil- und Gemeinschaftsbildungen nicht mehr in einem direkten Zusammenhang mit Klassen, Schichten oder anderen Einordnungen in die Sozialordnung stehen, wurde schon Anfang der 90er Jahre formuliert (vgl. AG Bielefelder Jugendforschung 1990). In der Folge entstanden eine Vielzahl von Studien, die den Zusammenhang zwischen kulturellen Praktiken Jugendlicher und sozialstruktureller Verortung explizit oder implizit ausklammern und sich an einer in erster Linie beschreibenden Annäherung an diese Praktiken und damit verknüpfte Sozialformen Jugendlicher versuchen. Exemplarisch sei hier auf Hitzler und Niederbacher (2010) verwiesen, die in ihrer Studie zum „Leben in Szenen" zwanzig unterschiedliche Jugend-Szenen darstellen, etwa Antifa, HipHop, Punk, Techno, Ultras, Veganer u.a. Ähnliche Kompendien mit dem Fokus auf einzelne oder ausgewählte Jugend-Szenen (vgl. Bauer 2010; Schwanhäußer 2010) oder aber auf „Jugendkulturen" (vgl. Ferchhoff 2011; Richard/Krüger 2010; Farin 2001; Spokk 1997) hat es in den letzten Jahrzehnten etliche gegeben.

Die systematischen Überlegungen der darin versammelten Studien konzentrieren sich zunächst auf die begriffliche (Er)Fassung und Kategorisierung der Stile und Sozialformen Jugendlicher. So löst der Begriff der „Jugendkultur" zu Beginn der 1990er Jahre in einer Reihe von Publikationen den (klassentheoretisch fundierten) Begriff der „Subkultur" ab (vgl. Gebhardt 2010: 329), was mit der für die 1980er konstatierten „Stilexplosion" begründet wird, in deren Verlauf es zu Ausdifferenzierungen und zur Vermischung verschiedenster Ausdrucksformen gekommen sei (vgl. Krüger 2010: 24ff.): Resultat ist die zunehmende Schwierigkeit, diese Stile einheitlich zu kategorisieren (vgl. Baacke 2007: 40). Der Begriff „Jugendkultur" bringt in Abgrenzung zum Konzept der „Subkultur" aber zugleich auf den Punkt, dass eine zentrale Vergemeinschaftungsform von Jugendlichen einerseits nicht aus der jeweiligen sozialen oder Klassenlage zu erklären ist und andererseits nicht notwendiger Weise eine Funktion für die Aushandlung sozialer Ungleichheit erfüllt (vgl. schon Baacke/ Ferchhoff 1993: 403). „Jugendkulturen" werden gerade nicht als Gegenentwurf zur Mehrheitskultur verstanden oder als Arenen, in denen Klassenzugehörigkeit symbolisch verhandelt wird, sondern sie werden als Freizeitwelten konzipiert, an denen Jugendliche teilhaben können, aber nicht müssen (vgl. Pfaff 2006: 39). In diesem Sinne wird davon ausgegangen, dass Zugehörigkeit zu einer „Jugendkultur" im Wesentlichen auf der freien Wahl der Jugendlichen beruht und – durchaus im Sinne der Autonomie dieser „Gegenwelten" – sogar die *Herauslösung* aus den traditionellen Milieu-, Schicht- und Klassenstrukturen ermöglicht (vgl. Vollbrecht 1997; Baacke/Ferchhoff 1993: 425). Erst Ende der 90er Jahre etabliert sich neben dem Begriff der „Jugendkulturen" der Terminus der „Szene" (vgl. Müller-Bachmann 2007: 142; Hitzler/Niederbacher 2001). Nach Hitzler und Niederbacher, die den Terminus in Anlehnung an Gerhard Schulzes Konzept der „Erlebnisgesellschaft" (1993) für die Jugendforschung ausarbeiten, sind Szenen eine „Form von lockerem Netzwerk [...], in dem sich unbestimmt viele beteiligte Personen und Personengruppen vergemeinschaften" (Hitzler/Niederbacher 2010: 15). Eine explizite Abgrenzung von „‚anrainenden' Gesellungsgebilden" (ebd.: 94) wird weniger von Jugendkulturen als vielmehr von Milieus, Cliquen oder Gangs vorgenommen.[36] Gegenüber diesen zeichnen sich Szenen vor allem durch fehlende oder zumindest sehr niedrige Ein- und Austritts-

36 Tatsächlich bleibt gerade die Abgrenzung zum Begriff der „Jugendkultur" auch in anderen Arbeiten unscharf: So gehen einige Autoren mit Blick etwa das Alleinstellungsmerkmal der globalen Dimension von „Szenen" davon aus, dass auch die kollektive Identität einer „Jugendkultur" durch mediale und kommerzielle Vermittlung durchaus in einem globalen Rahmen aufgehen kann (vgl. Pfaff 2006: 41; Baacke/ Ferchhoff 1993: 425).

schwellen und Sanktionspotentiale, eine geringere Altershomogenität und geringere Interaktionsdichte und mithin durch eine größere Diffusität (vgl. ebd.: 94), sowie durch Translokalität (vgl. Hitzler 2008: 62f.; Müller-Bachmann 2007: 143) aus. Vor allem aber sind Szenen von „kollektiv auferlegten *Lebenslagen*" (Hitzler / Niederbacher 2010: 94; Herv. im Original) entkoppelt.

Neben dem Versuch, die Sozialformen Jugendlicher begrifflich zu erfassen und zu systematisieren, verbindet die genannten Studien außerdem, dass sie die Existenz selektiver oder exkludierender Vergemeinschaftungsformen zwar nicht negieren, aber doch davon ausgehen, dass diesen immer weniger Bedeutung zukommt. Mit anderen Worten liegt ihnen die Annahme zugrunde, dass die handlungsprägende Kraft von Sozialisationserfahrungen nicht mehr gegeben sei: Vergemeinschaftung erscheint vielmehr als *Aufgabe*, die individuell bewältigt werden muss und die für Jugendliche „nicht mehr nur zur (wie auch immer zu ertragenden) ‚Normalität' zu werden [scheint], sondern zu einer zunehmend kompetent gehandhabten Selbstverständlichkeit" (Hitzler / Niederbacher 2010: 15). Die Sozialformen Jugendlicher werden sogar als typisch für so genannte „posttraditionale Gemeinschaften" (Hitzler / Honer / Pfadenhauer 2008; Hitzler 2008) überhaupt angesehen. Ihre Hauptfunktion besteht in dieser Perspektive in der Bewältigung der Effekte von „Pluralisierung" und „Individualisierung". So spricht Farin von der Schaffung einer positiven gemeinsamen „kollektiven Identität" (Farin 2001: 22) als Hauptfunktion von „Jugendkulturen" und Bauer stellt fest, dass „Szenen" den durch die Optionsvielfalt verunsicherten Jugendlichen Leitbilder und Orientierungsmuster bieten können (vgl. Bauer 2010: 41ff.). Jugendkulturen oder jugendkulturelle Szenen werden folglich als eine Antwort auf das Leben in der „entgrenzten Gesellschaft" interpretiert (vgl. ebd.: 188f.).[37] Mit Thole und Schoneville lässt sich resümieren, dass die genannten Studien davon ausgehen, dass die „unkonventionelle Adaption und kreative Dekontextualisierung gesellschaftlicher Vorgaben zu einem szeneeigenen ‚Symbol- und Zeichensystem'" (Thole / Schoneville 2010: 149) den Jugendlichen im Kontext von Jugend-Szenen oder Jugendkulturen eine verlässliche Selbstvergewisserung und das heißt nicht zuletzt, die Etablierung von Zugehörigkeit(en) ermöglicht: Die Sozialformen und damit verbundenen kulturellen Praktiken Jugendlicher „erhalten in dieser Perspektive ihren eigentlichen Sinn, in-

37 Vgl. zu ähnlichen Annahmen bezüglich der Funktion der japanischen Comic-Szene die Arbeiten von Werner (Werner 2010: 14ff.); zur Funktion der Techno-Szene die Studie von Schwanhäußer (Schwanhäußer 2010).

dem sie unsichere Momente gestalten und gleichzeitig Halt und Geborgenheit vermitteln“ (Stauber/Pohl/Walter 2007: 28).

Ein Vorteil der referierten Arbeiten zu Jugendkulturen und jugendkulturellen Szenen besteht nun darin, den Blick auf die vielfältigen Lebensvollzugsformen von und Beziehungen zwischen Jugendlichen gelenkt zu haben. Sie schärfen insbesondere das Verständnis dafür, dass sich die Aushandlung von Zugehörigkeit und Differenz bei Jugendlichen immer mehr in einem eigenen Teilbereich bewegt und diese sich in ihren Abgrenzungsprozessen weniger an der Elterngeneration orientieren, als dass Distinktion innerhalb des jugendkulturellen Spektrums selbst vollzogen wird. Zudem verweisen die Arbeiten auf die Bedeutung von Distinktionsmerkmalen ästhetischer Art, die als „Stile“ oder „exzentrische Ausdrucksmittel“ (Vollbrecht 1997) oft einen größeren Raum einnehmen, als inhaltliche Differenzen (vgl. auch Pfaff 2006: 43). Gegen die Annahme, dass die Zugehörigkeit zu einer Jugendkultur oder jugendkulturellen Szene mehr oder weniger frei gewählt ist, lässt sich allerdings mit Scherr (2009a) einwenden, dass zwar von einer „eindeutigen sozialstrukturellen Verortung“ (Scherr 2009a: 190) dieser Sozialformen nicht mehr auszugehen ist. Es bleibt Scherrs Ansicht nach aber weiterhin dringend notwendig, zu ergründen, ob und welche sozial zugemuteten Erfahrungen entsprechende Vergemeinschaftungsformen, ihre Stile und ihre Praktiken konstituieren. Den genannten Studien fehlt allerdings eine grundlagentheoretische Fundierung, die einen *Zusammenhang von kulturellen Praktiken und soziostrukturellen Bedingungen, kollektiv geteilten Sozialisationserfahrungen oder auch hegemonialen Diskursen* überhaupt denk- und erfassbar macht – und das, obwohl sich die *kollektive Dimension jugendlicher Praktiken* in einigen Studien durchaus andeutet: So kommt Nicolle Pfaff in ihrer Studie zum Zusammenhang von „Jugendkultur und Politisierung“ (Pfaff 2006) zu einer Differenzierung unterschiedlicher Formen für die Jugendphase spezifischer Such- und Aushandlungsprozesse in Jugendkulturen, die entlang von Szene-Zugehörigkeit verlaufen: Zwischen diesen Szenen lassen sich ausgeprägte Unterschiede in den Formen der Inszenierung nachweisen, die zudem mit unterschiedlichen Formen der politischen Orientierung korrespondieren (vgl. Pfaff 2006: 295ff.). Die Frage, inwiefern die Einfindung in die eine oder andere Szene auf kollektiv geteilte oder strukturidentische Erfahrungen der Jugendlichen verweist, bleibt in Pfaffs Studie allerdings ebenso offen (vgl. Pfaff 2006: 296), wie die Frage, ob sich innerhalb einer Szene unterschiedliche Formen kultureller Praktiken finden lassen. Hier kann die Arbeit Nora Hoffmanns erste Hinweise geben (Hoffmann 2014), die in Auseinandersetzung mit den Arbeiten Ronald Hitzlers die *Differenzen in den habituellen Stilen* von Teilhabern der Elektro/Techno-Szene untersucht. Hoffmann kommt zu einer Unterscheidung distinkter Formen der Bezugnahme kommunikativen Szene-Stile, die sich zudem in Ansätzen auf unterschiedliche konjunktive Erfahrungen beziehen lassen.

3.2.2 *Soziale Klassifikationen und jugendliche Biographien*

Eine Reihe von rekonstruktiv angelegten Arbeiten im Bereich der soziologischen Jugendforschung legt ihren Analysen der kulturellen Praktiken Jugendlicher nun ausdrücklich die Annahme eines Zusammenhangs von Formen der Selbstinszenierung und der Selbstdarstellung und hegemonialen Diskursen zugrunde und konzentriert sich auf die Bearbeitung der in diesen Diskursen oder gesellschaftlichen Institutionen verankerten Wissensbestände in individuellen Biographien Jugendlicher. Dabei dominieren Untersuchungen zur Herstellung von Geschlechts- und zur Dynamik der Selbst- und Fremdzuschreibung ethnischer Zugehörigkeit.[38]

Im Bereich der Genderforschung angesiedelt setzt etwa Stauber (2012 und 2004) den Fokus auf „geschlechtsspezifische Inszenierung und Handlungspotentiale in Jugendkulturen". Ihre Ausgangsfrage ist, welche „biographischen Spuren" jugendkulturelle Einbindungen im weiteren Lebensverlauf hinterlassen und insbesondere „welche gender-biographischen Bedeutungen [...] die jugendkulturellen Selbstinszenierungen von Mädchen und Jungen im Hinblick auf ihre Übergänge zum Erwachsensein" (Stauber 2012: 52) haben. Grundlage von Staubers Analyse sind Forschungsarbeiten im Bereich der subjektorientierten Übergangsforschung (vgl. Stauber/Pohl/Walther 2007) und Ergebnisse einer Untersuchung zu jugendkulturellen Selbstinszenierungen am Beispiel von jungen Aktivisten einer ländlichen Goa-Trance-Szene (vgl. Stauber 2004).[39] Ihren empirischen Rekonstruktionen liegt dabei die auf Judith Butlers Arbeiten zur gesellschaftlichen Reproduktion von Geschlechterverhältnissen (vgl. insbesondere Butler 1991) zurückgehende Annahme zugrunde, dass die

38 Dieser Fokus auf Ethnizität und Geschlecht scheint nicht zuletzt darauf zurückzuführen zu sein, dass am Beginn der Analyse der *symbolischen Dimension sozialer Ungleichheit* der Versuch einer Ergänzung der „alten" Sozialstrukturanalyse um die Analyse der „kulturellen Klassifikationen" stand, die bis dato als sekundäre Phänomene galten (vgl. Weiß et al. 2001b).

39 Stauber fasst „jugendkulturelle Selbstinszenierung" ähnlich wie die bereits referierten Arbeiten zu Jugendkulturen und jugendlichen Szenen als „eine Handlungspraxis, die Mädchen und Jungen, junge Frauen und Männer kollektiv oder individuell ausüben" (Stauber 2012: 53) und mit der sie sowohl Handlungsfähigkeit erproben, als auch sich ihrer selbst und ihrer Zugehörigkeit vergewissern und so „eine im Kontext der spätmodernen Ungewissheit immer wichtiger werdende Identitätsarbeit [leisten]" (ebd.).

Gesellschaft von Heteronormativität geprägt ist: Bezeichnet ist damit eine Matrix, „nach der sowohl ein gesellschaftliches System mit starken Vorgaben funktioniert (gesellschaftliche Institutionen und Strukturen, die immer hierauf Bezug nehmen), nach der sich ein System normalisierender Diskurse (re)produziert [...], und auf die sich auch subjektive Positionierungen beziehen – auch wenn sie sich irgendwann hiervon kritisch abgrenzen“ (Stauber 2012: 61). Stauber geht weiter davon aus, dass die Jugendphase „in zugespitzter Weise als eine Phase von ‚doing gender' zu betrachten“ ist (ebd.: 63). Dabei geht es zwar einerseits immer um eine „heteronormative Vereindeutigungsarbeit“ (ebd.), die die Jugendlichen zu leisten haben, andererseits werden „Geschlechtsrollen“ aber nicht einfach übernommen. Die zentrale Frage ist also, ob und in welcher Form in jugendkulturellen Einbindungen „Variationsräume von Geschlecht“ genutzt werden können. Staubers empirische Analysen machen nun deutlich, dass „selbst innerhalb einer lokalen Szene die Gender-Positionierungen sehr heterogen“ sind (ebd.: 65). Gemeinsam ist den von Stauber befragten jungen Frauen aus dem Kontext der Goa-Trance-Szene im Grunde nur, „dass sie die Zuordenbarkeit zum weiblichen Geschlecht durch ihre Köperinszenierung nicht in Frage stellten“ (ebd.: 65). Stauber resümiert, dass zwar „die gesellschaftlichen Diskurse häufig stereotype Vorstellungen von Geschlecht reproduzieren“ (ebd.), es aber eine empirische Frage sei, „wie Subjekte sich entlang der Geschlechterzuweisungen in ihren Jugendkulturen positionieren – ob es hier um ‚doing gender' geht, oder darum, auf ganz andere Weise Geschlecht zu praktizieren *(doing gender differently)*“ (ebd.; Herv. im Original).

Die hier ausführlich zitierte Studie Staubers steht exemplarisch für eine Reihe von Arbeiten, die ebenfalls mit der Frage nach der Reproduktion einer heteronormativen Geschlechterordnung und möglichen Spielräumen für Variationen von Genderinszenierungen im Rahmen der „Lebensphase Jugend“ beschäftigt sind – wenn auch nicht mit dem Fokus auf den jugendkulturellen Kontext (vgl. u.a. Hackmann 2007 und 2003; Jösting 2007 und 2005; Breitenbach 2000). Als ein wichtiges Ergebnis ihrer Arbeit hält etwa Jösting fest, „dass Männlichkeit grundlegend durch Heterosexualität bestimmt ist“ und dass dies für die von ihr befragten Jungen im Alter zwischen 13 und 17 Jahren so selbstverständlich ist, „dass es nicht explizit thematisiert werden muss“ (Jösting 2007: 150), und zwar „unabhängig vom Alter, dem Bildungsmilieu oder der ethnischen Zugehörigkeit“ (ebd.). Gleichzeitig zeigt sich aber in der Analyse der von ihr erhobenen Gruppengespräche die offensichtliche Notwendigkeit eines permanenten „doing gender“, denn obwohl die heterosexuelle Orientierung und Praxis von den Jungen als unhinterfragbare Selbstverständlichkeit betrachtet wird, muss „dieser ‚Naturtatbestand' zur Darstellung gebracht werden" (ebd.: 151). Während Jösting also vor allem die „Geschlechtsverantwortlichkeit" oder „Geschlechts-Zuständigkeit" der Jugendlichen im Sinne der von Garfinkel auf den Begriff gebrachten „Accountability" herausarbeitet und dabei verschiedene „Darstellungs- und Konstruktionsfelder von Männlichkeit" unterscheidet (vgl. ebd.: 166), weist gerade die Studie Hackmanns auf ähnliche Differenzen zwischen stereotypen und geschlechtsbezogenen diskursiven Subjektivierungsangeboten und deren Aneignung in der sozialen Praxis hin, wie sie bei Stauber im Material erscheinen. Empirische Basis von Hackmanns Untersuchung sind Interpretationen der Interaktions- und Kommunikations-Prozesse in einer Gruppe von Mädchen, die zum Zeitpunkt der Untersuchung zwischen 11 und 12 Jahre alt waren (vgl. Hackmann 2007: 141). Sie kommt zu dem Ergebnis, dass der „dargestellte Auseinandersetzungsprozess mit unterschiedlichen sexuellen Phantasien und Wünschen zeigt, dass die Phantasien von Mädchen zu Beginn der Pubertät facettenreicher sind, als die sozialen Angebote zu deren Bearbeitung" (ebd.: 149). Zwar legen diese sozialen Angebote norm- oder stereotypenabweichendes Verhalten nicht nahe. Dass die Mädchen jedoch selbsttätig in der Lage sind, „gesellschaftliche Vorgaben und kulturelle Angebote spielerisch umzudeuten und für eigene Entwürfe handhabbar und nutzbar zu machen, wenn ihnen der Raum dazu gegeben wird" (ebd.: 149), arbeitet Hackmann als wichtigen Befund heraus. Sie findet darin ihre Annahme bestätigt, dass die stereotypen Vorgaben nicht immer und überall direkt in die Handlungspraxis der Jugendlichen Eingang finden – auch wenn sie die Frage, *wann oder warum* sie dies nicht tun nicht beantworten kann.

Es lässt sich konstatieren, dass die referierten Arbeiten sich der Frage nach der Herstellung von Zugehörigkeit und insbesondere sozialer Differenz über die Übernahme stereotyper Vorgaben von Geschlechtszugehörigkeit widmen und versuchen, die Art und Weise der Aneignung dieser Vorgaben bzw. die entsprechenden Aushandlungsprozesse zu rekonstruieren. Dabei können sie Differenzen in den Aneignungsweisen Jugendlicher herausarbeiten und den Blick zugleich auf Kontexte (bspw. Jugendkulturen, Peergroups) lenken, in denen von stereotypen Normalitätserwartungen *abweichendes* Verhalten realisiert werden kann. Allerdings liegt den Analysen ein spezifisches Vorverständnis von kulturellen Praktiken zugrunde, denen immer schon eine „Tendenz zur Unberechenbarkeit, Widerständigkeit, ‚Subversion' und Veränderungsoffenheit" (Reckwitz 2004: 41) inhärent zu sein scheint, wie Reckwitz in Bezug auf die Perspektive Judith Butlers schreibt, auf die sich die genannten Autorinnen wie gesehen durchweg beziehen. Anders ausgedrückt: Kollektivität erscheint hier (nur) als Effekt der machtvollen Zuschreibung von Rollen- oder Verhaltenserwartungen durch die „heteronormative Matrix" – inwiefern aber die *Unterschiede* in der Bezugnahme auf diese Rollen- oder Verhaltenserwartungen, die sich im referierten Material ja durchaus andeuten, *auf Kollektivität (etwa im Sinne geteilter impliziter Wissensbestände) verweisen*, ob also die Form der Bezugnahme auf stereotype Vorstellungen von Geschlecht (oder deren Zurückweisung) sich etwa nach Schichtzugehörigkeit oder einer anderen Dimension der ‚Erlebnisschichtung' der Jugendlichen unterscheiden, gerät nicht in den Blick.

Ohne ins Detail zu gehen, finden sich diese durch die gewählte Perspektive auf das Material bedingten Grenzen der Analyse auch in einer Reihe von Arbeiten zu Formen des „doing ethnicity" in der Adoleszenz. Auch hier wird einerseits von der theoretisch begründeten Annahme der Wirkmächtigkeit von (Fremd)Zuschreibungen als kulturell oder ethnonational Anderer ausgegangen, andererseits in den empirischen Analysen immer wieder deutlich, dass das auf diese Weise konstruierte Kollektiv nur ein vermeintliches ist (vgl. Schulze 2010; Günther 2010; Schulze/Spindler 2006; Lang 2006; Mannitz 2006). So resümiert etwa Lang (2006) in ihrer Untersuchung zu den biographischen Konstruktionen zweier Frauen mit Migrationshintergrund, dass die biographischen Selbstverortungen „hinsichtlich ihrer natio-kulturellen oder religiösen Orientierungen sehr verschieden [sind], so dass nicht von einheitlichen kulturellen Zugehörigkeiten gesprochen werden kann" (Lang 2006: 148). Und weiter: „Ihre Weiblichkeitskonzepte implizieren verschiedene Aspekte von Unabhängigkeit (ökonomische Unabhängigkeit, Mobilität, freie Wahl von Freundinnen, Freunden und Lebenspartnern) bei gleichzeitiger Betonung der Loyalität gegenüber ihrer Familie" (Lang 2006: 148). Lang konzentriert sich also auf den *Nachweis der Unterschiede* in den Weiblichkeitskonzepten von jungen Frauen, denen die ‚soziale Identität' der ‚ethnisch Anderen' von außen zugeschrieben wird und die damit gewissermaßen *von außen* einem Kollektiv zugeschlagen werden. In ähnlicher Weise fokussiert auch Schulze (2010) die Fremdzuschreibung(en), denen Jugendliche mit Migrationshintergrund ausgesetzt sind, und arbeitet heraus, dass diese im Widerspruch zur Alltagspraxis dieser Jugendlichen stehen, denn *„entgegen* der alltäglich gelebten multiplen Zugehörigkeiten sehen sich die Jugendlichen unter dem mehrheitsgesellschaftlichen Blick mit der Erwartung einer eindeutigen ‚nationalen' Verortung im Herkunftskontext der Eltern konfrontiert" (Schulze 2010: 100, Herv. von mir). Und auch Mannitz (2006) legt ihre Arbeit zur „verkannten Integration" der Angehörigen der zweiten und dritten Migrationsgeneration in Deutschland als Kritik am „methodischen Nationalismus" (vgl. Mannitz 2006: 10ff.) und damit als Versuch an, Selbst- und Lebensentwürfe von Heranwachsenden aus Migrantenkreisen nicht mehr speziellen Kollektiven oder Problemen zuzuordnen, die mit nationalen Herkunftsgruppen in Verbindung gebracht werden. Sie will vielmehr „die eigenständigen Äußerungen von Migranten bzw. die ihrer heranwachsenden Kinder ins Zentrum [rücken], ohne eine grundlegende Differenz zur Adoleszenz gebürtiger Deutscher zu unterstellen" (ebd.: 14), und dabei rekonstruieren, „welche Bedeutung die Heranwachsenden ihren sozialen Erfahrungen für den individuellen Selbst- und Lebensentwurf verleihen" (ebd.: 17). Mannitz' Arbeit zeichnet in sechs Fallstudien individuelle Sozialisationsverläufe nach, die zwar ihrer Annahme nach der herrschenden Klassifikationsordnung unterliegen, diese in der sozialen Praxis aber zugleich für den biographischen Selbstentwurf transformieren. Auch ihr gelingt es letzlich vor allem, nachzuweisen, dass die Fremdzuschreibung den tatsächlichen Differenzen innerhalb des Kollektivs der „Menschen mit Migrationshintergrund" nicht gerecht wird. Auch sie bleibt dadurch aber auf die Frage fokussiert, ob und wie die institutionalisierten Wissensbestände – hier die „herrschende Klassifikationsordnung", die etwa der „heteronormativen Matrix" in den Arbeiten von Stauber, Hackmann und Jösting entspricht – in den Biographien der von ihr untersuchten Jugendlichen überhaupt relevant werden oder nicht.

Es lässt sich konstatieren: Die genannten Arbeiten gehen von der – zunächst nur theoretisch bzw. mit Bezug auf die Ergebnisse anderer Forschungsarbeiten begründeten – Annahme aus, dass es eine „Forderung nach Eindeutigkeit" in Bezug auf die „national kodierte Zugehörigkeit" (Mecheril 2003: 18) bzw. in Bezug auf die „heteronormative Matrix" *gibt*, mit der Jugendliche konfrontiert sind und die mit Zuweisungen von Zugehörigkeit und Nicht-Zugehörigkeit einher geht. Es wird dabei auch angenommen, dass entsprechende Klassifikationsordnungen (in Bezug auf ethno-nationale Zugehörigkeit oder in Bezug auf Geschlecht) relevante Ansatzpunkte adoleszenter Selbstpositionierungen sind. Gleichwohl konzentrieren sich die referierten Arbeiten sowohl im Bereich des „doing gender" als auch des „doing ethnicity" letztlich auf den Nachweis der *Abweichung* der Alltagspraxis Jugendlicher von diesen stereotypen Normalitätserwartungen: Es wird am empirischen Material immer wieder deutlich, dass sich sowohl auf der Ebene der Identitätskonstruktionen als auch auf der Ebene der Handlungspraxis Spuren der Differenz finden, dass die Zuschreibungen also außer Kraft gesetzt oder die Verhaltenserwartungen ignoriert werden. Damit scheint soziale Praxis tendenziell im Widerspruch zu Normalitätserwartungen zu stehen und d.h. auch im Widerspruch zu kollektiven Zuschreibungen: Soziale Praxis ist der Ort, an dem die Widerständigkeit und Subversion *des Individuellen* fassbar gemacht wird, an dem die diskursiven Vorgaben oder institutionalisierten Wissensbestände nicht durchgreifen können (vgl. Reckwitz 2004: 41). Damit steht aber grundsätzlich in Frage, ob die Arbeiten Formen der Kollektivität erfassen können, die nicht auf kollektivierenden Kategorien wie Geschlecht oder Ethnie basieren, die auf der Ebene von Rollenerwartungen oder stereotypen diskursiven Vorgaben angesiedelt sind bzw. ob sie etwa Gemeinsamkeiten in der Form der Bezugnahme oder auch in der Verweigerung der Bezugnahme auf die genannten Fremdzuschreibungen als Ausdruck von Kollektivität fassen können.

3.2.3 Adoleszenz als Phase der Entstehung von Milieus

Eine Reihe der an der Perspektive der praxeologischen Wissenssoziologie orientierten Arbeiten im Bereich der Jugendforschung geht der Frage nach, inwiefern die Aktionsformen Jugendlicher Ausdruck von Kollektivität sein können bzw. wie Jugendliche im Verlauf ihrer Adoleszenzkrise und somit in einer Phase der Sinn- und Orientierungssuche über kollektive Aktionismen in der Peergroup habituelle und milieuspezifische Übereinstimmungen finden oder neue hervorbringen (vgl. etwa Bohnsack/Nohl 2001b: 18). Die Studien nehmen damit gerade nicht die individual-biographische und/oder selbst-reflexive Dimension der kulturellen Praktiken Jugendlicher in den Blick, sondern die kollektiven und in der Handlungspraxis sich vollziehenden Formen einer „Suche nach Gemeinsamkeit" (Bohnsack et al. 1995), die auf konjunktiven Erfahrungen im Sinne strukturidentischer Erlebnisschichtungen beruhen.

Mit ihren stark jugendsoziologisch angelegten Untersuchungen rekonstruieren etwa Bohnsack (1989) und Bohnsack et al. (1995), inwiefern sich jugendspezifische Entwicklungsprozesse in milieutypische Formen differenzieren lassen und arbeiten heraus, welche milieuspezifischen Sozialisationserfahrungen „zur Verschärfung von Adoleszenzkrisen beitragen" (Bohnsack et al. 1995: 14). So kann Bohnsack (1989) in seiner Arbeit zu „Generation, Milieu und Geschlecht" zeigen, dass sich Jugendliche bei der Bewältigung des Übergangs von Schule zu Beruf hinsichtlich ihrer Bildungserfahrungen unterscheiden. Kommen die von ihm untersuchten jugendlichen Lehrlinge in eine „Suspendierungsphase" (Bohnsack 1989: 199), wird also eine Auseinandersetzung mit der Zukunft zeitweise ausgesetzt und bleiben in diesem Zusammenhang die Vorstellungen von der eigenen beruflichen Zukunft vage (vgl. ebd.: 203ff.), lässt sich bei den von ihm befragten Gymnasiast*innen aufgrund ihrer „intellektuellen Sozialisation" (vgl. ebd.: 221) eine andere Form der Bewältigung rekonstruieren: Sie spielen berufsbiographische Entscheidungssituationen vorab gedanklich durch und treffen auf dieser Grundlage eine Auswahl aus möglichen Ausbildungswegen (vgl. ebd.: 218). Bohnsack kann weiter zeigen, dass die Lehrlinge im Arbeitsalltag feststellen, dass die Rollenerwartungen, denen sie ausgesetzt sind, ihnen kaum Raum für eigenständiges Handeln lassen (vgl. ebd.: 199ff.). In Reaktion darauf kommt es bei den männlichen Jugendlichen zu einer „mehr oder weniger ausgeprägten Ent-Täuschung“ (ebd.), die sich auf die gesamte Arbeitswelt bezieht und eine Phase der Negation der beruflichen Zukunft einleitet. Diese Negationsphase, in der biographische Entwürfe wiederum ausgeblendet und verneint werden (ebd.: 202ff.), findet sich allerdings bei den jungen Frauen aus dem Lehrlingsmilieu nicht (ebd.: 216). Bohnsack kann also die Unterschiede in der Bearbeitung der Erfahrung des Übergangs nicht nur mit Blick auf die Bildungserfahrungen, sondern auch hinsichtlich der Erfahrungen im Bereich der Geschlechtszugehörigkeit differenzieren.

Fokussiert die Arbeit Bohnsacks (1989) noch eine *adoleszenzspezifische Entwicklungstypik*, konzentrieren sich die Arbeiten Bohnsack et al. (1995) und Nohls (2001) auf die Frage, inwiefern die kollektive Statuspassage der Adoleszenz in unterschiedlicher und das heißt hier, in milieuspezifischer Weise bearbeitet wird. Aufgrund des empirischen Materials kommen sie zu der Feststellung, dass es zu einer Suche nach habitueller Übereinstimmung insbesondere dann kommt, wenn die Traditionen des Herkunftsmilieus brüchig geworden sind (vgl. Bohnsack/Nohl 2001b). Die Herstellung von Zugehörigkeit im Sinne der Entstehung von neuen Milieu-Zusammenhängen untersuchen etwa Bohnsack et al. (1995) mit Fokus auf die expressiven Jugendszenen der „Hooligans“ und der „Rocker“. Es gelingt den Autoren in der komparativen Analyse des Materials, die auf Basis der kollektiven Bearbeitung der Effekte der Prozesse der „Individualisierung“ und „Pluralisierung“ sich vollziehende „Emergenz von Milieus“ nachzuzeichnen. Fokus der Untersuchung liegt hier auf Jugendlichen aus so genannten „bildungsfernen Schichten“, die die Autoren direkt nach der Wende in einer Ostberliner Plattenbausiedlung untersuchen und die mit Problemen des Verlusts ihrer bisherigen nahweltlichen Erfahrungsräume konfrontiert sind. Auf der Grundlage von Gruppendiskussionen, teilnehmenden Beobachtungen und biographischen Interviews können zwei Formen der „Suche nach Gemeinsamkeit“ unterschieden werden, in denen eine Bearbeitung der Erfahrung der Diskontinuität als Vergewisserung habitueller Gemeinsamkeiten verlaufen: Der erstere Weg ist die bei den „Hooligans“ zu beobachtende Selbstverstrickung in körperliche Auseinandersetzungen. Dieser Weg führt zwar zur Konstitution einer „episodalen Schicksalsgemeinschaft“, nicht aber zur Emergenz von Milieus (vgl. ebd.: Kap. 3). Der andere Weg sind ästhetisch-stilistische „Aktionismen“ bei den Rock-Gruppen. Hier lässt sich eine Emergenz von Stilen und Milieus beobachten (vgl. ebd.: Kap. 4): Im Kontrast zu den „Hooligans“, die biographisch im Voraussetzungslosen ansetzen, werden bei den „Rock-Gruppen“ bruchstückhaft Stilelemente der kollektiven Sozialisationsgeschichte re-organisiert und gemeinsam bearbeitet. Die *gemeinsame* Bearbeitung der *gemeinsam* erfahrenen sozialisationsgeschichtlichen Brüche ermöglicht die Emergenz neuer Vergemeinschaftungsformen auf der Basis einer partiellen Re-Aktivierung und Re-Strukturierung brüchig gewordener Stilelemente.[40] Über die Interpretation zusätzlich erhobener narrativer Interviews können Bohnsack et al. zudem als bedeutsame Form der geteilten Sozialisationserfahrung die unterschiedlichen Formen der Kommunikation innerhalb der Familie herausarbeiten, die die Unterschiede zwischen den Typen ansatzweise erklären.

In seiner Arbeit zu „Migration und Differenzerfahrung" rekonstruiert hingegen Nohl (2001) anhand von Gruppendiskussionen und narrativen Interviews mit jungen Arbeitern mit und ohne Migrationshintergrund am Ende der Jugendphase in Deutschland und in der Türkei verschiedene „Formen der Sozialität" (Nohl 2001: 55): Er unterscheidet im Einzelnen Gleichaltrigengruppen, die durch ein „Primordialität nahweltlicher Beziehungen" (ebd.) gekennzeichnet sind, und solche, die sich „aus diesen nahweltlichen Beziehungen und milieuspezifischen Bindungen gelöst haben", an deren Stelle „eine Form institutionalisierter Sozialität" getreten ist. Schließlich identifiziert er in Deutschland und in der Türkei Jugendliche, die im Sinne familialer und gesellschaftlicher Exklusion „[a]us allen Beziehungen herausgefallen sind" (ebd.). In der komparativen Analyse seiner Fälle kann er darüber hinaus nicht nur den besonderen Einfluss der Erfahrung der Migration (oder genauer: die Besonderheit der „Migrations-Lagerung") im Unterschied zu anderen Lagerungsdimensionen herausarbeiten, sondern darüber hinaus drei milieuspezifische Formen der *Bearbeitung* dieser Erfahrung *innerhalb* der Gruppe der Jugendlichen mit Migrationshintergrund unterscheiden. Die Besonderheit der Migrationslagerung (vgl. ebd.: 121ff.) ist die Existenz einer inneren und einer äußeren Sphäre und die Notwendigkeit, zwischen diesen beiden Sphären zu vermitteln. Diese Notwendigkeit dokumentiert sich in Nohls Arbeit nur bei den Befragten mit Migrationshintergrund. Die strukturidentische Erfahrung der Migration oder auch der Zugehörigkeit zum Kollektiv der Migrations-Anderen führt offensichtlich zur Ausbildung des Orientie-

40 Schäffer (1996) ist den Unterschieden in den „stilistischen Einfindungsprozessen" der „Rock-Gruppen" weiter nachgegangen. Er kann zeigen, dass die habituelle Übereinstimmung bzw. die habituelle Stilbildung hier aus der Einbindung in die *Praxis* des Musizierens, aus dem „Machen" resultiert. Dies gilt auch für die Beziehung von Band und Publikum, denn auch dort geht es nicht primär um eine Selbstinszenierung („Show"), sondern um die Erprobung habitueller Übereinstimmung. Das Konzert wird dann zu einer „gelungenen Party", wenn das Publikum in engagierter Weise beteiligt werden kann.

rungsproblems der „Sphärendiskrepanz" (ebd.: 121), wie Nohl es nennt. Die *Form der Bearbeitung* dieses Orientierungsproblems unterscheidet sich aber, wie Nohl zeigen kann, insbesondere mit Blick auf den Bildungshintergrund der Jugendlichen mit Migrationshintergrund. Neben Gruppen, die sich durch „Sphärenfusion (familiärer und gesellschaftlicher Sozialiätsmodi und Normerwartungen)" (ebd.: 131) kennzeichnen lassen, können auch solche rekonstruiert werden, für deren Sozialität die „Sphärentrennung" typisch ist, die sich weiter in eine „Primordialität der inneren (familiaren) Sphäre" oder der „Konstitution einer dritten Sphäre" (ebd.: 168) differenzieren lässt. Ohne ins Detail zu gehen lässt sich festhalten, dass es Nohl gelingt, Unterschiede in den strukturidentischen Sozialisationserfahrungen im Vergleich zwischen sozialen Akteuren mit und ohne Migrationshintergrund nachzuweisen. Er rekonstruiert aber darüber hinaus, in welchen unterschiedlichen, und das heißt hier, in welchen milieuspezifischen Formen der konjunktive Erfahrungsraum Migration für die Bearbeitung des Problems der Zugehörigkeit und der gesellschaftlichen Teilhabe von Bedeutung ist.

Im Versuch der Theoretisierung der Ergebnisse der genannten Studien durch Bohnsack und Nohl wird in der Kennzeichnung der rekonstruierten adoleszenten Suchprozesse nach habitueller Übereinstimmung mit dem Begriff des „Aktionismus" (Bohnsack/Nohl 2001b) die Distanz zu den in Abschnitt 3.2.1 und 3.2.2 referierten Arbeiten deutlich: Hier geht es gerade nicht um Zugehörigkeit als Resultat einer bewussten Wahl oder einer reflexiven Selbstverortung. Bohnsack und Nohl unterscheiden im Anschluss an die Erhebungen von Bohnsack et al. (1995) und Nohl (2001) in Auseinandersetzung mit ritualtheoretischen Ansätzen zwei Funktionen von Ritualen.[41] Diese können einerseits zur *Tradierung* milieuspezifischen Wissens und milieuspezifischer Habitusformen dienen, aber andererseits auch zur *Neukonstitution und Emergenz* von Vergemeinschaftungsformen in Bereichen, in denen das habitualisierte, kollektive Wissen brüchig geworden ist. So argumentieren sie, dass insbesondere dann, wenn biographische Brüche oder Diskontinuitäten auftreten, *handlungspraktische* Suchprozesse die Folge sind. Ursachen können sein: Migration, gesellschaftliche Desintegration, allgemeiner Verlust tradierter Milieubindungen, aber auch lebenszyklisch auftretende Erfahrungen im Sinne der oben ausgeführten Fassung der Jugend als „Schwellenphase" oder „Moratorium". Diese Ursachen „führen zu einer experimentellen

41 In ritualtheoretischen Ansätzen wird die „Bedeutung der Form und der ästhetischen Dimension für das Gelingen sozialer Arrangements" herausgearbeitet. Allerdings ist, „[w]enn vom Performativen des Handelns die Rede ist [...], damit ein einmaliges, zeitlich und räumlich begrenztes Ereignis bezeichnet" (Wulf/Zirfas 2007: 16f.).

probehaften Suche nach Zugehörigkeit und Gemeinsamkeit, habitueller Übereinstimmung" (Bohnsack/Nohl 2001b: 23). Ergebnis der Suchbewegung sind die genannten experimentellen „Aktionismen", deren erste Funktion die Bewältigung der Adoleszenzkrise sein kann, die im Weiteren aber auch zur Etablierung neuer Formen der Gemeinsamkeit, habitueller Übereinstimmung und von kollektiven Orientierungen führen können. Beispiele für solche Aktionismen sind etwa der „breakdance" bei den Jugendlichen mit Migrationshintergrund, aber auch der „fight" bei den „Hooligans". Anknüpfungspunkt für die Suchprozesse sind biographische Gemeinsamkeiten, bei denen es sich auch um Gemeinsamkeiten hinsichtlich biographischer Diskontinuitäten handelt/handeln kann und in diesem Zusammenhang gewinnt auch die Peergroup an Bedeutung, und zwar „als Ort, wo diese Suche bzw. die Artikulation kollektiver Orientierungen stattfindet" (ebd.: 26). Die Situationen, die auf diese Weise hergestellt werden, kennzeichnen Bohnsack und Nohl mit einem Begriff Durkheims als Situationen der „Efferveszenz", einer gesteigerten Erregung, Leidenschaft oder Kraft der Gruppe (vgl. auch Durkheim 1981 | 1912).

3.2.4 Interaktion und Distinktion in jugendlichen Peergroups

In expliziter Anknüpfung an die Annahme, dass Peergroups für Jugendliche eine besondere Relevanz haben und dass sich in ihnen eine von der Welt der Erwachsenen unterscheidbare und relativ unabhängige Kultur nachweisen lässt, gehen eine Reihe von Arbeiten von der Beobachtung aus, dass, obwohl die Bedeutung der Gleichaltrigengruppe als zentrale Sozialisationsinstanz in einer Reihe von Studien betont wird, „[n]ur in seltenen Fällen das hinreichend in den Blick genommen [wird], was – erfahrungswissenschaftlich gewendet – ‚Jugend' wirklich ausmacht: das Leben und die Vergemeinschaftungsprozesse in den jeweiligen Gleichaltrigengruppen und medienvermittelten Szenen selbst" (Neumann-Braun 2003: 15f).[42] Der Fokus dieser Arbeiten liegt demnach darauf, *wie* die Jugendlichen im Rahmen von Peergroups im Einzelnen Werte und Normen oder Handlungsorientierungen ausbilden und Identitätsprofile entwerfen „und wie sich solche Gruppen und Szenen konkret bilden, wie sie sich aufrechterhalten und welche Prozesse in ihnen ablaufen" (Neumann-Braun 2003: 16). Dem Programm einer „pädagogischen Ethnographie" (Zinnecker 1995) folgen etwa Deppermann/Schmidt (2002),

42 Vgl. auch Deppermann/Schmidt 2003; Schmidt 2004; Neumann-Braun/Deppermann/Schmidt 2002; Branner 2003.

die in ihrer Arbeit zu jugendlichen Peergroups die „interaktiven Praktiken der Konstitution von Gruppenidentität durch soziale Abgrenzung unter Jugendlichen" untersuchen und feststellen, dass ein wesentlicher Aspekt der Identitätsentwicklung auf sowohl inter-generationaler Abgrenzung von der Elterngeneration und vom Kindheitsstatus, „als auch intra-generationaler Abgrenzung von anderen Jugendlichen [beruht], vor allem in Bezug auf lebensstilistische und milieuhafte Differenzierungen" (Deppermann/ Schmidt 2003: 26). Deppermann und Schmidt rekonstruieren sehr detailliert die „Prozesse sozialer Kategorisierung in informellen Kommunikationssituationen unter Jugendlichen" (ebd.: 48) und klassifizieren sie über die Dimensionen der Eigenschaftszuschreibung, Kategorienbewertung und der Interaktionsdynamik (vgl. ebd.: 34). Sie kommen darüber hinaus zur Identifizierung eines spezifischen und „autochthonen" und das heißt von vorgegebenen Aufgaben- und Themenorientierungen bzw. rollenbezogenen Handlungsverpflichtungen relativ freien „Strukturierungsprinzips", das die von ihnen untersuchte Gruppe Jugendlicher kennzeichnet, nämlich die „Orientierung an interpersonalem Wettbewerb unter den beteiligten Jugendlichen und eine Präferenz für Unterhaltsamkeit" (ebd.: 48). Dieses Strukturierungsprinzip, das den Stil der Ingroup-Interaktionen der beobachteten Peergroup kennzeichnet, ist nach Deppermann und Schmidt die Lösung der Jugendlichen dafür, wie „gemeinschaftliches Erleben im Modus der Interaktion unter den Bedingungen fehlender Vorstrukturierung der Situation zu produzieren" ist (Deppermann/Schmidt 2003: 38) oder für das „Problem jugendlicher Vergemeinschaftung in *nicht institutionalisierten Gruppen und Settings*" (Neumann-Braun 2003: 16; Herv. im Original).

Schmidt (2004) knüpft an diese Ergebnisse an und untersucht in seiner Studie zu „Doing Peer-Group" die Frage, wie jugendliche Gruppenpraxis interaktiv durchgeführt wird (vgl. Schmidt 2004: 11). Er richtet damit den Blick „auf die fortwährenden *Strukturierungsleistungen* [...], die im Inneren solcher Gruppen stattfinden" (ebd.: 48; Herv. im Original) und auf die für jeweils eine konkrete Peergroup spezifischen Kommunikationsformen oder „Idio-Kulturen" (ebd.: 95). Schmidt kommt nun zu dem Ergebnis, dass sich Peergroups „wie alle sozialen Gruppen über Prozesse der Außenabgrenzung (A), Erwartungsstrukturierung/ Binnendifferenzierung (B) und Gruppenbewusstseinsbildung (C)" (ebd.: 367) reproduzieren. Allerdings geschieht diese Kontinuierungsleistung gewissermaßen nebenbei, denn die „Interaktionslust, Vergnügen an gemeinsamen Treffen und diffuse Verbundenheit zwischen den Gruppenmitgliedern sind der eigentliche Anlass und Zweck des fortgesetzten Kontakts" (ebd.). Die Kontinuierung der Gruppe als soziale Einheit wird, wie Schmidt feststellt, gerade nicht explizit vorgenommen, etwa durch die

Thematisierung ihrer Standards, Normen, Grenzen oder Selbstbilder, sondern „auf der Grundlage kommunikativer Routineverfahren“ (ebd.). Diese kommunikativen Routineverfahren – insbesondere „Verarschungen“, „Dissen“ und „Spott“ (ebd.: 293f.) – sind „an spezifischen Spaß- und Unterhaltungsritualen“ orientiert (ebd.: 367). Schmidt verweist in diesem Zusammenhang auf die „Widersprüchlichkeit von Konkurrenz und Kooperation“, denn die *„spezifische Form der Ritualisierung von Spaß und Unterhaltung“* als „übergeordnete, handlungsleitende Orientierungsmaxime“ schaffe zum einen einen Gruppenzusammenhalt und zum anderen „eine geregelte *Plattform für identitären Wettkampf“* (ebd.; Herv. im Original).

Aufgrund der zugrundeliegenden forschungsleitenden Perspektive begreifen die Studien von Schmidt und Schmidt und Deppermann die Interaktions- und Kommunikationsformen allerdings nur als *Mittel für die Herstellung von Kollektivität*. Sie beziehen sich, wie sie selbst explizit feststellen, auf eine in der (sozial)psychologischen Tradition stehende Konzeption von Identität und zugleich auf eine ethnomethodologisch-konversationsanalytische Perspektive. Mit anderen Worten: „Identitäten werden nicht im Subjekt, sondern in den diskursiven Handlungen, also an der ‚Oberfläche‘ des beobachtbare interaktiven Handelns verortet“ (Deppermann/ Schmidt 2003: 30). Das heißt aber auch, dass die den diskursiven Handlungen möglicherweise zugrunde liegenden, sozial zugemuteten Erfahrungen der Jugendlichen ganz ähnlich wie in den bereits referierten Studien zu Jugendkulturen und jugendlichen Szenen gewissermaßen „außen vor“ bleiben. Die Peergroup-Interaktionen können so *einzig* mit Blick für ihre Funktionalität für die Konstituierung von Identität und Zugehörigkeit interpretiert werden: Peergroups rücken mithin „als ein durch Interaktion hervorgebrachtes [...] Phänomen“ (Schmidt 2004: 97) in den Blick, nicht aber als Ausdruck einer Suche nach Gemeinsamkeit auf der Grundlage strukturidentischer biographischer Erfahrungen. Zugrunde liegt dabei Annahme, dass soziale Wirklichkeit „durch den systematischen und größtenteils routinemäßigen Einsatz *kommunikativer Ressourcen* zustande kommt“ (ebd.), d.h. die Relevanz sozialstruktureller Phänomene muss sich *in der Interaktion* erweisen, diese müssen „angezeigt, verhandelt und dadurch erst hergestellt werden“ – gleiches gilt im Übrigen für „vermeintlich körperlich-biologische Eigenschaften von Personen wie Alter und Geschlecht“ (ebd.). Soziale Wirklichkeit ausschließlich als Vollzugswirklichkeit zu begreifen, beantwortet aber nicht die Frage danach, wodurch sich *unterschiedliche* Rahmungen *derselben* oder strukturhomologer Situationen durch die sozialen Akteure erklären lassen oder strukturhomologe Rahmungen unterschiedlicher Situationen – und inwiefern also die situations- und gruppenspezifischen Interaktionen als Repräsentation von Wissensstrukturen gelten können, die über die konkrete Situation und die beteiligten Interaktionspartner hinausweisen.

Die Arbeiten Michaleks (2009 und 2006) und Wellgrafs (2012) deuten eine etwas andere Perspektive an. Michalek (2009) fokussiert die interaktive und routinierte Konstruktion von Geschlecht in jugendlichen Peergroups und geht dabei davon aus, dass die von ihr befragten männlichen Jugendlichen in der Interaktion mit Gleichaltrigen lernen, „wie Jungesein adäquat dargestellt wird" (Michalek 2009: 47), und zwar durch Beobachtung und „das ständige Erproben von Verhalten, das durch Gleichaltrige beurteilt und akzeptiert oder abgelehnt wird" (ebd.: 47f.). Grundlage von Michaleks Studie sind Gruppendiskussionen mit Grundschülern. In neun Diskussionen wurden jeweils vier bis sechs Jungen in der Schule als „Experten des Jungeseins" befragt. Die Auswertung erfolgte einerseits über die Inhalte der Gespräche, andererseits über die Beobachtung der Form der Interaktion. Michalek kommt zu einer Unterscheidung zwischen „Interaktionsformen" als „Formen der Herstellung gemeinsamen Jungenseins" (ebd.: 48) und „Geschlechtervorstellungen" (ebd.). So finden sich in beiden Gruppen, die sie kontrastierend analysiert, die Interaktionsformen „Humorkonversation", „Übertrumpfen", „Widersprechen-Zurechtweisen-Opponieren" und „Konflikt" – hier finden sich also Ähnlichkeiten zu den Ergebnissen Schmidts. Daneben gibt es aber „deutlich unterschiedliche Geschlechtervorstellungen" (ebd.: 52): Während eine Gruppe „Männlichkeit klar hegemonial orientiert interagiert" (ebd.: 58), zeigt sich in einer anderen ein völlig anderes Bild. Den Jungen in dieser zweiten Gruppe fällt das Typisieren schwer, sie relativieren sofort und „entwerfen so ein differenziertes Jungenbild mit vielen Facetten – ‚Jungesein' wird als Verhalten von Jungen diskutiert" (ebd.: 59). Die Gruppen haben also eine grundlegend verschiedene Perspektive auf die Kategorie Geschlecht. Während die erste Gruppe Geschlechtszugehörigkeit „überwiegend über Eigenschaften der Genusgruppen definiert", steht bei der zweiten Gruppe „eine sehr individualisierte Vorstellung vom Junge-Sein" im Vordergrund (vgl. ebd.: 64). Michalek kommt schließlich im Unterschied zu Schmidt über die komparative Analyse zu einer Unterscheidung *gruppenspezifischer* Praktiken, allerdings nicht zu einer konsequenten Differenzierung zwischen der Ebene der „Vorstellungen" und der Ebene der „Interaktion". Sie diskutiert also gerade nicht den Zusammenhang zwischen der auf der kommunikativen Ebene erfolgenden Auseinandersetzungen der Jungen mit Geschlechter-Vorstellungen und den unterschiedlichen impliziten Wissensbeständen, die diese Auseinandersetzung orientieren.

Bei Wellgraf (2012) hingegen wird der Zusammenhang von kulturellen Praktiken Jugendlicher mit gesellschaftlichen Ungleichheitsverhältnissen in den Mittelpunkt gerückt. Im Zentrum seiner Arbeit steht die Frage, wie Berliner Hauptschüler*innen „soziale, ethnische und geschlechtliche Diskriminierungen wahrnehmen und selbst wiederum im Schulalltag Ungleichheitsstrukturen reproduzieren" (Wellgraf 2012: 104) und in welchem Zusammenhang diese Praktiken mit der medialen Berichterstattung (bzw. mit gesellschaftlichen Diskursen) *über* Hauptschüler stehen. Ziel der Arbeit ist, „[k]ulturelle Praktiken und Selbstwahrnehmungen vor dem Hintergrund ungleicher Machtverhältnisse" (ebd.: 44) zu analysieren. Im Anschluss an die Anerkennungstheorie Honneths und das Habitus-Konzept Bourdieus fokussiert Wellgraf die „gesellschaftliche Produktion von Verachtung" (so der Untertitel seiner Arbeit) als „verdeckten Klassenkampf", „denn letztlich geht es dabei um kulturelle Wertschätzung und um gesellschaftliche Partizipationsmöglichkeiten" (ebd.: 45). Mit dem Begriff der „Verachtung" bezieht sich Wellgraf also nicht auf eine durch eine konkrete Interaktionssituation erfolgte Stigmatisierung bzw. die daraus resultierenden Emotionen, sondern auf eine „auf negativen moralischen Zuschreibungen und emotionalen Abwehrmechanismen basierende Form der gesellschaftlichen Diskreditierung bestimmter Personen oder Bevölkerungsgruppen" (ebd.: 43f.) bzw. auf einen „Zuschreibungsmechanismus, durch welchen niedriger sozioökonomischer Status mit sozialer Geringschätzung verbunden wird" (ebd.: 44). Wellgrafs Arbeit veranschaulicht in den sehr detaillierten ethnographischen Beschreibungen der Alltagspraxis jugendlicher Hauptschüler*innen in Berlin einerseits die Formen der Selbstpositionierung der Jugendlichen und die darin erfolgende Reproduktion von Ungleichheit in den Dimensionen Klasse, Ethnizität und Geschlecht. Allerdings geht es ihm um die Feststellung, dass es sich dabei auch um die „Verinnerlichung einer moralisch belasteten Ordnungsvorstellung" handelt (ebd.: 21). Im Anschluss an das Konzept des „loose coupling" bei Goffman kann Wellgraf daher andererseits zeigen, dass es verschiedene Diskurse oder diskursive Strategien gibt, die diese Alltagspraktiken der Jugendlichen rahmen und beeinflussen und dadurch zu einer Verfestigung sozialer Ungleichheit beitragen – so etwa die Strategie der Individualisierung von Verantwortung, die Wellgraf am Beispiel des Diskurses über die Hauptschüler in den Medien rekonstruiert: Das dort etablierte Bild suggeriert den Jugendlichen, dass an ihrer sozialen Stellung „nicht ein sozial selektiv operierendes Bildungssystem oder eine Ausschlüsse produzierende gesellschaftliche Ordnung [Schuld ist], die den Hauptschülern Zukunftsperspektiven vorenthält, sondern der individuelle Schüler, der zu faul oder integrationsunwillig ist" (ebd.: 182ff). Diese Vorgaben – und hier expliziert Wellgraf die auch den in Abschnitt 3.2.2 referierten Arbeiten implizit zugrunde liegende Annahme – können, müssen von den Jugendlichen aber nicht übernommen werden. Wellgraf schließt hier an die Überlegungen zur Herstellung und Wirkungskraft dominanter symbolischer Ordnungen und zu komplexen Aneignungsformen und Bedeutungsneuzuschreibungen von Seiten der Rezipienten bei Stuart Hall (1980) an. Hall unterscheidet nach Wellgraf zwischen drei Lesarten solcher Ordnungen, „der hegemonialen Position, bei der die dominanten Deutungen weitgehend übernommen werden; der ausgehandelten Position, bei der zwar der hegemonialen Sichtweise zugestimmt wird, jedoch auf situative Ausnahmen verwiesen wird; und der oppositionellen Position, bei der abweichende Perspektiven entwickelt werden" (Wellgraf 2012: 201; vgl. Hall 1980: 136ff.). Die von Wellgraf rekonstruierten Alltags- und insbesondere Distinktionspraktiken der Jugendlichen sind in dieser Perspektive einerseits Ausdruck von ungleichen Lebensbedingungen und können sich andererseits vor dem Hintergrund und unter dem Einfluss diskursiver Zuschreibungen noch verfestigen und verschärfen. Insofern sind die kulturellen Praktiken Jugendlicher als Arenen sozialer Kämpfe zu verstehen. Allerdings gerät bei Wellgraf die *kollektive* Dimension der Aneignung oder Rezeption dieser Diskurse wiederum nicht in den Blick. Er fokussiert ähnlich wie die in Abschnitt 3.2.2 referierten Arbeiten die sozialen Prozesse der „Selbstkonstituierung" (vgl. Wellgraf 2012: 22ff.) der Jugendlichen und bleibt so bei der Rekonstruktion im Wesentlichen individueller Formen der Aneignung oder Verweigerung der Aneignung dominanter symbolischer Ordnungen stehen.

Die Arbeiten von Offen (Offen 2013) und von Eckert, Reis und Wetzstein (Eckert/Reis/Wetzstein 2000) nehmen nun einerseits Distinktionspraktiken auch im Vergleich unterschiedlicher Gruppen von Jugendlichen in den Blick und beziehen diese Praktiken andererseits auf gesellschaftliche Ungleichheitsstrukturen im Sinne ungleicher Kapitalverteilungen. Eckert, Reis und Wetzstein (Eckert/Reis/Wetzstein 2000) verweisen dazu zunächst ganz ähnlich wie Schmidt (2004) auf die besondere Funktion von Peergroups bei der Bearbeitung der „doppelten Referenz von Identität" (Eckert/Reis/Wetzstein 2000: 15): Jugendliche müssen „Unsicherheit und ambivalente Einschätzungen sowohl des eigenen ‚Ich' als auch der sozialen ‚Passung'" (ebd.: 15) bearbeiten und dabei „Chancen der Anerkennung" (ebd.) austesten. Hierzu sind „neben personalen (z.B. persönlichen Eigenschaften, biographischen Vorgaben) auch ‚soziale' (d.h. über Gruppenzugehörigkeiten vermittelte) Identitätselemente für die Selbstdefinition notwendig" (ebd.: 17). Die Autoren konzentrieren sich dann auf die Rekonstruktion von Distinktionsstrategien in Jugendlichengruppen, die zur Ausbildung einer positiven sozialen Identität im Sinne einer Gruppenzugehörigkeit führen, die die Anerkennungsbedürfnisse der Jugendlichen befriedigt. Sie fokussieren dabei den Nachvollzug des „subjektiven Sinns" der Beteiligten (vgl. ebd.: 23), den sie als Angelpunkt „spezifischer Gruppenwirklichkeiten" fassen (vgl. ebd.: 27). Abgesehen davon, dass eine Reihe der Funktionen von Distinktionsprozessen, die Eckert, Reis und Wetzstein anhand ihres Materials rekonstruieren, auch in anderen Studien belegt ist,[43] ist besonders interessant, dass die Autoren zusätzlich zu Gruppendiskussionen, Interviews und teilnehmenden Beobachtungen auch Angaben zu den sozialen Hintergründen der Jugendlichen erheben.[44] Sie kommen in einer vergleichenden Analyse der „Gruppenbildung und Abgrenzung im sozialen Raum" zu dem Schluss, dass es zwar „keinen Determinismus zwischen Herkunftslage und bestimmten Abgrenzungsformen [gibt], es zeigen sich aber bestimmte Zusammenhänge" (ebd.: 408): So wird in den Gruppen, die sie der „oberen Mittelschicht" zurechnen, Distinktion vor allem über „den Einsatz von habitualisiertem Bildungskapital aus der Familie" betrieben. Hingegen sind die Abgrenzungen der Gruppen aus „mittleren Schichten" eher „diffus [...], richten sich gegen allgemeine Kategorien [...] oder äußern sich eher in einer zögerlichen Übernahme jugendkultureller Orientierungsmuster" (ebd.: 408). Den „unteren Schichten" lassen sich vor allem „Gruppen mit einem eher hohen Gewaltniveau" zurechnen, das Gruppenzugehörigkeit stabilisiert (ebd.: 408).

In ganz ähnlicher Weise verbindet Offen (2013) in ihrer Untersuchung zu „Achsen adoleszenter Zugehörigkeitsarbeit" mit dem Fokus auf die interaktive Herstellung von Geschlechtszugehörigkeit ihre empirischen Rekonstruktionen mit Ausblicken auf ungleichheitsrelevante Kapitalverteilungen im Gruppenvergleich. Mit dem Begriff der „Zugehörigkeitsarbeit" versucht Offen zunächst im Anschluss an die referierten Arbeiten aus dem Kontext des „doing gender", „der aktiven Anstrengung [...] der Jugendlichen in ihrer alltäglichen Organisation von Geschlecht und Sexualität [...] gerecht zu werden" (Offen 2013: 164). Offen stellt nämlich zunächst fest, dass die befragten Jugendlichen ein ausgeprägtes Wissen

43 So unterstreichen die Ergebnisse von Eckert, Reis und Wetzstein die Annahme, dass Gruppendefinitionen immer auf Vorstellungen von In- und Outgroups beruhen und dass es zu einer Verfestigung der Gruppe in einem gruppeninternen Prozess der Ausgrenzung kommt bzw. dass ein wesentliches, gemeinschaftsbildendes Element von Gruppen ist, über die Abgrenzung von Anderen eine eigene kollektive Identität herzustellen und zu stabilisieren.

44 Dies sind Informationen zur sozialen Herkunft der Befragten, die auf „Aussagen der Jugendlichen zu Schulbildung und Beruf der Eltern sowie den Einschätzungen der befragten Experten über die soziale Lage der Familien" beruhen und „teilweise auch über eigene Beobachtungen etwa im Hinblick auf die Wohnsituation gewonnen" wurden (ebd.: 407).

um die Notwendigkeit der Herstellung und Darstellung von Geschlechtszugehörigkeiten haben und „dieses Wissen ebenso wie die ihnen bereits anerkannten Ressourcen im Zeichen der Geschlechterdifferenz einsetzen, um sich an der Wahrung der Grenzen zu beteiligen, gerade auch in Zeiten brüchiger werdender Fiktionen über die inhaltliche Füllung der Differenz“ (ebd.: 165). Die Jugendlichen „arbeiten“ daran, „sich als zugehörig zu einem sozialen Raum zu zeigen, den sie als geschlechterdifferent strukturiert konzipieren“ (ebd.: 164). In den weiteren empirischen Rekonstruktionen kommt Offen dann zu dem Ergebnis, dass die in den Diskussionen in Frage stehende Selbstverortung der Jugendlichen im Bereich der Geschlechtszugehörigkeit und der sexuellen Orientierung sich in grundsätzlich divergenten Formen ausdrückt und dass gerade der „kommunikativ vollzogene Ausschluss divergenter Subjektpositionen“ (ebd.: 151) sich entsprechend auf einem unterschiedlich stark ausgeprägten „Dramatisierungsniveau“ (ebd.) vollzieht und „von toleranten Integrationsandeutungen bis zu aggressiver Sanktionierung“ reicht (ebd.). Offen schließt daraus, dass offenbar nicht alle der von ihr untersuchten Gruppen von Jugendlichen „in selber Weise auf die Anerkennung durch die Gruppe angewiesen [sind], nicht alle sind gleichermaßen vom Verlust der Anerkennung bedroht“ (ebd.: 163). Damit korrespondiert, dass nicht alle Jugendlichen die gleiche Möglichkeit hätten, sich Anerkennung zu verschaffen, wie Offen weiter ausführt. So müssten einige der Befragten alle stereotypen Vorgaben erfüllen oder dürfen zumindest nicht aus dem Rahmen fallen, andere zeigen durch Referenzen auf andere Zugehörigkeitssysteme/Bezugssysteme, dass sie weniger auf die Übereinstimmung mit entsprechenden Verhaltenserwartungen angewiesen sind und sich Devianz leisten können, „wieder andere (wenige) können die Ordnung der Zugehörigkeit selbst in Frage stellen (etwa unter Verweis auf Pluralisierung als Modernisierungsanforderung)“ (ebd.). Interessant ist nun, dass Offen sich trotz ihrer sehr aufschlussreichen Ergebnisse von der paradigmatischen Perspektive, die ihrer Arbeit zugrunde liegt, nicht lösen kann. So schränkt sie ihre Ergebnisse selbst ein, indem sie darauf verweist, dass die Unterschiede in den Formen der interaktiven Herstellung von Geschlechtszugehörigkeit, also „[w]ie eng oder wie weit [...] diese Grenzen gesteckt werden, wie massiv im wechselseitigen Kontakt Normerfüllung reguliert und Abweichung sanktioniert wird“ (ebd.: 169), vom *konkreten sozialen Rahmen*, genauer von der Erhebungssituation selbst abhängen und *zwischen den konkret Beteiligten abgesteckt werden* (ebd.). Hier wäre die Frage, ob nicht die unterschiedlichen Formen der Bezugnahme auf stereotype Vorgaben, die Offen rekonstruiert, über die konkrete Situation *hinausweisen* und eben *charakteristisch für ein Milieu* sein könnten – eine solche Generalisierung ließe sich zwar nicht über die Rekonstruktion der Themen oder der reflexiven Bezugnahme der Jugendlichen, aber über die Rekonstruktion impliziter Wissensbestände andeuten, die Offen durchaus in den Blick nimmt, ohne sie begrifflich zu fassen zu bekommen. So schreibt sie, dass den Jugendlichen das Wissen über die „Füllung der Differenz“ „nur sehr eingeschränkt reflexiv zur Verfügung [steht], so sehr sie auch in der Lage sind, Elemente des geschlechterbezogenenen Handelns als aktives geschlechterbezogenes Tun zu beschreiben“ (ebd.: 165).

Offen identifiziert in ihrer Arbeit zudem „Gelingensfaktoren für die Behauptung veruneindeutigender Geltungsversuche“ (ebd.: 166) sexueller Orientierung und Geschlechtszugehörigkeit und hält fest, dass insbesondere mit Blick auf den „Kontrast der vier befragten Schulformen Förderschule, Hauptschule, Gesamtschule und Gymnasium Unterschiede im Dramatisierungsniveau der befragten Schülerinnen und Schüler auffällig sind“ (ebd.: 166). Im Rahmen ihrer Studie finden sich insofern auch Hinweise darauf, „dass ein Anmahnen von Geschlechtergerechtigkeit und Antidiskriminierung in den befragten Gruppen eher aus einer Position des eigenen unangefochtenen sozialen Status und einer Bezugnahme auf gesellschaftliche Pluralisierung als erstrebenswert erfolgt, während Deklassierungserleben bei den Befragten mit einer starken bis gewalthaltigen Verteidigung geschlechterbezogener Privilegien im Zusammenhang auftritt“ (ebd.: 168). Nicht belegen kann Offen hingegen, dass „eine Balance der Geschlechter in ihren Zahlendimensionen an der Schule einen positiven Einfluss auf das soziale Klima der Gruppen hat [...], ein geringeres Dramatisierungsniveau begünstigt und insgesamt dazu beiträgt, die Möglichkeitsräume der Einzelnen zugunsten einer stärkeren Sichtbarkeit von individuellen Interpretationen und zu Ungunsten stereotyper Entwürfe zu erweitern“ (ebd.: 167).

Es lässt sich konstatieren, dass in den Arbeiten von Eckert, Reis und Wetzstein und von Offen einerseits der Fokus in erster Linie auf die Ebene kommunikativen Wissens gerichtet ist – oder anders ausgedrückt: das sich in ihrem empirischen Material dokumentierende implizite oder habitualisierte Wissen kann nicht begrifflich gefasst werden. Andererseits wird ein Zusammenhang zwischen unterschiedlichen Formen der Herstellung von Gruppenzugehörigkeit oder Distinktionspraktiken und der ungleichen Verteilung relevanter Kapitalien angedeutet, also eine Verbindung von empirischen Rekonstruktionen und den Ergebnissen standardisierter Erhebungen über eine (gruppenvergleichende) Korrespondenzanalyse. Das verweist darauf, dass beide Studien aufgrund der zugrunde liegenden theoretisch-konzeptionellen Fassung des Status der kulturellen Praktiken Jugendlicher eine auf andere Dimensionen der Kollektivität gerichtete Perspektive (oder auf das, was ich in Kapitel 2 im

Anschluss an Bohnsack als *primäre Sozialiät* bezeichnet habe) nur über die Verknüpfung mit einem *paradigmatisch anderen Verfahren* einbinden können.

Mit der Bedeutung von Distinktionspraktiken innerhalb von Jugendkulturen und in jugendlichen Peergroups beschäftigen sich schließlich auch die praxeologisch-wissenssoziologisch angelegten Arbeiten von Pfaff, Hoffmann und Hänert (Pfaff/Hoffmann/Hänert 2010) und Pfaff (Pfaff 2010), auf die ich abschließend kurz eingehen möchte. Ausgangsfrage der Arbeit von Pfaff zu „Social Distinction in Children´s Peergroups“ ist die Frage, wie wir soziale Distinktion erlernen (vgl. Pfaff 2010: 165). Pfaff erhebt dazu Gruppendiskussionen in Schulklassen in Brasilien und in Deutschland und kann an ihrem Material zeigen, dass die Struktur- oder Statuskategorien „Geschlecht“, „soziale Klasse“ und „Ethnizität“ in *allen* Gruppen von Bedeutung sind, wenn sich auch Unterschiede in der *Form der Bezugnahme* darauf andeuten. So zeigt sich in Übereinstimmung mit Studien, die darauf aufmerksam machen, dass die Entstehung genderspezifischen Rollenverhaltens in adoleszenten und prä-adoleszenten Peergroups in der Regel mit Prozessen der Exklusion und Stigmatisierung verbunden ist, dass die Trennung der Geschlechter in allen von Pfaff befragten Gruppen von Jugendlichen als die unwidersprochen ‚normale' Form der sozialen Organisation gilt (vgl. ebd.: 170). Distinktion in Bezug auf ethnische Zugehörigkeit ist hingegen in den Gruppen aus Brasilien relativ wenig präsent und in den Gruppendiskussionen der Jugendlichen in Deutschland thematisieren vor allem die Gruppen von Jugendlichen mit Migrationshintergrund diese Kategorie (vgl. ebd.: 174) – wobei Pfaff bemerkt, dass ethnische Diskriminierung in diesen Gruppen im Grunde auf einer Abgrenzung gegenüber *Stilmerkmalen* zu basieren scheint, die Unterschiede aber mit Bezug auf die kulturellen oder Migrations-Hintergründe der jeweiligen Gruppe *erklärt* werden, gegen die sich dann abgegrenzt wird (ebd.: 175). Die Rekonstruktionen Pfaffs machen darüber hinaus deutlich, dass die von ihr befragten Jugendlichen verschiedene Indikatoren und Charakteristika nutzen, um die Zugehörigkeit zu einer sozialen Klasse ‚messbar' zu machen bzw. sie als Differenzierungskategorie konstruieren zu können, so etwa die jeweilige Schulform, die die Jugendlichen besuchen, den Bildungshintergrund der Eltern oder deren Berufsstatus, aber auch die Quartierszugehörigkeit (ebd.: 173).

Interessant ist nun, dass Pfaff neben der Relevanz der sozialen Kategorien Geschlecht, Ethnie und Klasse, auf die sich die Jugendlichen beziehen, die für sie also relevante ‚soziale Identitäten' darstellen, *Formen* identifizieren kann, *über die* Distinktion vorgenommen wird. Sie unterscheidet etwa die persönliche Entwicklung auf dem Weg durch die Adoleszenz als eine *altersbezogene* Dimension, Geschmack als eine ästhetische, *auf den persönlichen Stil bezogene* Dimension und nicht zuletzt schulische Leistungen, eine Dimension, die allerdings je nach sozialem Kontext sehr unterschiedliche Bedeutungen annehmen kann (ebd.: 178). In der Arbeit von Pfaff, Hoffman und Hänert liegt der inhaltliche Schwerpunkt in ganz ähnlicher Weise auf den *Formen* der Herstellung von sozialer Differenz und sozialer Zugehörigkeit in Jugendkulturen. Ausgehend von der Analyse von Gruppendiskussionen und biographischen Interviews 12- bis 13-jähriger Jugendlicher kristallisieren sich die Aspekte „Coolness", Körperlichkeit und Sexualität, sowie die jugendkulturelle Inszenierung als wichtigste Dimensionen heraus, *über die* Abgrenzung vollzogen und Anerkennung erworben wird. Darüber hinaus gelingt es den Autor*innen nachzuweisen, dass die drei Anerkennungsaspekte in unterschiedlichen Bildungsmilieus einerseits unterschiedlich relevant sind und sich andererseits deren Bedeutungen von Bildungsmilieu zu Bildungsmilieu wandeln. So können erste „Tendenzen milieuspezifischer Stilisierungen" (Pfaff/Hoffmann/Hänert 2010: 194) herausgearbeitet und auf die ihnen zugrunde liegende kollektiv geteilten oder strukturidentischen Sozialisationserfahrungen bezogen werden.

3.3 Fazit

Im Durchgang durch die verschiedenen Konzeptionalisierungen der Jugendphase und durch die Arbeiten zu kulturellen Praktiken Jugendlicher und deren Sozialformen ist deutlich geworden, dass die Jugendphase als ein relativ „eigenständiger Handlungsraum" (Schmidt 2004: 79) gefasst werden muss, in dem „gegenüber einer ‚Erwachsenenwelt' abgrenzbare Regelmäßigkeiten im Denken und Verhalten existieren" (Schmidt 2004: 78). Das Zusammensein Jugendlicher bringt „einen distinkten und kohärenten Kulturzusammenhang hervor, der wesentlich durch die spezifische Generationslage (historische Zeit), die spezifische Lebensphase mit ihren besonderen Thematiken sowie Entwicklungsdynamiken (Adoleszenz, Pubertät, Lebensphase ‚Jugend', biografische Zeit) und die interaktions- bzw. gruppentypologische Verfasstheit (Symmetrie) geprägt ist" (ebd.: 77). Jugendliche bilden in diesem „Möglichkeitsraum" (King 2013: 39) kulturelle Praktiken und Sozialformen aus, die es ihnen unter anderem ermöglichen, die (auch durch gesellschaftliche Zuschreibungen bedingte) Herausforderung der gleichzeitigen Bewältigung von „Bindung und Individuation" (Lange/Xyländer 2008: 603) zu meistern. Dabei gibt es in aktuellen Veröffentlichungen Hinweise darauf, dass die Verortung in einer Jugendkultur oder jugendkulturellen Szene nur für einen Bruchteil der Jugendlichen zentral ist. So halten Deppermann und Schmidt fest, dass die in der Literatur zur Identitätsbildung Jugendlicher vorrangig diskutierte Ausrichtung an Jugendkulturen für die von ihnen befragten Jugendlichen nur „eine relativ geringe Rolle spielt" (Deppermann/Schmidt 2003: 34; vgl. auch Ecarius et al. 2011: 106). Hieraus ergibt sich, warum für die Beantwortung der Frage nach den Formen der Herstellung von Zugehörigkeit und Differenz in der Jugendphase sinnvoll ist, den Fokus *auf jugendliche Peergroups* zu richten.

Es bedürfte nun zwar einer eigenständigen Arbeit, die Vielzahl von Studien im Bereich der Jugendforschung, die sich den kulturellen Praktiken und/oder den Sozialformen widmen, die Jugendliche ausbilden, systematisch und umfassend aufzuarbeiten. Ausgehend von einer Ordnung der referierten Untersuchungen anhand der zugrunde liegenden formalen Theorien bzw. ihrer grundlagentheoretischen Fundierung, die ich in diesem Kapitel im Anschluss an Pfaffs Literaturübersicht (Pfaff 2011) vorgenommen habe, will ich daher abschließend nur kurz auf mögliche Anschlüsse für die vorliegende Forschungsarbeit eingehen.[45]

In der (sozial-)phänomenologisch orientierten Forschung, die sich in erster Linie ethnographischer und/oder konversationsanalytischer Verfahren bedient und den Fokus auf die beschreibende Erfassung der Sozial- und Interaktionsformen Jugendlicher legt, wird Zugehörigkeit als Ergebnis einer bewussten Entscheidung, als bewusste Wahl, die jederzeit kündbar ist, oder als Ergebnis der in einer konkreten Situation erfolgenden Gruppeninteraktion und darin erfolgender Strukturierungsleistungen konzipiert. Dabei werden Differenzen in den Ausgangsbedingungen, also den Sozialisationserfahrungen der Jugendlichen, nicht fassbar, da deren Einfluss entweder als gering eingeschätzt wird oder sich die Untersuchung ausschließlich auf die Interaktion in konkreten Situationen, also auf die „Vollzugswirklichkeit" konzentriert. Die in diesem Kontext entstandenen Studien zu Jugendkulturen oder jugendkulturellen Szenen können ebenso wie die referierten Arbeiten zu Mechanismen der interaktiven Konstitution jugendlicher Peergroups die *kollektive* Dimension der kulturellen Praktiken insofern nur als *bewusste* oder *situationsspezifische* in den Blick bekommen. Die Arbeiten verdeutlichen allerdings, wie vielfältig die Ausdrucksformen von und Beziehungen zwischen Jugendlichen sind und machen auf ihre relativ autonomen Interaktions- und Kommunikationsprozesse aufmerksam. Gerade die Arbeit Schmidts (2004) kann in dieser Hinsicht als ein „Entwurf zur theoretischen Re-Konzeptualisierung von Peer-Groups" (Ecarius et al. 2011: 122) gelten, insofern er da-

45 Ich diskutiere einzelne der referierten Arbeiten vor dem Hintergrund meiner empirischen Ergebnisse ausführlicher in Kapitel 8.

rauf verweist, dass die gruppeninterne Prozesse gerade „nicht allein aus ihrem Verhältnis zur Erwachsenenwelt zu verstehen" (ebd.) sind und sich auch nicht auf ihre Funktion in der Bewältigung lebensphasenspezifischer Problemlagen reduzieren lassen: Jugend wird hier am konsequentesten als eigenständige Teilkultur verstanden.

In den Arbeiten, die die Bearbeitung von im weitesten Sinne institutionalisierten Wissensbeständen in jugendlichen Biographien in den Blick nehmen, wird Zugehörigkeit in erster Linie als Effekt der Bezugnahme auf kollektivierende Kategorien thematisiert. Die Arbeiten bekommen aufgrund ihres theoretisch-konzeptionellen Fundaments und auch aufgrund der Fokussierung auf individuelle Biographien dabei vor allem die *individuelle* Auseinandersetzung mit sozialen Klassifikationen in den Blick, die dann zu einer Übernahme oder Ablehnung stereotyper Muster führen kann. Mit anderen Worten: Durch die gewählte Perspektive ist es den genannten Arbeiten nicht möglich, die sich gerade im empirischen Material selbst andeutenden Unterschiede in der Aneignung oder auch der Verweigerung der Aneignung stereotyper Muster (sowohl auf der Ebene der Vorstellungen oder des kommunikativen Wissens als auch auf der Ebene der Interaktion oder der Handlungspraxis) als *kollektive* zu fassen. Die empirischen Ergebnisse unterstreichen allerdings einerseits die Bedeutung „adoleszenter Zugehörigkeitsarbeit" (Offen 2013) und andererseits die Tatsache, dass sich eine Ungleichheitsforschung, die sich einzig auf die Verteilung materieller Ressourcen konzentriert, wichtige Dimensionen der Herstellung von Zugehörigkeit (und Differenz) nicht in den Blick bekommt: Gerade die *Distinktionspraktiken* Jugendlicher (hier mit Blick auf Selbst- und Fremdzuschreibungen von Geschlechts- und ethnischer Zugehörigkeit) sind eine äußerst relevante Dimension der genannten Aushandlungsprozesse und ermöglichen eine Verbindung von Jugend- und Ungleichheitsforschung auch jenseits standardisierter Verfahren.

Bei den Arbeiten, die der Perspektive einer praxeologischen Wissenssoziologie folgen, spielt schließlich *Ungleichheit* insofern nur eine nachgeordnete Rolle, als es zunächst um eine Differenzierung der *kollektiven* und das heißt hier *milieuspezifischen* Formen der (handlungspraktischen) Bearbeitung von adoleszenten Entwicklungsaufgaben geht. Darüber hinaus werden zwar die Unterschiede in der für die Genese dieser Formen ursächlichen konjunktiven Erfahrungen in den Blick genommen, eine bewertende Einordnung dieser Unterschiede (und damit die Kennzeichnung als soziale *Ungleichheiten*) erfolgt jedoch zunächst nicht. Die Arbeiten weisen allerdings nicht nur auf die Herstellung von Zugehörigkeit als Entstehung neuer Milieuzusammenhänge hin, sondern auch auf die milieuspezifischen Unterschiede in den Alltags- und auch in den Distinktionspraktiken Jugendlicher.

Im Durchgang durch die Vielzahl von Arbeiten, die sich der empirischen Forschung von kulturellen Praktiken Jugendlicher und ihren Sozialformen widmen, wird mithin vor allem folgendes deutlich: *Erstens* wird in nahezu allen Arbeiten nahegelegt, den Fokus auf die Interaktions- und Distinktionspraktiken der Jugendlichen zu richten. Sie unterstreichen damit die fundamentale Relevanz dieser Praktiken und der Auseinandersetzung mit Zugehörigkeit und Differenz insgesamt für die jugendliche Selbstverortung. *Zweitens* ist bisher offenbar wenig über die Alltags- und Distinktionspraktiken von Jugendlichen jenseits des schulischen Kontexts und jenseits der Einbindung in jugendliche Szenen oder Jugendkulturen bekannt. *Drittens* scheint eine theoretisch begründete Festlegung des Forschungsfokus auf bestimmte, etwa in gesellschaftlichen Diskursen prominente Wissensbestände oder stereotype Verhaltenserwartungen insofern problematisch, als sie es nicht erlaubt, die „adoleszente Zugehörigkeitsarbeit" in ihrer ganzen Bandbreite zu erfassen und damit im besten Sinne gegenstandsangemessen vorzugehen. *Viertens* scheint es die Rekonstruktion der jugendlichen Selbstpositionierungen oder der Formen der Differenzsetzung und Attribution auf der Ebene des kommunikativ-generalisierten Wissens allein kaum zu ermöglichen, die *kollektive Dimension* dieser Praktiken zu erfassen.

Teil 2: Empirische Studie

4. Zusammenfassung der heuristischen Vorannahmen und der Forschungsziele

In der *Begründung eines meta-theoretischen Analyserahmens* im zweiten Kapitel wurde die paradigmatische Perspektive einer praxeologischen Wissenssoziologie erläutert und in Auseinandersetzung mit anderen Ansätzen begründet, warum dieser Perspektive zu folgen mit Blick auf das Interesse der vorliegenden Arbeit, zu einem Verständnis der Dynamiken der Entstehung und Herstellung von Zugehörigkeit (und Differenz) in jugendlichen Peergroups beizutragen, im Rahmen eines rekonstruktiven Vorgehens sinnvoll und gegenstandsangemessen ist. Die Bereiche sozialen Handelns, die die vorliegende Arbeit in den Blick nimmt, sind daher *erstens*, die verschiedenen Formen der Wirklichkeitskonstruktionen der sozialen Akteure – mit Blick auf die Herstellung von Zugehörigkeit lässt sich im Anschluss an die Arbeiten Erving Goffmans hier von den Prozessen der Zuschreibung ‚sozialer Identität(en)' und noch allgemeiner von Prozessen der Differenzsetzung und Attribution sprechen; *zweitens*, die sich unter anderem in diesen Zuschreibungen dokumentierenden impliziten und kollektiven Wissensbestände, die die Prozesse der Herstellung von Zugehörigkeit und Differenz orientieren; *drittens*, die kollektiv geteilten „Erlebnisschichtungen" (Mannheim 1964b | 1928: 536) im Sinne ‚konjunktiver Erfahrungsräume', die für die Entstehung der unterschiedlichen Formen der Differenzsetzung und Attribution und der diese Prozesse orientierenden impliziten Wissensbestände ursächlich sind. Der Zusammenhang zwischen den drei Ebenen wird unter Bezugnahme auf die an Mannheim anschließende Ausarbeitung der praxeologischen Wissenssoziologie durch Arnd-Michael Nohl und insbesondere Ralf Bohnsack als Milieu im Sinne eines „objektiv-geistigen Strukturzusammenhangs" (Mannheim 1984 | 1925: 94f.) gefasst, der Akteure nicht über kommunikative Beziehungen der wechselseitigen Interpretation und Motivzuschreibung, sondern auf Grundlage von Strukturidentitäten der Sozialisations- und Lebensgeschichte und über die daraus resultierenden Gemeinsamkeiten in den handlungsleitenden Orientierungen verbindet (vgl. Bohnsack 2014a: 17f.). Im Zusammenhang der ersten beiden Ebenen nehme ich Milieus in Anlehnung an eine Fomulierung von Bourdieu (Bourdieu 1997 | 1979: 279) gewissermaßen als ‚strukturierende Struktur' in den Blick, mit Bezug auf die dritte Ebene richtet sich der Fokus hingegen auf die Milieus als ‚strukturierte Struktur'.

In der *Gegenstandsbestimmung* im dritten Kapitel konnte anhand empirischer Studien und der darauf aufbauenden theoretisch-konzeptionellen Überlegungen aus dem Bereich der soziologischen Jugendforschung gezeigt werden, dass gerade Jugendliche – bedingt durch (individual)psychologische Entwicklungen, institutionell gerahmte biographische Freisetzungsprozesse und gesellschaftliche Erwartungen – sich in verstärktem Maße der Herausforderung stellen müssen, ihre „Selbst-, Anderen- und Weltverhältnisse" (Koller 2012: 17) neu zu ordnen und sich mit der „Gleichzeitigkeit von Individuation und Bindung" (Lange/Xyländer 2008: 603) auseinanderzusetzen. Jugendliche können daher als „Seismograph" (Griese/Mansel/Scherr 2003: 7) für Prozesse der Herstellung von Zugehörigkeit (und Differenz) gelten. Das in Kapitel 3 in Auseinandersetzung mit verschiedenen Konzeptionalisierungen entwickelte Verständnis der Jugendphase als „Möglichkeitsraum" (King 2013: 39) und gleichzeitig „kulturelle Konstruktion biographischer Periodizität" (Mecheril/Hoffahrt 2009: 241) wird der Arbeit dabei als heuristische Vorannahme zugrunde gelegt: Wie bereits erläutert wurde, versucht die vorliegende Arbeit nicht, eine Definition der „Jugendphase" empirisch zu fundieren, vielmehr richtet sich der Blick darauf, sich der Unterschiedlichkeit von Jugend(*en*) auch empirisch zu vergewissern.

Die Arbeit folgt bei der Suche nach Kontrast- oder Vergleichsfällen zudem der in einer Reihe von Arbeiten belegten *Bedeutung von jugendlichen Peergroups als zentrale Instanzen jugendlicher Sozialisation*. Ich fasse jugendliche Peergroups als lose Zusammenhänge von Gleichaltrigen, die sich über das „Vorhandensein einer direkten Interaktion" (vgl. Köhler 2012: 53) und geteilte Freizeitaktivitäten definieren lassen. Zwar gelten Peergroups in der vorliegenden Arbeit also als eine wesentliche Form des Ausdrucks sozialer Zugehörigkeit von Jugendlichen, zugleich aber auch als Ort der Reproduktion und Produktion sozialer Differenz. Allerdings werden die Peergroups nicht *als solche* in den Blick genommen, sondern als *Repräsentanten von Milieus*. Ich gehe also nur in Ansätzen auf die unterschiedlichen Dimensionen der innerhalb der Peergroup bestehenden Beziehungen ein, wie sie etwa bei Oswald (1993), Oswald und Krappmann (2003 | 1995), Scherr (2010b) oder bei Harring et al. (2010a und b) diskutiert werden, und diskutiere auch die unterschiedlichen Formen der Peergroup-Kommunikation (vgl. Schmidt 2004) nur in ihrer Relevanz für die skizzierten Forschungsfragen. Zudem geht es mir nicht um eine sozialisationstheoretische Perspektive, in der etwa das Verhältnis von Peergroup und Familie als ggf. konfligierende Sozialisationsinstanzen in den Blick genommen würde.

Mit Blick auf die *Ergebnisse der empirischen Forschung* im Bereich der soziologischen Jugendforschung und zu kulturellen Praktiken Jugendlicher ist deutlich geworden, dass in nahezu allen Arbeiten nahegelegt wird, den Fokus auf die Interaktions- und Distinktionspraktiken der Jugendlichen zu richten. Mit Blick auf den in Kapitel 2 erläuterten metatheoretischen Analyserahmen, der der vorliegenden Arbeit zugrunde liegt, nehme ich nun an, dass sich diese Interaktions- und Distinktionspraktiken auf verschiedenen Ebenen untersuchen lassen. Stereotype Stilelemente, kommunikative Routineverfahren oder Klassifikationen, die etwa bei Deppermann und Schmidt (2003) und Schmidt (2004) oder in den Studien von Eckert, Reis und Wetzstein (2000) und von Offen (2013) im Fokus stehen, werden in der vorliegenden Arbeit zwar als eine *erste Ebene* der Interpretation in die Analyse einbezogen – das ist die Ebene des ‚kommunikativ-generalisierten' Wissens oder der ‚sozialen Identität'. Auf einer *zweiten Ebene* wird aber darüber hinaus, wie in den Arbeiten von Bohnsack et al. (1995), Bohnsack (1989) oder Nohl (2001), das ‚konjunktive Wissen' im Sinne handlungsleitender Orientierungen rekonstruiert – das ist die Ebene des ‚sozialen Habitus'. Ich lege meinen Analysen zudem keine gegenstandstheoretische Festlegung auf einen bestimmten Phänomenenbereich – etwa auf das „doing gender" oder das „doing ethnicity" in der Adoleszenz – zugrunde.

Es wurde schließlich deutlich, dass es zwar eine Reihe von Studien gibt, die Peergroups in institutionalisierten Kontexten in den Blick nehmen und etwa das Verhältnis von Peer- und Schulkultur untersuchen oder die Rolle, die Peergroups für die Bildungsverläufe Jugendlicher spielen. Zudem gibt es Arbeiten, die sich mit Interaktions- und Distinktionspraktiken oder der Herstellung von Zugehörigkeit in Jugendkulturen oder expressiven Jugend-Szenen beschäftigen. Insbesondere über Distinktionspraktiken von Jugendlichen, die sich jenseits der Einbindung in jugendliche Szenen oder Jugendkulturen bewegen, also darüber, „wie sich ‚Normalos' abgrenzen und Selbstwert herstellen", wie es Eckert, Reis und Wetzstein formulieren (Eckert/Reis/Wetzstein 2000: 397), ist bisher wenig bekannt (vgl. zu dieser Beobachtung auch Pfaff 2010: 169). Auf diese ‚normalen' Jugendlichen in nicht institutionalisierten Settings richtet die vorliegende Arbeit den Fokus.

Ausgehend von diesen Überlegungen lassen sich folgende *Forschungsziele* der vorliegenden Arbeit konkretisieren. Die Arbeit zielt auf:

1. Die empirische Rekonstruktion zu drei Fragen:

   a) Welche unterschiedlichen Formen der Interaktion und insbesondere der Differenzsetzung und Attribution finden sich in jugendlichen Peergroups, die sich jenseits der Einbindung in jugendkulturelle Szenen oder Jugendkulturen bewegen?
   b) Auf welche impliziten, kollektiven und handlungsleitenden Orientierungen verweisen diese Distinktionspraktiken?
   Hier untersuche ich die Frage, *wie Zugehörigkeit in den Peergroups interaktiv und kommunikativ hergestellt wird* und nehme die unterschiedlichen Formen kollektiver Orientierungsrahmen in den Blick (vgl. Kapitel 6).
   c) Wie lässt sich die soziale Genese unterschiedlicher Interaktions- und vor allem Distinktionspraktiken erklären, d.h. lassen sich Zusammenhänge von kollektiven Orientierungsrahmen und ‚konjunktiven Erfahrungsräumen' rekonstruieren?
   Hier stehen die *unterschiedlichen Ausgangsbedingungen* im Sinne der identischen oder strukturidentischen „Erlebnisschichtung" (Mannheim 1964b | 1928: 536) der Jugendlichen im Fokus (vgl. Kapitel 7).

2. Die systematische und gegenstandsbezogene Diskussion der Ergebnisse der empirischen Rekonstruktionen auf diesen drei Ebenen vor dem Hintergrund der referierten Studien aus dem Bereich der soziologischen Jugendforschung und weiteren Studien aus dem Bereich der qualitativen Ungleichheitsforschung (vgl. Kapitel 8).

3. Die Diskussion der paradigmatischen Perspektive, die am Beginn des Forschungsprozesses steht, vor dem Hintergrund der empirischen Ergebnisse und der Erfahrungen in der Forschungspraxis. Hier gehe ich auf die Frage ein, wie sich die Milieuanalyse einer praxeologischen Wissenssoziologie mit der Analyse von Realgruppen und biographischen Verläufen verbinden lässt, und diskutiere die Verknüpfung mit anderen Erhebungs- und Auswertungsverfahren, denen eine andere grundlagentheoretische Fundierung vorausgeht (vgl. Kapitel 9).

5. Zur Anlage der Untersuchung

Dieses Kapitel dient der Einführung in das Untersuchungsdesign der vorliegenden Arbeit. Dazu erläutere ich zunächst das erhebungs- und auswertungsmethodische Vorgehen (5.1) und stelle im Einzelnen die methodologischen Grundannahmen, Grundbegriffe und insbesondere die spezifische Analyseeinstellung der dokumentarischen Methode der Interpretation vor, auf die ich mich für die empirische Bearbeitung meiner Fragestellung beziehe (5.1.1). Dann erläutere ich das eingesetzte Erhebungsverfahren der Gruppendiskussion (5.1.2) und fasse im Anschluss daran die wichtigsten Schritte und Prinzipien der Auswertung zusammen (5.1.3) – dabei gehe ich im Einzelnen auf die sinngenetische und die soziogenetische Typenbildung als zentrale Generalisierungsstrategien im Rahmen der dokumentarischen Methode ein. Im zweiten Teil des Kapitels skizziere ich dann den Materialzugang der Arbeit mit Blick auf Samplebildung und Feldzugang, Fallerhebung und Fallauswahl (5.2). Zum Abschluss des Kapitels weise ich in einer kurzen Reflexion der empirischen Phase auf durch den Prozess der Samplebildung und der Erhebung selbst, aber auch auf durch die gewählte forschungsleitende Perspektive bedingte Grenzen der Studie hin (5.3).

5.1 Untersuchungsdesign

5.1.1 Methodologische Grundannahmen und Grundbegriffe

Wie in Kapitel 2 ausführlich begründet, bietet die forschungsleitende Perspektive einer praxeologischen Wissenssoziologie (vgl. Bohnsack 2014a) einen hinreichend komplexen Zugang zur Analyse der Prozesse der Herstellung von Zugehörigkeit und Differenz. In der dokumentarischen Methode der Interpretation wurde diese Perspektive in erster Linie von Ralf Bohnsack für die empirische Forschung ausgearbeitet.[46] „Dokumentarisch" zu interpretieren bedeutet in dieser Hinsicht, eine Er-

46 Vgl. grundlegend Bohnsack 2008; einen Überblick über die Forschungspraxis und aktuelle Entwicklungen geben Bohnsack/Nentwig-Gesemann/Nohl 2007 | 2001 und Loos et al. 2013.

scheinung nicht nur als solche, sondern zugleich als Ausdruck eines Musters zu begreifen, das dieser Erscheinung zugrunde liegt (vgl. Bohnsack 2008: 57ff.). Grundlage für diese Form der Analyse ist die bereits erwähnte Unterscheidung verschiedener Wissensformen in den Arbeiten Karl Mannheims, die der empirischen Analyse als unterschiedliche Sinnschichten grundsätzlich zugänglich sind (vgl. zum Folgenden Mannheim 1964c | 1926: 403ff. und 1964a | 1921-22: 118ff.). Erstens ist das der „immanente" oder wörtliche Sinngehalt, der dem kommunikativ-generalisierten Wissen in der Perspektive der praxeologischen Wissenssoziologie entspricht. Auf dieser Ebene lassen sich die Interpretationen der Handelnden erfassen, etwa ihre Meinungen und Eigentheorien oder der „subjektive Sinn" der Akteure – in der dokumentarischen Methode wird in dieser Hinsicht auch von „Common Sense-Theorien" oder von „Orientierungsschemata" (Bohnsack 2012) gesprochen. Der immanente Sinngehalt ist zu unterscheiden von – zweitens – dem „dokumentarischen Sinngehalt" (vgl. Mannheim 1964a | 1921-22: 118ff.). Erst auf dieser zweiten Ebene kommt die Vorstellung zum Tragen, dass das realisierte Handeln eines gesellschaftlichen Akteurs von einer Qualität ist, die sich nicht aus dem „subjektiven Sinn" der Akteure selbst ergibt. Der „dokumentarische Sinn" oder der „Dokumentsinn" bezeichnet insofern den in den Handlungs-, Interaktions- und Diskurspraktiken der Akteure bzw. der erlebnismäßigen Darstellung, Erzählung und Beschreibung dieser Praktiken *sich äußernden* Sinngehalt, der einer Rekonstruktion prinzipiell zugänglich ist. Hiermit sind Formen des nicht unmittelbar expliziten oder von den Befragten nicht direkt explizierbaren und in diesem Sinne a-theoretischen Wissens angesprochen. Mannheim unterscheidet noch eine dritte Sinnschicht, den „intentionalen Ausdruckssinn", und stellt damit einen subjektiven „Innenweltbezug" heraus, also das, was „vom ausdrückenden Subjekt gemeint" und „im bewußtseinsmäßigen Daraufgerichtetsein intendiert" ist (Mannheim 1964a | 1921-22: 116). Der „intentionale Ausdruckssinn" wird in der dokumentarischen Interpretation allerdings nicht berücksichtigt, da nicht überprüft werden kann, ob die *Aussagen* eines gesellschaftlichen Akteurs mit einer entsprechenden *Intention* übereinstimmen. Der Interpret müsste hierzu auf Annahmen über die kommunikativen Absichten zurückgreifen bzw. eine Intention *unterstellen,* empirisch zugänglich ist aber nur die Aussage selbst. Bohnsack führt diese Schwierigkeit am Beispiel der „Typenbildungen des Common Sense" in der Tradition der Arbeiten von Alfred Schütz aus, die „den subjektiv gemeinten Sinn zum Grundbaustein der mit ihnen verbundenen Handlungstheorie" (Bohnsack 2010b: 49f.) nehmen. Die Analysen gehen, so Bohnsack weiter, notwendiger Weise mit einer „Unterstellung von Intentionen" (ebd.: 50) einher, eine solche Unterstellung sei aber nur da unproblematisch, „wo wir es mit *institutionalisierten* und *rollenförmigen* Verhaltensweisen zu tun haben“ (ebd.; Herv. im Original).

In der dokumentarischen Methode werden die beiden Sinnebenen, die sich empirisch rekonstruieren lassen, im Begriff des „kollektiven Orientierungsrahmens“ (Bohnsack 1997; 2012) zusammengefasst. Auf diese kollektiven Orientierungsrahmen sind die Erhebung und Auswertung empirischer Daten im Rahmen der Methode im Wesentlichen gerichtet (siehe dazu Abbildung 1).

Abbildung 1: *Dimensionen des kollektiven Orientierungsrahmens (aus: Bohnsack 2014b: 37)*

Der (kollektive) Orientierungsrahmen *im engeren Sinne* entspricht in etwa dem Konzept des modus operandi in der Bourdieuschen Habitus-Analyse – in der dokumentarischen Methode wird hier auch von handlungsleitenden Orientierungen gesprochen. Der (kollektive) Orientierungsrahmen *im weiteren Sinne* unterscheidet sich allerdings vom Habitus-Begriff insofern, als er *sowohl* handlungsleitende Orientierungen als auch Orientierungs*schemata* umfasst, also die Verbindung konjunktiver *und* kommunikativer Wissensbestände bezeichnet. Er erweitert insofern den Habitusbegriff um den Aspekt, „dass und wie der Habitus sich in der Auseinandersetzung mit den Orientierungsschemata, also u.a. den normativen Anforderungen und denjenigen der Fremd- und Selbstidentifizierung, immer wieder reproduziert und konturiert" (Bohnsack 2012: 126). Die dokumentarische Interpretation zielt prinzipiell auf beide Sinnschichten, wenn sie auch primär darauf gerichtet ist, „einen Zugang zum konjunktiven Wissen als dem atheoretischen, je milieuspezifischen Orientierungswissen zu erschließen" (Bohnsack 2006a: 281).

Wie bereits angedeutet, sind die beiden Sinnschichten oder Sinnebenen im Alltag untrennbar miteinander verbunden. Diese „Doppelstruktur alltäglicher Erfahrungs- und Begriffsbildung" (Bohnsack/Przyborski/Schäffer 2010: 12) ergibt sich aus der Gleichzeitigkeit der Existenz der gesellschaftlichen Akteure *in* der Praxis und der kommunikativen Verständigung *über* diese Praxis. Insofern haben alle Bezeichnungen und Äußerungen einerseits über das kommunikativ-generalisierte Wissen eine öffentliche oder gesellschaftliche und andererseits eine nichtöffentliche Bedeutung, die im konjunktiven Wissen verankert ist. Beide Bedeutungen stehen in keiner direkten Beziehung zueinander, wie Bohnsack, Przyborski und Schäffer festhalten:

> „So ist uns die öffentliche oder ‚wörtliche' Bedeutung des Begriffs ‚Familie' unproblematisch gegeben, da wir alle über ein Wissen um die Institution Familie verfügen. Dieses *kommunikative* oder *kommunikativ-generalisierte* Wissen ermöglicht uns aber noch keinen Zugang zum Erfahrungsraum der je konkreten Familie in seinem milieuspezifischen oder auch individuell-fallspezifischen Eigensinn" (ebd.).

Die Tatsache, dass die Bedeutung von Begriffen von den Kontexten abhängt, in denen sie verwendet werden, ist, darauf wurde bereits in Kapitel 2 hingewiesen, in der Ethnomethodologie herausgearbeitet worden (vgl. Fußnote 12). Der von Garfinkel und Sacks geprägte Begriff der „Indexikalität" wird dort aber in erster Linie auf die Abhängigkeit der Bedeutung von Begriffen von den jeweiligen Interaktions-Situationen bezogen (vgl. Garfinkel/Sacks 1976 | 1970). Wie Bohnsack bemerkt, ging es Karl Mannheim ausgehend von der Annahme einer „Seinsverbundenheit des Wissens" aber gerade darum, „einen adäquaten Zugang zur Indexikalität fremder ‚Erfahrungsräume' zu finden" (Bohnsack 2008: 60). In der dokumentarischen Methode geht es mithin um die Rekonstruktion nicht der situations-, sondern der *milieuspezifischen* Bedeutung, die ein Begriff annimmt und die auf konjunktive Erfahrungen bzw. auf Gemeinsamkeiten der Sozialisationsgeschichte verweist. Diesen Zugang sucht die dokumentarische Methode nun über den Wechsel der Analyseeinstellung vom ‚Was' zum ‚Wie' (vgl. Bohnsack 2005: 6). Damit übernimmt sie die in den Schriften Mannheims ausgearbeitete analytische Einstellung oder Beobachterhaltung, „welche zwar in der Lage ist, die Sinnstruktur des beobachteten Handelns vom subjektiv gemeinten Sinn der Akteure abzuheben und in ihrer Eigenstrukturiertheit zu erkennen, gleichwohl aber das Wissen bzw. die Erfahrung oder das Erleben der Akteure selbst als die empirische Basis der Analyse" belässt (Bohnsack 2014a: 18). Für die Interpretation ist daher nur auf einer ersten Ebene interessant, *was* gesagt wird, also die Begriffe selbst, mehr aber auf einer zweiten Ebene die Art, *wie* es gesagt wird, also die Art der Verwendung oder die Kontextuierung der Begriffe. Es liegt dabei die Annahme zugrunde, dass sich die Art und Weise, *wie* ein Problem oder ein Thema behandelt wird, gerade nicht in den subjektiven Theorien und Motiven der gesellschaftlichen Akteure erschöpft, sondern auf der „Ebene von Habitualisierungen" (Bohnsack 1997: 55) angesiedelt ist und damit auf handlungsleitende Orientierungen oder genauer auf unterschiedliche kollektive Orientierungsrahmen verweist.[47] Der Wechsel der Analyseeinstellung als Möglichkeit eines Zugangs zur Indexikalität fremder Erfahrungsräume bedeutet insofern den „Wechsel von der Frage, was kulturelle oder gesellschaftliche Tatsachen *sind,* zur Frage danach, wie diese *hergestellt werden,* also zur Frage nach den sozialen Prozessen der Herstellung dessen, was als kulturelle oder gesellschaftliche Tatsache gilt" (Bohnsack 2001: 326; Herv. von mir). Damit verbindet sich eine Haltung, die von Mannheim als „Einklammerung des Geltungscharakters" bezeichnet worden ist (Mannheim 1980 | 1922: 88): Es geht in der empirischen Analyse im Rahmen der dokumentarischen Methode einerseits gerade nicht darum, die faktische Wahrheit oder normative Richtigkeit des Gesagten zu überprüfen. Andererseits wird der Fokus auf die „Rekonstruktion der generativen Praxis, des Erzeugungsprinzips der Praxisformen" (Bohnsack 2008: 151) gerichtet, und zwar auf zwei Ebenen: Geht es zunächst um die Rekonstruktion des kollektiven Orientierungsrahmens als Prozessstruktur oder, mit Bourdieu gesprochen, als eine die Praxis ‚strukturierende Struktur' im Sinne eines modus operandi, rückt dann auch der „Gesellschaftsprozeß" (Mannheim 1980 | 1922: 76), der zur Ausbildung der kollektiven Orientierungsrahmen führt, also die Genese der Orientierungsrahmen, in den Blick und damit auch die „sozialen Gruppentypen" (ebd.: 88) oder die unterschiedlichen Milieus als deren Träger.

Der Wechsel der Analyseeinstellung vom ‚Was' zum ‚Wie' ist nun gerade auch mit Blick auf die Möglichkeit eines „methodisch kontrollierten Fremdverstehens" (Schütze et al. 1973) von besonderer Bedeutung (vgl.

47 Im Begriff des „Orientierungsrahmens" findet sich im Übrigen eine Anknüpfung an den Begriff des „primären Rahmens" bei Goffman: „Wenn der Einzelne in unserer westlichen Gesellschaft ein bestimmtes Ereignis erkennt, neigt er dazu – was immer er sonst tut –, seine Reaktion faktisch von einem oder mehreren Rahmen oder Interpretationsschemata bestimmen zu lassen, und zwar von solchen, die man primäre nennen könnte." (Goffman 1980 | 1974: 31).

zum Folgenden ausführlich Bohnsack 2010b und 2005). In der dokumentarischen Methode wird nicht davon ausgegangen, dass der Forscher über einen privilegierten Zugang zu einem wie auch immer gearteten *objektiveren* Wissen verfügt als die gesellschaftlichen Akteure. Es wird also keine erkenntnislogische Differenz zwischen alltäglicher und wissenschaftlicher Interpretation im Sinne einer prinzipiellen Überlegenheit letzterer angenommen. Der Unterschied zwischen dem wissenschaftlichen Wissen und dem Alltagswissen der gesellschaftlichen Akteure liegt im Wesentlichen in der unterschiedlichen Perspektive: Während die Akteure in ihrer (im Sinne der Sozialphänomenologie von Alfred Schütz „natürlichen") Analyseeinstellung des Alltags in der Regel den immanenten Sinn oder den thematischen Gehalt von Aussagen fokussieren, um zu einem Verständnis davon zu gelangen, was in einer gegebenen Situation vor sich geht oder was der Fall ist, weil sie in dieser Situation unmittelbare Handlungsinteressen haben, ist der Sozialforscher von solchen Handlungsinteressen in der konkreten Situation befreit und dadurch überhaupt erst in der Lage, eine prozess-rekonstruktive Perspektive einzunehmen. In Anlehnung an Alfred Schütz lässt sich von den auf diese Weise gewonnenen wissenschaftlichen Kategorien als „Konstruktionen zweiten Grades" (Schütz 1971 | 1962: 7) sprechen, da sie eine Rekonstruktion jener „Konstruktionen ersten Grades" vornehmen, die im Sozialfeld von den Handelnden selbst gebildet werden. Nun sind beim „methodisch kontrollierten Fremdverstehen" neben den Handlungsinteressen auch die „Deutungsinteressen" (vgl. Bohnsack 2006a und 2005), also die durch implizite Wissensbestände bedingte, milieuspezifische Perspektive des Sozialforschers selbst oder die „Seinsverbundenheit" seines Denkens zu berücksichtigen. Um diese Differenzen in Sprache und Interpretationsrahmen zwischen Forscher und Beforschten zu erfassen, und damit die Normalitätsannahmen der Forschenden als implizite Interpretationsfolie zu relativieren, arbeitet die dokumentarische Methode in der Auswertung empirischen Materials konsequent mit *empirischen Vergleichshorizonten*. Dadurch wird es ermöglicht, die eigene Standortgebundenheit methodologisch und forschungspraktisch zu relationieren (vgl. hierzu auch Nohl 2007).

5.1.2 Das Gruppendiskussionsverfahren

Auch wenn die dokumentarische Methode mittlerweile in einer Reihe von Arbeiten auch als Zugang zur Bearbeitung von bildungstheoretischen Fragestellungen (vgl. etwa Nohl 2006a; Rosenberg 2011) oder zur Rekonstruktion „individueller Orientierungsrahmen" in Anspruch genommen wird (vgl. Helsper/Kramer/Thiersch 2013; Helsper et al. 2007), steht zu Beginn der Ausarbeitung der Methode die Frage nach kollektiven, impliziten und handlungsleitenden Orientierungen im Sinne milieuspezifischer Wissensbestände (Bohnsack 1989 und 1998; Bohnsack/Mangold 1988). Diese Frage ist vor allem mit Hilfe des Erhebungsverfahrens der Gruppendiskussion bearbeitet worden.[48] Dass Gruppendiskussionen einen Zugang zu *kollektiven* Wissensbeständen bieten könnten, wurde schon in den Arbeiten Werner Mangolds deutlich (vgl. Mangold 1960). In Mangolds Erhebungen kam es zu gemeinsamen Satzkonstruktionen und komplexen Sinnproduktionen durch Personen, die einander zuvor nie gesehen hatten (ebd.: 39). Mangold führte zur Interpretation dieses Phänomens die Unterscheidung zwischen der konkreten Realgruppe und der Großgruppe ein, die die jeweilige Realgruppe nur repräsentiert. In der Ausarbeitung der dokumentarischen Methode wurden diese Überlegungen unter Bezugnahme auf Mannheim um die Annahme der Existenz von „konjunktiven Erfahrungsgemeinschaften" (vgl. Mannheim 1980 | 1922: 226) ergänzt, die in Realgruppen ihren Ausdruck finden.

Der Einsatz des Verfahrens der Gruppendiskussion im Rahmen der dokumentarischen Methode ist dabei durch zwei Besonderheiten gekennzeichnet (vgl. zum Folgenden auch Bohnsack/Przyborski 2007). Erstens wird die Gruppe, die die Diskussion bestreitet, nicht *als solche* in den Blick genommen, sondern als Träger (geteilter) konjunktiver Erfahrungen oder *als Repräsentant von Milieus*. Die Handlungspraxis von Real-Gruppen kann im Rahmen der dokumentarischen Methode nur begrenzt erhoben werden, weil diese die Rekonstruktion kollektiver Wissensbestände und der ihnen zugrunde liegenden spezifischen Erlebnisschichtung zum primären Gegenstand hat und gerade *nicht* die Bestimmung *fall*spezifischer Habitus, seien diese nun solche eines Individuums oder einer Gruppe: Die dokumentarische Methode sucht also gerade nicht nach der Erfassung der *Totalität* einer Gruppe oder eines Individuums (vgl. Loos/Schäffer 2001: 39f.). Die Auswertung von Gruppendiskussionen zielt im Sinne des erläuterten Wechsels der Analyseeinstellung vom ‚Was' zum ‚Wie' zweitens nicht in erster Linie auf die Meinungen oder Einstellungen der Akteure bzw. auf den *thematischen* Gehalt ihrer Äußerungen (wie etwa im Verfahren der „focus-group"), sondern auf die Art

48 Die Gruppendiskussion ist mittlerweile sowohl in der jugendsoziologischen Forschung (u.a. Bohnsack et al. 1995; Nohl 2001; Schäffer 2003), als auch in der Organisationsanalyse (u.a. Vogd 2003; Kutscher 2006; Mensching 2008; Kubisch 2008) ein bewährtes Verfahren. Vgl. zu den methodologischen Grundlagen des Verfahrens und zur Forschungspraxis neben den bereits erwähnten Einführungen in die dokumentarische Methode vor allem: Bohnsack/Pryzborski/Schäffer 2010 und Loos/Schäffer 2001.

und Weise, *wie* die Themen *bearbeitet* werden. Von Bedeutung ist in der Auswertung dann nicht in erster Linie das *Thema der Interaktion* (propositionale Ebene), sondern die *Art und Weise der Themengestaltung* (performative Ebene). Mit diesem doppelten Fokus knüpft die dokumentarische Methode an die Konversationsanalyse und insbesondere an die Sprechakttheorie nach Austin an, der etwa von „performativen Verben" spricht, um den simultanen Vollzug einer Handlung durch einen Sprechakt zu fassen (vgl. Austin 1972 | 1962). Wenn z.B. eine Beleidigung *ausgesprochen* wird, ist diese gleichzeitig *im Vollzug* (vgl. auch Auer 1999: 77f.). Aus Sicht der dokumentarischen Methode ergibt sich der dadurch freigesetzte dokumentarische Sinn aus dem Interaktionskontext, der durch die Handelnden selbst geschaffen wird. In Abgrenzung zu Austin wird das performative Element dabei nicht nur bei *einem* Sprechakt gesetzt: Erst durch den Anschluss weiterer Sprechakte ist der spezifische performative als *kollektiver* Sinn vollzogen (vgl. Bohnsack 2007b: 205; ausführlich zu den sprachtheoretischen Grundlagen der dokumentarischen Methode: Przyborski 2004).

Im Mittelpunkt der Erhebung und Auswertung von Gruppendiskussionen stehen also mit Bezug auf die paradigmatische Annahme, dass die Beforschten durch etwas verbunden sind, das sich in dem, was sie selbst äußern, dokumentiert, kollektiv geteilte oder eben konjunktive Wissensbestände. Diese konjunktiven Wissensbestände zeigen sich dort, „wo diejenigen, die ein gemeinsames Problem oder allgemeiner: einen *gemeinsamen* Erlebnishintergrund oder existentiellen Hintergrund teilen, in ein darauf gerichtetes oder darauf aufbauendes kommunikatives *Miteinander* eintreten" (Bohnsack 1989: 21f.; Herv. im Original). Voraussetzung dafür, in der Analyse von Gruppendiskussionen zu diesen Wissensbeständen vordringen zu können, ist nun, das Gespräch als ein „sich selbst steuerndes Kommunikationssystem" (Bohnsack 2010a: 304) zu verstehen. Hier schließt die dokumentarische Methode an die Systemtheorie Luhmanns an, und nimmt an, dass sich die Bedeutung einer (Sprach-)Handlung von der Relation zu jenem Kontext her bestimmt, wie er von den Akteuren in ihrer Handlungspraxis selbst hergestellt wird, und dass sie sich nicht auf der Grundlage subjektiver Intentionen konstituiert, sondern als *System*, als „*Geschichte von Selektionsleistungen*, die im System erbracht und in ihrer Selektivität präsent gehalten werden" (Luhmann 1975: 26; Herv. im Original). Gruppendiskussionen werden in der dokumentarischen Methode insofern als in Teilen *unabhängig von den Intentionen der Beteiligten* sich entwickelnde kommunikative und interaktive Prozesse verstanden, die in ihrem *Ablauf* auf die konjunktiven Wissensbestände und weitergehend auf kollektiv-biographische Zusammenhänge wie bspw. Generation, Milieu, Geschlecht verweisen. Mit dieser grundlagentheoretischen und sprachtheoretischen Fundierung des Verfahrens wird nicht zuletzt dem Problem der Reproduzierbarkeit von Ergebnissen begegnet, das sich im Rahmen des interpretativen Paradigmas in der empirischen Sozialforschung stellt (vgl. Bohnsack 2005). So stellen Bohnsack und Przyborski fest, dass im Rahmen dieses Paradigmas „alltägliches Handeln, alltägliche Kommunikation als ein permanenter Aushandlungsprozess" (Bohnsack/Przyborski 2007: 495) erscheint, der sich je nach Situation anders vollzieht oder vollziehen kann. Bei der Auswertung von Gruppendiskussionen steht dann entsprechend „die *Emergenz* (also das ständige Neuentstehen) interpretativ ausgehandelter Bedeutungen" (ebd.; Herv. im Original) im Fokus. Mit Rückbezug auf die paradigmatische Perspektive der praxeologischen Wissenssoziologie kann hier argumentiert werden, dass die Orientierungsmuster im Diskurs *gerade nicht situativ emergieren*, sondern, „da sie tiefer liegende kollektive oder milieuspezifische Strukturen *repräsentieren*, im Diskurs immer wieder reproduziert" (ebd.: 495; Herv. im Original) werden. Das heißt nun allerdings nicht, dass davon ausgegangen wird, dass es sich hier um Codes handelt, die man eindeutig bestimmten sozialen Klassen zuordnen kann, wie in den bereits zitierten Arbeiten von Willis (1979 u. 1981) und Clarke (1979) angenommen wird. Vielmehr berücksichtigt die empirische Analyse der dokumentarischen Methode wie bereits in Kapitel 2 angedeutet eine Mehrdimensionalität des Habitus „im Sinne einer *Überlagerung* unterschiedlicher Erfahrungsräume, also u.a. solcher klassen-, geschlechts- und entwicklungstypischer Art" (Bohnsack/Przyborski/Schäffer 2010: 10; Herv. im Original).

Um nun zu einer Transzendierung des wörtlichen Sinngehalts oder des propositionalen Gehalts der Äußerungen zu kommen und das heißt, um die Konstitution der sequentiellen Relation im Gespräch beobachten zu können, ist für die Erhebung von zentraler Bedeutung, den Beforschten die Gelegenheit zu einer Entfaltung ihrer eigenen „Relevanzrahmen" (Bohnsack 2008: 121ff.) zu geben, das heißt, einen möglichst großen Artikulationsraum zu eröffnen, innerhalb dessen die Akteure ihre eigenen Sichtweisen, Erfahrungen, Deutungen zur Darstellung bringen. Das Gespräch muss sich mithin weitgehend ohne Interventionen durch den Forscher entwickeln können. Das führt zu einem weitgehenden Verzicht auf vorher festgelegte Fragen und zur Verwendung möglichst offener Erzählstimuli. Im Rahmen der Ausarbeitung der dokumentarischen Methode sind zudem einige „reflexive Prinzipien der Initiierung und Leitung von Gruppendiskussionen" (vgl. Bohnsack 2008: 225ff.) entwickelt worden, die es zu beachten gilt, um zu vermeiden, dass durch die Intervention des Forschers bereits Orientierungsgehalte vorgegeben werden. Zu diesen gehört etwa, dass der Forscher nur Themen vorschlägt, aber keine Propositionen vorgibt, dass seine Fragen durch eine demonstrative Vagheit gekennzeichnet sind, dass er die Gruppe als Ganzes bzw. als Kollektiv adressiert und nicht in die Verteilung der Redebeiträge eingreift, usw. Das Augenmerk darauf zu legen, „dass der Fall (die Gruppe oder das Individuum) sich in seiner *Eigenstrukturiertheit* prozeßhaft zu entfalten vermag“ (Bohnsack et al. 1995: 435; Herv. im Original), heißt also nichts anderes, als dass ein Forscher „den Zugang zu bedeutungsstrukturierten Daten im allgemeinen nur gewinnt, wenn er eine Kommunikationsbeziehung mit dem Forschungssubjekt eingeht und dabei das kommunikative Regelsystem der Forschungssubjekte in Geltung lässt“ (Hoffmann-Riem 1980: 346f.), wie bereits Hoffmann-Riem mit Blick auf die Charakteristika der Datengewinnung einer interpretativen Soziologie festhält. Hoffmann-Riem spricht hier vom „Prinzip der Kommunikation“ (ebd.: 346). Nur wenn es dem Forscher gelingt, einen Diskurs *unter den Beforschten* anzuregen, kann er die Genese der kollektiven Orientierungen in ihrem Erlebniszusammenhang beobachten bzw. nur dann ist es ihm möglich, den Eigensinn und die Eigenlogik der kollektiven Sinnbezüge und Orientierungen etwa auf Gruppen-Zugehörigkeiten, die damit verbundenen Grenzziehungen durch Klassifizierung entlang sozialer Strukturkategorien wie Geschlecht, Ethnie, Klasse, Alter usw. nachzuvollziehen. Damit korrespondiert, dass in der Erhebung der Daten „die theoretische Strukturierung des Forschungsgegenstands zurückgestellt wird, bis sich die Strukturierung des Forschungsgegenstands durch die Forschungssubjekte herausgebildet hat“ (ebd.: 343). Hoffmann-Riem spricht hier vom „Prinzip der Offenheit“ (ebd.).

5.1.3 Fallkontrastierung und praxeologische Typenbildung

Das mehrschrittige Verfahren der dokumentarischen Interpretation von Texten wie den Transkripten von Gruppendiskussionen läuft auf eine zunehmende Abstraktion von der Fallebene zu generalisierbaren Typiken hinaus (vgl. zum Folgenden u.a. Bohnsack 2008: 134ff.; Bohnsack 2007a; Nohl 2007; Nentwig-Gesemann 2007). Dabei wird eine deduktive Art des Schlussfolgerns vermieden, in der sich der Interpret von einer Hypothese leiten lässt (vgl. Peirce 1976: 395ff.). Da eine solche Hypothese selbst lediglich bestätigt oder falsifiziert werden kann, aber keine weiteren neuen Erkenntnisse generiert, die über die Hypothese hinausgehen, eignet sich dieses Schlussverfahren nicht dazu, über die „Deutungsinteressen“ des Forschers hinauszugelangen, sofern die zu untersuchenden Milieuzusammenhänge diesem unbekannt sind. Im Sinne eines rekonstruktiven Vorgehens kann sich der Interpret nun alternativ „auf ihm zumindest intuitiv bereits bekanntes Vor-Wissen um typische Kontextuierungen" (Bohnsack 2010b: 57) beziehen, „die jeweils beobachteten Äußerungen vor der Kontrastfolie dieses typenhaften Wissens" (ebd.) interpretieren, und auf diese Weise die *fallspezifischen Besonderheiten* herausarbeiten. Er geht dann von empirischen Phänomenen aus, deutet diese aber als Fall einer bereits vorhandenen Regel und weitet das Beobachtete dadurch (qualitativ oder quantitativ) auf eine gegebene Theorie aus, wie es dem Verfahren der „qualitativen Induktion" entspricht (vgl. Reichertz 2006). In der dokumentarischen Methode wird hingegen angestrebt, das implizite handlungsleitende Wissen der Akteure in komparativer Analyse *abduktiv* zur begrifflich-theoretischen Explikation zu bringen. Das heißt, dass „ausgehend von der Beobachtung überraschender Phänomene nach einer Regel gefahndet wird, die diese zu plausibilisieren und somit zu interpretieren vermag" (Bohnsack 2010b: 57). Abduktives Schlussfolgern bedeutet insofern, nach plausiblen Erklärungen für empirisch Vorgefundenes zu suchen und dabei sowohl auf die Regel als auch wiederum auf den Fall zu schließen, da erst im Lichte einer möglichen neuen Regel klar wird, was der Fall *ist* (vgl. Reichertz 2006: 191; Peirce 1976: 394). Es lassen sich im Rahmen der dokumentarischen Methode dabei zwei Schritte der Generalisierung als Ansatzpunkte für die Theoriegenerierung unterscheiden, die sinngenetische und die soziogenetische Typenbildung.

5.1.3.1 Komparative Sequenzanalyse und sinngenetische Typenbildung

Die sinngenetische Typenbildung „begibt sich auf dem Wege der Abduktion auf die Suche nach dem genetischen Prinzip, nach dem modus operandi, welcher die Alltagspraxis in deren unterschiedlichen Bereichen in homologer Weise strukturiert" (Bohnsack 2010b: 59). Die einzelnen Schritte der Auswertung werden im Folgenden kurz erläutert.

Auswahl der Passagen

Da es bei der Rekonstruktion milieuspezifischer Wissensbestände nicht um die Erfassung des Einzelfalls geht, sondern um die Erfassung der typischen und damit wiederkehrenden und im Vergleich mit anderen Fällen bedeutsamen Charakteristika eines *Milieus*, werden Gruppendiskussionen anders als biographische oder narrative Interviews in der Regel nur partiell transkribiert und analysiert. Für die *Auswahl der entsprechenden Abschnitte* bedeutet das, dass anhand der von den Gruppendiskussionen angefertigten Audiomitschnitte ein thematischer Verlauf erstellt und solche Passagen identifiziert werden, die *einerseits* für die jeweilige Forschungsfrage inhaltlich relevant sind.[49] Wichtiger für die Auswahl ist aber *andererseits* der Bezug auf die sich im Material dokumentierende Form des „gemeinsamen Sprechens und der unmittelbaren Verständigung" (Przyborski/Wohlrab-Sahr 2010: 283). Da das konjunktive Wissen in die Handlungspraxis eingelassen ist, tritt es uns, wie Przyborski und Wohlrab-Sahr feststellen, „insbesondere auf der Ebene von Performanz, Gestaltungsprinzipien sowie (sprachlichen) Bildern und Szenen entgegen" (ebd.: 283). In diesem Sinne wird in den Diskussionen nach Passagen gesucht, in denen erlebte Interaktions- bzw. Handlungspraxis, Körperlichkeit und Bildhaftigkeit in den Diskurs einfließen und in ihm zum Ausdruck gebracht werden, also nach Passagen, die sich durch eine besondere „Metaphorik des Diskurses" (ebd.: 284) auszeichnen – zentrale Textsorten sind hierbei Erzählungen und Beschreibungen (vgl. Schütze 1987). Bei der Auswahl der Passagen ist aber auch „die Art und Weise der Hervorbringung, d.h. alle gestalterischen Elemente des Diskurses [zu beachten], also die Performanz des Diskurses" (Przyborski/Wohlrab-Sahr 2010: 284). Für Passagen, die sich in diesem Sinne auszeichnen, wird der Begriff der „Fokussierungsmetaphern" (Bohnsack 2008: 33) gebraucht. Sie haben thematischen „Fokus-Charakter, metaphorische Qualität" (ebd.: 45) und weisen eine besondere diskursive Dichte auf.

Formulierende und reflektierende Interpretation

In der *Auswertung* der ausgewählten Passagen bezieht sich die dokumentarische Methode wie erläutert auf die Annahme einer methodologischen Differenz zwischen dem immanenten Sinngehalt und dem dokumentarischen Sinngehalt und analysiert die beiden Sinnschichten in zwei voneinander abgegrenzten Arbeitsschritten. Der erste Schritt ist die „formulierende Interpretation" (vgl. Bohnsack 2008: 134f.). Funktion der formulierenden Interpretation ist die Zusammenfassung und Strukturierung dessen, worum es im jeweiligen Abschnitt/der Passage geht, sie fokussiert mithin den immanenten Sinn. Die thematische Struktur des Diskurses wird durch die Formulierung von Überschriften und Paraphrasierungen des Gesagten verdeutlicht. Der zweite Schritt ist die „reflektierende In-

49 Damit wird der Fokus in der Regel auf *eine* Dimension handlungsleitenden Wissens eingeschränkt, die Ergebnisse der empirischen Rekonstruktionen im Rahmen der sinngenetischen Typenbildung sind daher in der Regel nur in Bezug auf *eine spezifische* Fragestellung aussagekräftig. Vgl. die Ausführungen zur mehrfachen „Aspekthaftigkeit" der Typenbildung in der dokumentarischen Methode bei Bohnsack 2010b und die Überlegungen zu einer „relationalen Typenbildung", in der die Verknüpfung mehrerer Orientierungs-Dimensionen im Fokus steht, bei Nohl 2012; 2013.

terpretation“ (vgl. ebd.: 135ff.). Hier wird das ‚Wie' in den Blick genommen, also die Frage, in welchem Rahmen das jeweilige Thema behandelt wird oder der dokumentarische Sinn. In der reflektierenden Interpretation wird nun sowohl der propositionale, als auch der performative Gehalt der Äußerungen berücksichtigt. Dazu wird insbesondere die Diskursorganisation in den Blick genommen, d.h. es wird die formale Bezugnahme der Diskussionsteilnehmer*innen aufeinander nachvollzogen und beschrieben (vgl. Przyborski 2004). Dieser Analyseschritt zielt zunächst darauf, festzustellen, ob sich in der Gruppe *überhaupt* ein *geteilter Orientierungsrahmen* dokumentiert (vgl. Loos/Schäffer 2001: 66). Grundsätzlich wird dabei in inkludierende und exkludierende Modi der Diskursorganisation unterschieden (vgl. zum Folgenden Przyborski 2004: 289ff.). Zu den inkludierenden Modi zählen erstens der univoke Modus, der auf eine identische Erfahrungsbasis verweist und realisiert wird, wenn die Personen derart aneinander anschließen, als würden sie mit einer Stimme sprechen; zweitens der parallele Modus, der auf strukturhomologe Erfahrungen verweist und sich in Diskurszügen zeigt, die von Wiederholungen und Validierungen der Orientierungen geprägt sind; drittens der antithetische Modus, in dem zunächst ein argumentativer Austausch erfolgt, der allerdings mit einer Synthese abgeschlossen wird und dadurch ebenfalls auf einen gemeinsamen, kollektiv geteilten Orientierungsrahmen und damit auf strukturhomologe Erfahrungshintergründe verweist. Als exkludierende Modi gelten hingegen zum einen der oppositionelle, der sich vom antithetischen Modus durch die fehlende Synthese unterscheidet, und zum anderen der divergente Modus, der sich durch verdeckte fehlende Rahmen-Übereinstimmungen der Akteure auszeichnet. In den Analysen werden dann für die einzelnen Fälle, die sich in der Art, wie ein Thema behandelt wird, dokumentierenden „positiven“ und „negativen Gegenhorizonte“ sowie deren Enaktierungspotenziale (Bohnsack 2008: 136) rekonstruiert. Diese Komponenten konstituieren den Rahmen des Erfahrungsraums einer Gruppe und zwischen ihnen ist die von diesem Erfahrungsraum getragene Orientierungsfigur oder der kollektive Orientierungsrahmen aufgespannt. Mit anderen Worten: Die handlungsleitenden Orientierungen, „wie sie in den Diskursen expliziert oder in Form von Beschreibungen oder Erzählungen metaphorisch entfaltet werden, gewinnen ihre Konturen dadurch, dass sie an [...] Gegenhorizonten festgemacht werden“ (Bohnsack 2008: 136f.). Die Gegen- oder Vergleichshorizonte als „Horizonte der Selbstverortung“ (Bohnsack 1989: 25ff. sowie 2008: 45) bilden „die Horizonte der ‚Totalität' von Weltanschauungen“ (Bohnsack/Nentwig-Gesemann 2010: 270).

In der reflektierenden Interpretation der ausgewählten Passagen eines Falls stellt sich nun wie bereits bemerkt das Problem der Kontextuierung der rekonstruierten handlungsleitenden Orientierungen oder der kollektiven Orientierungsrahmen, denn die „spezifische Selektivität bei der Behandlung eines Themas, also der für dessen Bearbeitung ausschlaggebende Orientierungsrahmen, wird [...] dadurch überhaupt erst sichtbar und begrifflich explizierbar, dass ich als Interpret Alternativen, d.h. Vergleichshorizonte, dagegenhalte" (Bohnsack 2006b: 235). Dabei wird die Standortgebundenheit des Forschers zum Problem, und zwar nicht hinsichtlich seiner „Handlungsinteressen" in der konkreten (Erhebungs-) Situation, sondern in Bezug auf die „Deutungsinteressen", die abhängig von der „Seinsverbundenheit" seines Wissens sind (ebd.: 275). Mit anderen Worten: Die Interpretation des Forschers oder der Forscherin wird durch die von ihnen herangezogenen Vergleichshorizonte strukturiert. Die methodische Kontrolle gelingt in der dokumentarischen Methode vor allem durch das Prinzip der komparativen Analyse vor dem Hintergrund „empirisch beobachtbarer Vergleichsfälle" (Bohnsack/Nohl 2001a: 31; Nohl 2007). Indem *implizite oder gedankenexperimentelle* Gegen- oder Vergleichshorizonte als Grundlage der reflektierenden Interpretation zunehmend durch *empirische* Gegen- oder Vergleichshorizonte ersetzt werden (vgl. auch Loos/Schäffer 2001: 71), kann die Standortgebundenheit der Forschenden methodisch kontrolliert und das heißt, die Relevanz der impliziten Vergleichshorizonte sukzessive minimiert werden. Um nicht vor dem Hintergrund impliziter, methodisch nicht kontrollierbarer Vergleichshorizonte des Forschers zu interpretieren, wird zudem in der vergleichenden Analyse nicht nur immer schon auf *andere* Fälle Bezug genommen, sondern die Bedeutung einer Passage, Äußerung oder Diskursbewegung auch über die Analyse mehrerer Passagen *eines* Falls validiert.

Schritte der sinngenetischen Typenbildung

Die komparative Sequenzanalyse der ausgewählten Passagen eines Falls führt zunächst zu Falldarstellungen, die dazu dienen, die Ergebnisse der Interpretation bezogen auf die Gesamtgestalt eines Falles zu präsentieren. Dabei werden zentrale handlungsleitende Orientierungen und Rahmenkomponenten der jeweiligen Gruppe, die dramaturgische Entwicklung und die Diskursorganisation dargestellt und aufeinander bezogen. Bohnsack bemerkt hierzu, dass eine Diskursbeschreibung umso dichter wird, „je umfassender es gelingt, die Beschreibung der Orientierungsmuster und Rahmenkomponenten (‚Inhalt') einerseits und die Beschreibung von Dramaturgie und Diskursorganisation andererseits (‚Form') in einer Gesamtcharakteristik des Falles verschmelzen zu lassen" (Bohnsack 2008: 140). Die Bedeutung der komparativen Analyse vor dem Hintergrund empirischer Vergleichshorizonte verweist allerdings auf die enge Verschränkung der Analyse des Einzelfalls mit der sinngenetischen Typenbildung.

Auf dem Wege des Fallvergleichs lassen sich auf der Ebene des immanenten Sinns anhand der formulierenden Interpretationen bzw. anhand der thematischen Verläufe zunächst allen Diskussionen bzw. Vergleichspassagen gemeinsame Themen identifizieren. Diese gelten als ein erstes tertium comparationis (Bohnsack 2007a: 235), das noch auf einer thematischen Ebene angesiedelt ist. In fallübergreifender komparativer Analyse dieser thematisch vergleichbaren Passagen wird in einem zweiten Schritt auf die Gemeinsamkeiten zwischen den Fällen geachtet, und das heißt, „[a]uf der Grundlage beobachteter oder erzählter Handlungspraxis werden zentrale Orientierungsfiguren oder (Sinn-)Muster herausgearbeitet und im fallübergreifenden wie fallinternen Vergleich abstrahiert" (Nentwig-Gesemann 2007: 279). In diesem Schritt der „Abstraktion des Orientierungsrahmens" (Bohnsack 2007a: 234) wird nach einem „homologen Muster" (ebd.) bzw. nach einem allen Fällen gemeinsamen Orientierungsproblem gesucht, sowie nach den Dimensionen, in denen sich die Fälle bei der Lösung des Problems unterscheiden. Das Erkenntnisinteresse der dokumentarischen Methode zielt nun über die Identifizierung der Gemeinsamkeiten *aller Fälle* hinaus auf die „Kontraste in der Gemeinsamkeit" (ebd.: 236), also auf die unterschiedlichen Formen der Bearbeitung des Themas oder der Lösung der Problemkonstellation. Dieser dritte Schritt der sinngenetischen Typenbildung wird „Spezifizierung des Typus" (ebd.: 236) genannt. Dabei werden sowohl weitere *fallübergreifende*, als auch *fallinterne* komparative Analysen vorgenommen und der Fokus liegt sowohl darauf, *Kontraste im Vergleich der Typen*, aber auch Homologien *zwischen Fällen eines Typus* und *innerhalb eines Falls* aufzuweisen.

Mehr noch als in der Rekonstruktion eines fall- oder gruppenspezifischen Orientierungsrahmens ist in der sinngenetischen Typenbildung die Schwierigkeit einer „doppelten Hermeneutik" (Giddens 1984: 95) präsent, denn folgt man in der „Abstraktion des Orientierungsrahmens" und dann auch in der „Spezifizierung des Typus" nicht den Begrifflichkeiten der Befragten, sondern führt externe Kategorien an, ergeben sich Schwierigkeiten mit Blick auf die Gegenstandsangemessenheit der Rekonstruktionen. Das Problem besteht dabei aus der Sicht einer rekonstruktiven Methodologie darin, dass nicht die (begrifflichen) Typenbildungen oder Konstruktionen der Erforschten als „Konstruktionen ersten Grades" zur grundlegenden Kategorisierung herangezogen werden, „sondern Kategorien der Forscher/innen selbst, die nicht systematisch auf der Grundlage der Erfahrungen der Proband(inn)en gewonnen worden sind"

(Bohnsack 2010a: 293). Mit Blick auf die Adäquanz von begrifflich-theoretischer Konstruktion und empirischem Sachverhalt (in diesem Fall ist das die Alltagshermeneutik der Beforschten) ist insofern darauf zu achten, in der Benennung der Typen nicht einfach Kategorien zu übernehmen, die aus den der Rekonstruktion vorangestellten gegenstandstheoretischen Theorien gewonnen wurden oder die etwa der Samplebildung bzw. der „Suchstrategie" (Nohl 2013: 54) zu Grunde liegen. Erst wenn sie sich in den Diskussionen selbst als relevant erweisen, und das heißt, wenn sie in der erlebnismäßigen Darstellung von den Jugendlichen relevant gesetzt werden, können sie als Grundlage zur begrifflichen Differenzierung der Fälle dienen.

5.1.3.2 Soziogenetische Analysen und soziogenetische Typenbildung

Konzentriert sich die *sinngenetische* Typenbildung auf die Rekonstruktion der kollektiven Orientierungsrahmen als genetisches Prinzip, das die Alltagspraxis in deren unterschiedlichen Bereichen in homologer Weise strukturiert, wird in der *soziogenetischen* Typenbildung als zweiter Schritt der Generalisierung die Rekonstruktion der *Genese* des Orientierungsrahmens oder des genetischen Prinzips angestrebt. Vereinfacht ausgedrückt wird in der sinngenetischen Typenbildung über kollektive Orientierungsrahmen typisiert, in der soziogenetischen über die für deren Entstehung ursächlichen konjunktiven Erfahrungsräume im Vergleich der Fälle oder der sinngenetischen Typen. Es geht dabei um eine die Entstehung der milieuspezifischen Wissensbestände *erklärende* Typenbildung, wobei die Frage im Mittelpunkt steht, inwiefern Sozialisationsbedingungen, eine soziale Lage oder ein existentieller Hintergrund mit der Ausbildung der Orientierungsrahmen verbunden sind bzw. für welchen konjunktiven Erfahrungsraum (Generation, Milieu, Gender, Bildung) oder welche Überlagerung von Erfahrungsräumen ein Orientierungsrahmen typisch ist (vgl. Nentwig-Gesemann 2007: 296). Die Validität und Generalisierungsfähigkeit der (soziogenetischen) Typenbildung steigt, wenn es gelingt, den für die Genese des Milieus maßgeblichen Erfahrungsraum mehrdimensional, d.h. in seiner Relation zu anderen Erfahrungsräumen zu verorten.

Bei der Analyse der sozialen Genese der Orientierungsrahmen lassen sich drei Analyseschritte unterscheiden: Die Identifizierung der potentiell relevanten Dimensionen „sozialer Lagerung" (Mannheim 1964b | 1928: 524ff.) als *typen*vergleichende (1) oder als *fall*vergleichende Korrespondenzanalyse (2) und die soziogenetische Interpretation der einzelnen Fälle (3).[50] Dazu eine kurze Erläuterung: Mit Karl Mannheim können ‚konjunktive Erfahrungsräume' als spezifische Ausprägungen ‚sozialer Lagerungen' begriffen werden. Die Zugehörigkeit zu einer solchen Lagerung ist weder wie die „Zugehörigkeit zu einem Verbande durch einen intellektuellen willensmäßigen Akt kündbar", noch erfasst sie das Individuum „vital und schicksalsmäßig, mit allen Fasern seiner Existenz" (Mannheim 1964b | 1928: 525f.). Allerdings begrenzt der Einfluss der Lagerung den Handlungsspielraum des Individuums und legt eine für diese Lagerung spezifische Form des Denkens und Wissens nahe (ebd.: 528). Eine gemeinsame Lagerung, die Mannheim vor allem am Beispiel von Generation und Klasse herausgearbeitet hat, kann allerdings nur ein *Potenzial* dafür anzeigen, dass die Akteure entsprechende strukturidentische Erfahrungen gemacht haben – Mannheim spricht auch von einer „potenzielle[n] Partizipation an gemeinsam verbindenden Ereignissen und Erlebnisgehalten" (ebd.: 536). Über eine *typenvergleichende Korrespondenzanalyse* lässt sich nun nach Korrespondenzen zwischen den rekonstruierten kollektiven Orientierungsrahmen und den für deren Entstehung potentiell relevanten Dimensionen ‚sozialer Lagerung' suchen, welche über standardisierte Indikatoren (etwa über Kurzfragebögen) identifiziert werden. Alternativ kann versucht werden, die für die Genese der Orientierungsrahmen relevanten sozialen Lagerungen im Fallvergleich zu analysieren. Dabei behält der Forscher zunächst zwei Fälle im Blick, die sich durch die Homologie mehrerer Lagerungsdimensionen (bspw. Bildungshintergrund und Geschlechtszugehörigkeit) auszeichnen, sich allerdings in einer Dimension gravierend unterscheiden und arbeitet die Unterschiede in Bezug auf den Orientierungsrahmen heraus. Daraufhin wird ein weiterer Fall für den Vergleich herangezogen, der sich in Bezug auf eine weitere Lagerungsdimension unterscheidet und so schrittweise der Einfluss der einzelnen Lagerungsdimensionen identifiziert.

In beiden Fällen handelt es sich jedoch um die Verbindung von Daten, die mit Verfahren gewonnen wurden, die *paradigmatisch verschiedene* Perspektiven auf den Gegenstand richten: Die *rekonstruierten* kollektiven Orientierungsrahmen auf der einen mit *in einer standardisierten Erhebung gewonnenen Daten* zu den Befragten/Gruppen auf der anderen Seite. Zur Validierung im Sinne eines im Rahmen einer rekonstruktiven Forschungslogik *gegenstandsangemessenen Zugangs* muss eine solche Korres-

50 Diese Systematisierung basiert auf eigenen Erfahrungen in der Forschungspraxis und ist als ein erster Vorschlag für eine begriffliche Differenzierung zu sehen, den ich zusammen mit Nora Hoffmann entwickelt habe (vgl. Amling/Hoffmann 2014). Die Reihenfolge der einzelnen Schritte ist nicht als chronologische Abfolge zu verstehen, sondern stellt in der Forschungspraxis eher eine Zirkelbewegung dar.

pondenzanalyse durch soziogenetische Interpretationen der Fälle ergänzt werden, denn nur diese können belegen, dass eine soziale Lagerung zu einer „soziologisch-relevanten“ (Mannheim 1964b | 1928: 536) Dimension der Erfahrungsbildung geworden ist. Die *soziogenetische Interpretation* weist über die Erkenntnismöglichkeiten der typen- und fallbezogenen Identifizierung relevanter sozialer Lagerungen insofern hinaus, da sie sich den Erzählungen der Befragten (und damit der Rekonstruktion ihrer eigenen „Relevanzrahmen“) zuwendet und *die sich darin dokumentierende* Relevanz eines oder mehrerer, sich überlappender ‚konjunktiver Erfahrungsräume' rekonstruiert. Dazu muss sich in Gruppendiskussionen der Blick zunächst auf solche Passagen richten, in denen die Befragten auf eine (geteilte) biographische Erfahrung Bezug nehmen und die sich im oben ausgeführten Sinne durch ihre interaktive Dichte als Fokussierungsmetapher auszeichnen. Auch die Häufigkeit, mit der solche Passagen (interaktive Dichte und biographischer Bezug) im Text auftreten, zeigt die Bedeutung der in diesen Passagen präsenten Erfahrungen an. Schließlich muss sich in den Erzählungen oder Beschreibungen der Diskussionsteilnehmer*innen die Bedeutsamkeit der erzählten Erfahrungen für die Begrenzung und Ermöglichung der eigenen Handlungspraxis dokumentieren.[51]

In Bezug auf die Aussagekraft und Reichweite der durch die erläuterten Schritte einer praxeologischen Typenbildung ermöglichten Generalisierungen schließt die dokumentarische Methode an die Überlegungen zur idealtypischen Begriffsbildung bei Weber an. Der Idealtypus wird bei Weber gewonnen „durch einseitige S t e i g e r u n g e i n e s oder e i n i g e r Gesichtspunkte und durch den Zusammenschluß einer Fülle von diffus und diskret, hier mehr, dort weniger, stellenweise gar nicht, vorhandenen E i n z e l erscheinungen, die sich jenen einseitig herausgehobenen Gesichtspunkten fügen, zu einem in sich einheitlichen G e d a n k e n bilde“ (Weber 1982 | 1922: 191; Herv. im Original). Auch in der dokumentarischen Methode geht es im Unterschied zu Erhebungen im Rahmen standardisierter Verfahren nicht um *Repräsentativität* als Basis für Generalisierungen, sondern um die *„Repräsentanz* tieferliegender Sinnstrukturen“ (Bohnsack 2005). Als tieferliegende Sinnstrukturen können mit Blick auf den Milieubegriff der praxeologischen Wissenssoziologie einerseits nicht fallgebundene, implizite, kollektive und handlungsleitende Wis-

---

51 Auch diese Anhaltspunkte für die soziogenetische Interpretation, also die Analyse der für die Genese der kollektiven Orientierungsrahmen relevanten konjunktiven Erfahrungen, stellen einen ersten Systematisierungsversuch dar (vgl. Amling/Hoffmann 2014). Sie wurden aus der Zusammenschau von Arbeiten gewonnen, in denen soziogenetische Interpretationen im Rahmen der dokumentarischen Methode vorgenommen worden sind.

sensbestände oder kollektive Orientierungsrahmen und andererseits der für die Entstehung dieser Orientierungsrahmen jeweils relevanten (strukturidentischen) „Erlebnisschichtung" (Mannheim 1964b | 1928: 536) gelten. Im Mittelpunkt der dokumentarischen Methode steht genauer gesagt die *Rekonstruktion der idealtypischen Verknüpfung beider Dimensionen*. In den Rekonstruktionen geht es also gerade nicht um die Bestimmung *fallspezifischer Habitus* (seien diese nun solche eines Individuums oder einer Gruppe), denn im Verständnis der dokumentarischen Methode repräsentieren Individuen und Gruppen grundsätzlich unterschiedliche Milieus oder Erfahrungsräume bzw. stehen in deren Schnittpunkt. Welche davon in den Blick geraten, hängt, wie bereits erläutert wurde, vom Erkenntnisinteresse der jeweiligen Untersuchung ab, womit die „Dimensionengebundenheit der Erkenntnis" markiert ist (vgl. Bohnsack 2010b; Nentwig-Gese-mann 2007: 281). Die auf Grundlage der Übersteigerung und Vernachlässigung von einzelnen Aspekten der beobachteten Wirklichkeit (also der Einzelfälle) rekonstruierbare idealtypische Relation (zwischen kollektiven Orientierungsrahmen und konjunktiven Erfahrungsräumen) dient dann wie bei Weber „der Veranschaulichung und Erklärung komplexer sozialer und kultureller Phänomene" (Nentwig-Gesemann 2007: 281).

5.2 Materialzugang

5.2.1 Suchstrategie und Samplebildung

Vor dem Hintergrund dieser methodologischen Grundannahmen und zentralen Prinzipien der Erhebung und Auswertung im Rahmen der dokumentarischen Methode wurden für die vorliegende Studie in Anlehnung an das „theoretische Sampling" (Glaser/Strauss 2005 | 1967: 53ff.) und das „selektive Sampling" (Kelle/Kluge 2010) Fälle gesucht, von denen angenommen wurde, dass sich in ihnen einerseits Kontraste in Bezug auf die kollektiven Orientierungsrahmen finden lassen, die jeweils unterschiedliche Formen der Herstellung von Zugehörigkeit und Differenz anleiten, andererseits aber auch Kontraste in Bezug auf die Erfahrungshintergründe, die für die soziale Genese dieser Orientierungsrahmen ausschlaggebend sind. Das „theoretische Sampling" nach Glaser und Strauss (Glaser/Strauss 2005 | 1967) ist ein theorieentdeckendes Verfahren, bei dem der Prozess der Theoriegenerierung idealerweise zirkulär mit den Prozessen der Datenerhebung und -analyse verknüpft ist. Wie Kelle und Kluge feststellen, ist das Verfahren „besonders dann sinnvoll, wenn den Untersuchern keine Orientierungshypothesen über den untersuchten

Gegenstandsbereich zur Verfügung stehen" (Kelle/Kluge 2010: 50). Im „selektiven Sampling" findet hingegen eine kriteriengeleitete Fallauswahl statt, insofern „die UntersucherInnen über Kenntnisse und Arbeitshypothesen über relevante Einflussfaktoren im untersuchten Feld verfügen" (ebd.). Es wird in der Fallauswahl also sichergestellt, dass „TrägerInnen bestimmter theoretisch relevanter Merkmalskombinationen im qualitativen Sample vertreten sind" (ebd.). Dabei wird davon ausgegangen, dass soziodemografische Merkmale wie Alter, Geschlecht, Bildungsabschlüsse oder Berufe „sozialstrukturelle Handlungsbedingungen abbilden, mit denen die Akteure konfrontiert sind" (ebd.: 51). In der dokumentarischen Methode ist nun statt von „Sampling" von einer „theorie- und erfahrungsgeleiteten Suchstrategie" (Nohl 2013: 54) die Rede, die sich (in der Regel, aber nicht notwendiger Weise) auf „gesellschaftlich etablierte Dimensionen gesellschaftlicher Heterogenität" (Nohl 2012: 168) bezieht. Obwohl es hier also Anleihen beim selektiven Sampling gibt, geht die Suchstrategie ganz im Sinne des theoretischen Samplings bei Glaser und Strauss „idealerweise mit einer Rekonstruktion der Fälle einher, die so detailliert ist, dass auch jenseits der theoretischen Vorannahmen liegende Aspekte der Fälle auffallen und zur Typenbildung genutzt werden können" (Nohl 2013: 54) – d.h. die Suchstrategie kann durch die empirischen Rekonstruktionen in Frage gestellt und dann das Sample entsprechend erweitert werden, weswegen sich von einem iterativen Vorgehen in der Forschungspraxis sprechen lässt.

In meiner Arbeit habe ich bei der Suche nach kontrastierenden Fällen – genauer: nach jugendlichen Peergroups, in denen sich Kontraste in den Formen kommunikativen und konjunktiven Wissens bezüglich der Herstellung von Zugehörigkeit und sozialer Differenz *und* in Bezug auf für deren Entstehung relevante und geteilte Erlebnisschichtungen vermuten lassen – zunächst auf Kategorien Bezug genommen, die sich in quantitativen Studien zur Entstehung und Reproduktion sozialer Ungleichheit als relevant erwiesen haben. Die Suchstrategie basierte *erstens* und mit Blick auf den sozioökonomischen Status der Jugendlichen auf dem formalen Kriterium der Quartierszugehörigkeit (vgl. etwa Strohmeier 2008 und 2006). Dazu wurden anhand des Sozialstrukturatlas Berlin (2008) „lebensweltlich orientierte Räume" mit unterschiedlicher Sozialstruktur gesucht. Lebensweltlich orientierte Räume (LOR) sind „Planungsraumebenen, die lebensweltlich orientiert sind [...] unter Berücksichtigung von homogener Binnenstruktur (Einwohnerstruktur, Sozialstruktur, Wohnbebauung, Milieubildung, etc.), strukturellen Barrieren (Hauptverkehrsstraßen, Wasserwege, Waldgebiete, etc.), speziellen Vorgaben (keine Enklaven, keine Schneidung von Blöcken, etc.), Raumgrößen (Prognoseräume ab 14.000 Einwohnern, etc.)“ (Berlin 2008: 503).[52] Basierend auf dieser Definition werden im Sozialstrukturatlas Berlin von 2008 für die einzelnen lebensweltlich orientierten Räume zwei Sozialstrukturindizes erhoben: Der Sozialindex I als ein „Repräsentant zur Beschreibung verfestigter sozialer und gesundheitlicher Problemlagen“ und der Sozialindex II als eine Art „Vorstufenindex sich manifestierender sozialer und gesundheitlicher Problemlagen“ (ebd.: 23). Die Suchstrategie der vorliegenden Arbeit basierte auf dem Sozialindex I. Der Index ist zusammengesetzt aus statistischen Daten zu Bevölkerungs- und Haushaltsstruktur, Bildung, Erwerbsleben, Einkommensquellen und Gesundheitszustand. Innerhalb dieser lebensweltlich orientierten Räume wurden *zweitens* Jugendliche in unterschiedlichen Schulformen kontaktiert. Auf diese Weise konnte mit Blick auf die Bedeutung von Bildungsabschlüssen, die in einer Reihe von Studien belegt ist (vgl. als Zusammenfassung Solga/Dombrowski 2009), gewährleistet werden, dass unterschiedliche Bildungsgänge im Sample vertreten sind.

5.2.2 Kontaktaufnahme, Erhebung und Sampleerweiterung

Ich stellte mein Projekt in insgesamt sieben Schulklassen in sechs unterschiedlichen Schulen vor, darunter Gymnasien, Gesamtschulen mit gymnasialer Oberstufe und Hauptschulen. Der Kontakt kam jeweils über die Lehrer*innen zustande, die sich dazu bereit erklärt hatten, die Vorstellung des Forschungsprojekts in ihrem Unterricht zu ermöglichen. Die Projektpräsentation, die in der Regel eine Schulstunde dauerte, beinhaltete eine kurze Vorstellung meiner eigenen Person und die Nennung und kurze Erläuterung des Projekttitels („Peergroups und Zugehörigkeit“). Darüber hinaus verwies ich auf mein Interesse am Alltag der Jugendlichen und arbeitete mit einigen Methoden aus der außerschulischen politischen Jugendbildung, um die Jugendlichen kennenzulernen, vor allem aber, um ihr Interesse zu wecken. Am Ende der Stunde forderte ich die Jugendlichen auf, sich mit Freund*innen zusammen für eine Gruppendiskussion bereit zu erklären – ausdrücklich auch mit Freund*innen, die nicht Teil der Klasse waren. In allen Klassen fanden sich daraufhin mehrere Gruppen von Jugendlichen bereit, sich mit mir zu treffen, und wir machten an Ort und Stelle Termine für diese Treffen aus. Gerade in Bezug auf die Anforderungen an eine Befragung von Jugendlichen im Sin-

52 Die Definition entspricht in etwa der sozialgeographischen Definition eines „Quartiers“, wie sie Schnur in Auseinandersetzung mit verschiedenen Perspektiven auf den Gegenstand entwickelt hat (Schnur 2008: 40).

ne forschungsethischer Überlegungen stellte sich der Zugang über die Schule in diesem Zusammenhang als sinnvoll dar: Die Lehrpersonen konnten sich vorab einen Eindruck von der angestrebten Befragung machen und diese auf ihre Vertretbarkeit hin prüfen. Die bei den minderjährigen Jugendlichen einzuholende Einverständniserklärung der Eltern konnte ich zudem bereits anläßlich der Projektpräsentation an alle Jugendlichen aushändigen, die sich zur Teilnahme an einer Gruppendiskussion bereit erklärt hatten. Die unterschriebenen Einverständniserklärungen ließ ich mir von den Jugendlichen dann zu den vereinbarten Treffen mitbringen.

Im Zuge der ersten Erhebungswelle kamen auf diese Weise allerdings nur Gruppen von Jugendlichen zustande, die jeweils dieselbe Klasse besuchten. Um mit Blick auf den Charakter der Peergroups einen empirischen Vergleichshorizont zu haben, d.h. Jugendliche in den Blick zu nehmen, die sich gerade nicht über den schulischen Bezugsrahmen zusammengefunden hatten, stellte ich ergänzend Kontakt zu Jugendlichen in insgesamt vier Jugendzentren her. Auch in den Jugendzentren erreichte ich zunächst die jeweiligen „gatekeeper", d.h. die Verantwortlichen, die mir Gruppen von Jugendlichen empfahlen. Auch hier erfolgte ein kurzes erstes Treffen mit Projektpräsentation und Terminvereinbarung und auch hier konnte ich im Zuge der ersten Kontaktaufnahme die Einverständniserklärungen an die (teilweise) minderjährigen Teilnehmer*innen verteilen.

Die Erhebungen fanden dann im Zeitraum von vier Monaten (April 2010 bis Juli 2010) an unterschiedlichen Orten statt: z.T. in den jeweiligen Schulen, über die ich die Jugendlichen kontaktiert hatte, z.T. in den Räumen von Hochschulen, die ich zu diesem Zweck reserviert hatte, z.T. in Jugendzentren oder Schülerclubs. In einigen Fällen lagen diese Treffen in der Schulzeit (was mir von den beteiligten Lehrer*innen ermöglicht wurde), mehrheitlich verabredeten wir uns aber für ein Treffen direkt im Anschluss an den Unterricht. Alle Gruppendiskussionen wurden aufgezeichnet. Zusätzlich zu diesen *Audio-Aufnahmen* wurden im Anschluss an die Gespräche kurze Fragebögen an alle Jugendlichen verteilt, in denen sie zu ihrer Person (z.B. Alter, Geschlecht, Bildungsaspirationen) und zu ihrer sozialen und kulturellen Herkunft (z.B. Berufe der Eltern, höchste Bildungsabschlüsse der Eltern, Sprache, die zu Hause gesprochen wird) befragt wurden. Diese *Kurzfragebögen* dienten dazu, auf die Gruppe bezogene Informationen zu potenziell relevanten Erfahrungshintergründen im Sinne relevanter Dimensionen ‚sozialer Lagerung' zu liefern und damit als Grundlage für eine qualitativ orientierte Korrespondenzanalyse. Zugleich wurden kurze *Beobachtungsprotokolle* von der jeweiligen Erhebungssituation angefertigt.

Mit Blick auf die bereits erläuterten Prinzipien der Offenheit und der Kommunikation und hinsichtlich des Stellenwerts, den die Selbstläufigkeit von Gruppendiskussionen in der dokumentarischen Methode hat, wurden die Diskussionen von mir mit einem offenen Erzählstimulus eingeleitet. Ich kontrastierte dazu sehr kurze, einführende Erläuterungen zum Titel des Projekts („Peergroups und Zugehörigkeit") und zu meiner Rolle in der Diskussion mit folgender Aufforderung: „Erzählt einfach mal, welche Erfahrungen ihr gemacht habt, hier zu leben." Dieser Erzählstimulus zielte mithin auf den ganzen Bereich der Aktivitäten der Jugendlichen, die sich aufgrund ihrer eigenen Relevanzsysteme darauf beziehen konnten. Die im Wesentlichen immanenten Nachfragen durch mich als Interviewer im Laufe der Diskussionen bezogen sich dann auf die in den Gruppen aufgrund dieses ersten Impulses zur Sprache gebrachten Themen, ohne aber einen Rahmen, in dem die jeweiligen Themen behandelt werden könnten, nahezulegen.

5.2.3 Sampleübersicht und Fallauswahl

Das Sample der vorliegenden Arbeit beinhaltet insgesamt sechzehn Diskussionen mit Jugendlichen ähnlichen Alters (15-18), die an ähnlichen Punkten ihrer schulischen Ausbildung waren (9. oder 10. Klasse) und aus Quartieren mit unterschiedlicher Sozialstruktur stammten, sowie verschiedene Schulformen in diesen Quartieren besuchten. Einen Überblick über alle Gruppen, den Sozialindex der Quartiere, in denen die Diskussionsteilnehmer*innen mehrheitlich wohnen, die von den Teilnehmer*innen besuchte Schulform und die geschlechtsspezifische Zusammensetzung der Gruppen gibt die folgende Tabelle (Tabelle 1).

Gruppenname	Sozialindex der LOR	Besuchte Schulform	Zusammensetzung (Geschlecht, Alter)
Lagerfeuer	Niedrig	Gesamtschule	Af 16, Bf 16, Cf 16
Marder	Niedrig	Gymnasium	Af 16, Bf 16, Cf 16, Df 16
Zelt	Niedrig	Gesamtschule	Am 15, Bm 16, Cm 16, Dm 16
Taube	Niedrig	Gymnasium	Af 15, Bf 16
Kanu	Niedrig	Gesamtschule	Am 16, Bm 17, Cm 17, Dm 16, Em 18
Gelb	Hoch	Gesamtschule	Am 16, Bm 17, Af 15, Bf 16
Fuchs	Niedrig	Gymnasium	Am 16, Bm 16, Cm 16
Blau	Hoch	Gesamtschule	Am 17, Bm 16, Af 15, Bf 16, Cf 16, Df 16, Ef 15, Ff 16
Birke	Niedrig	Gymnasium (Jugendzentrum)	Af 15, Bf 17, Cf 18, Df 17, Ef 18, Ff 17, Gf 17, Hf 18, If 16
Grün	Hoch	Gesamtschule	Af 16, Bf 16, Cf 17, Df 16
Pinie	Hoch	Gymnasium (Jugendzentrum)	Am 16, Bm 16, Cm 18, Af 18, Bf 17
Rot	Hoch	Gesamtschule	Am 17, Bm 16, Cm 16
Hengst	Niedrig	Gymnasium	Am 15, Bm 15, Cm 15, Dm 15
Schwarz	Hoch	Gesamtschule	Af 15, Bf 16, Cf 16
Fasan	Niedrig	Gymnasium	Af 15, Bf 15, Cf 15
Stute	Niedrig	Gymnasium	Af 15, Bf 15, Cf 14, Df 15

Tabelle 1: *Informationen zu Quartier, Schulform, Alter, Geschlecht aller Gruppen*

Die Tabelle zeigt, dass sich neben den in der Suchstrategie angelegten Kontrasten in Bezug auf die sozialräumliche Verortung der Jugendlichen einerseits und die von ihnen besuchte Schulform andererseits ein dritter Kontrast aus der selbständigen Zusammensetzung der Gruppen ergab: Es kamen dreizehn geschlechtshomogene (davon sieben reine Mädchen- und sechs reine Jungengruppen) und drei geschlechtsheterogene Gruppen zustande.

Von den sechzehn Diskussionen wurden allerdings nur zehn in die intensivere Analyse einbezogen. Diese Auswahl erfolgte aufgrund der Tatsache, dass sich die dokumentarische Interpretation nur auf eine bestimmte Form empirischen Materials anwenden lässt, wie in Abschnitt 5.2 ausführlich erläutert wurde. Grund für den Ausschluss von sechs Gruppen war zum einen die mangelnde Selbstläufigkeit einiger Diskussionen (Gruppen *Taube* und *Kanu*). In diesen Gruppen entwickelte sich aufgrund des ersten Erzählstimulus kaum ein Gespräch *unter den Jugendlichen*, vielmehr wurde an mehreren Stellen die Verantwortung für die Gesprächsgestaltung oder die Strukturierung der Diskussion explizit an den Interviewer zurückgegeben. Auch der Versuch einer Variation des Erzählstimulus und eine demonstrative Vagheit der Fragestellung, sowie das Markieren der eigenen Unkenntnis gegenüber der Alltagspraxis der Jugendlichen führte hier nicht zum Erfolg. In anderen Gruppen entwickelte sich zwar durchaus ein selbstläufiges Gespräch, dieses beinhaltete aber fast ausschließlich Argumentationen, also die Diskussion von Meinungen einzelner Teilnehmer*innen, die dann mehr oder weniger Zustimmung fanden (Gruppen *Grün* und *Fasan*). In einigen Gruppen wirkte es zudem beinahe so, als wollten sich die Jugendlichen der Aufforderung, von der eigenen Alltagspraxis zu erzählen, bewusst verweigern (Gruppen *Hengst* und *Stute*).

Nach Ausschluss von sechs Gruppen aufgrund mangelnder Selbstläufigkeit und/oder des weitgehenden Fehlens von Erzählungen oder Beschreibungen als zentrale Anhaltspunkte der dokumentarischen Interpretation bildeten daher folgende zehn Gruppen den Datenkorpus der vorliegenden Arbeit (Tabelle 2):

Gruppenname	**Sozialindex der LOR**	**Besuchte Schulform**	**Zusammensetzung (Geschlecht, Alter)**
Lagerfeuer	Niedrig	Gesamtschule	Af 16, Bf 16, Cf 16
Marder	Niedrig	Gymnasium	Af 16, Bf 16, Cf 16, Df 16
Zelt	Niedrig	Gesamtschule	Am 15, Bm 16, Cm 16, Dm 16
Gelb	Hoch	Gesamtschule	Am 16, Bm 17, Af 15, Bf 16
Fuchs	Niedrig	Gymnasium	Am 16, Bm 16, Cm 16
Blau	Hoch	Gesamtschule	Am 17, Bm 16, Af 15, Bf 16, Cf 16, Df 16, Ef 15, Ff 16
Birke	Niedrig	Gymnasium (Jugendzentrum)	Af 15, Bf 17, Cf 18, Df 17, Ef 18, Ff 17, Gf 17, Hf 18, If 16
Pinie	Hoch	Gymnasium (Jugendzentrum)	Am 16, Bm 16, Cm 18, Af 18, Bf 17
Rot	Hoch	Gesamtschule	Am 17, Bm 16, Cm 16
Schwarz	Hoch	Gesamtschule	Af 15, Bf 16, Cf 16

Tabelle 2: *Informationen zu Quartier, Schulform, Alter, Geschlecht der ausgewählten Gruppen*

5.3 Reflexion der Durchführung der empirischen Phase

Bereits bei der Planung der empirischen Erhebung bzw. bei der Samplebildung und der Kontaktaufnahme zeigte sich, dass bestimmte Gruppen von Heranwachsenden nicht wie geplant in die Erhebung einbezogen werden konnten. So wurde der angestrebte maximale Kontrast über die Bildungshintergründe der Teilnehmer*innen (Schulformen: Hauptschule und Gymnasium) ebenso wenig realisiert, wie der zwischen sozialstrukturell kontrastierenden „lebensweltlich orientierten Räumen" oder Quartieren. Der auch aus forschungspragmatischen Gründen gewählte primäre Zugang über Schulen erwies sich in dieser Hinsicht als ambivalent: Zwar konnten in relativ kurzer Zeit eine ganze Reihe von Diskussionen erhoben werden, allerdings blieb der Zugang zu einigen Schulen verwehrt – insbesondere zu den Gymnasien in sozialstrukturell starken Quartieren (ähnlich schwierig gestaltete sich in diesen Quartieren allerdings der Zugang über Jugendzentren). Hierdurch, aber auch durch die z.T. langwierige Kontaktaufnahme über die jeweiligen „gatekeeper" erwies es sich schließlich als schwierig, das in der dokumentarischen Methode angelegte *iterative* Vorgehen, also das am Prinzip des hermeneutischen Zirkels orientierte Wechselspiel von Erhebung und Auswertung, zu realisieren.

In Bezug auf die gesuchten Charakteristika von Peergroups (‚normale' Jugendliche in nicht institutionalisierten Settings) erwies sich das gewählte Sampleverfahren ebenfalls als zweischneidig. Zwar konnte durch den Zugang über Schulen weitgehend vermieden werden, Jugendliche in den Blick zu nehmen, die sich durch eine Zugehörigkeit zu expressiven Jugendszenen oder Jugendkulturen auszeichnen, dafür handelte es sich bei den befragten Jugendlichen größtenteils um *schulische* Peergroups – wenn auch in nahezu allen Diskussionen deutlich wurde, dass die Jugendlichen auch über die Schule hinaus an gemeinsamen Freizeitaktivitäten teilnahmen und das Sample durch die Kontaktaufnahme über Jugendzentren zudem sinnvoll erweitert werden konnte. Was die Zusammensetzung der Peergroups betrifft, wurde die Kritik an der Konstruktionsleistung des Forschers in der Zusammensetzung der Gruppen insofern berücksichtigt, als die Jugendlichen im Rahmen der Kontaktaufnahme weder als Männer oder Frauen, noch als Angehörige einer ethnischen Gruppe angesprochen wurden, sondern *als Jugendliche*.[53] Die Tatsa-

53 Die Konstruktion des „Anderen" durch den empirischen Sozialforscher und die Wirkung der Wissenschaft im Hinblick auf gesellschaftliche Machtverhältnisse überhaupt ist insbesondere im Bereich der Genderforschung (vgl. z.B. Hagemann-White 1993) und der Migrationsforschung (vgl. z. B. Mecheril 1999) diskutiert worden.

che, dass sie sich trotzdem überwiegend in geschlechtshomogenen Gruppen zusammenfanden, kann als Beleg dafür gesehen werden, dass es Forscher*innen in ihrer Praxis in der Regel mit Menschen zu tun haben, „die sich mehr oder weniger fraglos als Männer und Frauen erleben" (Kubisch 2008: 118). Inwiefern die Tatsache, dass „auch die Forscher/innen in der Interaktion einem Geschlecht zugeordnet werden" (ebd.) für die von mir erhobenen Gruppendiskussionen eine Rolle gespielt hat, lässt sich auf der Grundlage des Materials nicht eindeutig klären: Eine für die Erhebung erforderliche vertrauensvolle Kommunikationsbeziehung ließ sich in allen Gruppen etablieren, dies variierte nicht nach der Geschlechtszugehörigkeit der Teilnehmer*innen.

Hinsichtlich der konkreten Gesprächssituation lässt sich festhalten, dass die reflexiven Prinzipien zur Leitung von Gruppendiskussionen und insbesondere die ausgeprägte Zurückhaltung im Gespräch und die Adressierung der ganzen Gruppe auch aufgrund der großen Selbstläufigkeit der meisten Diskussionen weitgehend berücksichtigt werden konnten. Dass gemeinsames Reden nicht für alle Jugendlichen eine alltägliche Handlungspraxis darstellt (vgl. Wohlrab-Sahr/ Przyborski 2010: 107), erwies sich in den Diskussionen zudem nicht als Problem. Tatsächlich entwickelte sich in allen Gruppen ein mindestens einstündiges, manchmal zweistündiges Gespräch, und das, obwohl etwa die Hälfte der Gespräche in der Freizeit der Jugendlichen stattfanden. Trotz der Fremdheit zwischen Forschern und Beforschten gelang es insofern in allen Diskussionen, eine Art temporäres „Arbeitsbündnis" (Oevermann 1996) und eine damit korrespondierende offene Gesprächsatmosphäre zu etablieren. Interessant ist in dieser Hinsicht die Tatsache, dass sich während der Diskussionen in allen Fällen eine gewisse Vertrautheit zwischen Forscher und Teilnehmer*innen ergab (möglicherweise durch den gemeinsamen Erfahrungshintergrund des Aufwachsens in Berlin) und dass erst in der Auswertung die Unterschiede zwischen dem Umgang der Teilnehmer*innen mit Zugehörigkeit und Differenz und dem Umgang des Forschers deutlicher wurden.

Mit Blick auf den Ausschluss einiger Diskussionen aus dem Datenkorpus der vorliegenden Arbeit kann schließlich festgestellt werden, dass es sich hierbei um einen methodologischen Bias der dokumentarischen Methode handelt: Da der Fokus der Auswertung auf der Rekonstruktion *kollektiver und impliziter Wissensbestände* und der ihnen zugrunde liegenden spezifischen Erlebnisschichtungen liegt (und damit eben auf *Milieus*), und sich, so die methodologische Grundannahme, diese Wissensbestände in möglichst konkreten und detaillierten Beschreibungen und Erzählungen eigener Handlungspraxis dokumentieren, ist eine Analyse von Peergroups, in denen sich in erster Linie Diskussionen um Einstellungen oder Meinungen entwickeln oder in denen sich Rahmen*inkongruenzen* dokumentieren, kaum möglich. Das ist gerade mit Blick auf eine für die Fragestellung der vorliegenden Arbeit sicherlich interessante Analyse der unterschiedlichen Formen der Beziehungen *innerhalb* der untersuchten Peergroups bedauerlich. Hier ließe sich über eine Aufwertung der Analyse des immanenten Sinns oder der propositionalen Ebene möglicherweise auch die Anknüpfung an Studien vorbereiten, die stärker auf Einzelfälle oder etwa jugendliche Biographien fokussieren. Gerade hinsichtlich der Charakteristika der Peergroups als *Real*-Gruppen hätten zudem ergänzende Erhebungen, etwa in Form teilnehmender Beobachtungen, weitere Einblicke in die Lebenswelten der Jugendlichen und damit eine Einordnung der rekonstruierten Orientierungen und Modi der Differenzsetzung in alltägliche Lebenszusammenhänge ermöglicht.

6. Die ‚Normalität' des Individuums – Empirische Rekonstruktionen

In diesem Kapitel werden die empirischen Rekonstruktionen zu den zehn Gruppendiskussionen dargestellt, die die Datengrundlage der vorliegenden Arbeit sind. Ich präsentiere zunächst die Analysen der einzelnen Fälle mit Blick auf zwei Ebenen: Zum einen rekonstruiere ich den jeweiligen Modus der Differenzsetzung und Attribution, zum anderen die mit diesem Modus korrespondierenden handlungsleitenden Orientierungen für alle zehn Gruppen (6.1). Anschließend erläutere ich das allen Fällen gemeinsame Orientierungsproblem, das sich in den Diskussionen dokumentiert, und das dadurch zum tertium comparationis oder zur Basistypik der sinngenetischen Typenbildung wird: In allen Gruppen zeigt sich eine intensive und im Wesentlichen nicht-reflexive Auseinandersetzung mit der ‚Normalität' des Individuums (6.2). Schließlich beschreibe ich die drei milieuspezifischen Formen der habitualisierten Lösung dieses Problems, die drei Typen entsprechen, und deute eine Theoretisierung der Ergebnisse an (6.3).

6.1 Distinktion und Zugehörigkeit in jugendlichen Peergroups

Im folgenden ersten Abschnitt gebe ich eine fallbezogene Zusammenfassung der empirischen Rekonstruktionen zu den beiden Dimensionen, die für die Herstellung von Zugehörigkeit und Differenz in der Perspektive der praxeologischen Wissenssoziologie von Bedeutung sind. Auf der ersten Ebene steht die kommunikative Aushandlung von Identität im Mittelpunkt, es geht also wie in den Arbeiten Erving Goffmans um die von den Jugendlichen in den Diskussionen vorgenommene und weitgehend reflektierte Überprüfung der eigenen Eigenschaften und der Eigenschaften anderer, die mit den Verhaltenserwartungen übereinstimmen oder von diesen abweichen, die sich aus den Fremd- und Selbstzuschreibungen ‚sozialer Identitäten' ergeben. Jenseits dieser sozialen Klassifikationen, die Identitätszuschreibungen und Selbst-Stilisierungen beinhalten und Gemeinschaft inszenieren und unterstellen, geht es auf der zweiten Ebene um die sich in diesen Klassifikationen dokumentierenden impliziten, kollektiven und handlungsleitenden Orientierungen, also die

Gemeinsamkeiten im Denken und Erleben der Welt, die auf konjunktiven Erfahrungen der Jugendlichen beruhen. In der Rekonstruktion der kollektiven Orientierungsrahmen der Gruppen nehme ich dann den *Zusammenhang* beider Ebenen in den Blick, also den Zusammenhang der Ebene expliziter *Bewertungen* – die Differenzsetzung gegenüber anderen Einzelnen oder Gruppen und die damit verbundenen Prozessen der Attribution oder der „Eigenschaftszuschreibung" und „Kategorienbewertung" (Deppermann/Schmidt 2003: 34) sowie der jeweilige „Modus der Sanktionierung" (Zschach/Rebstock 2010) – und der Ebene der diesen Bewertungen und Distinktionspraktiken der Jugendlichen und weiteren Erzählungen und Beschreibungen von Alltagssituationen zugrundeliegenden *Werthaltungen* (vgl. zu dieser Unterscheidung auch Bohnsack 2010c). Die Analyse der Bewertungen zielt demnach auf die „Common Sense-Theorien" oder auf die expliziten Selbstverortungen, die Werthaltungen hingegen lassen sich als positive und negative Gegen- oder Vergleichshorizonte rekonstruieren bzw. als Horizonte der Selbstverortung.

In den folgenden Falldarstellungen gehe ich dazu im Einzelnen auf drei Aspekte ein. Erstens will ich anhand der Beobachtungsprotokolle einen Eindruck von der jeweiligen Erhebungssituation vermitteln, wobei mir die Überlegungen zum Begriff der „Szene als ethnographischer Kategorie" bei Lamprecht als Orientierung dienen (Lamprecht 2012: 56 in Anlehnung an Engel 2011). Dieser Abschnitt hat illustrierenden Charakter, besonderes Augenmerk lege ich darauf, wie die Gruppen sich auf mich als Interviewer beziehen und auf die Konstitution der Gruppen im Diskursverlauf. Zweitens fasse ich die empirische Rekonstruktion des Modus der Differenzsetzung und der kollektiven, impliziten und handlungsleitenden Orientierung in Bezug auf Zugehörigkeit für jede Gruppe zusammen – hier geht es also zunächst nur um fallinterne Homologien. Am Ende der Falldarstellungen erläutere ich mit Blick auf diese beiden Dimensionen, drittens, zentrale Aspekte des kollektiven Orientierungsrahmens der jeweiligen Gruppe.

Um der besseren Lesbarkeit willen ziehe ich in den Falldarstellungen die anderen Fälle als empirische Vergleichshorizonte im Sinne einer fallexternen komparativen Analyse nur sukzessive heran, also immer nur mit Bezug auf im Kapitel bereits dargestellte Fälle. Zudem sind die Fälle nach Typen geordnet, es werden also immer die Fälle eines Typs nacheinander vorgestellt und danach die Fälle des nächsten Typs. Die Darstellung ist insofern in mehrfacher Hinsicht nur in Ansätzen mit der empirischen Analyse selbst identisch, wie sie in den Aufführungen im fünften Kapitel dargestellt wurde, da in dieser von Beginn an erstens immer schon fallübergreifend komparativ interpretiert wird und in dieser komparativen Analyse zweitens sowohl minimale als auch maximale Kontraste berücksichtigt werden. In den Falldarstellungen bemühe ich mich zudem, weitgehend rekonstruktiv zu bleiben und noch keine weiteren Theoretisierungen vorzunehmen. Ich folge den Begriffen der Diskussionsteilnehmer*innen und mache dies auch darüber deutlich, dass ich wörtliche Zitate aus den Diskussionen verwende, die mit doppelten Anführungszeichen angezeigt sind. Darüber hinaus gebrauche ich einzig methodologische Grundbegriffe, wie sie in Kapitel 5 eingeführt wurden, und die Termini der ‚sozialen' und der ‚persönlichen Identität', wie sie in den Arbeiten von Erving Goffman verwendet werden, die mit einfachen Anführungszeichen gekennzeichnet sind. In den dargestellten Transkriptauszügen folge ich den „Richtlinien der Transkription" in Anlehnung an Bohnsack et al. (2007: 373). In den Transkripten und den Interpretationen wurden alle Eigennamen, seien es diejenigen von Personen, Ortschaften oder Regionen, aus Gründen der Anonymisierung kodiert. Um die Lesefreundlichkeit zu steigern, erfolgte dies nicht mit Begriffen wie Am, B-Stadt, C-Straße usw., sondern durch ebenfalls real existierenden Eigennamen.

6.1.1 Gruppe Lagerfeuer: Vermeidung von Nicht-Zugehörigkeit

Gruppe *Lagerfeuer* besteht aus drei Mädchen im Alter von 16 und 17 Jahren (Af: Antonia, Bf: Marta, Cf: Doris). Der Kontakt zur Gruppe kam über die Kerngruppenleiterin der Mädchen zustande, die die Vorstellung meines Forschungsprojekts in ihrem Unterricht ermöglichte. Die Diskussion selbst fand Ende April 2010 statt. Uns war für das Gespräch ein Raum in einem an die Schule angeschlossenen Schülerklub angeboten worden:

Wir treffen uns nach der vierten Stunde etwa um zwölf Uhr im Innenraum des Hauptgebäudes der Schule. Die Mädchen sind offensichtlich etwas stolz, für die Diskussion freigestellt worden zu sein, winken einige Mitschülerinnen heran und stellen mir noch zwei Bekannte aus anderen Klassen vor, mit denen zu diskutieren vielleicht „auch interessant" sein könne. Der Schülerklub ist in einem eingeschossigen Gebäude in etwa einhundert Metern Entfernung von der Schule untergebracht. Schon auf dem Weg dorthin fangen die drei Mädchen an, vom Wochenende und von der Schule zu erzählen. Die Einrichtung des Klubs besteht aus alten Sofas und Regalen, einigen Tischtennisplatten und Billardtischen. Insgesamt wirkt das Gebäude mit den niedrigen Decken, einem großen Aufenthaltsraum und etwa einem halben Dutzend weiterer Räume dunkel und staubig. Wir setzen uns in einen kleinen etwa zwölf Quadratmeter großen Nebenraum bei halbgeöffneten Fenstern auf schwarze Leder-Couches. Ein Fernseher steht schief auf einem einfachen Holzschrank. Die Mädchen haben einen großen Mitteilungsdrang und schon bevor ich das Aufnahmegerät aufgebaut und die Funktion der Aufnahme erläutert habe, gibt es erste Stellungnahmen zur Situation an der Schule und zu ihrer Position darin. Durch die Kekse und Getränke, die ich zu Beginn verteile, hat die ganze Situation etwas von einem „Kaffeeklatsch", wie die Teilnehmerinnen feststellen.

Der erste Eindruck, dass die Mädchen keinerlei Berührungsängste haben, bestätigt sich im Laufe der Diskussion insofern, als der Interviewer an keiner Stelle als Autoritätsperson adressiert wird. Auch scheint die Gruppe sich, wie sich in dieser Situation der Kontaktaufnahme schon andeutet, durch ein besonderes Gefühl der Verbundenheit auszuzeichnen. Das drückt sich im Laufe der Diskussion etwa darin aus, dass sich die Teilnehmerinnen thematisch auf gemeinsame Freizeitaktivitäten beziehen und sich auch explizit und in Abgrenzung von ihren Mitschüler*innen als Freundinnengruppe bezeichnen, dokumentiert sich aber auch in der interaktiven Bezugnahme aufeinander: Die Mädchen unterbrechen sich selten und fragen häufig nach, wenn sie an den Redebeitrag einer der anderen anschließen wollen. Die Redebeiträge sind annähernd gleich verteilt, die Themeninitiierung geht allerdings hauptsächlich von Antonia und Doris aus.

Modus der Differenzsetzung und handlungsleitende Orientierung der Gruppe

Unmittelbar im Anschluss an den die Diskussion einleitenden Erzählstimulus erfolgt in Gruppe *Lagerfeuer* ein selbstläufiges Gespräch über „Probleme" an der Schule. Schon am Beispiel der ersten Passage werden zentrale Aspekte des für die Gruppe charakteristischen Modus der Differenzsetzung und Attribution deutlich. An der Schule, sei es so, dass Schüler, die nicht in ein bestimmtes Muster passen, Schwierigkeiten haben, angemessene Peerkontakte zu entwickeln. Das Muster umfasst ein Bündel von Verhaltenserwartungen, die die Teilnehmerinnen wie folgt beschreiben: „Ghetto Girl, Pussy, Styler" zu sein, „Bier zu trinken, zu schwänzen, Lehrer anzupöbeln" oder anderen „auf die Schnauze zu haun". Auf die Nachfrage, inwiefern die Jugendlichen selbst Erfahrungen mit Mitschülerinnen und Mitschülern gemacht haben, die ein entsprechendes Verhalten zeigen, reagieren die Teilnehmerinnen allerdings nicht, als wären diese Erfahrungen nicht abrufbar oder unangenehm. Es wird stattdessen erneut erläutert, warum jemand überhaupt als „Ghetto-Girl" gelten kann oder was die Attribute sind, die eine entsprechende Zuordnung ermöglichen. Die Teilnehmerinnen vermeiden also sowohl, sich als Teil der Gruppe darzustellen, deren Angehörige sich *entsprechend* des „Musters“ verhalten, als auch als Teil derer, die nicht in das „Muster“ passen und, als Konsequenz daraus, „bei den letzten Assis“ sitzen müssen oder „keine Freunde“ haben. Dann allerdings wechselt die Perspektive durch eine Proposition der Teilnehmerin Doris, die „auch noch ne richtig krasse Story“ hat (GD *Lagerfeuer*, Passage 1, 13-34):

Cf: @(2)@ okay. Bei uns auf Toilette wurde mal n Mädchen gefilmt.
Af: A::h Johanna.
Bf: Ja, die wurde auf dem Klo;
Cf: Ja, also die wurde, die wurde ewig lange gehänselt und gemobbt und keine Ahnung und irgendwann ist die dann mal auf Klo gegangen und die hat auch wirklich, also (.) dit stimmt wirklich, die hat wirklich immer janz dolle nach Fisch jestunken und so dit war (.) janz eklig, auf jeden Fall ham die dann welche aus ihrer Klasse mal gefilmt, als se auf Toilette gegangen ist angeblich hatte sie Durchfall wat auch immer auf jeden Fall ham se die dann gefilmt und dann war dann auch de Polizei hier und so dis war richtig krass.
Y: Wie wieso war die Polizei da, weil (.) | die dis dann veröffentlicht haben, |
Cf: | Na wegen dem Video halt | weil dis dann veröffentlich wurde und hier in der Schule weitergeschickt wurde.
Bf: Und dis war auch mal ne Zeitlang warn Mädchen auf unserer Schule die hat halt bei Jappy ähm: Bilder-
Cf: ⌊@Nacktfotos.@
Bf: Ja Bilder von sich veröffentlicht die halt intim wären und irgendjemand hat dis Passwort von da jeknackt und hat halt;
Cf. hat die ausgedruckt also ganz viele ausgedruckt
Af. und dann ausgehängt.
Cf. und dann an unserer Schule überall ausgehangen.
Bf: Genau und die Schule rund um dis Gebiet hat die ganzen Bilder ausgehangen (.) musste dann auch die Schule verlassen.

Auffällig an dieser Aneinanderreihung von Erzählungen über einzelne Mitschülerinnen (die sich noch über den zitierten Ausschnitt hinaus fortsetzt) ist, dass es plötzlich nicht mehr um diejenigen geht, die Mitschüler*innen diskriminieren und ausgrenzen, sondern um Mitschülerinnen, die einer Diskriminierung und Ausgrenzung *ausgesetzt* sind. Mit der Übernahme der Perspektive *auf* abweichende Einzelne ist so zum einen eine implizite Selbstpositionierung auf Seiten derer verbunden, die eben *nicht* auffallen. Zum anderen deutet sich eine positive Orientierung der Teilnehmerinnen an einer allerdings diffusen Vorstellung von Normalität an, die sich in der Passage u.a. in der Feststellung dokumentiert, dass das Mädchen, deren Intimsphäre von anderen verletzt wurde, indem sie auf der Toilette gefilmt wurde und dieser Film dann ins Internet gelangt, „wirklich janz dolle nach Fisch gestunken“ habe. Im Kontext der Bemerkung, dass sie „ewig lange gehänselt und gemobbt“ wurde, wirkt das wie eine rechtfertigende, legitimierende Erklärung des Verhaltens der diskreditierenden Anderen, denn es wird unterstrichen, dass die Einzelne *tatsächlich* von einer Norm abgewichen ist und so zumindest denkbar, dass sie deswegen *zu Recht* ausgegrenzt wird. In der Passage wird also zwar auf der einen Seite die aktive Suche nach Auffälligkeiten beschrieben, die dann zu Ausgrenzung führt, aber auf der anderen Seite nicht mehr gesehen, dass die beobachteten Abweichungen einzelner Mitschülerinnen das Resultat entsprechender Zuschreibungen sind: „Auf dem Klo gefilmt zu werden" ist diskreditierend, die Diskreditierung wird aber nicht mehr als Produkt des Ausgrenzungsprozesses gesehen, in dessen Verlauf ein Individuum weitgehend mit einem in diesem Fall negativ markierten körperlichen Merkmal identifiziert wird: Das Mädchen ist daher „wirklich eklig". Der Maßstab, an dem sich die Teilnehmerinnen bei der Bewertung dieser Situation (implizit) orientieren, ist offenbar nicht die Bewahrung der psychischen oder physischen Integrität des Individuums, sondern eine unausgesprochene Vorstellung davon, wie man sich zu verhalten habe. Diese Orientierung zeigt sich etwa auch in dem Hinweis, dass das Mädchen, deren „Nacktfotos" von einem Unbekannten „in der Schule und rund um dis Gebiet" aufgehängt wurden, die „Schule verlassen musste". Hiermit könnte gemeint sein, dass sie dem Druck der öffentlichen Meinung nicht mehr standhalten konnte und um der Bewahrung der eigenen psychischen Integrität willen, aber aus eigener freier Entscheidung auf eine andere Schule gewechselt ist. Im Kontext der anderen Erzählungen lässt sich die Bemerkung aber auch anders lesen: Wer freiwillig intime Details von sich („Bilder, die intim wären", „Nacktfotos") der Öffentlichkeit preisgibt (hier zunächst im Rahmen eines sozialen Netzwerks im Internet), der muss mit Konsequenzen rechnen, weil er/sie damit von einer bestimmten normativen Verhaltenserwartung abweicht. In diesem Fall wäre das Verlassen der Schule notwendig, weil das Mädchen sich vorher *unangemessen verhalten* hat.[54] Die Normalitätserwartung, an der sich die Teilnehmerinnen an dieser Stelle orientieren, lässt sich allerdings auch im Laufe der weiteren Diskussion nicht genauer konturieren. Wichtig scheint ihnen allerdings das zu sein, was die Starken (die „Ghetto-Girls") für normal und richtig halten – zugespitzt könnte man sogar davon sprechen, dass Moral oder das System an Normen, das das zwischenmenschliche Verhalten an der Schule reguliert, in erster Linie von *Durchsetzungsfähigkeit* abhängig gemacht wird.

54 Die Annahme, dass sich diese Aussage auf das Mädchen bezieht, das „Nacktfotos" von sich im Internet veröffentlicht hat, und nicht auf das Mädchen, das die Bilder dann „ausgehangen" hat, wird dadurch nahegelegt, dass es direkt im Anschluss wiederum um ein Mädchen geht, das auffällig geworden ist: Die Teilnehmerinnen fokussieren also in ihren Erzählungen diejenigen, *die abweichen*, und nicht diejenigen, die diese Abweichung sanktionieren.

Mit Blick auf die Form der Differenzsetzung und Attribution lässt sich von dieser Passage ausgehend für die gesamte Diskussion festhalten: Die Teilnehmerinnen fokussieren erstens eine bestimmte Form von Körperlichkeit und ein Aufmerksamkeit erzeugendes oder die eigene Person zur Schau stellendes Verhalten – von Individuen, die sich durch auffällige körperliche Merkmale oder ein Verhalten auszeichnen, das vom Verhalten aller anderen oder der großen Mehrheit abweicht, die sich also in der einen oder anderen Hinsicht von der Masse abheben und einer bestimmten nicht näher ausgeführten Norm oder besser Normalitätserwartung nicht entsprechen, grenzen sich die Teilnehmerinnen ab. Beides wird zudem im weiteren Verlauf der Diskussion immer wieder parallelisiert, d.h. wem eine abweichende Körperlichkeit zugeschrieben wird, von dem wird auch angenommen, er *verhalte* sich auffällig. Dabei kommt es, zweitens, zur Entwicklung der stereotypen Verhaltensannahmen zunächst über die Beschreibung der Handlungspraxis von *einzelnen* Mitschüler*innen, die den Diskussionsteilnehmerinnen auch *persönlich bekannt* sind. Im weiteren Verlauf der Diskussion beziehen sie sich aber auch auf etablierte Kategorien sozialer Differenz, und zwar insbesondere auf die der „Ausländer“, die mit dem genannten Verhalten und der entsprechenden Körperlichkeit identifiziert werden. Dieser zweite Punkt lässt sich exemplarisch an folgender Passage veranschaulichen (GD *Lagerfeuer*, Passage 4, 71-105):

Cf: Und dann lag ich auf der Kinderstation und dann haste immer gehört wenn halt jemand aus der Region kam, hats halt überall geklappert und dann @kamen die da und so@ (.) so ganz schlimm und dann unterhalten die sich auf weiß ich jetzt
Af, Bf: ⌊@(4)@⌋
Cf: gar nicht mehr- wie Chinesen oder so wenn die dann in der Bahn sitzen und sich
Bf: ⌊[stöhnt]⌋
Cf: so lauthals am **Telefon** unterhalten. Die brüllen da ja regelrecht rein. Wo du dir so denkst so halt deinen Mund. (.) @(.)@ Und es ist auch so, so man kann sich doch vernünftig mit denen unterhalten und so (.) Nee, wenns wenigstens auf Deutsch laut wäre. Nee nee, da kommt dann so-
Bf: Ching Chang Chong, Wang Wang.
Cf: ⌊@Ja, genau.@⌋
Af: Welche Leute ich auch voll ekelhaft finde, dass sind diese ganzen (.) Fidschis.
Bf: °Ja.°
Af: Du siehst die irgendwo stehen (.) ihre Zigaretten verkaufen, aber wenn du dann irgendwo- auch so wenn du in Läden bei denen irgendwas kaufst, die sind so äh [angeekeltes Geräusch] die haben son langen Fingernagel, (.) meistens sind die dann noch dreckig, und generell-
Cf: Dis is bei denen so. Die müssen immer einen langen Fingernagel haben.
Af: ⌊Dis is ja ihr Statussymbol.⌋
Cf: Nguyen hat mir mal erzählt, um seine Ohr- um=um die Ohren richtig sauber zu machen.
Bf. Mmh.

Cf: Ich so boah nee. @(.)@
Y: Wer hat dis erzählt?
Cf: Jemand aus unserer Schule, der hat mal bei mir gewohnt bei dem ( ) [Handyrückkopplung]. Und der meinte zu mir, dass die dis machen, um die Ohren und die Nase so richtig sauber zu machen. Er hat zum Beispiel immer den kleinen Finger glaub ich lang, um sich dann hier (.) @Löcher zu entkeimen@
Af: ⌊Ä:h [angeekelt] @(.)@⌋ @voll eklig@.
Bf: Is echt eklig, ja.
Cf: Stell dir vor du sagst schönen guten Tag. @(.)@
Af: ⌊@(.)@⌋ |
Bf: ⌊@Hi.@
Af: Den find ich zum Beispiel auch eklig. Der riecht auch eklig.
Cf: Der riecht halt nach (.) Fidschi.
Af: ⌊Nguyen @(.)@.

Es wird hier deutlich, wie sich Zuschreibung einer abweichenden Körperlichkeit mit der Zuschreibung eines übermäßig auffälligen Verhalten oder der Zurschaustellung der eigenen Person verbindet und auf die ‚soziale Identität' der „Ausländer" projiziert wird. Wiederum zeigt sich zudem, dass die Diskussionsteilnehmerinnen über ein diffuses und weitgehend implizites Wissen um Regeln für ein ‚normales' Verhalten zu verfügen scheinen: In der Bahn „lauthals am Telefon" zu sprechen, dort „regelrecht reinzubrüllen" oder beim Besuch im Krankenhaus „überall zu klappern", ist in dieser Hinsicht ein erster negativer Horizont, der sich in der zitierten Passage dokumentiert. Zudem geht es um die Abweichung von einem bestimmten Standard der Körperpflege, auch hier in Bezug auf eine Form der gesellschaftlichen Konvention, die die drei Mädchen offenbar für verbindlich halten: Sich die „Fingernägel" nicht zu schneiden, diese dreckig werden zu lassen, „immer schmalzige Haare zu haben", „immer dieselben Sachen anzuziehen", ist der zweite negative Horizont, der sich in der Passage zeigt. Beides wird Angehörigen der ‚sozialen Identität' der „Ausländer" (im Einzelnen: den „Chinesen" und den „Fidschis") zugeschrieben.

Hinsichtlich des sich in diesem Modus der Differenzsetzung und Attribution dokumentierenden impliziten und handlungsleitenden Wissens in Bezug auf die Herstellung von Zugehörigkeit ist nun auffällig, dass sich in der Diskussion zwar eine Reihe von negativen, aber kaum positive Horizonte der Selbstverortung finden. Die Teilnehmerinnen scheinen zwar zu wissen, welche Art des Verhaltens zu vermeiden, nicht aber, welche Art des Verhaltens anzustreben sei – in dieser Hinsicht wirken sie weitgehend orientierungslos. Darin deutet sich eine grundlegende *Orientierung an der Vermeidung von Nicht-Zugehörigkeit* an, die sich an einem Ausschnitt aus einer weiteren Passage verdeutlichen lässt. Auf die immanente Nachfrage des Interviewers, mit wem es auf der Schule regelmäßig „Probleme" gäbe, berichtet Antonia zunächst von einer Person, die ihrer Aussage nach immer beteiligt ist, wenn es „Stress gibt". Im Anschluss beschreibt sie eine Situation, in der dieses Mädchen zusammen mit einer Freundin während der Schulzeit ein anderes Mädchen erniedrigt hat (GD *Lagerfeuer*, Passage 2, 15-38):

Af: Also die hat mir auf jeden Fall mal erzählt äh ihre komische beste Freundin die war ja auch mal auf unserer Schule und die haben ja-
Bf: ⌊Ja, mit der war ich⌋ gut befreundet.
Af: Die haben in der achten Klasse (.) n Mädchen nach=m Sport angehalten wo die noch hier drüben in der Turnhalle hatten (.) und ham sie dann ham sie halt dazu gezwungen sich aufn Boden zu hocken und dann ham sie ihr die ganze Zeit auf den Kopf geascht.
Bf: Oder gespuckt.
Af: Mhm.
Bf: Da war ich auch dabei.
Y: Und <u>wer</u> war dis?
Bf: Na dis is halt, ne Freundin aus-
Af: ⌊Dis war Amelie @(.)@
Bf. Aus unserer Parallelklasse (.) das isn äh wo wir auf die Schule gekommen sind haben sich halt diese Grüppchen gebildet äh von den <u>Coolen</u> und halt die was für die Schule machen die Streber wie man dis auch nennen mag [räuspert sich] um=um wirklich nicht ähm aufzufallen oder <u>gegen</u> diese Leute anzugämpfen äh:m hat man halt denn (.) weiß ich nich (2) keine Ahnung sich da hingestellt und hat zugeguckt und kei=man konnte ja nichts machen weil dieses [atmet ein] diese zwei Mädchen die da halt der <u>Höhepunkt</u> waren dieser Gruppe die also sag ich mal die Anführer waren (2) die haben ähhm konnten gegen die konnte man einfach nichts machen da musste man einfach mitgehen und nichts dagegen sagen sonst war man total raus und,
Af: Weils auch nichts bringt wenn sich einer gegen die stellt.
Bf: Genau ja (2) das is so wo ich auf die Schule gekommen sind ähm musste man wirklich mitlaufen um nicht auf=die sag=ich=jetzt mal so auf die Schnauze zu bekommen.

Eine erste Auffälligkeit der Beschreibung der Situation besteht darin, dass die Gründe für das Verhalten der Mädchen, die einer Mitschülerin „auf den Kopf geascht" oder „gespuckt" haben, nicht thematisiert werden. Es scheint keine zu geben und damit auch keine Möglichkeit, die Situation zu verhindern. Darauf zielt auch die von Martha im Anschluss angebotene Erklärung, wie es zu der Situation vor der Turnhalle und vergleichbaren Situationen kommen konnte. Sie erläutert, dass sich seit Beginn der Schulzeit in der Schule Gruppen gebildet hätten, unter denen eine besonders dominant gewesen sei. Ohne dass genauer beschrieben wird, was deren „Anführer" bzw. deren „Anführerinnen" getan haben, stellt Martha fest, dass man gegen sie „nicht ankämpfen" konnte und Antonia validiert diese Erklärung Marthas durch den Hinweis auf die Sinnlosigkeit des Versuchs, sich als Einzelne gegen diese Gruppe zu stellen.

Nun erklärt sich die von Martha und Antonia herausgestellte Machtlosigkeit gegenüber den beiden „Anführerinnen" aber gerade nicht aus der von ihnen angebotenen Beschreibung der Situation an der Schule selbst, denn hier ist ja einerseits von nur zwei Anführerinnen und andererseits von mehreren Gruppen die Rede, die sich gebildet haben. Es dokumentiert sich insofern, dass in den Augen der Teilnehmerinnen die Handlungsfähigkeit der Einzelnen aber auch aller Gruppen von der Stärke und Durchsetzungsfähigkeit gerade dieser beiden Mädchen abhängt und eingeschränkt wird: So verweist Martha in der Rechtfertigung ihres eigenen Verhaltens einerseits auf mögliche physische Konsequenzen – auch wenn die Behauptung hypothetisch bleibt –, vor allem aber auf die Gefahr, sich bei Nichtübereinstimmung mit den von den „Anführerinnen" gesetzten Verhaltenserwartungen oder Verhaltensstandards zu vereinzeln oder „raus" zu sein. Auch wenn im Einzelnen nicht ganz klar wird, ob sich diese Formulierung nur auf die Anerkennung durch die Gruppe um die zwei „Anführerinnen" bezieht oder auf die allgemeine Stellung an der Schule, fällt auf, dass die hiermit angestrebte Zugehörigkeit orientierungsmäßig inhaltsleer bleibt: Da die Teilnehmerinnen positiv nichts mit der Gruppe der „Anführerinnen" verbindet (sie ordnen sich ja wie gezeigt im Grunde keiner Gruppe zu bzw. grenzen sich sogar explizit von den „Ghetto-Girls" ab, die mit den „Anführerinnen" übereinzustimmen scheinen), erschließt sich zunächst nicht, warum es für sie so wichtig ist, nicht ausgeschlossen zu werden. Offensichtlich geht es im Kern darum, nicht selbst Opfer von derartigen Zeremonien der Erniedrigung zu werden. Mit anderen Worten: Die Jugendlichen verhalten sich den (unausgesprochenen) Verhaltenserwartungen konform (sie sind Mitläuferinnen, wie Martha am Ende des zitierten Ausschnitts selbst feststellt), um nicht ausgeschlossen, d.h. selbst erniedrigt zu werden. Die Vermeidung von Nicht-Zugehörigkeit ist hier die zentrale handlungsleitende Orientierung. Das korrespondiert insofern mit der Bewunderung von starken, durchsetzungsfähigen Personen, als den Teilnehmerinnen nicht nur die positiven Kriterien für die Bestimmung von Zugehörigkeit, sondern auch für die Bewertung der Qualität von Beziehung zu fehlen scheinen – jedenfalls sofern sie jenseits von Stärke und Durchsetzungsfähigkeit liegen. An den zitierten Ausschnitt schließt sich nun eine Erörtung über die Entstehung der Grüppchen an, in der die Teilnehmerinnen wiederum auf die Dimension der Körperlichkeit rekurrieren (GD *Lagerfeuer*, Passage 2, 41-65):

Af: Aber ich denk mal auch, dass sich diese Grüppchen einfach auch dadurch bilden weil es auch viele Leute gibt die einfach auch extrem ungepflegt sind.

Bf: Ja.

Af.: So dis dis man schon sieht weiß ich nich ich meine=dann (.) wenn ich morgens im Bus stehe und schon stink wie son Bär nachm @Sport@ ja (.) ich frag mich ganz ehrlich na ja ich weiß=nich ich würd auch nich gerne mich mit jemand unterhalten der mir die ganze Zeit in der Nase liegt.

Cf: Ja.

Bf: Ja (.) das stimmt.

Cf: Und ich mein wenn man gerade von zu Hause kommt und @man@ dann schon riecht is schon echt schlecht oder?

Bf: Mhm.

Af. Ich meine pfff vielleicht weiß=ich=nicht (   ) wenn man halt nicht jeden Tag Duschen geht dann kann man sich aber auch so waschen oder man kann sich Deo man kann Deo benutzen oder was=weiß=ich was; (2)

Cf: Oder man kann sich halt einfach jeden Tag waschen @(.)@

Af: @(.)@

Bf: Mhm.

Y: Und dis meinst Du jetzt ist der Grund dafür dass Leute,

Af: Ja auf jeden Fall also hier auf jeden Fall.

Cf: Also hat auch also jaa is halt auch so dis Au:ssehen na also (2) dis wird halt ganz viel an unserer Schule zum Beispiel unterschieden wenn du da halt aussiehst und grüne Haare hast dan:n (.) is=schon (2) bisschen doof für diejenigen ne (.) also ich hab damit kein Problem aber es gibt viele die denn halt schon sich darüber n bisschen lustig machen und so.

Bf: Naja.

Antonia greift im Versuch der Erklärung der Situation vor der Turnhalle das Thema „Grüppchenbildung" an der Schule auf, das im Laufe der ersten Passage bereits diskutiert wurde, und verweist darauf, dass eine Ursache für diese „Grüppchenbildung" die Tatsache sei, dass es Leute gäbe, die ihr körperliches Äußeres nicht pflegen. Es ist auffällig, dass wie schon in der ersten, so auch in der Fortsetzung der zweiten Passage nicht die beiden „Anführerinnen" und ihr Verhalten (hier in der Situation „vor der Turnhalle") thematisiert werden, sondern die von den Normalitätserwartungen abweichende Körperlichkeit anderer Einzelner. Im Kontext der Beschreibung der Situation vor der Turnhalle und mit Bezug auf die Interpretation der ersten Passage lässt sich das wiederum so lesen, dass abweichende Körperlichkeit nicht nur Ursache für „Grüppchenbildung", sondern auch Ursache für Diskriminierung und Ausgrenzung ist bzw. dafür, „raus zu sein". Doris distanziert sich zwar am Ende der Passage *propositional* von einer solchen Differenzsetzung, allerdings bestätigen die Teilnehmerinnen wie gesehen nicht nur im Laufe dieser, sondern auch anderer Passagen die Grenzziehung entlang des Merkmals ‚körperliche Ungepflegtheit' *handlungspraktisch*. Ganz ähnlich wie in der ersten Passage oszillieren die Teilnehmerinnen auch hier zwischen der Wahrnehmung von Ausgrenzung als Produkt entsprechender Konstruktionsprozesse und der Zuschreibung an das Individuum, es sei durch die Abweichung von (nicht weiter ausgeführten) Normalitätserwartungen *selbst* Schuld daran, ausgegrenzt zu werden: Leute die sich „nicht waschen", haben es ebenso selbst in der Hand, wie Leute, die sich die „Haare grün färben". Diese Konstruktion ist aber nicht nur eine Rechtfertigung für die eigene Entscheidung, in der geschilderten Situation nicht einzugreifen. Es handelt sich vielmehr um eine in impliziten Orientierungen begründete Haltung, in der die Bewertung einer Situation nur vor dem Hintergrund der Orientierung an der Vermeidung von ‚Nicht-Zugehörigkeit' erfolgen kann.

Im Kontext der vorgestellten Analysen und auch des weiteren Verlaufs der Passage lässt sich nun noch weiter argumentieren, dass (abweichende) Körperlichkeit als letzte unhintergehbare Qualität von Individualität abgelehnt wird (GD *Lagerfeuer*, Passage 2, 66-77):

Af: Also wir haben aber also was ich zum Beispiel finde bei Jenny was sich halt am Anfang was sich jetzt bei Sabrina zum Beispiel krass gesteigert hat Jenny ist so eine (.) die erzählt viele Märchen und die halt glaubt auch ihre eigenen Lügen und ähm da (.) einfach auch dis was sie (.) dass sie dann die is neu hergekommen und hat sofort alle meine Freunde auf ihrer- also is sofort mit allen meinen Freunden befreundet wo=o ich mich frage na ja (.) äh: wie kommt das? Und äh: (2) is dann aber so (.) deswegen man wird halt hinter ihrem Rücken zum Beispiel schon schlecht über sie geredet (.) (ich mein) sie is vielleicht selbst nicht besser aber sie hält auch sehr viel auf sich und äh (2)

Bf: Ja.

Af: Dis passt halt vielen auch nicht diese übelste Arroganz (2) und dann gibt's halt wieder diese Arroganz, die hier voll angesehen ist indem man halt anderen Angst macht,

Bf: Genau.

Antonia bringt hier ein Beispiel von einer Person, die durch ihr Verhalten offensichtlich Anlass für Ausgrenzung bietet. Diese Person „erzählt Märchen", schleicht sich in den Freundeskreis von Antonia ein (sie „is sofort mit allen meinen Freunden befreundet") und ist in ihren Augen zu sehr von sich überzeugt („hält auch sehr viel auf sich"). Die Kennzeichnung dieser Form des Selbstbewusstseins als „übelste Arroganz" wird begrifflich gleichgestellt mit dem Verhalten der „Ghetto-Girls". Die „Arroganz" der Mitschülerin Jenny ist aber nur im Kontext des negativen Horizonts der Nicht-Zugehörigkeit zu verstehen. Das ihr unterstellte *übertriebene Selbstbewusstsein* wird hier als Abweichung von der Norm betrachtet. Das, was Jenny zur Schau stellt, nämlich selbstbewußte Individualität, ist für die Teilnehmerinnen offenbar *ein negativer Horizont per se*: Jenny ist auch deswegen nicht angesehen, weil sie die Möglichkeit ins Spiel bringt, sich *anders zu verhalten*, nämlich nicht der Norm der Anpassung entsprechend. Dagegen steht die „Arroganz, Leuten Angst zu machen", sie einzuschüchtern und zur Unterordnung zu zwingen, also Durchsetzungsfähigkeit im Sinne der Aufrechterhaltung einer sozialen Rangordnung durch die „Ghetto-Girls", die an der Schule „*voll* angesehen" ist. Dass dies eine der wenigen Eigenschaften ist, die im Laufe der Diskussion als positiv bewertet wird, macht wiederum deutlich, wie stark sich die Interaktionen, in die die Teilnehmerinnen verstrickt sind, über die Angst vor Ausgrenzung steuern.

Die drei Mädchen konstatieren im Laufe der Diskussion zudem an mehreren Stellen die Ohnmacht des Einzelnen: Dinge wie die Situation der Erniedrigung vor der Turnhalle oder die „Grüppchenbildung" geschehen, ohne dass die Teilnehmerinnen sie vorhersehen oder beeinflussen können. An anderer Stelle berichten sie von gewalttätigen Übergriffen auf sie oder andere, die in ihrem Viertel an der Tagesordnung seien und die sie sich nicht erklären können: Diese Übergriffe passieren „urplötzlich" und „man kann nie damit rechnen, was passieren wird". Sie beschreiben also an mehreren Stellen der Diskussion ein in ihren Augen unberechenbares und physisch, vor allem aber sozial bedrohliches Verhalten, dem sie ausgesetzt sind. Eine Möglichkeit, mit dieser Situation umzugehen, ist die aufgezeigte Orientierung des eigenen Verhaltens an einer diffusen Vorstellung von ‚Normalität'. Ein anderer, wenngleich nachgeordneter Weg, ist die Festigung der konkreten In-Group: Die Mädchen betonen in dieser Hinsicht an mehreren Stellen die Bedeutung der „Freundschaft", die sie verbindet (GD *Lagerfeuer*, o.P., Minuten 18:40-20:09):

Af: Die Ghetto-Girls haben echt extrem schlechten Umgang, ich hatte ne Zeitlang viel mit der Jenny zu tun, dass die in diese Drogenschiene reinrutschen, ins Kinderheim müssen, das prägt die ja auch irgendwo. Viele übelste Mitläufer, manche die fangen an zu kiffen ziehen noch zwei drei weitere mit die einfach mitmachen.

(4)

Bf: Dann Gottseidank die Leute die dann manche auch trotz ihrer Probleme halt aufnehmen, zum Beispiel bei mir so bis zur achten Klasse Problemkind, Doris und Antonia haben mir dann hochgeholfen, dass man dann wirklich Freunde findet;

Af: Weg von den Straßen vom Einkaufsland.

Cf: Gott hab ich sie gehasst.

Bf: Das is das Besondere an den Leuten hier.

Af: Das macht aber auch unsere Freundschaft gerade aus dass wir gerade diesen Zusammenhalt haben in den zwei drei Jahren.

Die Freundschaft der drei scheint hier einen Raum zu konstituieren, in dem die üblichen Zuschreibungen und Verhaltenserwartungen zumindest zeitweise ausgesetzt sind.

Zentrale Aspekte des kollektiven Orientierungsrahmens

Die Gruppe *Lagerfeuer* zeichnet sich in Bezug auf den Modus der Differenzsetzung und Attribution durch die Abgrenzung von auffälliger Körperlichkeit aus, die sich mit einer Ablehnung auffälligen Verhaltens in erster Linie im Sinne der übermäßigen Zurschaustellung oder Betonung der eigenen Person oder der ‚persönlichen Identität' verbindet. Diese Differenzsetzung wird insbesondere unter Bezugnahme auf die Kategorie der „Ausländer" vollzogen. Individuen, denen diese ‚soziale Identität' zugeschrieben wird, oder solche, denen die Teilnehmerinnen eine negative Abweichung von den Normalitätserwartungen unterstellen, werden zudem *vollständig* mit dieser ‚Identität' bzw. mit den abweichenden Verhaltensweisen identifiziert oder anders ausgedrückt: Diese Verhaltensweisen werden zu Eigenschaften der Individuen, die sie nicht ablegen können. Der Modus der Differenzsetzung und die rekonstruierten Horizonte der Selbstverortung verweisen dabei auf die implizite handlungsleitende Orientierung der Gruppe: Die Teilnehmerinnen orientieren sich in erster Linie an der Übereinstimmung mit einer nicht näher ausgeführten Normalitätserwartung und der Vermeidung von ‚Nicht-Zugehörigkeit'. Diese Orientierung, die als homologes Muster an verschiedenen Passagen rekonstruiert werden kann, dokumentiert sich zunächst im weitgehenden Fehlen positiver Vergleichshorizonte. Was ‚normale' Körperlichkeit oder ‚normales' Verhalten ausmacht, bleibt weitgehend unklar. So scheint mit Blick auf die beschriebenen Situationen der Gewalttätigkeit und Erniedrigung Grundlage für die Bewertung einer Handlung einzig die Bewahrung der eigenen psychischen und physischen Unversehrtheit. Das drückt sich auch darin aus, dass die Jugendlichen inhaltlich nichts mit den Gruppen verbindet, denen sie sich zugehörig machen wollen. Die Orientierung korrespondiert mit der sich in den Erzählungen dokumentierenden Haltung der Ohnmacht, die sich darin dokumentiert, dass alltägliche Ereignisse von denen die Teilnehmerinnen berichten, in ihrer Perspektive nicht oder kaum von ihnen selbst beeinflusst werden können, sondern durch die Natur sozialer Verhältnisse unabänderlich bestimmt zu sein scheinen.

6.1.2 Gruppe Zelt: Ordnung um der Ordnung willen

Gruppe *Zelt* besteht aus vier Jungen im Alter von 15 und 16 Jahren (Am: Björn, Bm: Florian, Cm: Thomas, Dm: Justin). Die Gruppe ist aus derselben Klasse bzw. Kerngruppe wie die Teilnehmerinnen der Gruppe *Lagerfeuer*, und auch hier kam der Kontakt über die Kerngruppenleiterin zustande. Nach der Vorstellung meines Projekts im Unterricht verabredete ich mich mit den Jungen für Ende April 2010 im Anschluss an den regulären Unterricht in einem an die Schule angeschlossenen Jugendklub. Es ist derselbe Klub, in dem ich auch das Interview mit der Gruppe *Lager-*

feuer geführt hatte. Mit den vier Jungen traf ich mich während der großen Pause nach der dritten Stunde im Hauptgebäude der Schule:

Als ich die vier Jungen zu mir heranwinke, ist die kleine Gruppe sichtlich unschlüssig, ob sie sich über die Aufmerksamkeit, die ich damit errege, freuen soll. Während der fünf Minuten, die wir gemeinsam zum Schülerklub hinüberlaufen, versuche ich durch ein paar Fragen zur Schule und zum letzten Wochenende die Stimmung etwas aufzulockern, die vier Jungen sind aber wortkarg. Auch während wir im Klub sind, kommt zunächst kaum ein Gespräch zustande.

Entsprechend dieses ersten Eindrucks dominiert die Auseinandersetzung mit der Person des Interviewers den ersten Teil der Diskussion. Im Unterschied zu seiner Rolle in Gruppe *Lagerfeuer* wird ihm hier die Aufgabe zugeschrieben, die Themen und das Ziel des Gesprächs zu definieren. Auch wenn sich später eine größere Selbstläufigkeit entwickelt, bleibt diese Orientierung am Interviewer als Autoritätsperson über den ganzen Verlauf der Diskussion sehr dominant, was sich nicht zuletzt darin zeigt, dass die Teilnehmer ihn mit ihren Erzählungen direkt adressieren und es an mehreren Stellen der Diskussion so wirkt, als versuchten sie, ihm ihr Verhalten zu erklären oder sich sogar vor ihm dafür zu rechtfertigen. In Bezug auf die Konstitution der Gruppe ist auffällig, dass sich drei der vier Teilnehmer (Björn, Florian und Thomas) in ihren Beiträgen immer wieder aufeinander beziehen und auch gemeinsame außerschulische Aktivitäten erwähnen, etwa Fußballspielen, Fahrradfahren usw. Der vierte Teilnehmer, Justin, ist während der gesamten Diskussion sehr still und wird gelegentlich von den anderen direkt dazu aufgefordert, seine Meinung zu äußern. Dadurch wird ihm zugeschrieben, dass diese Meinung von der der drei anderen Teilnehmer abweicht. Tatsächlich widerspricht er den Anderen vor allem mit Blick auf den Umgang mit einem gemeinsamen Klassenkameraden, Robert, von dem sich Björn, Florian und Thomas wortreich abgrenzen. In Bezug auf andere Aspekte äußert er sich allerdings nicht.

Modus der Differenzsetzung und handlungsleitende Orientierung der Gruppe

Gleich zu Beginn der Diskussion konzentrieren sich die Teilnehmer der Gruppe *Zelt* auf eine Charakterisierung ihres „Viertels" bzw. ihres „Bezirks", Oststadt. Es wird festgestellt, dass Oststadt „nicht grad die schönste Ecke" sei, „überall die Plattenbauten und dann auch schon sehr runtergekommene Gebäude und überall Müll". Auf Nachfrage des Interviewers wird diese Charakterisierung weiter ausgeführt (GD *Zelt*, Passage 1, 1-13 und 2, 1-15):

Y: Und was macht das aus was Du jetzt gesagt hast also einfach vielleicht das haste Beispiele dafür oder was?
Am: Ja allgemein, die Menschen, die hier so wohnen.
Cm: Viele Hartz-IV-Empfänger.
Am: Hm::jo. Is eher so ne Ecke wo die nicht so viel Arbeit haben oder halt (.) so Stress machen auch Jugendliche so. (2)
Y: Hast Du selber schon erlebt, irgendwie Stress gehabt oder?
Am: Jo.
Cm: Weil hier an jeder Ecke Jugendliche (.) am Freitag oder Wochenende betrunken rumstehen und einen anpöbeln (2) man kann hier nich ma in Ruhe durchs Viertel gehen, ohne dass man irgendwo Streß hat
Y: Hm.
Cm: Is schon fast überall; (.)
[...]
Am: Na dis Hauptproblem ist eigentlich das Gewalt sehr viel hier herrscht in Oststadt (2)
Bm: °Ghetto°
Y: Hm:.
Am: Dis is eigentlich egal wo man langläuft is überall Gewalt (4)
Cm: Weil hier die meisten Hartz IV-Empfänger leben (.) und die dann halt sowieso keine Zukunft,mehr haben nichts zu tun haben.
Bm: ⌊die hamse-⌋ ⌊Ja genau und die dann eben irgendwo mal die ganze Zeit rumgammeln und Alkohol trinken;
Cm: Und die Kinder von denen, die dann (.) auch.
Am: Die ham die ham ja keine Zähne im Mund
Y: Hmm.
Am: Die könn noch nich mal richtig reden weil-
Cm: Die ham nichts mehr zu verlieren weil sie keinen Abschluss haben und so dann (.) sollen sie sich doch hier abstechen lassen und (suchen) ständig Schlägerein und so.
Am: Na und die keine Zukunft haben machen am meisten Stress.

Die Jugendlichen stellen ihr Viertel als verwahrlost und vor allem als ordnungslos dar: „Überall" liegt „Müll" oder „Dreck", man kann nicht mehr „in Ruhe durchs Viertel" gehen, es gibt „Streß" und „Gewalt". Für den Zustand des Viertels bzw. des Bezirks verantwortlich gemacht werden eine Reihe von sozialen Gruppen, denen zugeschrieben wird, sich auf die eine oder andere Art unangemessen zu verhalten: Hier sind es zunächst „Jugendliche" und vor allem die, die „nicht so viel Arbeit haben" bzw. die „Hartz IV-Empfänger", im weiteren Verlauf der Passage wird entsprechendes Verhalten auch auf „die Ausländer" bezogen.

Ausgehend von diesem kurzen Ausschnitt lässt sich in Bezug auf die Form der Differenzsetzung und Attribution für die gesamte Diskussion verallgemeinern: Erstens grenzen sich die Teilnehmer der Gruppe *Zelt* von einem Verhalten ab, das einer in ihren Augen angemessenen Ordnung abträglich ist. Dabei geht es zunächst um Individuen, die „die ganze Zeit rumgammeln und Alkohol trinken" oder „betrunken rumstehen und einen anpöbeln", verbunden wird diese Zuschreibung aber mit dem

Hinweis darauf, dass die mit einem solchen Verhalten identifizierten Personen und Gruppen „keine Zukunft“ hätten bzw. sich nicht darum bemühen würden. Zweitens und ganz ähnlich wie in Gruppe *Lagerfeuer* kommt es zu einer Verknüpfung der Zuschreibung eines in der beschriebenen Weise von den Normalitätserwartungen der Teilnehmer abweichenden Verhaltens mit der Zuschreibung einer ebenfalls davon abweichenden Form von Körperlichkeit: Die so „rumgammeln“ haben etwa auch „keine Zähne im Mund“. Zwar richten sich diese Zuschreibungsprozesse zunächst an mehr oder weniger anonyme Gruppen, im Laufe der Diskussion aber ähnlich wie in Gruppe *Lagerfeuer* vor allem an Mitschüler*innen, wie etwa in einer Passage deutlich wird, in der es um „die Mädchen an der Schule“ geht (GD *Zelt*, Passage 5, 35-59):

Am: Na auf der Schule kann man die Mädchen nach meiner Meinung dis is nich so die Richtung wo ich sage ja-
Y: Hm.
Am: Is ja echt weil die ham: keine Zähne im Mund oder: (.) ziehen sich an als ob sie weiß ich woher kommen; (2)
Bm: Na wir haben eine in der Klasse die heißt Hanna die läuft rum wie so eine Prostituierte von der B1.
Am: @Ja@ Aber wirklich und dann wird sie die ganze Zeit runtergemacht von unsern Mädchen-
Bm: ⌊Aber die läuft mit=m Minirock der is ungelogen so hier und der geht so. Und dann so Netzstrumpfhose ne lilane rote. Nee lilane Schuh die gehen bis hier oben-
Cm: ⌊Du willst sagen @Stiefel@.
Am: @(2)@ Sie meinte auch letztens Kim hatte sie letztens gefragt ähm ob sie schon mal Sex hatte meinte sie ja hat sie @sie@ gefragt @wie oft@ da sagt Ha=Hanna so
Cm: ⌊Wie oft. ⌋
Am: die Nacht mitgezählt, also 24 Stunden 18 Mal. (.)
Bm: Na auf der B1.
Cm: Ja als Nutte da kriegt man-
Am: ⌊@18 Mal@ in 24 Stunden.
Bm: ⌊Auf der B1.
Am: @(2)@ dis is echt nicht normal also; (.) Aber auch allgemein wie sie sich kleidet wie gesagt Minirock, Netzstrumpfhose.
Bm: ⌊Wie ne Prostituierte auf Deutsch gesagt. (......)
Am: ⌊Ja.
Cm: Wird dann halt auch von allen ausgegrenzt. (.) Mehr oder weniger.

Homolog zu der Form der Differenzsetzung in Gruppe *Lagerfeuer* wird hier ausgehend von Aussehen und Kleidung ein bestimmtes Verhalten attribuiert, das von Florian am Beispiel einer Mitschülerin, Hanna, ausgeführt wird. Der negative Horizont bleibt hier zwar noch unscharf und könnte sowohl das nicht-wahrhaftige Verhalten betreffen (etwa in Bezug auf die Aussage, in 24 Stunden „18 Mal“ Sex gehabt zu haben), als auch ein Zur-Schau-Stellen der eigenen Sexualität oder eine Form der Promiskuität – im Laufe der relativ kurzen Ausschnitts wird gleich drei Mal darauf hingewiesen, dass sie „wie eine Prostituierte“ bzw. „wie eine Nutte“ aussehe. Aufhänger für die Differenzsetzung ist aber in jedem Fall eine unangemessene Form des Aussehens und der Körperlichkeit und attribuiert wird ein Verhalten, das von einer nicht näher definierten aber den Jugendlichen selbstverständlich scheinenden Vorstellung einer ‚normalen‘ Handlungspraxis abweicht. Ganz ähnlich wie in Gruppe *Lagerfeuer* lesen sich die Feststellungen, dass das Mädchen in der Schule wegen ihres Aussehens und ihres Verhaltens diskriminiert wird, in diesem Kontext zudem so, als wäre dies eine logische Folge ihres eigenen Verhaltens: Hanna wird „die ganze Zeit runtergemacht“, „*aber* die läuft mit=m Minirock rum“ oder umgekehrt: sie kleidet sich „wie ne Prostituierte auf deutsch gesagt“, „wird *dann halt* auch von allen ausgegrenzt“ (Herv. von mir). In beiden Fällen wird zumindest denkbar, dass die Sanktionierung der Mitschülerin zu Recht erfolgt.

Die Teilnehmer der Gruppe *Zelt* schreiben also Individuen oder auch Angehörigen bestimmter ‚sozialer Identitäten‘ abweichendes Verhalten und eine entsprechende Körperlichkeit zu, und zwar in einer Weise, dass sich ähnlich wie in Gruppe *Lagerfeuer* von der vollständigen Identifizierung eines Individuums mit einem von den Normalitätserwartungen abweichenden Aspekt seines Verhaltens sprechen lässt. Das lässt sich besonders gut an einer Passage verdeutlichen, in der es um einen Mitschüler der Teilnehmer geht, dem zugeschrieben wird, dass er „keine Zukunft mehr“ habe, weil er „sowieso dick“ sei (GD *Zelt*, Passage 3, 51-83):

Am: Er sagt immer dass @seine@ Mutter ihn jeden Abend=n ähm Obstsalat oder irgendwie=so=was macht aber; (3) der war beim Fußballverein, der war beim Footballverein und halt dann °nur geschwänzt°
Bm: ⌊Beim Orientierungslauf;⌋
Cm: Aber hat überall aufgehört nach (.) Tagen oder Wochen.
Am: ⌊Ja.⌋
Bm: Nee beim Fußball war er schon bisschen länger das hat er mit mir zusammen
Cm: ⌊Na ist ja auch schon ein paar Jahre her.⌋
Bm: gespielt.
Am: Ja damals sah er auch n bisschen dünner aus (.) aber jetzt isst er nur noch hier letztens hat er @irgendwie den einen Tag@ hatte er Nudel@auflauf@ und den anderen Tag hatte er irgendwas mit (.)
Cm: @Fleisch@bällchenauflauf.
Bm: Oder genauso wenn man zum Beispiel äh:m (.) der macht auch gar nichts in
Am: ⌊@(.)@⌋
Bm: seiner Freizeit wir waren voriges Mal Fahrradfahren,
Am: Paar Mal.
Bm: Und da haben wir ihn auch gefragt ob er mitkommen will hat er gesagt nein zu Hause gibt=s Nudelauflauf.

Am: Da geht er lieber nach Hause schön fett essen obwohl er schon dick is anstatt mal n bisschen Sport zu machen.
Cm: Sport schwänzen tut er auch immer (2).
Am: Oder dann=
Bm: ⌊ Aber wenn⌋ er Sport mitmacht, dann hat er nach fünf Minuten Aua am Bein.
Am: Ja beim Hochsprung ist er einmal gesprungen da ist nix passiert und auf einmal
Bm: ⌊( )⌋
Am: hat er hat er was mit seinem (.) mit seinem @Knöchel@ gehabt;
Y: Mhm.
Am: Nur damit er keinen Sport mitmachen muss. (2) Und dann wird er auch ziemlich oft runtergemacht aber dis is ja sag ich mal (.);
Bm: Alltag in der Schule.
Am: Na auf der Schule (.) wird fast jeder runtergemacht (.) wenn er dick is oder hässlich aussieht sag ich mal (.);
Cm: Ode:r (.) die falsche Hose trägt zum Beispiel; (2)

Robert wird als Person beschrieben, die sich nicht um ihr Äußeres kümmert (er ist dick), die nicht Maß halten kann (er isst zu viel und ständig) und nicht wahrhaftig ist (er sucht Ausreden, um nicht am Sport teilzunehmen). Das dem Mitschüler zugeschriebene Verhalten ist hier negativer Horizont und Folie für die Etablierung des Stereotyps der durch abweichende Körperlichkeit auffälligen Mitschüler*innen, die „keine Zukunft haben" – eine Verknüpfung zwischen den Ebenen (abweichende) Körperlichkeit und (abweichendes) Verhalten, wie sie ähnlich ja auch in Gruppe *Lagerfeuer* erfolgt. Zugehörigkeit in der Schule und in der Gruppe scheint zudem – wiederum vergleichbar mit Gruppe *Lagerfeuer* – letztlich in den Ausgrenzungen und Degradierungen Anderer fundiert, und die ‚persönliche Identität' und Integrität der anderen Einzelnen wird gerade nicht anerkannt, sondern sie dient als Folie für eine Praxis der Distinktion, die die Etablierung von Zugehörigkeit erst ermöglicht. Ähnlich wie in Gruppe *Lagerfeuer* wird diese Praxis von den Diskussionsteilnehmern der Gruppe *Zelt* durchaus thematisiert: Am Ende der vorliegenden Passage wird etwa darauf verwiesen, dass Robert in der Schule ausgegrenzt werde und dass das an der Schule „Alltag" sei. Wer hierfür verantwortlich ist, wird nicht gesagt, die Teilnehmer scheinen aber über ein Wissen darüber zu verfügen, aufgrund welcher Kriterien die Ausgrenzung erfolgt, nämlich vor allem immer dann, wenn Schüler*innen den Normalitätserwartungen in Bezug auf Aussehen und Kleidung nicht entsprechen. Der Wechsel in eine distanzierte Beschreibung der Opfer („fast jeder" werde „runtergemacht") steht dabei in einem deutlichen Kontrast zu der in der Passage *handlungspraktisch* in Szene gesetzten Differenzsetzung durch die Teilnehmer selbst: Sie oszillieren also ebenso wie die Mädchen in Gruppe *Lagerfeuer* zwischen der Wahrnehmung von Ausgrenzung als Produkt von Konstruktionsprozessen und der selbst vorgenommenen Zuschreibung an das Individuum, es sei durch die Abweichung von (nicht weiter ausgeführten) Normalitätserwartungen selbst Schuld daran, ausgegrenzt zu werden.

Die sich in diesem Modus der Differenzsetzung und Attribution dokumentierende implizite und handlungsleitende Orientierung in Bezug auf die Herstellung von Zugehörigkeit deutet sich bereits in den ersten beiden Passagen an. Die Differenzsetzung fokussiert dort Gruppen, die im öffentlichen Diskurs als anders, schwach oder unnütz markiert sind: Schuld am Zustand des Viertels sind „Hartz IV-Empfänger“, „Arbeitslose“, „Besoffene“ und „Ausländer“. Die Diskussionsteilnehmer scheinen sich umgekehrt mit denen zu identifizieren, die in der Gesellschaft *keine* marginalisierte Position einnehmen und die damit zu den ‚Normalen‘ gehören. Sie orientieren sich zudem an einer Form des ordentlichen Verhaltens, das eng an eine Vorstellung von (Selbst-)Disziplin und Leistungs- bzw. Durchsetzungsfähigkeit geknüpft ist. Zentraler negativer Horizont ist etwa, „rumzugammeln“ und sich „nicht um seine Zukunft zu bemühen“, wie es die Teilnehmer in der bereits zitierten Passage ihren Mitschülern zuschreiben: Diese hätten kein anderes Ziel, als Arbeitslosigkeit und Nichtstun, würden sich nicht bewerben oder nur „Hartz IV wollen“, „immer zu Hause bleiben“ und „vor dem Computer sitzen“. Auch in den Beschreibungen des Mitschülers Robert dokumentiert sich als positiver *Gegen*horizont das Bild von sportlichen Jugendlichen, die sich um ihr Aussehen bemühen, ehrlich sind bzw. keine Ausflüchte suchen, sich mit ihrer Zukunft auseinandersetzen, regelmäßig zur Schule gehen, pünktlich sind usw. Die darin auch aufscheinende Orientierung an einer sozialen Ordnung, die im Wesentlichen durch Disziplin und Durchsetzungsfähigkeit aufrechterhalten wird, lässt sich in der Interpretation einer anderen Stelle der Diskussion noch weiter konturieren. Erzählt wird hier von einem Schüler, der „127 Mal“ zu spät gekommen sei, ohne dass dieses Verhalten Konsequenzen gehabt habe. Das wird als Zeichen dafür gewertet, dass die Lehrer an der Schule sich nicht durchsetzen können (GD *Zelt*, Passage 3, 5-32):

Cm: Ja irgendwie schon die Le:hrer setzen sich da halt wieder nicht durch die kommen zu spät dann lassen sies einfach durchgehen und schreibens auch gar nicht mehr ein oder so (.) is dann einfach; (2)

Y: Mhm.

Am: Ja und Frau (   ) is ne Lehrerin die hat (.) null Durchsetzungsvermögen; also (.) die @lässt@ sich da lieber runtermachen anstatt dass sie sich irgendwie durchsetzen kann.

Bm: Ja das versteh ich auch nicht die regen sich immer auf warum die Lehrer so streng sind aber wenn du zum Beispiel später ne A:usbildung machst sind die Lehrer ja auch nicht oder die Berufslehrer ja auch nicht äh: gerade äh nett zu denen und dis versteh ich auch nicht was die immer fürn Problem haben. (4)

Y: Aber ich meine jetzt auch gerade im Vergleich, weil Du das gerade gesagt hast hier mit sozusagen o äh::: die Berufsschullehrer wären dann irgendwie strenger oder haben mehr Durchsetzungsvermögen?

Bm: Ne: nicht dass die strenger sind aber die sind genau normal wie die Lehrer hier und die regen sich immer auf äh:m zum Beispiel die Lehrerin [räuspert sich] wenn da zum Beispiel zehn Leute ähm: (reden) dann stellt sie fünf Aufgaben dann regen sie sich auf warum sie die ganze Zeit nur was Schriftliches machen und keine Experimente (.) und ähh wenn die zum Beispiel (.) dann meckern sie die Lehrer aber voll=zum=Beispiel auf der Berufsschule sagen sie kannst deine Sachen packen kannst nach Hause gehen (.) brauchste nächsten Tag nicht mehr wiederkommen. Und dis machen ähm:;

Y: Mhm.

Am: Also ich hab mich auch aufm Oberstufenzentrum beworben und da meinten die auch wenn man vierzehn Verspätungen hat dann fliegt man von der Schule. (.) Oder auch wenn man irgendwie Gewaltanzeichen macht dann fliegt man auch von der Schule oder halt wenn man vier Fehlstunden hat (.) die werden dann aber als vier Fehltage gezählt;

Y: Mhm.

Am: Wenn die halt unentschuldigt sind dann fliegt man auch von der Schule also schon (3) so wies eigentlich sein soll. (2)

Ihre Schule wird von den Jugendlichen in dieser Passage (ganz ähnlich übrigens wie das Quartier zu Beginn der Diskussion) als ein *ordnungsloser* Raum dargestellt, sowohl weil die Schüler die Regeln ignorieren, als auch weil die Lehrer die Einhaltung der Regeln nicht durchsetzen können oder wollen. Gerade die geringe Durchsetzungsfähigkeit der Lehrer wird aber nicht im Bezugsrahmen wechselseitiger Toleranz interpretiert, sondern als Unterlegenheit im Kampf um Dominanz: Die Lehrerin lasse sich „lieber runtermachen", als für einen ordnungsgemäßen Unterrichtsverlauf zu sorgen. Die Teilnehmer beziehen insofern zwar weder Partei für die Lehrer noch für die Schüler, es dokumentiert sich hier aber eine grundlegende Orientierung an Stärke und Durchsetzungsfähigkeit. So ist die Kritik von Schülern, die sich dennoch beschweren, dass die Lehrer an der Schule streng seien, in der Passage als unangemessen gekennzeichnet, da sie zum einen im Kontrast zu der Beobachtung der Teilnehmer steht, dass die Lehrer sich nicht durchsetzen und einiges durchgehen lassen. Zum anderen wird der „normalen" (Regel)Schule die Berufsschule gegenübergestellt, in der die Lehrer „auch nicht gerade nett" seien. Die Institution der Berufsschule wird dann als ein Raum charakterisiert, der durch klare Regeln und harte Sanktionen für Regelüberschreitung charakterisiert ist. Damit wird ein positiver Gegenhorizont etabliert – explizit, indem darauf verwiesen wird, dass es an der Berufsschule „so ist, wie es eigentlich sein soll", implizit durch die genaue Aufzählung der möglichen Regelverstöße, die zu einem Verweis von der Schule führen können. Die Berufsschule ist für die Teilnehmer also der Ort, an dem es weder Nachlässigkeit der Lehrer noch Disziplinlosigkeit und mangelnden Respekt der Schüler gibt, sondern an dem eine *angemessene Ordnung* herrscht, für deren Aufrechterhaltung sogar Ungerechtigkeiten in Kauf genommen werden – etwa wenn „vier Fehlstunden [...] als vier Fehltage gezählt" werden. Dass darauf verwiesen wird, dass die Lehrer an der Berufsschule nicht strenger oder anders seien als die an der Regelschule, impliziert darüber hinaus, dass nur ein Rahmen von festen Regeln und damit verbundenen Sanktionen für Regelüberschreitung die Ursache dafür sein kann, dass es auf der Berufsschule anders zugeht. Darin dokumentiert sich wiederum, dass die Bewunderung von Durchsetzungsfähigkeit oder von durchsetzungsfähigen Personen in Gruppe *Zelt* anders als in Gruppe *Lagerfeuer* mit einer positiven Orientierung an einer feststehenden Ordnung verknüpft wird: Die Lehrer an der Berufsschule sind gesellschaftlich legitimierte Autoritäten, die eine wünschenswerte Ordnung garantieren. Sie sind aber gleichzeitig relativ austauschbare Platzhalter, da sie nur handlungsfähig sein können, wenn die Ordnung über einen Rahmen von Regeln und Sanktionen für Regelüberschreitung stabilisiert wird, wie sich auch in folgender Passage dokumentiert (GD *Zelt*, Passage 4, 25-36):

Am: Also ich denk mal die könn sich sowieso auch nicht richtig durchsetz- setzen weil wenn da ein Security Mann is dann (.) und dann komm sag ich mal zehn Türken Russen oder was weiß ich für welche und die sind schon leicht angetrunken glaub nicht dass der eine Typ die dann aufhalten kann.
Cm: Naja und wenn dann zwei vom Ordnungsamt kommen oder so weil die sich da betrinken.
Y: Mhm.
Am: Also;
Cm: Die alle da ihre Messer dabei haben und denn-
Bm: Was auch noch lustig ist sind die Zigarettenverkäufer (.) einen Tag.
Am: ⌊Fidschis.⌋
Bm: Die einen Tag da kommen da so drei Polizeiautos hin und nehmen die alle mit und einen Tag später stehen aber die gleichen wieder da.

Wieder wird hier ausgehend von einer diffusen Differenzsetzung, in der verschiedene ‚soziale Identitäten' zusammengefasst werden („Türken, Russen oder was weiß ich"), eine Abgrenzung gegenüber einem bestimmten Verhalten vorgenommen. In den Beschreibungen dieses Verhaltens dokumentiert sich zunächst ein negativer Horizont, der ähnlich wie in der ersten Passage verschiedene Formen eines dem geregelten Leben abträglichen Verhaltens umfasst, etwa „leicht angetrunken" zu sein oder „Messer dabei zu haben". Dass im Weiteren die Unfähigkeit verschiedener Typen von Ordnungskräften („Security-Mann", „Ordnungsamt", „Polizei") beschrieben wird, verweist zum einen wiederum darauf, dass es eine positive Orientierung an diesen Ordnungskräften als Garanten eines „ruhigen Lebens“ gibt. Gleichzeitig können diese Repräsentanten sich aber „nicht richtig durchsetzen“, und zwar auch deswegen, weil die Regeln nicht greifen: Auch wenn die Ordnungshüter „die Zigarettenverkäufer“ am einen Tag „mitnehmen“, „einen Tag später stehen aber die gleichen wieder da“. Wie in der Schule liegt es also weniger an den *Repräsentanten* der Ordnung, sondern *an der Ordnung selbst*, die die Möglichkeit einer angemessenen Sanktionierung von Regelüberschreitungen nicht beinhaltet. Der Sinn und Zweck dieser Ordnung bleibt allerdings unklar, insofern lässt sich von einer Orientierung an der *Ordnung um der Ordnung willen* sprechen.

Zentrale Aspekte des kollektiven Orientierungsrahmens

Gruppe *Zelt* zeichnet sich ähnlich wie Gruppe *Lagerfeuer* durch die Abgrenzung von „auffälliger“ Körperlichkeit aus, die hier aber weniger mit der Ablehnung einer auffälligen Zurschaustellung von Individualität verknüpft ist, als vielmehr mit der Ablehnung von Verhaltensweisen, die einer „angemessenen Ordnung“ und einem „ordentlichen“ Lebenslauf abträglich ist. Die Differenzsetzung und Attribution verbindet sich mit der Bezugnahme auf eine Reihe von mehr oder weniger etablierten Kategorien sozialer Differenz – „Hartz IV-Empfänger“, „Arbeitslose“, „Ausländer“ –, aber auch mit der Abgrenzung von konkreten Einzelnen aus dem Kontext der Schule, die ähnlich wie in Gruppe *Lagerfeuer* vollständig mit den ihnen zugeschriebenen und im negativen Sinn von Normalitätserwartungen abweichenden Verhaltensweisen identifiziert werden. Auch in Gruppe *Zelt* konstituiert sich Zugehörigkeit ganz wesentlich über die Nicht-Anerkennung individueller Integrität Anderer. Die implizite handlungsleitende Orientierung, die sich in diesen Horizonten der Selbstverortung dokumentiert, lässt sich allerdings im Unterschied zu Gruppe *Lagerfeuer* eher als eine Orientierung an einer in den Augen der Teilnehmer angemessenen Ordnung fassen, in der auf Regelübertretung klare Sanktionen folgen, wenn auch die Regeln selbst und vor allem deren Zweck nicht genauer gefasst werden. So finden sich ähnlich wie in Gruppe *Lagerfeuer* auch in Gruppe *Zelt* kaum *positive* Vergleichshorizonte, die die der Ordnung zugrunde liegende Vorstellung von Normalität konturieren. Es handelt sich insofern um eine Orientierung an der Ordnung um ihrer selbst willen, denn für ihre Herstellung werden Ungerechtigkeiten und Ausgrenzungen in Kauf genommen. Im Unterschied zu Gruppe *Lagerfeuer* dokumentiert sich in den Erzählungen und Beschreibungen der Gruppe *Zelt* allerdings, dass sich die Teilnehmer nicht nur an durchsetzungsfähigen und starken Personen *orientieren*, sondern sich auch selbst Durchsetzungsfähigkeit zuschreiben, also auch die Fähigkeit, die Ordnung (wieder)herzustellen, indem sie sich mit denen prügeln, die ihnen „dumm kommen". Insofern werden zwar die bestehenden sozialen Verhältnisse als weitgehend unabänderliche Tatsachen hingenommen, in ihrer alltäglichen Lebenswelt schreiben sich die Jugendlichen aber durchaus selbst Handlungsfähigkeit zu.

6.1.3 Gruppe Gelb: Sicherung von Zugehörigkeit über Distinktion

Gruppe *Gelb* besteht aus zwei Mädchen und zwei Jungen im Alter von 15 bis 17 Jahren (Am: Markus, Bm: Holger, Af: Susi, Bf: Ivana). Der Kontakt zur Gruppe kam über die Kerngruppenleiterinnen der Klasse zustande, die sich dazu bereit erklärt hatten, die Vorstellung meines Forschungsprojekts in ihrem Unterricht zu ermöglichen. Die Diskussion fand Mitte Mai 2010 im Anschluss an den regulären Unterricht in einem Klassenraum der Schule statt:

*Wir treffen uns vor der Schule, die 6. Stunde ist gerade zu Ende, der Großteil der Schüler verlässt das Schulgelände. Die vier Jugendliche finden sich zusammen, es scheint ihnen ein bisschen unangenehm zu sein, bei mir stehen zu bleiben, während ihre Mitschüler an uns vorbei zum Ausgang des Schulgeländes strömen. Ursprünglich hatte ich vor, mit ihnen in ein nahe gelegenes Jugendzentrum zu gehen, die Teilnehmer*innen scheinen aber unter Zeitdruck zu sein und bitten mich daher darum, die Diskussion in der Schule durchzuführen. Es dauert einige Zeit, bis wir einen Lehrer gefunden haben, der uns einen Raum im ersten Stock des Schulgebäudes aufschließen kann. Der Raum ist etwas dreckig, es liegen Taschentücher und eine Getränkepackung auf dem Boden, die Stühle stehen bereits auf den Tischen. Das Setting wirkt sich zu Beginn der Diskussion auch auf die Rolle aus, die zu übernehmen von mir erwartet wird: Die Teilnehmer*innen wollen offenbar, dass ich die Themen der Diskussion klar vorgebe.*

Im weiteren Diskursverlauf zeigt sich diese Bezugnahme auf den Interviewer als eine Art Lehrerersatz vor allem darin, dass sich eine Teilnehmerin, Ivana, an mehreren Stellen bemüht, die Diskussion zu beenden, indem sie mir mit einer Frage nach weiteren Fragen zuvorkommt („noch Fragen?"). Auf diese Weise wird dem Interviewer nicht nur die Aufgabe zugeschrieben, das Gespräch zu strukturieren, sondern gleichzeitig immer wieder in Frage gestellt, dass das ganze Vorhaben für die Teilnehmer*innen *selbst* irgendeinen Zweck erfüllt. Das Gespräch dauert kurz, nur eine knappe Stunde, und ist im Mittelteil durch eine Reihe von z.T. exmanenten Nachfragen des Interviewers gekennzeichnet. An anderen Stellen der Diskussion entwickelt sich allerdings eine starke Selbstläufigkeit, insbesondere dann, wenn es um die Mitschüler der Teilnehmer*innen geht. Mit Blick auf die Konstitution der Gruppe ist auffällig, dass die vier Jugendlichen zwar gemeinsame Freizeitaktivitäten erwähnen, die über den Schulkontext hinausgehen – sie berichten etwa davon, dass sie sich gelegentlich über digitale soziale Netzwerke wie „Jappy" oder „Facebook" austauschen oder von dem gemeinsam Besuch von Clubs. Gleichzeitig distanzieren sie sich aber explizit und mehr oder weniger ironisch von der Tatsache, dass sie außerhalb der Schule gemeinsam Zeit verbringen. Die Redeanteile sind in etwa gleich verteilt, wobei vor allem die beiden weiblichen Teilnehmerinnen signalisieren, wenn sie ein Thema nicht weiter verfolgen wollen. Dieses Thema wird dann auch von den beiden männlichen Teilnehmern fallengelassen.

Modus der Differenzsetzung und handlungsleitende Orientierung der Gruppe

Der die Diskussion einleitende Erzählstimulus wird in Gruppe *Gelb* ähnlich wie in Gruppe *Lagerfeuer* unmittelbar auf die Schule bezogen. Anders als dort bleiben in Gruppe *Gelb* allerdings die Erfahrungen, die die Teilnehmer*innen in der Schule und noch genauer in der Klasse gemacht haben, auch im weiteren Verlauf der zentrale thematische Angelpunkt der Diskussion, was darauf verweist, dass die vier Jugendlichen entweder kaum weitere gemeinsame Bezugspunkte haben, oder dass sie diese nicht zum Gegenstand der Diskussion machen wollen. Anhand der ersten Passage lassen sich bereits zentrale Charakteristika des für die Gruppe typischen Modus der Differenzsetzung und Attribution rekonstruieren: Zu Beginn der Passage ist von „Mobbing" in der Schule die Rede, das für die Teilnehmer*innen offensichtlich ein relevantes Thema darstellt. In den daran anknüpfenden Beschreibungen steht dann allerdings das auffällige Verhalten eines Mitschülers, Patrick, im Mittelpunkt, der nach Aussagen der Teilnehmer*innen vor einigen Jahren an der Schule „Amok machen" wollte und das in einem „Drohbrief" angekündigt habe. In der Passage zeigt sich also, dass die Teilnehmer*innen der Gruppe *Gelb* durchaus über ein Wissen darüber verfügen, dass es Mitschüler gibt, die einem „Mobbing" ausgesetzt sind und dass Degradierung und Diskriminierung (auch) durch Prozesse der Konstruktion des abweichenden Anderen bedingt sein können. Ganz ähnlich wie in Gruppe *Lagerfeuer* steht aber auch hier nicht das Verhalten derjenigen im Fokus, die andere ausgrenzen oder diskriminieren, sondern das Verhalten des Einzelnen, der gemobbt *wurde*. Schon dieser Perspektivwechsel weist darauf hin, dass in weitgehender Übereinstimmung mit den Gruppen *Lagerfeuer* und *Zelt* die Verantwortung für das „Mobbing" tendenziell den Außenseitern selbst zugeschrieben wird: Wer sich nicht angemessen verhält, muss mit Ausgrenzung rechnen. Das wird noch deutlicher, wenn die Diskussionsteilnehmer*innen auf Nachfrage des Interviewers die Ursachen für die Situation an der Schule diskutieren: Obwohl vorher durchaus auf die Mobbing-Erfahrungen des Mitschülers verwiesen wird und das heißt, auf das Verhalten *anderer ihm gegenüber*, thematisieren die Diskussionsteilnehmer*innen nun ausführlich die Eigenschaften und Verhaltensweisen des Mitschülers Patrick *selbst*, um zu erklären, wie er dazu kam, „Amok machen" zu wollen (GD *Gelb*, Passage 1, 42-59):

Y: Und wie ist er dazu gekommen? Als kanntet ihr den?
Bf: ⌊Weil der so eklig ist ey;⌋
Bm: Er war er war hallo kann ich mal bitte reden?
Y: ⌊Ja wie denn was denn? Also;⌋
Bm: Er war immer alleine.
Bf: Er war immer komisch auch.
Bm: Er wollte sagen er war naja er war nich so (2) er war nicht normal.
Af ⌊Er war schon ein bisschen;⌋
Bm: **Hüm::.** So eher. So ein bisschen gestört muss man sagen und so (.) und dann er wollte sich eben immer (.) wollte sich immer beweisen. Also sagen ja ich will
Bf: ⌊@(3)@⌋
Bm: auch zu euch gehören, so ich habs auch, ich mach auch Abitur und alles;
Am: Der wurde ja auch immer in den Umkleidekabinen zusammengehauen und so was;
Bm: Geschlagen,
Bf: Ja geschlagen.

In den Beschreibungen dokumentiert sich ein geteilter negativer Horizont: „Eklig" parallelisiert mit „nicht normal" bzw. „komisch" und ein „bisschen gestört" zu sein. Es wird allerdings nicht weiter ausgeführt, was damit im Einzelnen gemeint ist – wie in den Gruppen *Lagerfeuer* und *Zelt* bleibt dadurch die Bestimmung des positiven Gegenhorizonts, in dem die Teilnehmer*innen sich selbst verorten, vage. Im weiteren Verlauf der Passage werden diese Eigenschaften auch anderen Mitschüler*innen zugeschrieben und mit entsprechenden stereotypen Verhaltenserwartungen verknüft. Das zu Beginn der Passage sich andeutende Wissen der Teilnehmer*innen um die Konstruktionsprozesse, die zu Ausgrenzung mindestens beitragen, wenn nicht sogar ursächlich dafür sind, führt also nicht zu einer Relativierung der Differenzsetzung. Im Gegenteil scheinen die betroffenen Mitschüler in den Augen der Teilnehmer*innen in zweifacher Hinsicht nicht aus ihrer Haut zu können. Zum einen werden sie vollkommen mit einem in negativer Weise von der ‚Normalität' abweichenden Aspekt ihres Verhaltens identifiziert: Es gibt also nicht den Mitschüler, der einerseits „gestört" ist oder sich „gestört" verhält, andererseits aber z.B. an gemeinsamen Unternehmungen der Teilnehmer*innen beteiligt wäre. Zum anderen wird den in dieser

Weise gekennzeichneten Mitschülern zugeschrieben, dass sie aufgrund der Erfahrung, „nur verarscht" zu werden, irgendwann nicht mehr in der Lage sind zu unterscheiden, wer ihnen Gutes will, sie wissen also selbst gar nicht mehr, was gut für sie ist (GD *Gelb*, Passage 1, 60-68):

Am: Und einmal habe ich probiert, mal mit ihm normal zu reden, der hat mich gleich irgendwie komisch angemacht.
Bm: Naja.
Af: Ja hat er natürlich auch nicht ernst genommen.
Bm: Was willst du machen hier? Willst du mich jetzt fertig machen? Ich so hä?
Af: Dis is aber immer so, die nehmen dis dann nicht ernst, die denken dann, du verarscht die wenn du die ansprichst oder so;
Bm: Mhm.
Am: Ja, natürlich.

Die konstatierte Unfähigkeit der Einzelnen, sich ,normal' zu verhalten, gerät also sogar dann noch zum Problem, wenn aus der Gruppe der ,Normalen' jemand den Versuch macht, auf sie zuzugehen.

Mit Blick auf den Modus der Differenzsetzung und Attribution lässt sich von dieser Passage ausgehend für die gesamte Diskussion festhalten: Es erfolgt eine Abgrenzung gegenüber einer bestimmten Form von Körperlichkeit, die parallelisiert wird mit einer Form des ,un-normalen' Verhaltens. Als ,normal' scheint hier – und das wird im Verlauf der Diskussion noch deutlicher – das zu gelten, was die Mehrheit tut. Dabei werden anders als in den Gruppen *Lagerfeuer* und *Zelt* etablierte Kategorien sozialer Differenz nur am Rande aufgegriffen. Im Fokus steht die Abgrenzung von den Teilnehmer*innen persönlich bekannten Einzelnen und ihrem Verhalten. Hinzu kommt eine im Laufe der Diskussion sich stärker konturierende Abgrenzung von zur Schau gestellter Individualität. So dreht sich die Diskussion zu Beginn der zweiten Passage sehr allgemein um „Gruppen in der Klasse", wobei eine Unterscheidung zwischen „Kumpeln" auf der einen und „Außenseitern" auf der anderen Seite eingeführt wird. Damit korrespondiert eine Selbstverortung der Teilnehmer*innen auf der Seite der „Kumpel". Die Diskussion konzentriert sich dann auf die Mitschülerin Sara (GD *Gelb*, Passage 2, 37-65):

Bf: Mann, weil die einfach ma- Mann Sara erzählt immer ihre Geschichten hier schwanger und so.
Af: Naja, die macht sich selber unbeliebt von wegen sie war schon mal schwanger und so;
Bm: Ja aber dis war in der siebten Klasse (.) da war sie zwölf oder so-
Af: ⌊Und bei jeder Gelegenheit;⌋ |
Bf: ⌊Die muss immer Aufmerksamkeit haben also;
Bm: Kann sie eigentlich gar nicht schwanger sein.

Am: Sie hat von sich selbst gesagt, dass sie schwanger sei und dis is doch;
Af: ⌊Und abgetrieben hat;
Bf: Sie war mit vier magersüchtig, mit neun wurde sie vergewaltigt.
Af: ⌊**Aber sowas erzählt sie jedem.**
Am: ⌊Vergewaltigt?
Bf: Und sie hat n Plattenvertrag und äh (.) Thomas Anders is ja ihr Vater und sie ist ja mit Tokyo Hotel befreundet (.) und üh ich hab jetzt 3-D-Fernseher bei meinen
Af: ⌊Und Billy Talent war ja bei ihrer Geburtstagsfeier.⌋
Bf: Freunden.
Af: Und bei jeder Gelegenheit probiert sie sogar dem Lehrer zu erzählen, ja dass sie jetzt bei ihrem Freund geschlafen hat und deswegen irgendwie ihre Materialien gerade nicht mithat oder was weiß ich (.) und dass sie jetzt bei ihm einzieht.
Bf: ⌊Sie versucht immer so sich einzureden als ob wir neidisch wären oder so ne Scheiße.
Am: Sie hat mir einmal erzählt, das fand ich den größten Scheiß Alter, sie hat gesagt, dass sie ihrem Freund zum 18. Geburtstag n 3er BMW gekauft hat, (.) als ob;
Af: ⌊Ja (.) ja⌋ |
Y: ⌊Sie hat ihm?
Am: Als ob sie ihrem Freund einen BMW kaufen.
Bm: ⌊Nee er ihm. Er sie. (.) Er sie. Nee (.) sie er.
Bf: Ich würd der nichts glauben ey. Die lebt in so ner Fantasiewelt.
Af: Aber dis Problem is, dass sie glaubt, dass wir dis alles glauben.
Bm: Dis glaubt ja kein Mensch.

In der Passage grenzen sich die Teilnehmer*innen einerseits von einer Praxis des Nicht-Wahrhaftig-Seins ab: Sara behauptet Dinge, die ihnen nicht glaubwürdig erscheinen. Andererseits dokumentiert sich in der Beschreibung ihres Verhaltens ein negativer Horizont, der sich etwa wie folgt charakterisieren lässt: „Geschichten zu erzählen“, „immer Aufmerksamkeit“ haben zu müssen, sich in den Mittelpunkt zu stellen. Die Teilnehmer*innen distanzieren sich mithin von einer bestimmten Form der Selbst-Inszenierung und insbesondere von einer Zurschaustellung intimster Details der eigenen Biographie – etwa davon, dass Sara „jedem“ erzähle, dass sie „mit vier magersüchtig“ gewesen und „mit neun vergewaltigt“ worden sei. Dass es hierbei allerdings nicht nur um die Abgrenzung von einer bestimmten Form der Selbst-Darstellung geht, sondern dass ausgeprägte Individualität *an sich* im negativen Horizont der Teilnehmer*innen steht – was auch für die geteilte handlungsleitende Orientierung der Gruppe von zentraler Bedeutung ist – , wird dann erst im weiteren Verlauf der Diskussion deutlich, so etwa in einem Abschnitt am Ende der dritten Passage, in dem es thematisch um den „Abschlussball“ in der Klasse der Teilnehmer*innen geht, der von Mitschülerin Sara vorgeschlagen wurde (GD *Gelb*, Passage 3, 47-64):

Am: Sara hat vorgeschlagen beim Abschlussball zu tanzen. Sie war die einzige, die von dieser Idee begeistert war (.) und unser Lehrer Herr (.......), der Musiklehrer, der natürlich auch nicht grad (.) der beliebteste Lehrer auf der Schule ist, war natürlich davon sehr begeistert und hat die Idee aufgenommen und jetzt mussten alle tanzen und da sind natürlich auch nicht alle begeistert von Sara weil weil sie-
Bf: Sie macht sich dann immer so wichtig auch.
Am: Ja komm sie hat komm ich hab richtig (.) ich hab richtig Lust drauf, wir drei wir drei hier und alle so ne:: (.) da hat der Lehrer gesagt ja war ne super Idee, machen wir. Und jetzt sind wir natürlich alle ein bisschen (.) angefressen deswegen wegen dieser Geschichte.
Bf: ⌊Sie macht sich unbeliebt.⌋
Am: Weil keiner Lust hat (.) weil alle wollten eigentlich beim Abschluss- bei der
Bm: ⌊(bisschen) miteinander reden so;
Am: Abschlussfete n bisschen Party- n bisschen reden und wir wollten doch kein wir wollten ja kein Walzer tanzen.
Af: ⌊Jetzt kommt sie mit Walzer ey (.) ich wette sie quetscht sich in so n Kleid rein richtig eklig.
Bf: Ä:h ich will sie gar nicht sehen.
Af: Ä:h fett ey.

Negativer Horizont, der sich in diesen Beschreibungen dokumentiert, ist, die eigene Besonderheit herauszustreichen und die eigenen (hier deutlich als individuelle markierten) gegen die Bedürfnisse anderer durchzusetzen. Diese Form der „Manipulation" ist bereits in der oben zitierten zweiten Passage Gegenstand der Diskussion: Sara wird dort unterstellt, dass sie glaube, die anderen mit ihren „Geschichten" „täuschen" zu können. Die Diskussionsteilnehmer*innen arbeiten sich also an der Handlungspraxis einer Mitschülerin ab, der eine bestimmte Form der Durchsetzungsfähigkeit in Verbindung mit einer von Normalitätserwartungen abweichenden Selbst-Inszenierung zugeschrieben wird. Sie ist damit im besten Sinne individuell, weil ihr Verhalten auf beiden Ebenen den Erwartungen der Mehrheit widerspricht. Diese Individualität ist ein negativer Horizont der Teilnehmer*innen. Der positive Gegenhorizont, den sie im weiteren Verlauf der Passage arbeitsteilig zunächst am Beispiel der Mitschülerin Amira etablieren, verweist hingegen auf die Orientierung an Regeln und Normen für ein nicht näher definierbares ‚normales' Verhalten (GD *Gelb*, Passage 3, 83-108):

Af: Sie denkt sie wär=n Model.
Y: Was hat=n die gemacht?
Af: Die ist einfach (.) sie ist so dünn, sie ist richtig richtig richtig dünn (.) und dann will sie so Moonboots anziehen ey dis geht ja gar nicht und schminkt sich noch
Bf: ⌊Es gibt doch immer so Trends (.) so
Af: knallpink und-
Bf: Leopa::rden und so (.) und sie übertreibt gleich, sie kauft gleich Schuhe, Leggings,

Af: ⌊Aber bei ihr sieht es
Bf: Tasche alles mit Leoparden
Af: einfach immer so billig aus (.) so voll nachgemacht und;
Am: Stimmt Ed Hardy ja, einmal hat sie alles von Ed Hardy gekauft.
Af: Aber sie kommt nicht nur mit Ed Hardy, sie zieht noch rosa Hose dazu an, dann noch Ed Hardy-Schuhe, Ed Hardy-Tasche, alles;
Y: Ed Hardy?
Bm: Ed Hardy. Is so=ne (Mode)
Af: ⌊Diese T-Shirts mit dem Druck und Cappies.
Am: ⌊Anfang 2010er war das ja sofort zack.
Bf: Na das war schon früher eigentlich.
Bm: Schon früher; war September;
Bf: **Nee auch mit dem Pony**, dieser Pony (.) haben sie sich doch auch gleich alle so-
Af: ⌊Sie macht mir alles nach. Naja soll sie mal
Bf: fort einen Pony geschnitten;
Af: machen (.)⌋ Nee Pony hat sie, weil Sara Vollmer einen hat (.) weil alle, die mit Sara Vollmer befreundet sind, schneiden sich irgendwann n Pony.
Bf: Sara schneidet den Leuten-
Af: Guck mal, jetzt Amira hat Pony, Martina Pony (.) is dir auch schon aufgefallen?
Bf: ⌊Katja hat sich auch n Pony geschnitten.
Af: Katja hat sich auch Pony gemacht. Hat sie sich selber geschnitten.

Die die Teilnehmer*innen scheinen sich hier gerade nicht an einer angemessenen Form der Inszenierung von *Individualität* zu orientieren, denn es *gibt* ja offensichtlich eine Normalitätserwartung in Bezug auf die ‚richtige' Kleidung und vor allem das ‚richtige' Aussehen, nach der die Teilnehmer*innen das Verhalten der Anderen und auch das eigene beurteilen, ohne dass diese allerdings näher ausgeführt werden kann oder muss. So lässt sich anhand der vorliegenden Passage zeigen, dass das in den Augen der Teilnehmer*innen richtige oder angemessene Verhalten irgendwo zwischen „fett sein" und sich in ein Kleid „reinquetschen" müssen und „richtig richtig richtig dünn sein" liegt oder zwischen „Trends" aufnehmen und „billig" damit aussehen oder es bei der Übernahme von Trends „übertreiben" oder zwischen sich schminken und sich „übermäßig" schminken. Was sich in den Beschreibungen der Teilnehmer*innen mithin dokumentiert, ist die Orientierung am Kollektiv der ‚Normalen': Abweichung, Besonderheit, Individualität wird tendenziell nicht anerkannt und der oder die Einzelne muss sich den implizit bleibenden Regeln für ‚richtiges' Aussehen und Verhalten konform verhalten, um dazuzugehören. Dadurch dass diese Normalitätserwartungen aber sehr vage bleiben, ist auch das Verhalten der Diskussionsteilnehmer*innen selbst immer an der Schwelle, aus dem Rahmen zu fallen. Die Abgrenzung von besonderen Einzelnen lässt sich insofern auch als (allerdings im Wesentlichen implizites) Wissen der Teilnehmer*innen um die Labilität von Zugehörigkeit lesen.

Im Unterschied zu den Gruppen *Lagerfeuer* und *Zelt* deutet sich nun zwar an, dass die Teilnehmer*innen der Gruppe *Gelb* in einem ‚vernünftigen Dialog' eine gewisse Perspektive zur wechselseitigen Konsensfindung sehen: Darauf weist etwa die dritte Passage hin, in deren Verlauf sie mehrmals darauf hinweisen, dass sie mit der Mitschülerin Sara gesprochen hätten, um sie davon zu überzeugen, dass die Idee, einen Abschlussball zu veranstalten, nicht von der Mehrheit der Schüler*innen in der Klasse geteilt werde. Allerdings bleibt diese Orientierung in zweifacher Hinsicht ambivalent. Zum einen geht es im Grunde nicht um einen gleichberechtigten Dialog, der zu einem Kompromiss führen könnte, sondern darum, dass die Mitschülerin die implizit als ‚normal' markierte Perspektive der Teilnehmer*innen übernimmt: Vernünftig ist insofern, wer sich den skizzierten Normalitätserwartungen entsprechend verhält oder diese zumindest anerkennt. Zum anderen schreiben die Teilnehmer*innen den als „Außenseiter" markierten Individuen zu, dass es diesen auch aufgrund ihres Status' als „Außenseiter" geradezu unmöglich sei, die ‚normale' Perspektive der Teilnehmer*innen nachzuvollziehen. Das wird schon in der zitierten Passage deutlich, in der beschrieben wird, dass es zu nichts führt, wenn aus der Gruppe der ‚Normalen' jemand den Versuch macht, auf einen Repräsentanten der Gruppe der „Gestörten" zuzugehen. Es dokumentiert sich aber auch an anderer Stelle, wenn es darum geht, dass Sara, deren abweichendes Verhalten die Teilnehmer*innen diskutieren, nicht mal dann „einsieht", was sie falsch macht, wenn andere sie explizit auf ihre Fehler hinweisen (GD *Gelb*, Passage 3, 27-40):

Am:	Aber ich sag mal so wenn du mit ihr reden willst dis is genau so wie bei diesem Patrick bloß nicht so extrem. Wenn du mit ihr reden willst, fängt sie auch gleich an mit ihren Geschichten.
Bf:	Deswegen ja;
Am:	Fängt <u>sofort</u> an.
Af:	Und dann ihr Lachen immer hi-hi hi-hi wie son Asthma ey.
Bf:	Nein du redest mit ihr, du willst irgendwas es geht um was ganz anderes und dann denkt die irgendwie wieder mit ihrem Freund und das alles weil sie davon gerne erzählt und dis is so (.) aber dann sag ich zu Katja weil ja ihre beste Freundin, ja ob sie das nicht <u>versteht</u>, weil wir- wir sagen, wir dissen d-, °also wir dissen, tschuldigung° dis machen wir natürlich nicht @(.)@ Nein wir ich mein wir
Bm:	⌊Ärgern.⌋
Bf:	wir <u>sagen</u> ihr ja dann schon immer die Meinung oder sie merkt das dann ja auch an unseren Blicken oder was weiß ich. Aber irgendwie nimmt sie das nicht ernst, also ich glaub sie glaubt uns dis uns (.) also sie denkt-

Es wird hier eine ganz ähnliche Situation beschrieben wie in der ersten Passage: Ein Mitglied aus der Gruppe derjenigen, die auch darüber, dass sie zur Mehrheit gehören, als ‚normal' markiert sind, sucht das Gespräch mit Sara, die an dieser Stelle auch explizit als „Außenseiterin" charakterisiert wird. Die Kommunikation misslingt, denn Sara scheint nicht zu verstehen, dass es „niemanden" interessiert, was sie zu erzählen hat, und zwar selbst dann nicht, wenn man ihr dies „mit Worten" und „auch mit Blicken" klar zu machen versucht. Abgesehen davon, dass die angestrebte Perspektivübernahme gerade nicht wechselseitig zu sein scheint – es geht darum, dass Sara die Teilnehmer*innen versteht, nicht auch umgekehrt – bestätigt dieser Ausschnitt, dass die als „Außenseiter" markierten Individuen nicht aus ihrer Haut können bzw. vollständig mit dem ihnen zugeschriebenen abweichenden Verhalten identifiziert werden: Sara ebenso wie die, „die immer geschlagen werden", scheinen gar nicht anders zu können, als auf den Versuch einer ‚normalen' Kommunikation unangemessen – nämlich aggressiv oder gar nicht – zu reagieren.

Zentrale Aspekte des kollektiven Orientierungsrahmens

Die Teilnehmer*innen der Gruppe *Gelb* grenzen sich von konkreten und ihnen bekannten Einzelnen ab, denen sie eine von ihren Normalitätserwartungen abweichende Körperlichkeit, darüber hinaus aber auch einen Mangel an ‚normalitäts'-konformem Verhalten zuschreiben. Im Unterschied zu den Gruppen *Lagerfeuer* und *Zelt* wird dabei kaum auf gesellschaftlich etablierte Kategorien sozialer Differenz wie die Kategorie „Ausländer" oder die Geschlechtszugehörigkeit Bezug genommen. Ganz ähnlich aber wie in den Gruppen *Lagerfeuer* und *Zelt* wird auch von den Teilnehmer*innen der Gruppe *Gelb* Individualität im Sinne einer zugeschriebenen ‚persönlichen Identität' zum Anlass für Differenzsetzung genommen. Soziale Klassifikationen und damit einher gehende Distinktionen nehmen in Gruppe *Gelb* nun einen deutlich größeren Raum ein, als in den Gruppen *Lagerfeuer* und *Zelt*. Zentral scheint die in der Diskussion selbst erfolgende Vergewisserung über die eigene Zugehörigkeit zur (schulbezogenen) Peergroup zu sein – und diese Zugehörigkeit basiert im Wesentlichen auf Distinktion. Mit Blick auf das geteilte handlungsleitende Wissen in Bezug auf die Herstellung von Zugehörigkeit dokumentiert sich in der Diskussion ähnlich wie in Gruppe *Lagerfeuer* eine Orientierung an der Vermeidung der Abweichung von (relativ diffusen) Normalitätserwartungen. Die Teilnehmer*innen der Gruppe *Gelb* scheinen jedoch weniger von einer grundsätzlichen Exklusion aus Gruppenzusammenhängen bedroht und weitaus weniger in Handlungsdilemmata verstrickt zu sein – nicht zuletzt zeigt sich, dass sich ihnen, ähnlich wie den Teilnehmern der Gruppe *Zelt*, im Nahbereich durchaus Möglichkeiten bieten, unangemessenes Verhalten durch Sanktionierung zu unterbinden. Im Vergleich zu Gruppe *Zelt* ist allerdings auffällig, dass sich keine Orientierung an Ordnung und Autorität oder an gesellschaftlichen Institutionen und ihren Vertretern rekonstruieren lässt, die mit der Aufrechterhaltung dieser Ordnung identifiziert werden.

6.1.4 Gruppe Blau: Sinnloses Verhalten vs. vernünftiger Stil

Gruppe *Blau* besteht aus zwei Jungen und sechs Mädchen im Alter von 15 und 16 Jahren (Am: Franz, Bm: Jonas, Af: Charlie, Bf: Susi, Cf: Hanna, Df: Toni, Ef: Gabi, Ff: Martina). Der Kontakt zur Gruppe kam über die Kerngruppenleiterinnen zustande, die sich dazu bereit erklärt hatten, die Vorstellung des Forschungsprojekts in ihrem Unterricht zu ermöglichen. Die Diskussion fand Anfang Juni 2010 während des regulären Unterrichts statt, allerdings nicht auf dem Gelände der Schule, sondern auf Wunsch der Jugendlichen in einem Seminarraum im Hauptgebäude einer nahe gelegenen Universität. Sie wurden für die Zeit der Diskussion freigestellt:

*Wir treffen uns gegen Mittag vor dem Haupteingang der Universität, die Teilnehmer*innen kommen zusammen als Gruppe und offensichtlich direkt vom Unterricht. Auf dem kurzen Weg zum Seminarraum entwickelt sich schnell ein Gespräch über das Studium und die Ausstattung der Universität zwischen mir und den beiden Jungen. Die Mädchen folgen mit einem gewissen Abstand. Sie sind in Gespräche vertieft und lachen hin und wieder laut auf. Alle Teilnehmer*innen wirken so, als seien sie auf einer Art Wandertag, was mich in die Rolle des Lehrers versetzt, der einen reibungslosen Ablauf garantieren muss. Wir setzen uns in einen schlichten Seminarraum im ersten Stock. Der Raum ist mit ein paar Tischen und Stühlen, einer Tafel und einem OH-Projektor ausgestattet, relativ sauber. Die große Gruppe verteilt sich um mehrere Tische herum, ich erläutere kurz mein Projekt und verteile die mitgebrachten Kekse und Getränke auf dem Tisch, was von den Teilnehmer*innen lautstark und wohlwollend kommentiert wird.*

Analog zu diesem ersten Eindruck, dass dem Interviewer die Rolle einer vertrauten Autoritätsperson zugeschrieben wird, an der sich die Teilnehmer*innen orientieren, wird während der Diskussion vom Interviewer einerseits erwartet, dass er die Themen des Gesprächs vorgibt. Das äußert sich etwa in regelmäßigen direkten Nachfragen. Darüber hinaus bemühen sich die Teilnehmer*innen aber auch, im Sinne des dem Interviewer unterstellten Forschungsziels kooperativ zu sein. So reagieren sie auf den Hinweis des Interviewers, dass es ihm um ein Gespräch *unter* den Teilnehmer*innen und nicht zwischen *ihm* und den Teilnehmer*innen geht, indem sie sich gegenseitig dazu anhalten, das Gespräch auf die „richtigen" Themen zu konzentrieren. In Bezug auf die Konstitution der Gruppe zeigt sich, dass für das Zustandekommen der gegebenen Konstellation der Klassenzusammenhang entscheidend ist. Der größte Teil des Gesprächs dreht sich entsprechend um Ereignisse in der Schule, und auch wenn auf verschiedene, nicht anwesende Einzelpersonen und deren Freizeitaktivitäten Bezug genommen wird, sind Freizeitaktivitäten der Diskussionsteilnehmer*innen selbst kaum Thema. Ausführlich wird neben der Schule etwa auch der Bezirk thematisiert und es wird von einigen und z.T. gewalttätige Auseinandersetzungen berichtet, an denen die Teilnehmer*innen allerdings nicht selbst beteiligt waren. Die Redeanteile sind sehr ungleich verteilt, die Themeninitiierung geht im Wesentlichen von vier Teilnehmer*innen aus (Charlie, Susi, Franz, Jonas) und es ist auffällig, dass insbesondere Franz immer wieder aufgefordert wird, bestimmte Erlebnisse zu schildern bzw. sich auch selbst diese Aufgabe zuschreibt, weil er es „besser erzählen kann" als die anderen.

Modus der Differenzsetzung und handlungsleitende Orientierung der Gruppe

Die Diskussion der Gruppe *Blau* beginnt ganz ähnlich wie die der Gruppe *Zelt* mit einer Charakterisierung des Viertels, in dem die Jugendlichen wohnen und zur Schule gehen. In der *Form* der Thematisierung ihres Quartiers dokumentiert sich aber zugleich und trotz dieser thematischen Ähnlichkeit im Kontrast zu Gruppe *Zelt* eine *positive Vergewisserung* über die eigene Zugehörigkeit, und zwar sowohl in einer Selbstbeschreibung der Teilnehmer*innen als Bewohner*innen des Viertels, als auch in der Thematisierung der Fremdzuschreibung als „Bonzen", der sich die Jugendlichen aufgrund ihres Wohnortes ausgesetzt sehen und die zurückgewiesen wird. Ebenfalls im Unterschied zu der Kennzeichnung ihres Viertels als verwahrlost und gefährlich durch die Jugendlichen der Gruppe *Zelt* wird in Gruppe *Blau* zudem festgestellt, dass „hier nicht viel passiert" und die Bewohner des eigenen Viertels werden als „friedfertig" und „diszipliniert" charakterisiert. Dass dies zugleich ein positiver Horizont der Gruppe ist, dokumentiert sich in der anschließenden Passage (GD *Blau*, Passage 1, 28-74):

Am: Ähm (2) soll ich das mit Tom erzählen? Aber das is (.) ich weiß nich also (.) hier passiert <u>auch</u> was.
Af: ⌊Stimmt.
Bm: Also ich war zwar nich dabei, aber n Freund von mir kam ich weiß auch nich, wann nachts;
Af: Da war ich- da warn wir zusammen weg, (.) abends warn wir abends ähm-
Cf: Wo er geschlagen worden ist?

Af: Karneval der Kulturen nachts irgendwann und dann sind wir nach Hause gefahren und jeder is halt zu sich nach Hause, und als er nach Hause fahren wollte, is (.) was is da passiert, glaube-
Am: Naja, sie wollten ihm sein Handy abziehen und er hat Nein gesagt, (.) hat au- hat aufs Maul bekommen und (.) ja. musste wegrennen.
Y: Und wer wollte ihm das abziehen?
Af: Drei drei so ne-
Am: Aber ich glaub drei deutsche Jugendliche.
Bm: Dis warn drei Deutsche.
Am: Drei junge deutsche °Jugendliche°.
Cf: Wie ihr immer unterscheidet zwischen Ausländern und Deutschen, dis is doch voll rassistisch.
Bm: Naja.
Bf: @Hoho.@
Cf: Wirklich so.
Bm: Nein, dis war einfach so, weil wie gesagt, dis konnte man sehen (.) also hat man an der Stimme erkannt. Dis war jetzt nich so=n Speedy, weißt du;
Am: ⌊Sieht man ja auch.⌋ |
Cf: ⌊Hat er sie nicht gesehen oder was?
Bf: Ja, die wollten doch seinen ähm iPod.
Cf: ⌊Ja, also hat er sie doch gesehen.
Bm: Ja, weil er sie gesehen hat.
Alle: @(5)@
Am: ⌊Ich meine, im Grunde macht=s doch keinen Unterschied, ob ich jetzt von Deutschen abgezogen werde oder von von anderen (.) aber Hauptsache, aber in Brunsviertel passiert ja nichts-
Bf: ⌊Meinem Bruder is dis auch passiert in der U-Bahn (.) dis warn aber Ausländer (.) Die sind da ne dis war ne U-Bahn dis war ne S-Bahn, die S 100, die halt auch so nach Südstadt fährt und so, und ähm dann war er, is er halt ähm abends ausm Club gekommen, und ähm da kamen halt auch so ne Türken mit so nem Totschläger und meinten na=so: Ja, gebt mal alle eure Handys her und so (.) und mein Bruder hatte natürlich @Glück@, weil der so=n schrottiges Handy hatte, @und dann meinte er so o.k. hier könnt ihr haben@ ähm aber aber;
?f: ⌊@(2)@⌋
?m: ( )
Bf: Ja.
Af: Haben die sich nich gewehrt?
Bf: Nee, also (.) manche natürlich, manche zum Beispiel einer, der hat schon (.) weiß ich jetzt nicht; was für n Telefon, aber der hat halt schon n teureres, und ähm der
Am: ⌊Ich würd mich auch nich wehren.⌋
Bf: hat dann gesagt nee warum denn und so, aber mein Bruder hat gesagt ja ja warum? und so und dann meinten die so ey Digger, Mann, ich schlag dich und so (.)
?f: ⌊@(2)@⌋
Bf: und dann meinte mein Bruder so, ja okay ihr könnt mein Handy haben (2) ja.

Ganz ähnlich wie die Teilnehmer*innen der Gruppen *Lagerfeuer* und *Zelt* beziehen sich die Jugendlichen aus Gruppe *Blau* in dieser Passage auf die Kategorie der Ethnie, um Verhaltenszuschreibungen benennbaren sozialen Gruppen zuzuordnen. Es dokumentiert sich darin in erster Linie ein Wissen um die Möglichkeit der Unterscheidung zwischen „Deutschen“

und „Ausländern". Allerdings wird diese Differenzierung auf propositionaler Ebene von Teilnehmerin Hanna in Frage gestellt und als „rassistisch" charakterisiert und auch Franz stellt fest, dass es letztlich „keinen Unterschied" mache, *von wem* man „abgezogen" werde. Damit scheint es in erster Linie um die Abgrenzung von bestimmten Verhaltensweisen zu gehen, die dann im weiteren Verlauf der Diskussion nicht nur „Ausländern", sondern etwa auch jüngeren Mitschülern zugeschrieben werden. Die Passage verdeutlicht nun einerseits, dass in Gruppe *Blau* im Unterschied zu den Gruppen *Lagerfeuer, Zelt* und *Gelb* ein ausgeprägteres Wissen um die positive Kennzeichnung des richtigen oder angemessenen Verhaltens vorliegt, an dem sich die Teilnehmer*innen orientieren: Das „Handy abzuziehen", „aufs Maul" zu hauen und allgemein Ärger zu machen, stehen dabei gegen „friedfertig" und „diszipliniert zu sein". Ein solches Verhalten, das auch als „intelligent" charakterisiert wird, scheint zudem andererseits ein Kennzeichen für die Handlungspraxis der *eigenen* Gruppe zu sein, was in der Konklusion am Ende der Passage noch einmal deutlicher wird (GD *Blau*, Passage 1, 88-96):

Am: Also in Brunsviertel isses ja auch so, dass die meisten mehr denken als dass se tun. (.) also wenn ich jetzt in Altdorf rumlaufen würde, hätt ich vor jedem Angst, also (.)
Mehrere f: └@(3)@
Am: **Da** würd ich jedem erstmal aus dem Weg gehen, der mir unheimlich erscheint, (.) aber in Brunsviertel irgendwie da sind ja alle etwas friedfertiger, (.) hoff ich
Y: └Ja?┘
Am: jedenfalls.
Bm: Dann is die Intelligenzstufe vielleicht n Stück höher als jetzt sonst so.
Af: └Genau.┘
Am: Na dis (2) weiß=ich=nich.

Mit Blick auf den für die Gruppe charakteristischen Modus der Differenzsetzung und Attribution lässt sich von dieser Passage ausgehend für die gesamte Diskussion festhalten: Die Teilnehmer*innen beziehen sich in ihren Distinktionspraktiken erstens auf die etablierte Differenzierungskategorie der Ethnie – so grenzen sie sich von „den Türken", später auch von „den Arabern" ab oder von Nicht-Deutschen insgesamt. Gleichzeitig stehen aber auch Mitschüler*nnen anderen Alters, Bewohner*innen anderer Bezirke oder solche Einzelne im negativen Horizont der Gruppe, die Ärger machen, „Handys abziehen" oder „aufs Maul hauen". Zentraler scheint insofern und zweitens die Abgrenzung von bestimmten Verhaltensweisen zu sein und im weiteren Verlauf der Diskussion wird deutlich, dass es dabei in einem sehr grundsätzlichen Sinn um die Distanzierung von einem „sinnlosen" Verhalten geht, das durch die

Kontextuierung des Begriffs auch als nicht (zweck-)rationales Verhalten markiert ist (GD *Blau*, Passage 2, 82-104):

Am: Ja es gibt dann immer Leute, die die pöbeln einen an, (.) und die erwarten, dass man zurück pöbelt,
Bm: Dabei musst du so ne intelligente Antwort geben, dann denkt drüber nach und so scheiße;
Mehrere: @(.)@
Am: Und dann also wenn man dann, wenn man dann antwortet, dann machen die immer weiter, bis irgendwann kein Bock mehr hat und dann kanns- läuft man Gefahr (.) sich zu schlagen;
Bf: Vor allen Dingen bei=
Am: ⌊Ja, sie pöbeln halt erstmal und bis sie merken, es ist sinnlos und dann gehen sie auch schon wieder und dann pöbeln sie den Nächsten an sinnloser Weise.
Bf: Vor allen Dingen, bei voll vielen ist das auch so, (.) ja zum Beispiel bei Türken oder Araber, was weiß ich, bei denen isses auch immer so, die pöbeln sich an, weil sie einfach drauf- weil sie einfach Spaß dran haben und weil sie Langeweile haben, und dann pöbeln sie dich einfach an, erwarten, dass du zurück pöbelst und dann sagen sie, ey Mann Dicker ich hol meine ganzen Kumpels.
Ef: Na hol ma @(.)@
Mehrere: ⌊@(3)@⌋
Bf: Da denkt man sich auch so, ja schön, dann lass mich einfach in Ruhe. Dis is
Cf: ⌊°Türken haben doch immer Brüder, Türken haben zwanzig Brüder.°
Ef: ⌊°Ja okay, aber dis is voll dis krasse Vorurteil⌋ weil° ja nee okay (.) n paar davon.°
Bf: irgendwie als- (.) würden sie keine anderen Hobbies haben, als müssten sie irgendwelche Leute belästigen.
Cf: °Ich kenn auch n paar Türken.°
Bm: Also sind alles Geschichtenerzähler (.) erzählen einen Haufen Mist.

„Abzuziehen", zu „pöbeln" und „sinnlos" Dinge zu tun, stellen zentrale Aspekte des negativen Horizonts dar, der sich in dieser Passage dokumentiert – der positive Gegenhorizont umfasst wiederum, „intelligent" zu sein bzw. eine „intelligente Antwort zu geben" und sich nicht aus der Ruhe bringen zu lassen. „Sinnlos" scheint in diesem Zusammenhang daher zum einen ein Verhalten zu sein, das nur Selbstzweck ist: Individuen, die pöbeln, *nur* „weil sie einfach Spaß dran haben und weil sie Langeweile haben", tun dies *sinnloser Weise*. Gleichzeitig scheint darin die Orientierung an einer gegebenen sozialen Ordnung auf, die in Frage zu stellen – etwa indem bestimmte Regeln der sozialen Interaktion unterlaufen werden – ebenfalls nicht sinnvoll oder eben unvernünftig erscheint.

Dass es in den Augen der Teilnehmer*innen wiederum die Angehörigen von als ethnische Kollektive markierten Gruppen sind – „die Türken" oder „die Araber" –, von denen ein solches Verhalten erwartet werden kann, steht nun allerdings in einem Spannungsverhältnis zu einem dritten Charakteristikum des Modus der Differenzsetzung der Gruppe:

So ist insbesondere im Vergleich zu den Gruppen *Lagerfeuer*, *Zelt* und *Gelb* auffällig, dass es in Gruppe *Blau* an mehreren Stellen zum Versuch einer *Relativierung* der Zuschreibung ,sozialer Identitäten' in Verbindung mit bestimmten Verhaltenserwartungen kommt, und zwar nicht nur – wie bereits angedeutet – über die Einforderung einer Differenzierung auf propositionaler Ebene („das ist voll rassistisch"), sondern auch – handlungspraktisch – im in den Erzählungen und Beschreibungen erfolgenden Verweis auf die Biographien oder Lebenssituationen derjenigen, die ein abweichendes Verhalten kennzeichnet. So wird in einer weiteren Passage von denen berichtet, die im eigenen Viertel auffallen und stören (GD *Blau*, Passage 3, 72-91):

Y: Aber es sind alles Leute aus eurer Schule?
Bm, Am: ( ) Leider.
Cf: Ja aber die sind dann wirklich richtig richtig asozial.
Am: Wir sind ja ne Gesamtschule, so ne gewisse Anzahl, also ich will nich sagen, dasses von der Bildung abhängt, aber (.) es is manchmal leider so, es is manchmal
Cf: ⌊@(.)@⌋
Am: leider so, dass-
Bf: Ja, von der Erziehung auch;
Am: Ja und wenn wenn dann irgendwo einer mitbekommt in der Erziehung, dass er dass alles scheißegal ist und die Eltern sowieso keinen Bock haben, dann überträgt sich dis und dann kommen da welche, und ham auch kein Bock auf Schule, müssen aber hin, (.) siehe Andi, (.) ähm und und dann machen die nur Scheiße
Bm: ⌊@(.)@⌋
Am: und dis kotzt mich an, weil unsere Schule, die war mal eigentlich voll angesehen und jetzt isses so n so n Dreckshaufen, wo jeder mal raufkann und ( ) nicht schafft.
Cf: Ja, dis is halt so, da hängen voll viele so Möchtegern-Leute rum, also wenn man jetzt nach Steglitz fährt, das sind alles immer so ne Türken oder so ne (.) Möchtegern-Türken, wenn man so will und sowas gibts halt jetzt auf unserer Schule auch schon, dass die halt denken, die wärn irgendwie krass, wenn sie so rumpöbeln und sich so irgendwie benehmen wie so ne (.) total Gestörten, genau.

In Homologie zu den bereits vorgestellten Analysen dokumentiert sich auch in dieser Passage ein negativer Horizont, der umfasst, sich „gestört" oder ganz allgemein nicht vernünftig zu verhalten oder nicht in der Lage zu sein, bestimmten (gesellschaftlichen) Erwartungen zu entsprechen, und damit etwa die Schule als Ort der Vergabe von Bildungszertifikaten zu entwerten. Wieder werden verschiedene Gruppen direkt mit diesem Verhalten identifiziert und die, die „stören", werden als „Türken" oder „Möchtegern-Türken" markiert. Gleichzeitig wird allerdings hervorgehoben, dass sie möglicherweise nicht genug Erziehung „mitbekommen" oder dass bei ihnen „die Eltern sowieso keinen Bock" gehabt hätten. Auch wenn diese Relativierung nicht auf die einzigartige Lebensgeschichte im Sinne einer Zuschreibung ‚persönlicher Identität' abhebt, wird das Verhalten der entsprechend markierten Individuen an bestimmte Lebenssituationen oder biographische Erfahrungen zurückgebunden und darüber erklärt. Damit korrespondiert, dass diesen Individuen durchaus die Fähigkeit für die Beseitigung eines in den Augen der Teilnehmer*innen unangemessenen Verhaltens zugeschrieben wird, wie sich auch an anderen Stellen der Diskussion zeigen lässt. So wird am Ende des ersten Drittels ein Mitschüler thematisiert, der „von jedem gemobbt" werde, und darauf hingewiesen, dass er daran aber „selbst schuld" sei, weil er „Mädchen belästigt" habe. An einer anderen Stelle geht es um den „Stiefbruder" einer Teilnehmerin, der in Schöneberg „einmal geschlagen" wurde, so dass ihm „die Nase operiert werden" musste. Direkt im Anschluss erfolgt der Hinweis, dass er „selber viel Scheiße" gemacht und die Konsequenz also gewissermaßen selbst provoziert habe. In beiden Fällen wird ein den Regeln des angemessenen Umgangs widersprechendes Verhalten mehr oder weniger folgerichtig sanktioniert, weil der Einzelne in den Augen der Teilnehmer*innen offenbar auch *anders* hätte handeln *können*. Im Unterschied zum Modus der Differenzsetzung und Attribution in den Gruppen *Lagerfeuer*, *Zelt* und *Gelb* deutet sich hierin nicht zuletzt an, dass eine *vollständige* Identifizierung eines Individuums mit einem im negativen Sinn von dem Normalitätserwartungen abweichenden Verhalten vermieden wird – und darauf weist im Übrigen auch hin, dass nicht Körperlichkeit oder die Inszenierung ‚persönlicher Identität' im Fokus der Differenzsetzung steht, sondern ein als „sinnlos" markiertes Verhalten. Im zitierten Abschnitt aus der zweiten Passage scheinen die biographischen Erfahrungen durch die einzelnen Akteure allerdings nicht hintergeh- oder überwindbar, diese können sich dazu also nicht aktiv verhalten, sondern es ist eben eine Frage der „Erziehung" oder der Zugehörigkeit zu einer ethnischen Gruppe („Türken") bzw. den damit assoziierten Verhaltensweisen („Möchtegern-Türken"), ob man in der genannten Weise auffällig wird. Insofern kann der sich hierin und auch in weiteren Beispielen dokumentierende Versuch der Wahrnehmung der Besonderheit des/der Einzelnen als Aspekt eines *sekundären* Orientierungsrahmens gesehen werden, denn die Enaktierung der darin aufscheinenden Orientierung gelingt nur in Ansätzen.

Mit Blick auf die sich in diesem Modus der Differenzsetzung dokumentierende handlungsleitende Orientierung in Bezug auf die Herstellung von Zugehörigkeit lässt sich wie bereits angedeutet gerade am Beispiel der zweiten Passage verdeutlichen, dass sich die Teilnehmer*innen der Gruppe *Blau* an einem im Vergleich zu den Gruppen *Zelt*, *Lagerfeuer* und *Gelb* sehr viel klarer konturierten Set an sozialen Regeln und Kommunikationsformen orientieren. Wie bereits gezeigt wurde, kann ein positiver Horizont des „sinnvollen" Verhaltens rekonstruiert werden, das zudem in die Nähe eines „intelligenten" Tuns rückt, wenn festgestellt wird, dass man sich mit einer „intelligenten Antwort" der Situation des Angepöbelt-Werdens entziehen und den Leuten die Grundlage fürs Pöbeln nehmen kann. Die positive Orientierung daran, „mehr zu denken als zu tun" (eine Formulierung aus der ersten Passage), dokumentiert sich dann auch an anderer Stelle der Diskussion, wenn die Handlungspraxis eines Mitschülers beschrieben wird, der „eigentlich hochbegabt" sei und „Abi mit eins null machen" könne, aber „auf die schiefe Bahn geraten" sei. Dieser Mitschüler, so erläutern die Teilnehmer*innen weiter, habe nun „eingesehen, dass er jemandem seine Lebensexistenz zerstört, wenn er den ausraubt". In dem Verweis auf das „Einsehen" zeigt sich zum einen, dass es überhaupt sinnvolle Regeln des Zusammenlebens gibt, die zum anderen jeder, der sich darum bemüht (und gerade die „eigentlich hochbegabten" oder eben sehr „intelligenten"), kennen kann und befolgen muss, um für andere und auch für sich selbst unangenehme Konsequenzen zu vermeiden. Das intelligente oder vernünftige Verhalten ist also einerseits ein zweckrationales und bezieht sich andererseits auf bestimmte Regeln des Zusammenlebens oder allgemeiner: auf eine gegebene soziale Ordnung, die in der Perspektive der Teilnehmer*innen offenbar unbestreitbare Gültigkeit hat.

Diese Charakterisierung gewinnt in der dritten Passage an Kontur, in der es um die jüngeren Mitschüler der Teilnehmer*innen geht. Wiederum steht zunächst die Abgrenzung von Individuen, die „pöbeln", im Vordergrund, auch wenn entsprechendes Verhalten nicht mehr auf eine als ethnisch anders markierte Gruppe bezogen wird. Die Differenzsetzung erfolgt vielmehr entlang der Kategorie Alter. Zentraler negativer Horizont in der Passage ist, „frech" zu sein. Konkreter heißt das, mangelnden Respekt gegenüber den älteren Schülern zu zeigen, denen „die Kleinen" mit einer „Riesenfresse" begegnen oder die sie „anpöbeln", und deren Körpergrenzen sie nicht respektieren würden. Dieses Verhalten kann auch als fehlende Anerkennung einer Hierarchie qua Generationszugehörigkeit verstanden werden, die für die Teilnehmer*innen offenbar von Bedeutung ist. Dass es hier aber nicht nur um den Respekt vor den Älteren oder ein bestimmtes Verhalten in direkter Kommunikation und Interaktion geht, sondern um eine Akzeptanz der gegebenen sozialen Ordnung insgesamt, wird im weiteren Verlauf der Passage deutlich (GD *Blau*, Passage 3, 42-71):

Am: Na, die müssen sich mal vor den anderen profilieren; also w- ich komm immer schon zu spät und dann fahren da so, ich weiß nich, vier kleine Jungs mit mir und stellen sich hinten extra in die Tür und jedem sollte klar sein, dass die Tür immer nich zu geht- Und dann <u>stehen</u> die da ne halbe Stunde und wirklich der ganze

Bm: [[stöhnt]

Am: Bus flippt aus und die fühlen sich cool.
?f: Heute morgen auch;
Bm: Dann nach der Schule, der Bus is brechend voll und immer dann noch einer mach mal die Hand dazwischen; okay; höhö, (und wenn sie) dann Lichtschranke ( ) macht er die Hand dazwischen. °Oah°
Bf: Ja, und da, bei uns gibt=s halt auch so dreiste Leute dreiste Leute die zum
Bm: ⌊@Dis sind unsere Probleme.@⌋
Bf: Beispiel den Busfahrer mit Schnee anwerfen, dann n Schneeball machen und den Schneeball genau in (.) dis Gesicht. @Wollte dis andere Wort sagen@, ähm genau ins Gesicht, ja, schmeißen oder zum Beispiel-
Df: ⌊°@Fresse@°⌋ |
Bm: ⌊Bah.
Bf: Zum Beispiel, glaub letztes Jahr war dis gar nich so doll, aber ähm, vor n paar Jahren wars halt mal so,(.) ich glaub, da warn wir achte oder so, ähm nach Silveste:r, als die Schule wieder angefangen hat; ham die halt die ganzen Böller vor die
Cf: ⌊Ja::⌋ ⌊Dis haben die auch voriges Jahr gemacht.⌋
Bf: Busreifen gemacht, (.) | |
Af: ⌊Dieses Jahr.⌋
Bm: ⌊Oder in=n Bus;
Bf: Oder im Bus haben sie die Böller oben angezündet und ham den runtergeschmissen, und echt so ne dämlichen Sachen. wo wo die Busfahrer dann auch immer sagen, ja okay, jetzt alle aussteigen, (.) dann müssen alle wieder aussteigen.
Cf: ⌊Ja, die Buslinie soll doch erst gecancelt werden, nur bis Friedrich fahren oder irgendwie so.
Bf: Ja nur wegen unserer Schüler.

Die Mitschüler aus den unteren Klassen ignorieren bestimmte Verhaltensregeln (sie bleiben in der Tür des Busses stehen, bewerfen den Busfahrer als Respektsperson mit Schneebällen, zünden Böller im Bus), um sich „dann cool zu fühlen" und sich damit zu „profilieren". Damit ist nicht nur eine Abgrenzung von einer übertriebenen Mittelpunktsorientierung gemeint, die ja auch in Gruppe *Gelb* an zentraler Stelle steht, denn anders als in Gruppe *Gelb* dokumentiert sich in der Differensetzung ein ausgeprägtes Wissen davon, dass es vernünftige soziale Regeln und Konventionen überhaupt *gibt*, wie etwa: den Busverkehr aufrecht zu erhalten, Busfahrer zu achten, Böller nur außerhalb des Busses zu zünden, usw. Die Diskussionsteilnehmer*innen bringen also Beispiele für ein der Aufrechterhaltung einer gegebenen sozialen Ordnung gemäßes Verhalten, die zugleich den Rahmen ihrer Selbstverortung abstecken, denn diese bestehenden und in Abgrenzung vom Verhalten der jüngeren Schüler als vernünftig gekennzeichneten Regeln und Konventionen werden von den Teilnehmer*innen der Gruppe *Blau* offenbar gebilligt. Die Jugendlichen *orientieren* sich also *positiv* an gesellschaftlichen Konventionen und an gesellschaftlich etablierten Autoritäten, die diese repräsentieren – das dokumentiert sich etwa auch in der bereits herausgearbeiteten Übernahme der schulischen Leistungserwartungen bzw. in der Akzeptanz der

Schule als wichtige gesellschaftliche Institution und nicht zuletzt in der Tatsache, dass die Teilnehmer*innen sich zu Beginn der Diskussion stark am Interviewer orientieren, was ein Hinweis auf die selbstverständliche Anerkennung von Vertretern von Institutionen ist bzw. auch auf eine unmittelbare Identifizierung mit diesen.

Wie sich hierin andeutet, dokumentiert sich in Gruppe *Blau* aber im Unterschied zur Gruppe *Zelt* nicht nur eine fraglose Orientierung an einer Orndung um ihrer selbst willen, sondern an Gemeinsamkeiten in den Formen der praktischen Lebensführung, die zur Stabilisierung dieser Ordnung beitragen und auf eine Zugehörigkeit im Sinne eines konjunktiven Erfahrungsraums verweisen. Von zentraler Bedeutung für die Sicherung dieser Gemeinsamkeiten ist die Kategorie des „Stils". Das wird exemplarisch am Ende der dritten Passage deutlich (GD *Blau*, Passage 3, 92-103):

Bf: Und dis gibt dann halt einfach auch so Leute, wo man sich so sagt, geht einfach mal weg und ich will gar nichts und ich mach nichts und lass mich einfach nur in Ruhe weiter leben @(.)@
Mehrere: @(3)@
Bf: Zum Beispiel, ich war einmal im Matheunterricht, meinte so ja okay ich geh kurz raus, ich muss mir die Nase schnauben und dann steht da=n Typ und meint so (.) ja yo Mann, krieg ich deine Handynummer? [ahmt nach], @da denk ich mir so ey **lass mich halt in Ruhe**@
Mehrere: ⌊@(3)@⌋
Cf: °Ja.°
Bf: Ja so so was, was einfach keinen Stil hat und was, wo man sich sagt, (.) geh einfach weg.
Am: @Bitte@
Mehrere: @(5)@
Bf: @ Ich fleh dich an.@

Die Kategorie des „Stils" wird in der Passage explizit benutzt, um sich im Sinne einer Statusmarkierung abzugrenzen. Positiver Horizont ist, „Stil" zu *haben*, im Unterschied zu „asozial", „dreist" oder „frech" zu sein. Im Unterschied zu einer milieuspezifischen Erfahrung der Desintegration und der individuellen Isolierung, die insbesondere in den Gruppen *Lagerfeuer* und *Zelt* herausgearbeitet werden konnte, lässt sich für die Gruppe *Blau* also, die weitere komparative Analyse vorwegnehmend, von einer milieuspezifischen *Integration* sprechen. Allerdings wird zugleich deutlich, dass die unhinterfragten Gemeinsamkeiten, die auch durch sozialräumliche Zugehörigkeiten ihre Absicherung erfahren, bedroht erscheinen. Die Produktion von Stereotypen steht im Zusammenhang mit dieser Bedrohung: Die Aussage „lass mich einfach nur in Ruhe weiterleben" bezieht sich in diesem Sinne nicht allein auf die individuelle Lebensweise, sondern auch auf die des Kollektivs, des Milieus. Auf die

Bedrohungserfahrung wird also mit verstärkter Distinktion reagiert, worauf auch hinweist, dass Wert darauf gelegt wird, in Abgrenzung und Distinktion zu anderen gesellschaftlichen Gruppen oder Einzelnen an den eigenen Stilelementen festzuhalten.

Zentrale Aspekte des kollektiven Orientierungsrahmens

Charakteristisch für die Form der Differenzsetzung und Attribution in Gruppe *Blau* ist die Abgrenzung von einer Handlungspraxis, die in einem umfassenden Sinn als „sinnlos" oder „nicht intelligent" charakterisiert wird. Ein entsprechendes Verhalten schreiben die Diskussionsteilnehmer*innen einer ganzen Reihe von sozialen Gruppen zu, wobei auffällig ist, dass sie sich an prominenter Stelle der Kategorie der ethnischen Zugehörigkeit bedienen. Die Abgrenzung von Individuen, die dieser Kategorie zugeordnet werden, erweist sich im Verlauf der Diskussion als relativ stabil, sie steht allerdings in einem Spannungsverhältnis zu den Versuchen der Relativierung entsprechender Zuschreibungen durch den Verweis auf die biographischen Erfahrungen oder die Lebenssituation Einzelner oder auch der entsprechenden sozialen Gruppen. Mit Blick auf das geteilte implizite und handlungsleitende Wissen der Gruppe dokumentiert sich in ihren Horizonten der Selbstverortung eine primäre Orientierung an bestimmten, als vernünftig markierten gesellschaftlichen Regeln und Konventionen, die sich in der komparativen Analyse als Orientierung an den unhinterfragten Gemeinsamkeiten in den Formen der Lebensführung einer bestimmten gesellschaftlichen Gruppe bzw. eines Milieus erweisen. Denn im Unterschied zu der etwa für Gruppe *Zelt* rekonstruierten Orientierung an einer Ordnung um ihrer selbst Willen, zeigen sich in Gruppe *Blau* einerseits deutlichere Konturen der diese Ordnung stabilisierenden Verhaltensweisen, andererseits auch ein weitgehend implizit bleibendes Wissen von der Relativität des Geltungsbereichs der eigenen Verhaltens- oder Normalitätserwartungen: Darauf weisen nicht nur die genannten Versuche der Relativierung stereotyper Zuschreibungen hin, sondern auch die Tatsache, dass sich in den Erzählungen dokumentiert, dass die Teilnehmer*innen die eigene Lebensweise durch andere Lebensweisen bedroht oder in Frage gestellt sehen. Insofern lässt sich hier von einer Orientierung an den die eigene, milieuspezifische Lebensweise garantierenden Regeln oder an *kollektiven, aber milieuspezifischen* Normalitätserwartungen sprechen.

6.1.5 Gruppe Marder: Kollektiv fundierte Konventionen

Gruppe *Marder* besteht aus vier Mädchen im Alter von 16 Jahren (Af: Chrissy, Bf: Julia, Cf: Claudia, Df: Jana). Der Kontakt zur Gruppe kam durch den Klassenlehrer zustande, der sich dazu bereit erklärt hatte, die Vorstellung des Forschungsprojekts in seinem Unterricht zu ermöglichen. Die Diskussion fand im April 2010 während der Unterrichtszeit in einem Raum der Schule statt. Die Mädchen wurden für die Zeit des Gesprächs vom Unterricht freigestellt:

Der Raum, der uns vom Sekretariat der Schule zugewiesen wurde, ist ein schlichter heller Klassenraum im ersten Stock des zentralen Schulgebäudes. Die breite Fensterfront geht zum Schulhof, und als wir kurz nach der Pause den Raum betreten, hören wir von draußen noch das Geschrei der Siebt- und Achtklässler, das von den vier Mädchen, die sich zur Diskussion eingefunden haben, mit einigen Sprüchen kommentiert wird. Sie sind trotz der schulischen Atmosphäre gut gelaunt und wirken aufgekratzt. Ich versuche mit ein paar Schultischen und -stühlen eine Art Sitzecke aufzubauen, verteile Kekse und Saft und wir sprechen dabei ein bisschen über die Lehrer und Lehrerinnen an der Schule. Irgendwann erkläre ich kurz meine Rolle während der Diskussion und schalte das Aufnahmegerät ein.

Es entwickelt sich relativ schnell eine lebhafte Diskussion unter den Teilnehmerinnen, in deren Verlauf der Interviewer zwar auch immer wieder direkt adressiert wird, aber eher als Diskussionsteilnehmer und nicht als Interviewer oder Autoritätsperson: Es geht meist um Nachfragen zu seinen persönlichen Erfahrungen oder Einschätzungen. In der Diskussion wird dann kaum auf gemeinsame Aktivitäten der Teilnehmerinnen Bezug genommen oder nur auf solche, die von der Schule ausgehen oder auf sie zurückverweisen. Es scheint sich bei der Gruppe also um schulbezogene Peers zu handeln. Die Dynamik der Diskussion entwickelt sich im Wesentlichen ausgehend von den Aussagen eines Mädchens, Chrissy, das Themen setzt, auch indem sie immer wieder paraphrasierend die Beiträge der Anderen zu vereinnahmen sucht.

Modus der Differenzsetzung und handlungsleitende Orientierung der Gruppe

Der die Diskussion einleitende Erzählstimulus wird von den Teilnehmerinnen der Gruppe *Marder* wie in den Gruppen *Blau* und *Zelt* zunächst zum Anlass genommen, den Bezirk zu charakterisieren, in dem sie leben. Dabei kommt es gleich zu Beginn zur Abgrenzung gegenüber der Gruppe der „Gang-Mitglieder“ bzw. gegenüber der den Angehörigen dieser Gruppe zugeschriebenen Handlungspraxis (GD *Marder*, Passage 1, 1-22):

Cf: Ja also in Orangenhain gibt=s ganz schön krasse Niveauunterschiede und dis merkt man vor allem am Umgangston (.) dass:: sich: (.) viele die halt (.) in (.) heruntergekommeneren Gegenden aufwachsen dis auch zeigen wollen und da auch irgendwie stolz drauf sind (.) und sich dann halt da ihre Gang suchen (.) und: dis dann halt den anderen zeigen wollen wie toll das is so: (.) asozial zu sein und-
Y: Aber mischt also=ich=mein mischt sich dis in eurem Freundeskreisen nich auch?
Cf Also ich hab alle rausgeschmissen.
Df: @(2)@
Bf: Also dis schlimmste was passieren kann wenn so ne Gangs bin(den) bilden. (Glaub derzeit) und mal hier irgendwie feiern und irgendwelche Leute zusammenschlagen und überall ähm:: malen und sprayen was auch immer, das schlimmste was einem passieren kann, wenn man erst mal da rein kommt dennähm: (.) isses-
Y: ⌊Was sind das für Gangs?
Bf: Na ja so (.) ne krassen Gangs die: m=mach=machen sich irgendso einen Namen und müssen den überall preisgeben rennen durch Berlin und malen und verkloppen Leute und sagen ja wir sind hier die und die merkt ihr das un-
Y: Hm.
Bf: Dis is der- dis is dis i-Tüpfelchen auf diesem in Anführungsstrichen asozial sein. (.) °Ja völlig ekelhaft°. Dis is- nee: (.) und vor allem in Orangenhain werden diese (.) diese sozialen Schichten deutlich, von: Busstation zu Busstation @sozusagen@ also: man fängt hier Franz-Kurz an, da is alles schön und ordentlich und fährt man nach Hain-Zentrum rein und dann wirds (.) @asozialer und asozialer@ und dann kommt man aus Hain-Zentrum wieder raus und dann wird=s wieder schön und friedlich. (.) So in der Art (.)

„Sich einen Namen machen“ zu wollen und den „überall preisgeben zu müssen“, „anderen zeigen zu wollen, wie toll das is so asozial zu sein“, sind erste Aspekte des negativen Horizonts, der sich in den Beschreibungen der Diskussionsteilnehmerinnen dokumentiert. Ein zweiter Aspekt dieses Horizonts ist aggressives und willkürliches Verhalten: Es werden „irgendwelche“ Leute zusammengeschlagen, „überall“ wird gemalt, „irgendwie“ wird gefeiert. Es deutet sich schon an, dass die Diskussionsteilnehmerinnen im Unterschied zu den Jugendlichen der Gruppen *Zelt* oder *Lagerfeuer* durchaus über ein (implizites) Wissen um das in ihren Augen richtige Verhalten zu verfügen scheinen, das zudem ähnlich wie in Gruppe *Blau* als ein vernünftiges konturiert ist – hier genauer als bewußtes und kontrolliertes, aber auch friedfertiges. Dies dokumentiert sich nicht zuletzt in der Beschreibung des Bezirks: In den Augen der Teilnehmer*innen gibt es dort Ecken, da ist „alles schön und ordentlich“ bzw. „schön und friedlich“, in anderen Teilen hingegen wird es „asozialer und asozialer“. „Schön“, „ordentlich“ und „friedlich“ scheint also gleichbedeutend mit „*nicht*-asozial“ zu sein und damit ein positiver Horizont der Selbstverortung der Jugendlichen. Die selbstverständliche

Selbstverortung auf der Seite der „Nicht-Asozialen" drückt sich dann etwa auch darin aus, dass sie auf Nachfrage des Interviewers feststellen, dass sie Leute wie „diese Asozialen" „aus dem Freundeskreis rausgeschmissen" haben bzw. dass sie genug „neutrale nicht asoziale Freunde" haben.

Im weiteren Verlauf der Passage kommt es allerdings zu einer Relativierung der Zuschreibungen, die die Teilnehmerinnen vornehmen, die den entsprechenden Versuchen in Gruppe *Blau* ähnelt. An mehreren Stellen wird etwa auf Ursachen und Veränderbarkeit des Verhaltens von Individuen verwiesen, die der Gruppe der „Gang-Mitglieder" zugeordnet werden können, wie etwa folgender Ausschnitt belegt (GD *Marder*, Passage 1, 77-90):

Cf: Deswegen ich glaub die brauchen dann auch richtige Betreuung also jetze nich nur irgendwelche Leute die gerad n Job suchen sondern irgendwelche gebildeten, geschulten Leute die mit solchen (.) Fällen sag ich jetz mal auch klarkommen also die da wissen wie sie sich verhalten müssen.

Y: Hm.

Df: Na dis is also ich find dis is auch total schlimm, weil=s man sieht eben viele sone Fälle und dis is ja auch überall bekannt und daher find ich=s total schlimm wie schnell sich so was auch verbreitet und was für Gruppen sich da auch bilden die wirklich alle so sind und die sich alle so verhalten und dass sie alle so (.) asozial reden so aussehen sich so kleiden und dis auch noch alles total cool finden und dann noch krassere Sachen machen und dis alles einfach nur als total cool gilt und daher versteh ich nich wie: jetz allgemein zum Beispiel die Erziehung ich finde wirklich dass die Erziehung daran am meisten Schuld ist auch die Umgebung natürlich auch aber dis hängt ja irgendwo auch zusammen. Ich find dis total schlimm wie dis so den Bach runtergehen kann.

In den Äußerungen dokumentiert sich ein Wissen um soziale Strukturen („Umgebung") und biographische Hintergründe („Erziehung"), die das Verhalten der Einzelnen beeinflussen können und darin ist, wie in Gruppe *Blau*, auch die Möglichkeit der Wahrnehmung der Besonderheit des Einzelnen angelegt. Die Fähigkeit zur Veränderung der eigenen Handlungspraxis wird aber anders als in Gruppe *Blau* nicht den einzelnen Individuen zugeschrieben, sondern von der Einflußnahme von in erster Linie pädagogischen Autoritäten abhängig gemacht: Die von den Verhaltenserwartungen abweichenden Individuen brauchen in den Augen der Teilnehmerinnen „dann auch richtige Betreuung" durch „irgendwelche gebildeten, geschulten Leute die mit solchen Fällen [...] klarkommen". An anderer Stelle ist auch die Rede davon, dass sich Individuen, die durch ein von Normalitätserwartungen abweichendes Verhalten auffallen, durch die Teilnahme an Projekten von Jugendklubs „komplett ändern" könnten.

Mit Blick auf die Form der Differenzsetzung und Attribution lässt sich von dieser ersten Passage ausgehend für die gesamte Diskussion festhalten: Es kommt erstens zur Abgrenzung von einer bestimmten Form des willkürlichen oder nicht kontrollierten und in der ersten Passage sogar als „asozial“ gekennzeichneten Verhaltens und gleichzeitig wird dieses Verhalten benennbaren sozialen Gruppen zugeschrieben. Um diese Gruppen zu charakterisieren werden allerdings nur ansatzweise etablierte Kategorien sozialer Differenz bemüht (etwa die sozioökonomische Position der in Frage stehenden Individuen), die Abgrenzung über die Kategorie „Niveau“ ist eher mit der Distinktion qua „Stil“ in Gruppe *Blau* vergleichbar. Dabei bemühen sich die Diskussionsteilnehmerinnen zweitens um eine Relativierung der stereotypen Zuschreibungen, die sie selbst vornehmen, indem sie auf die Lebensbedingungen oder auf die Biographien verweisen, die für das entsprechende Verhalten der in Frage stehenden Individuen möglicherweise ursächlich sind. Eine *vollständige* Identifizierung Einzelner mit einem in wesentlichen Punkten von den Normalitätserwartungen der Teilnehmerinnen abweichenden Aspekten ihres Verhaltens, wie es sich insbesondere in den Gruppen *Lagerfeuer* und *Zelt* rekonstruieren lässt, wird also vermieden.

Die Spannung zwischen einer Orientierung an für allgemein gültig gehaltenen Konventionen und dem Bemühen um eine Wahrnehmung der Besonderheit des Einzelnen, die sich in den Ansätzen zur Relativierung negativer Zuschreibungen dokumentiert, wird exemplarisch in der zweiten Passage deutlich (GD *Marder*, Passage 2, 1-29):

Y: Aber jetzt noch mal ganz allgemein, noch mal zurück zu dieser Ausgangsfrage: Was sind denn vielleicht so überhaupt Konflikte, Probleme, die ihr hier hat=habt, also so allgemeiner gesprochen in Bezug auf Erfahrungen, die ihr gemacht habt und irgendwelche Beispielsituationen, wo ihr wo=s Konflikte gab mit Einzelpersonen oder Gruppen oder wie auch immer-

Bf: Antonia. (.) Antonia ist ein Mädchen aus unserer Klasse und (.) ähm (2) früher war sie normal hat viel für die Schule gemacht, aber jetze ist sie total abgesunken, geht nur noch feiern die kommt montags zum ersten Block zur Schule und o=sofort erster Satz was sie sagt, ist ich kanns kaum erwarten bis Wochenende is und ähm nur noch feiern und trinken und Disco Kopf Kopf und (.) richtig schlimm und die macht auch im Unterricht total doll Terror und die zieht dann die Jungs mit rein und die machen dann auch Terror und das stört dann komplett den Unterricht und (.) man lässt sich leicht mitreißen äh wenn man so in ner Grup-Gruppe is ähm (.) und ja dann=mach=man auch halt den Quatsch mit und (.) ähm klar man sagt manchmal ja möcht ich nich machen aber wenn man halt in der Situation is denn (.) fängt der eine an und dis is dann irgendwie witzig und dann macht man auch gleich mit und (.) hm is halt;

Y: Antonia heißt die?

Af: Na die ich=wie=nich=ähmm;

Bf: ⌊Ja.⌋

Af: Vielleicht isses Ihnen gestern aufgefallen da war wir haben alle irgendwie erzählt so von wegen ja wir hörn gern Musik oder wir treffen uns gerne mit Freunden aber sie war die Einzige von unserer ganzen Klasse die gesagt hat dass ähm= sie gerne Party machen ge::ht und so Kontrast und ähm dann hatten Sie doch nachgehakt ob sie auch ins Beginners geht und dann meinte sie so da war sie zwar schon mal aber halt eher nich so; und denn auch noch-

Y: ⌊Die hinten rechts saß, ne?

Af: Ja (.) BMC und hat sie dann noch gesagt und also sie hat halt wirklich dis dann so stark gesagt halt klarzumachenvon wegen ja Party machen und ja; (.)

Bf: Und sie widersetzt sich den Lehrern total und ähm sie hat zum Sportlehrer auch schon halt die Fresse zu ihm gesagt und also (.) richtig schlimm mit der;

Die erste Assoziation der Diskussionsteilnehmerinnen in Bezug auf die Nachfrage des Interviewers, mit wem es abgesehen von den „Gangs" in ihrem Alltag „Konflikte oder Probleme" gibt, sind Situationen im Unterricht, in denen eine Mitschülerin auffällig wird. Diese fällt auf, weil sie sich nicht „normal" verhält. Das Verhalten, das der Mitschülerin zugeschrieben wird, ist negativer Horizont und wird mit dem Begriff „total doll Terror machen" zusammengefasst. Die Abgrenzung erfolgt ganz ähnlich wie in den bereits interpretierten Passagen von einem in Form und Inhalt vor allem einer Schülerin nicht angemessenen Verhalten, das etwa darin besteht, die schulischen Normen und Leistungserwartungen nicht ernst zu nehmen, indem man „montags zum ersten Block" schon „kaum erwarten kann bis Wochenende ist" und sich nur an (kurzfristigem) Vergnügen orientiert. Hier steht dagegen der positive *Gegen*horizont, im Vergnügen Maß zu halten und vor allem die Leistungs- und Verhaltenserwartungen der Schule ernst zu nehmen: „Normal" zu sein wird in der Passage auch parallel gesetzt damit, „viel für die Schule zu machen" und sich dabei nicht dem Lehrer zu widersetzen, also beispielsweise nicht „halt die Fresse" zu ihm zu sagen. Die Teilnehmerinnen grenzen sich aber auch von einer Form der Wirkung nach außen ab, also davon, dass Antonia sich in den Mittelpunkt spielt, ihre Position „stark klarmachen" muss – hier durchaus in Homologie zu der Distanzierung von einer entsprechenden Selbst-Inszenierung in den Gruppen *Gelb* und *Lagerfeuer*. Es lässt sich mithin zunächst festhalten, dass die Orientierung an einer etablierten gesellschaftlichen Institution (der Schule) und an deren Repräsentanten (der Lehrer) in Gruppe *Marder* parallel läuft zu einer positiven Bezugnahme auf ein maßvolles Verhalten, das auch eine Zurückhaltung in Bezug auf die Zurschaustellung der eigenen Individualität beinhaltet.

Obwohl nun die Abgrenzung von Antonia als Person und dem ihr zugeschriebenen Verhalten relativ scharf ist, unternehmen die Teilnehmerinnen im weiteren Verlauf der Passage wiederum den Versuch einer Relativierung dieser Differenzsetzung (GD *Marder*, Passage 2, 30-57):

Af: Aber es is ja auch dis Problem, also ähm: (.) ihr Verhalten is momentan nich in Ordnung und sie aber sie mach- also weil sie momentan halt andere Menschen oder ja man=andere Menschen für ihr Leben praktisch verantwortlich macht indem sie sie beleidigt indem sie Aggressionen hat und so aber=s is halt dieses Problem dass sie halt also zu Hause also sie hat kein gutes Zuhause weil ihr Papa, naja, der fässt sie- also nich jetzt so-

Bf: ⌊Der schlägt sie.

Af: Der schlägt sie ja mit Gürtel, sie hat auch schon ganz viel blaue Flecke von ihm und dis ging auch schon ans Jugendamt und ähm: dis Jugendamt hat auch fast mal gesagt dass sie von wegen jetzt mal: ähm: ausziehen kann dann müssen ihre Eltern halt die Wohnung bezahlen und und ihre Mutter die setzt also die (.)

Bf: ⌊°Kann ihm nich;°

Af: also die widerspricht ihrem Vater auch nich also die akzeptiert dis halt alles und jetzt momentan sind die Eltern auf dem Stand dass sie halt Antonia gewähren lassen also sie lassen sie machen was sie wollen (.) und ähm ja; und dis is halt dis is jetzt warum sie und sie will sich denk ich mal mit dem Ganzen, weil sie jetzt momentan halt keine Aufmerksamkeit zu Hause mehr bekommt will sie sich einfach halt diese Aufmerksamkeit holen, indem sie (2) son Verhalten an den Tag legt, dass sie irgendwelche Tadel von der Schule mit nach Hause bringt, dass sie irgendwelche- sie=sie wenn sie unterwegs ist mit ihren Freunden, dann schlägt sie irgendwelche Mädchen, hat sie vorhin wieder mit rumgeprahlt, da kam sie mit hoch und hat gesagt, ja der und der hat Mist über meine Freundin erzählt, die hab ich vorhin genommen, hab ihr an den Haaren gezogen, hab (ihr wieder unhalt so) [ahmt nach] selbst in der Schulzeit, also, aber dis is einfach mal glaub ich nur diese Aufmerksamkeit, die ihr fehlt, von ihrer Familie.

Cf: Und vor allem gibts ganz viele Leute, die halt wie ihre Mutter sich auch nich durchsetzen können und dis ihre Meinung nich durchbringen können und dis sieht man halt dann auch in unserer Klasse wieder dass sie sich halt sehr viele mitreißen lassen, und nich einfach mal sagen, jetzt es reicht, es ist vorbei und Schluss; und ich glaub, dis is dis größte Problem, was die denn auch haben.

In der Feststellung, dass die Mitschülerin „kein gutes Zuhause" habe und dass ihr Vater sie schlage, zeigt sich der Versuch, ihr derzeitiges Verhalten mit Blick auf ihre Biographie bzw. auf ihre Lebenssituation zu *erklären*. Schon dieser Erklärungsversuch verweist auf das Bemühen der Teilnehmerinnen, die Individualität oder‚persönliche Identität' Antonias anzuerkennen. Es kommt zudem auch deswegen nicht zur vollständigen Identifizierung der Einzelnen mit dem von Normalitätserwartungen abweichenden Verhalten, das ihr zugeschrieben wird, weil dieses Verhalten als *momentan*, als *situativ* charakterisiert wird. Wie in Gruppe *Blau* besteht allerdings eine unaufgelöste Spannung zwischen dem Bemühen um die Anerkennung ‚persönlicher Identität' einerseits und der Abgrenzung von einem Verhalten andererseits, das in den Augen der Teilnehmerinnen von bestimmten Regeln für „vernünftiges" Verhalten abweicht und für die Person Antonia charakteristisch ist. Darauf, dass diese Spannung sich auch deswegen nicht auflösen lässt, weil sie auf der Ebene von Orientierungskomponenten angesiedelt ist, weist zunächst hin, dass überhaupt so ausführlich und an prominenter Stelle der Fall der Mitschülerin Antonia diskutiert wird: Antonia zeigt – ähnlich wie die Mitschülerin Jenny in Gruppe *Lagerfeuer* –, dass ein *individuelles* Verhalten jenseits allgemein gültiger, konventioneller Regeln überhaupt *möglich* ist. Dieses individuelle Verhalten scheint für die Teilnehmerinnen aber nur durch ·Antonias tendenziell schlimme biographische Erfahrungen zu erklären: Individualität im Sinne eines nicht-normkonformen Verhaltens bekommt hier die Dimension des Pathologischen. In der ausführlichen Beschreibung von Antonias familiärer Situation dokumentiert sich insofern, dass die Einzelne von der Verantwortung für ihr Tun zwar entlastet und ihr Verhalten mit Blick auf die biographischen Hintergründe bzw. auf ihre ‚persönliche Identität' entschuldigt wird. Gleichzeitig ist damit aber nur in Ansätzen die Wahrnehmung Antonias als Individuum verbunden, das in Schwierigkeiten verstrickt ist, sich daraus möglicherweise aber selbst lösen kann. Darauf verweist auch die Formulierung, dass Antonia „andere Leute für ihr Leben praktisch verantwortlich macht", dass sie selbst also über das Wissen für die *wahren* Gründe ihres Verhalten nicht verfügt: Über Antonias Kopf hinweg wird diagnostiziert, warum sie tut, was sie tut, und dieses distanzierte Urteil der Teilnehmerinnen ist als das objektiv richtige markiert – und hier findet sich auch eine Homologie zur ersten Passage, in der deutlich wird, dass in den Augen der Teilnehmerinnen nur (pädagogische) Autoritäten eine Verhaltensänderung Einzelner ermöglichen können, nicht aber die Einzelnen selbst.

In Bezug auf die sich in diesem Modus der Differenzsetzung dokumentierende handlungsleitende Orientierung, die die Herstellung von Zugehörigkeit anleitet, lässt sich gerade mit Blick auf die klareren Konturen positiver Horizonte der Selbstverortung konstatieren, dass in Gruppe *Marder* ähnlich wie in Gruppe *Blau* soziale Distinktion und Stereotypisierung zwar durchaus zur Sicherung von Zugehörigkeit *beitragen*. Diese Zugehörigkeit *konstituiert* sich aber in erster Linie aufgrund milieuspezifischer Gemeinsamkeiten in den Formen der alltäglichen Lebensführung, die an zentraler Stelle eine ausgeprägte Orientierung daran beinhalten, „kontrolliert" und „maßvoll" bzw. „bescheiden" zu sein und den Regeln für ein „vernünftiges" Zusammenleben zu folgen. Hier lässt sich im Übrigen ähnlich wie für Gruppe *Blau* konstatieren, dass die soziale Ordnung, die sich in diesen Regeln des Zusammenlebens manifestiert, in der Perspektive der Teilnehmerinnen offenbar unbestreitbare Gültigkeit hat, was sich u.a. in der Orientierung an etablierten Autoritäten ausdrückt, die diese Ordnung repräsentieren (etwa den Lehrern an der Schule). Die Verbindung dieser Aspekte – die relativ unproblematische Selbstverortung über Gemeinsamkeiten in den Formen der alltäglichen Lebensführung auf der einen, die ausgeprägte Differenzsetzung gegenüber von für allgemein gültig gehaltenen Konventionen abweichendem Verhalten auf der anderen Seite – findet sich exemplarisch auch in einer weiteren Passage, in der sich die Teilnehmerinnen ausgehend von der Nachfrage des Interviewers, wie die von den Teilnehmerinnen vorher thematisierte „Unruhe im Unterricht" entsteht, von einer Handlungspraxis abgrenzen, die vor allem „den Jungs" zugeschrieben wird (GD *Marder*, Passage 3, 1-21):

Bf: So gesehen reicht bei uns (.) hm (.) muss nur einer irgend etwas sagen (.) auch nur wenn=s zum Unterricht passt so weil was heißt (2) hm: (2) irgendwa- aneinander vorbei kommen oder sowas und dann verstehen die Jungs sofort wieder ja, kommen und dann gleich wieder Sex und äh dann klingelts bei denen anscheinend bei denen im Kopf und dann fangen die ganzen Jungs an zu lachen und würfen werfen noch ein paar Kommentare hin und her und daraufhin reagiert dann wieder Antonia und daraufhin lacht dann irgendwie wieder jemand und daraufhin wieder muss dann noch jemand was dazu sagen und dis is ne Kettenreaktion;

Af: ⌊Und dis is ja auch dis, was unser Klassenlehrer zum Beispiel meint, dass unsere Jungs so unreif sind also (.) und **irgendwie** ähm ich meine, ich kann:: persönlich jetzt offen, weil ich auch so erzogen wurde über Sex reden und ich bin jetzt auch nich mehr so, dass ich über sowas lache, aber ich mein, wenn irgendwie sowas dann kommt und alle lachen dann wird man eigentlich auch irgendwo animiert, mitzulachen und dann wirkt dis halt- und wir Mädchen persönlich wollen dis ja nich, dass unser Klassenlehrer so schlecht über uns denkt und aber irgendwie können wir das auch nicht ähm also manchmal nich so wieder weg machen, weil (.) man halt irgendwie animiert wird auch manchmal da auch mitzulachen oder (.) einfach auch manchmal vielleicht irgendwie doofes Zeug zu labern oder @ja@ dis is halt einfach so manchmal;

Y: ⌊Is auch normal, ab und zu mal doofes Zeug.

Bf: Ja, aber trotzdem, dis is ja immer blöd, weil (.) wir bestätigen ihn halt dann auch immer mehr in seiner Meinung, obwohl wir uns halt auch irgendwo anstrengen müssen, nich so zu sein.

Der negative Horizont, der sich in der Beschreibung des Verhaltens „der Jungs" dokumentiert, ist, sich „unreif" zu verhalten und „sofort wieder Sex" zu verstehen, mehr noch aber, den geordneten Ablauf des Unterrichts zu stören, etwa indem man über alles lacht und „nicht ernst sein" kann und „doofes Zeug labert". Positiver Gegenhorizont ist hingegen, die „schlechte" Meinung des Klassenlehrers „nicht zu bestätigen", ihn also umgekehrt von dem *vernünftigen* Verhalten der Mädchen zu überzeugen. Es geht hier auch darum, als reif und erwachsen wahrgenommen zu werden, worin erneut das Element der Orientierung an Schule im Allgemeinen und an Autoritätspersonen im Besonderen deutlich wird: Die Teilnehmerinnen bzw. „wir Mädchen" wollen nicht, dass „unser Klassenlehrer so schlecht von uns denkt". Im weiteren Verlauf der Passage versichern sich die Mädchen dieser Orientierung darüber, dass eine Unterscheidung zwischen „Mädchen" und „Jungs" eingeführt wird: Zugehörigkeit wird hier über die Bezugnahme auf die kollektivierende Kategorie der Geschlechtszugehörigkeit hergestellt. Die Teilnehmerinnen halten fest, dass Mädchen „normalerweise" nicht stören bzw. sich „normalerweise" nicht „unreif" verhalten. „Den Jungen" hingegen werden von den Teilnehmerinnen arbeitsteilig verschiedene, von ihren Normalitätserwartungen abweichende Verhaltensweisen zugeschrieben. Der negative Horizont, der sich darin dokumentiert, beinhaltet etwa folgende Aspekte: Sich in der Öffentlichkeit „vergleichen" und „beweisen" zu müssen; insbesondere, Bestätigung „extrem erkämpfen" und „damit rumprahlen" zu müssen; einen permanenten „Kampf um Aufmerksamkeit" zu führen. Auch mehrfache Nachfragen des Interviewers, die die Proposition beinhalten, dass sich Frauen und Männer darin im Grunde nicht unterscheiden, führen nun zunächst nur zu einer *Differenzierung* der ursprünglichen Proposition. Interessant ist dabei vor allem, dass die Differenzsetzung auf die Ebene des *Stils* verlagert wird (GD *Marder*, Passage 3, 111-143):

Y: Das heißt aber da dis klingt ja so als ob es doch sehr ähnlich is was Männer und Frauen machen, oder,
Cf: Na wir machens nich so offensichtlich.
Af: Ja also wir sind nicht so dass wir dann irgendwie sagen oohh der is ja schon wieder so laut und dis is schon wieder so toll zum=Beispiel=jetz ich sags jetz einfachmal n Beispiel mein Freund ähm: hatn Motorrad und dis is so oder so schon laut;
Bf: @(.)@
Af: @Und@ ähmm weiß ich ja nich ob Sie sich dam=oder du damit dich auskennst auf jeden Fall gibs dann halt beim Auspuff gibs dann son Ding was man da abschrauben kann dann isses noch lauter das hab ich @mittlerweile schon gelernt@ und denn ham die dis da irgendwie da mal alle gemacht und er hat konnte dis irgendwie nich machen ich weiß aber gerade nicht irgendwie nich so richtig wieso dann is er extra nach Hause gefahren um sein Werkzeugkasten zu holen und das abzubauen nur @damit er lauter ist@ wo ich=so dis versteh ich nich so was da hab ich kein Verständnis für dis geht nich (3) dis is so unverständlich.
Cf, Df: ⌊@(3)@⌋
Cf: Ich glaub die Jungs machen dis an sich so um von anderen Aufmerksamkeit zu kriegen und bei Mädchen die wollen dann nur sagen das is so und dann bleibt das in dem Kreis und die Jungs wolln einfach nur damit rumprahlen (2) egal mit was.
Y: Hm.
Cf: Also mit wirklich allem (.) auch mit Videospielen.
Af, Bf, Df: @(2)@
Bf: Ich bin ja schon Level das=und=das und oh: nö ich hab ja schon die Schwerter und die Schwerter und die Waffe.
Af, Cf, Df: ⌊@(.)@⌋
Af: So isses beim @Aquarium auch.@
Cf, Bf, Df: ⌊@(4)@⌋
Y: Beim Aquarium?

Af: Ja bei Facebook @(2)@ da gibs auch sone Spielchen und da ham wir halt sone Aquarien ja und da sind=gibs halt auch Level und @da sagen wir@ ja erzähln wir uns auch immer so=ja ich bin ja schon Level höher ich hab den und den überholt; @(.)@

Bf: Ich hab den neuen Fisch und oh überhaupt kein Bock @(.)@.

Af, Cf, Df: ⌊@(3)@⌋

Af: Oh::: na ja.

Die „Jungs" frisieren ihre Motorräder nur damit sie „lauter sind", wollen „einfach nur damit rumprahlen", nur „Aufmerksamkeit" von der Öffentlichkeit um jeden Preis. Die Mädchen vergleichen zwar auch, wollen aber vor allem sagen, „das ist so und das bleibt dann im Kreis". Der weiter differenzierte negative Horizont ist also das „Vergleichen um des Vergleichens willen" und das „Vergleichen in der Öffentlichkeit". Dem entgegen steht der positive Horizont des sachlichen, vernünftig-kontrollierten Vergleichens im Rahmen der eigenen Freundinnengruppe – und hier dokumentiert sich ein ähnlicher positiver Gegenhorizont wie in der ersten Passage, in der die Abgrenzung gegenüber dem ausschweifenden, lustorientierten Lebenswandel erfolgt, der Mitschülerin Antonia zugeschrieben wird.

Die Tatsache, dass am Ende der Passage das „den Jungs" zugeschriebene Verhalten des Sich-Vergleichens auch auf die *eigene* Handlungspraxis der Diskussionsteilnehmerinnen bezogen wird, verweist nun auf einen weiteren Punkt: Zum einen deutet sich darin an, dass sie sich der Funktion der Zuschreibung abweichenden Verhaltens an „die Jungs" für die Absicherung von Zugehörigkeit zur Mädchengruppe annähernd bewußt sind. Zum anderen verweist dieser Abschnitt darauf, dass es den Teilnehmerinnen ähnlich wie den Jugendlichen der Gruppe *Blau* schwer fällt, ein „vernünftiges" oder eben „kontrolliertes" Verhalten, das im positiven Horizont der Gruppe steht, auch zu enaktieren. Bereits in der zweiten Passage wird das darin deutlich, dass mehrfach unterstrichen wird, dass „man" sich von der Haltung der Mitschülerin Antonia „leicht mitreißen" lasse und dann „den Quatsch" mitmacht, dass Antonia also auch *andere* davon abhält, den schulischen Leistungs- und Verhaltenserwartungen zu entsprechen. Die positive Orientierung daran, „vernünftig" und „kontrolliert" zu sein, verbindet sich hier mit der Feststellung, wie schwierig es sei, sich selbst zu disziplinieren oder sich den unausgesprochenen Regeln adäquat zu verhalten. Letztlich unterstellen die Teilnehmerinnen also nicht nur ihren Mitschülern, sondern *auch sich selbst* einen Mangel an entsprechender Durchsetzungsfähigkeit.

In Gruppe *Marder* werden eine Reihe von Differenzierungskategorien bemüht: Die Individuen, denen eine unvernünftige Handlungspraxis zugeschrieben wird, und von denen sich die Teilnehmerinnen abgrenzen, werden als „Gang"-Mitglieder beschrieben und durch die mehrfache Kennzeichnung als „asozial" gleichzeitig in einem grundsätzlichen Sinn jenseits der Gesellschaft der ‚Normalen' positioniert. Aber auch geschlechtsspezifische Differenzen sind von Relevanz, wie etwa in der Abgrenzung von „den Jungs" deutlich wird. Wiederkehrender negativer Horizont ist dabei ein Verhalten, dass so verschiedene Aspekte umfasst wie das übertriebene Zur-Schau-Stellen von Individualität, Maßlosigkeit, Willkür und Aggressivität, ebenso wie die Ignoranz gegenüber schulischen Normen und Leistungserwartungen. Mit Blick auf die sich darin dokumentierende handlungsleitende Orientierung in Bezug auf die Herstellung von Zugehörigkeit lässt sich von einer *primären* Orientierung an gesellschaftlicher Konvention und an etablierten Autoritäten sprechen, die sich insbesondere in der Bedeutung dokumentiert, die die Aufrechterhaltung der Ordnung im Unterricht, aber auch das „vernünftige" und „kontrollierte" Verhalten in den Erzählungen der Teilnehmerinnen haben. Zudem wird der sich in entsprechendem Verhalten manifestierende und für die eigene Gruppe charakteristische Stil mit allgemeinen gesellschaftlichen Normalitätserwartungen parallelisiert, was sich in erster Linie in der Übernahme schulischer Leistungs- und Verhaltenserwartungen dokumentiert. Die Gemeinsamkeiten in den Formen der alltäglichen Lebensführung, an denen sich die Teilnehmerinnen hier orientieren, scheinen aber bedroht, insofern es ihnen selbst nur ansatzweise gelingt, das Verhalten, das im positiven Horizont der Gruppe steht, auch zu enaktieren. Der Versuch der Relativierung der o.g. Differenzsetzung unter Hinweis auf die biographischen Erfahrungen oder die Lebenssituation Einzelner und auf die Perspektive der Veränderbarkeit eines diesen zugeschriebenen Verhaltens verweist in diesem Zusammenhang auf eine *sekundäre* Orientierung an der Wahrnehmung und Behauptung von Individualität – auch diese kann aber nur in Ansätzen eingelöst werden.

6.1.6 Gruppe Fuchs: Das implizite Ideal des rationalen Dialogs

Gruppe *Fuchs* besteht aus drei Schülern im Alter von 16 Jahren (Am: Christian, Bm: Florian, Cm: Peter). Der Kontakt zur Gruppe kam durch den Klassenlehrer zustande, der mir ermöglicht hatte, das Forschungsprojekt in seinem Unterricht vorzustellen. Die Gruppe *Fuchs* wurde im

Mai 2010 interviewt. Ein verabredetes Treffen im Anschluss an den Schulunterricht kam mehrfach nicht zustande, schließlich erklärten sich die Jugendlichen aber bereit, sich an einem Samstagnachmittag in einer Fachhochschule in einiger Entfernung zu treffen. Von den ursprünglich sechs Jugendlichen, die kommen wollten, erschienen nur drei:

Wir treffen uns vor dem Haupteingang der Fachhochschule. Die drei Jungen kommen etwas zu spät und sind nach eigenen Angaben noch müde vom Abend zuvor. Auf dem Weg zu dem Raum, der uns von der Verwaltung der Hochschule angeboten wurde, sprechen wir kurz über den Verlauf des Abends und den älteren Bruder eines der Teilnehmer, der dabei eine besondere Rolle gespielt hat. Der Raum ist noch von einer anderen Gruppe belegt, die ich höflich bitten muss, uns Platz zu machen. Wir räumen dann einige Stühle beiseite und setzen uns in die Nähe der Fenster mit Blick auf einen Bahnhof und einen nahe gelegenen Park. Draußen scheint die Sonne, der Raum wirkt im Kontrast dazu etwas schattig und sehr leer. Die Diskussion kommt nur schleppend in Gang und kann zu Beginn nur durch meine Nachfragen am Laufen gehalten werden.

Die Diskussion ist gemäß dieses ersten Eindrucks zunächst davon gekennzeichnet, dass die Teilnehmer sich bei der Schilderung ihrer Erlebnisse und Erfahrungen mehr oder weniger direkt an den Interviewer richten. Im Lauf der Diskussion entwickelt sich aber ein selbstläufiges Gespräch, in dem die Jugendlichen vor allem auf die Schule und gemeinsame Freizeitaktivitäten Bezug nehmen. Auch biographische Erfahrungen der einzelnen Teilnehmer, die auf die Zeit vor dem Besuch der Oberschule zurückgehen, werden am Rande erwähnt. Sie scheinen den Jugendlichen untereinander bekannt. In Bezug auf die Konstitution der Gruppe im Diskursverlauf lässt sich feststellen, dass die Redeanteile relativ gleich verteilt sind, wobei sich ein Teilnehmer, Peter, oft erst nach Aufforderung durch die anderen beiden Teilnehmer äußert und deren Aussagen in der Regel ergänzt. Zudem fordern sich die Teilnehmer an einigen Stellen gegenseitig dazu auf, noch andere Dinge zu erzählen, als müssten sie ihre Zusage zur Diskussion nun auch durch aktive Teilnahme rechtfertigen und hierin drückt sich bereits eine positive Orientierung an der Autorität des Interviewers aus

Modus der Differenzsetzung und handlungsleitende Orientierung der Gruppe

Unmittelbar im Anschluss an den Erzählstimulus beginnen die drei Diskussionsteilnehmer nacheinander in kurzen biographischen Erzählungen zu erklären, wie sie hier im Bezirk gelandet seien. In der Beschreibung

Florians werden dabei zentrale Aspekte der Diskussion vorweggenommen (GD *Fuchs*, Passage 1, 4-12):

Bm: Hier zu leben? (.) Ähm ja also in Orangenhain oder Blumendorf, wo ich herkomme, is halt ähm die Zusammengehörigkeit immer sehr groß gewesen, also auch auf der Grundschule vor @allem@ hat sich dis ja alles erst so entwickelt, so Freundschaften (.) und ähm aufm Gymnasium fällt einem dis ein bisschen schwerer, weil teilweise die unterschiedlichen Bezirke, wo die herkommen ja doch ähm (.) verschiedene Einflüsse auf die Schüler haben (.) und zum Beispiel bei den Mädchen is ja, zwischen Mädchen und Jungs is immer wahrscheinlich nie so großes Vertrauen, weil ähm= (.) ja weil wir halt so wenig voneinander wissen und von uns preisgeben und deshalb äh is da immer sone Anspa- gewisse Anspannung zwischen uns also (.) ja. Keine richtige große Freundschaft wie man sie vielleicht kennt.

Florian erläutert hier vor dem Hintergrund seines individuellen Werdegangs die Ursachen für die Schwierigkeit, auf dem Gymnasium „Zusammengehörigkeit" zu entwickeln. Er beschreibt Einflüsse, die auf die Unterschiedlichkeit der Stadtteile zurückgeführt werden, und geschlechtsspezifische Differenzen (kein „großes Vertrauen" zwischen „Mädchen und Jungs"). Damit wird erstens vorweggenommen, dass die Frage, wie „Zusammengehörigkeit" entwickelt werden kann, für die Teilnehmer ein relevantes Thema ist. Zweitens scheint es in ihren Augen die Ausbildung von „Zusammengehörigkeit" zu erschweren, „wenig voneinander zu wissen" und voneinander „preiszugeben" – ein entsprechendes Verhalten wird so zum negativen Horizont. Drittens kommt es bereits an dieser Stelle zur Unterscheidung von „Mädchen" und „Jungs", die sich durch unterschiedliches Verhalten auszuzeichnen scheinen. Alle drei Aspekte bleiben im weiteren Verlauf der Passage zentral. Das lässt sich an an der Reaktion auf die an die biographischen Exkurse der drei Teilnehmer anschließende Nachfrage des Interviewers zeigen, welche Erfahrungen diese mit Gruppen im Bezirk gemacht haben (GD *Fuchs*, Passage 1, 40-74):

Y: Und habt ihr also habt ihr irgendwie Beispiele von so Gruppen oder kennt ihr Leute, oder seid ihr (.) selber in so ner Gruppe?

Bm: Also ich würd nich sagen, dass wir unbedingt in einer Peergroup sind, aber ähm ja, dis is schon gemeinsam dass wir ähm viele Interessen uns teilen können (.) also vor allem im Sommer, meine Freunde sind davon immer begeistert, ins Freibad zu fahren, also, wenn super Wetter is, is jedes Wochenende Freibad angesagt (.) und auch ähm zum Beispiel von der Musik her, von den Freizeitaktivitäten (.) und wenn man hier auch mal durch Orangenhain läuft, dann kommen einen manchmal auch viele Jugendliche entgegen, die sich auch in so nen Gruppen halt gebildet haben, sieht man ja dann meistens auch am Kleidungsstil, die ham meistens auch alle so vom gleichen Stil her sich angezogen, (.) und ja halt ham sich gemeinsam orientiert an einer Sache.

Y: Mhm zum Beispiel? Oder was: was für welche gibt=s da?

Bm: Also wie ich gerne zum Beispiel sage, die Prolls und die Frutten, die tun sich ja meistens irgendwie so zusammen;
Y: Die Frutten?
Alle: @(3)@
Bm: Dis sind (.) ähm Mädchen, die sich immer so n bisschen billig tun, also so vom Aus- also von Außen her ziemlich aufge:putscht aussehen und wahrscheinlich auch vom Charakter her son bisschen primitiv sind, also die zumindest mit nem Kerl sich immer abgeben und nich darüber nachdenken, was sie jetzt eigentlich tun oder so.
Y: Mhm.
Cm: Äh ja ne, Christian, du möchtest uns doch sicherlich noch was über den Ferdinandplatz erzählen; @(.)@
Bm: ⌊@(.)@
Am: Ja also ähm früher so, letzten Herbst hat dis angefang, dass ich äh öfters zum Ferdi gegangen bin, weil- also mit=m Kumpel von mir (.) und äh dann: hab ich da halt schnell neue Leute kennen gelernt, weil die alle offen sind und auch nich so-, also genau das Gegenteil von Frutten wie Florian gesagt, so primitiv, die sind sehr herzlich und offen, die nehmen gern auf, aber ähm so jetzt, Anfang Frühling, Ende Dezember hab ich so äh herausgefunden, dass dis alles nur Schein is, dass die sich einfach nur (.) einfach nur treffen und dis dann wird dann zur Gewohnheit, also is keine wirkliche Freundschaft.
Y: ⌊Hm.
Am: Dann dacht ich mir so, dis brauch ich nich, dann bin ich da raus gegangen, (.) u:nd nur noch ich bin jetzt nur noch in Kontakt mit denen, mit denen ich mich wirklich gut verstanden hab und ja, auch freundschaftlich so;

Zu Beginn des Abschnitts stellt Florian fest, dass die Diskussionsteilnehmer selbst „nicht unbedingt in einer Peergroup" sind, obwohl sie gewisse Dinge bzw. „Interessen" „gemeinsam" haben, weswegen man ihnen das also offensichtlich durchaus unterstellen könnte. Die Zurückweisung dieser Zuschreibung scheint allerdings im Kontext der Charakterisierung der „Gruppen" zu stehen, die sich in ihrem Viertel, Orangenhain, „halt gebildet haben" – später wird die eigene dann nämlich doch als „Peergroup" bezeichnet. In der Charakterisierung dieser „Gruppen" und insbesondere in der Konstruktion des Stereotyps der „Prolls" und „Frutten" wird zugleich eine erste Abgrenzung vollzogen. Im Unterschied zu den gemeinsamen Freizeitaktivitäten, die die Diskussionsteilnehmer zusammenbringen („ins Freibad fahren", „von der Musik her"), fänden sich diese in erster Linie über den Kleidungsstil zusammen – wenn auch einschränkend hinzugefügt wird, dass sie mitunter auch „gemeinsam an einer Sache orientiert sind". Die Orientierung an Oberflächlichkeiten, die den „Frutten" hier in Bezug auf ihre Vergemeinschaftungspraxis unterstellt wird, ist ein erster Aspekt des negativen Horizonts, der sich in dem Abschnitt dokumentiert. Diese Orientierung wird zudem mit einer nicht nur oberflächlichen, sondern gewissermaßen irrationalen Handlungspraxis und Seinsweise assoziiert, die ein zweiter Aspekt dieses Horizonts ist: „Billig zu tun", „vom Außen her aufgeputscht auszusehen" und „nicht nachzudenken, was sie tun" bzw. sogar „vom Charakter her bisschen primitiv" zu sein. Hier findet sich eine Homologie zu der Abgrenzung von einem „nicht intelligenten" Verhalten in den Gruppen *Blau* und *Marder*. Im weiteren Verlauf der Passage dokumentiert sich dann der positive Gegenhorizont: Mit Bezug auf die Erfahrungen eines Teilnehmers mit den Gruppen, „die sich am Ferdi treffen", wird festgestellt, dass „wirkliche Freundschaft" nicht nur über die oberflächliche, sondern auch über die *gewohnheitsmäßige* Übereinstimmung hinausgeht. Positiver Gegenhorizont zu dem den „Frutten" und „Prolls", aber auch einigen der Gruppen vom „Ferdi" zugeschriebenen Verhalten ist entsprechend, Beziehungen zu führen, die gerade nicht nur auf dem gewohnheitsmäßigen und/oder dem oberflächlichen oder vorgespielten Interesse am Anderen basieren. Es deutet sich hierin nicht zuletzt die Suche nach Gemeinsamkeiten an, die Freundschaft im Besonderen und Zugehörigkeit im Allgemeinen fundieren können.

Mit Blick auf den für die Gruppe charakteristischen Modus der Differenzsetzung und Attribution lässt sich ausgehend von dieser kurzen Passage für die gesamte Diskussion festhalten: Die Teilnehmer konstruieren erstens relativ stabile ‚soziale Identitäten', die sich hier ansatzweise an der Kategorie der Klassen- oder Schichtzugehörigkeit orientieren, auch wenn im Verlauf der Diskussion vor allem die Kategorie der Geschlechtszugehörigkeit zentral wird. Die Differenzsetzung wird allerdings zweitens und ähnlich wie in den Gruppen *Marder* und *Blau* immer wieder relativiert: So wird etwa die Annahme einer Differenz zwischen „den Jungen" und „den Mädchen" mit Verweis auf die eigene Biographie erklärt und festgestellt, dass die Diskussionsteilnehmer ihre Vorurteile nicht hätten, „wenn unsere Mädchen nicht so hinterlistig wären", also eine Rückbindung der Verhaltenserwartung an eigene Erfahrungen vorgenommen. Die Differenzsetzung fokussiert schließlich drittens vor allem unvernünftiges, dann aber auch nicht wahrhaftiges und nicht authentisches Verhalten. Es deuten sich hierin ähnlich wie in den Gruppen *Blau* und *Marder* stärker konturierte positive Gegenhorizonte an, als sie etwa für die Gruppen *Lagerfeuer* und *Zelt* rekonstruiert werden konnten. Die Differenzsetzung verweist insofern nicht auf eine diffuse Normalitätserwartung, es scheint vielmehr die Orientierung an einer „richtigen" Handlungspraxis durch, die hier allerdings *anders* als in den Gruppen *Marder* und *Blau* vor allem auf die Ebene der Kommunikation bezogen bleibt: „[E]twas voneinander zu wissen" und voneinander „preiszugeben", also offen und direkt zu sein und sich auf eine reziproke Kommunikationssituation einzulassen, sind Aspekte dieses geteilten positiven Horizonts.

Die Charakteristika des Modus der Differenzsetzung und Attribution lassen sich an der dritten Passage weiter konturieren. Es geht hier thematisch um das Verhältnis der Diskussionsteilnehmer zu ihren Mitschülerinnen (GD *Fuchs*, Passage 3, 14-53):

Bm: Ja, is aber auch manchmal nur, also bei mir isses sozusagen der Fall, ich weiß es ich weiß es nie, was ich von den Mädchen halten soll, weil (.) ähm einmal sagen sie man is voll nett und die kommt mit einem gut klar und dann hört man von den andern, hö der die hat dis über dich gesagt und dann denkt man auch so (.) okay danke für die Fassade, hättste mir auch ins Gesicht sagen können (.) und dann ähm is wieder dieses Vertrauen gebrochen, dann weiß man halt nich wie man dann mit den Menschen umgehen soll.
Y: ⌊Hm.
Bm: Und ich machs halt immer so wenn ich: also ich sags halt meistens auf so ne sarkastische Art und Weise, ich meins aber nich böse, ich meins eigentlich nie böse wenn ichs böse meine, würde ich ins Gesicht gucken und ernst bleiben, aber meistens lach ich ja darüber und die empfinden dis aber so, dass ichs ernst meine @(.)@
Am: ⌊@(.)@
Y: Wie was sagst du?
Bm: @(.)@ Na: ähm, also ich mach die immer so n bisschen fertig, also ich sag jetzt
Cm: ⌊( ) So Freunde ( )⌋
Bm nich, also- ich meine wenn die zum Beispiel sagen wie siehtn dis Bild aus (.) oder die sagen, ich bin zu dick, dann sag ich, ja bist voll fett, guck dich doch mal an guck mal in Spiegel @oder so, weil@ wenn man dann sagt stimmt gar nich,
Am: ⌊@(2)@⌋
Bm: dann sagen se nee, guck doch mal richtig hin und so, dann sagt man lieber gleich was @Böses@ dann isses wieder so (.) aber halt so komm ich mit denen klar, halt so kann ich so ne Art Distanz schaffen so, ehe dann irgendwas anderes passiert.
Am: @(2)@
Bm: @(2)@ Ma::nn lass mich.@(.)@ Oh @(.)@ (.) Ähm. (.) Hm °wie soll ich das sa-°
Am: ⌊@(.)@⌋ ⌊Eine zu starke Bindung aufbauen, dass man eh-
Bm: ⌊Genau.⌋ ⌊Dass man wenn man sich dann irgendwie-
Am: Naja zum Beispiel, we::nn du freundest dich mit der Person an (.) und zum Schluss stellt sich heraus, dass es eine hinterlistige Schlange is, obwohl dus nie gedacht hättest und dich eigentlich nur verarscht die ganze Zeit, also (.) tut so auf freundlich, ja:: na wie geht's dir so und dann lästert sie über dich, so was zum Beispiel.
Y: Habt ihr da habt ihr dis erlebt schon oder ist dis eher so=n;
Bm: Ja.
Am: Ja.
Bm: Ziemlich oft @(.)@ oder dass man halt ähm wie Christian schon sagt, ne halt ziemlich starke Bindung aufbaut und dann irgendwann so naja okay dis is scheiße grade (.) ich will was machen, aber halt nich ohne sie (.) und dann ähm ja dann merkt man halt (.) die akzeptiern mich vielleicht nur als Kumpel, aber mehr auch nich und dann ist halt natürlich wieder dann kaputt wegen der Freundschaft, weil man dann dis dann vernünftiger Weise dann sagt oder so und dann (.) die Meinung von der andern dann halt so dagegen is. So was passiert halt schnell.

Die Teilnehmer distanzieren sich in diesem Abschnitt von „den Mädchen", denen auch über den Klassenkontext hinaus eine kollektive Handlungspraxis zugeschrieben wird. Der negative Horizont, der sich in dieser Abgrenzung dokumentiert, umfasst, „hinterlistig" zu sein, andere Leute „nur zu verarschen die ganze Zeit", indem man „auf freundlich tut", aber über die Person „lästert", wenn also das Verhalten eine „Fassade" ist und man das „Vertrauen bricht". Zudem wird in der Skizzierung des Umgangs mit unterschiedlichen Ansprüchen in Jungs-Mädchen-Beziehungen auch der positive Gegenhorizont zu „oberflächlichem" und nicht-wahrhaftigem Verhalten weiter ausgeführt: Es wird festgehalten, dass man an irgendeinem Punkt „vernünftiger Weise" sagt, was man will – hier fällt vernünftig und wahrhaftig zu sein in eins. Zudem dokumentiert sich darin die Bedeutung der richtigen Kommunikation: „Vernünftig" zu sein, bedeutet, „richtig zu reden", und das heißt, nicht nur zu sagen, was man meint oder will, sondern auch die Reziprozität von Kommunikation anzunehmen.

Dass an mehreren Stellen die Geschlechtszugehörigkeit als Differenzlinie eine Rolle spielt, weist nun auf eine ausgeprägte Ähnlichkeit zur Distinktionspraxis in Gruppe *Marder* hin: Kollektivität scheint auch in Gruppe *Fuchs* in erster Linie in den strukturidentischen Erfahrungen der Geschlechtszugehörigkeit begründet – allerdings gleichzeitig permanent und strukturell bedroht, denn mit Blick auf die Enaktierung eines Verhaltens, das im positiven Horizont der Gruppe steht, ist bemerkenswert, dass die Teilnehmer, weil sie sich dem Kontakt mit den „Mädchen" nicht entziehen *wollen* und jene sich offenbar nicht ändern *können, selbst* beginnen, nicht-wahrhaftig zu sein. Um sich davor zu schützen, eine „zu starke Bindung" zu „Mädchen" aufzubauen, sagt Florian auf eine „sarkastische Art" „lieber gleich was Böses". Er verstellt sich also und meint nicht „ernst" was er sagt, verhält sich mithin im Grunde wie die „Mädchen" selbst, um auf diese Weise eine „Art Distanz" zu schaffen. Ähnlich wie in den Gruppen *Marder* und *Blau* dokumentiert sich in dieser Passage mithin eine unaufgelöste Spannung zwischen unterschiedlichen Orientierungskomponenten: Der Gegenhorizont des rationalen Dialogs orientiert die Handlungspraxis der Jungen der Gruppe *Fuchs* zwar als *implizites Ideal*, kann aber nicht oder nur teilweise enaktiert werden, auch weil auf der anderen Seite das Bemühen darum, Zugehörigkeit zu stabilisieren und Unsicherheit in sozialen Beziehungen zu reduzieren, stark ausgeprägt ist: So lässt sich der wiederkehrende Hinweis auf die Bedeutung des Vernünftig-Seins auch als Dokument für die Orientierung an einem *erwart- und kontrollierbaren* Verhalten lesen.

Exemplarisch dokumentiert sich diese Spannung auch in der zweiten Passage, in der die Teilnehmer den Fall eines Klassenkameraden diskutieren, der sich in die Klasse „nicht integrieren" lässt, wie sie es ausdrücken (GD *Fuchs*, Passage 2, 12-30):

Bm: Na, wir ham inner Klasse, bei dem ham wir=s halt schon oft durch Klassenkonferenzen versuchen müssen, ihn zu integrieren in unsere Gruppe, (.) aber teilweise isses dadurch schlimmer geworden, weil immer wenn wir irgendwelche Forderungen gestellt haben, er hat ja auch welche an uns gestellt, dass wir ihn akzeptieren sollen, wie er is (.) und dafür sollte er uns dafür nich dafür immer so ähm (.) stalken, weil bei ihm is immer so dis Problem gewesen, er is uns immer nur hinterher gelaufen also was er gemacht hat, war ihm egal, er wollte einfach nur bei uns rumstehn und dis hat irgendwie unsere Privatsphäre immer son bisschen gestört, also wir ham uns gestört gefühlt von ihm (.) und [räuspert sich] wir sollten ihn dann integrieren, dann hat der sich aber teilweise noch sehr viel rausgenommen, is frech geworden oder so, (.) und dis gefällt uns natürlich auch nich so, weil (.) wir können nichts dafür, er hat keine, nich dieselben Interessen wie wir, (.) er hat auch glaub ich [räuspert sich] er zockt vielleicht nur mal n paar Spiele oder so, die vielleicht schon auch mal n paar von uns gespielt haben, (.) also ich zock ja

Am: ⌊Mhm.⌋

Bm: nix @(.)@ und (.) weiß nich, dis is wahrscheinlich dis Einzige, was er vielleicht mit uns gemeinsam hat, aber der Rest is halt vollkommen anders, er is son wie wir sagen Muttersöhnchen, son kleines. Also bei jeder Sache, die er klären soll, schickt er seine Mutter vor, (.) und ähm, ja. (.)

Y: Also es hat nich geklappt;

Bm: Klappt nich so, nee.

In der Passage ist greifbar, wie die Teilnehmer einerseits versuchen, die Perspektive Alexanders zu übernehmen, andererseits strukturell der Perspektive des Kollektivs *auf ihn* folgen. Im Zentrum steht an dieser Stelle die Frage, wer dazugehört: Negativer Horizont, der an Mitschüler Alexander exemplifiziert wird, ist zunächst ein der sozialen Beziehung zwischen den Teilnehmern und ihm nicht angemessenes und in diesem Sinne *anmaßendes* Verhalten: „[E]in-fach nur rumzustehen" und die „Privatsphäre" der anderen zu stören bzw. diese zu „stalken" und dann „frech zu werden", wenn die anderen nicht reagieren, oder „auch noch Forderungen" zu stellen, ohne dass hierfür offenbar eine Grundlage besteht. Wie bereits in der Interpretation der ersten Passage deutlich geworden ist, reicht es um dazuzugehören in der Perspektive der Teilnehmer nicht, *gewohnheitsmäßig* (hier über den Klassenkontext) dabei zu sein, es muss vielmehr etwas geben, das darüber hinaus Gemeinsamkeit stiftet oder begründet: Die Grundlage, auf der sich Gruppen zusammenfinden, die „gleichen Interessen", gehen im vorliegenden Fall zwischen ihnen bzw. dem Rest der Klasse und Alexander aber „zu weit auseinander". Sehr viel konkreter werden die Aussagen dazu allerdings nicht, nur an einer Stelle wird angedeutet, dass Alexander „zwar auch mal paar Spiele oder so [spielt], die vielleicht schon auch mal n paar von uns gespielt haben". Das wird aber als „das Einzige" festgehalten, „was er vielleicht mit uns gemeinsam hat, aber der Rest is halt vollkommen anders". Im Grunde geht es aber weniger um das, *was* Alexander tut, als vielmehr um die Art, *wie* er es tut. Die Abgrenzung erfolgt hier ganz ähnlich wie in den Gruppen *Blau* („Stil") und *Marder* („Niveau") gegenüber einer bestimmten *Form* des Verhaltens und insbesondere gegenüber einer Form der Kommunikation (GD *Fuchs*, Passage 2, 31-58):

Am: Aussprechen will er sich auch nich, (.) das ist ihm (.) der möchte sich einfach nich äußern zu den ganzen Situationen, und da versteh ich nich, wenn er sich integrieren will, (.) also wir solln ihn integrieren, äh ich versteh nicht wie dis soll wie dis funktionieren soll, wenn der auch nichts mehr macht wenn er nichts sagt und so;
Y: Jetzt mit den Klassenkonferenzen, da habt ihr über oder habt ihr mit ihm gesprochen oder über ihn?
Am: Mit ihm.
Cm: Mit ihm, über ihn eigentlich.
Bm: ⌊Und der Klassenlehrer aber-
Am: ⌊Und der war auch einmal dabei.
Bm: Dis Problem war ja, dass Alexander nie was gesagt hat dazu. Er saß immer nur still da, (.) hat vielleicht zugehört, (.) aber mehr auch nich, also er hat sich nie dazu geäußert, auch in der Schule, unser Herr Lehrer hat, ja gesagt, dass wir mit
Am: ⌊Herr Lehrer @(2)@⌋
Bm: ihm reden sollen, dann ham wir auch gemerkt, dass er wirklich bevorzugt wird, weil er in Ethik (.) bei bestimmten Themen (.) Sexualität war=s zum Beispiel so, hat sich jeder gemeldet, außer er und er hat nie was dazu gesagt,
Y: Hm.
Bm: Und dis finden wir dann auch wieder so, wir geben was von uns preis und dafür sitzt er still da, nimmt dis vielleicht auf, er denk denkt sich dann was von uns, aber er selber äußert sich nich dazu und da unser Lehrer ihn nich integriert hat, find ich eigentlich auch ziemlich scheiße, weil (.) dis is so ne Sache wo man mal sowas Interessen teilen könnte oder so, wo man sich mal unterhalten kann (.) und dann hat der Lehrer aber ihn aber immer so sitzen lassen so von wegen okay er is hier unter Quarantäne oder so und ihr seid jetzt hier meine Klasse und ihn lasst ihr aber in Ruhe, aber er muss jetzt auch nichts sagen (.)
Y: ⌊Hm.⌋
Bm: Und dis fand ich schon auch n bisschen komisch, weil dis is dann auch wieder so ne, (.) is keine Integration von ihm dann gewesen. (.) Ja.

Es geht hier wiederum um das „Preisgeben": Dass Alexander von den Lehrern in einer besonderen Art und Weise geschützt bzw. bevorzugt wird und etwa „in Ethik" *nichts* von sich „preisgeben" muss und behandelt wird, „als sei er unter Quarantäne", wird als besonders ungerecht wahrgenommen, und wirkt hier fast schon als Begründung dafür, dass er nicht „integriert" wird oder werden kann. Darüber hinaus stellen die Teilnehmer fest, dass Alexander sich „zu den Situationen" einfach nicht äußern möchte, „nichts zu den Vorwürfen sagt". Das ist für die Teilnehmer nicht nachvollziehbar und ein geteilter negativer Horizont der Gruppe. Mit anderen Worten: Zu „reden", das heißt, sich einem *vernünf-*

tigen Gespräch auszusetzen und die Reziprozität von Kommunikation nicht zu verweigern, wird damit erneut als der positive Gegenhorizont bestätigt, auch im Sinne einer Vorbedingungen für die „Integration" als ‚normaler' Mensch. Es schwingt dabei auch mit, dass, wer zu dieser Art der Kommunikation nicht fähig ist oder sich ihr verweigert, mit Ausgrenzung *rechnen* muss.

Anders als in den Gruppen *Gelb* oder *Lagerfeuer*, in denen dem Individuum selbst die Verantwortung für Ausgrenzung und Diskriminierung zugeschrieben wird, wird in Gruppe *Fuchs* allerdings die Verantwortung des Kollektivs explizit thematisiert: Sie sind die Ausgrenzer, wie jede Peergroup, aber nur, weil sie ihn nicht integrieren können, wie sie im weiteren Verlauf der Passage dann mit Bezug auf nicht nur „gleiche Interessen", sondern auch geteilte *habituelle Praktiken* – und nicht etwa körperliche Besonderheiten – darlegen. Ähnlich wie in den Gruppen *Blau* und *Marder* wird zudem versucht, die Unterschiede zwischen Alexander und den Teilnehmern mit Verweis auf Alexanders Biographie und seine Lebenssituation zu erklären (GD *Fuchs*, Passage 2, 74-100):

Bm: Und er war ja in der Siebten also n ganz guter Freund von mir, also, weil ich (.) da fand ich ihn immer nett und dann hab ich auch teilweise gesehen, was seine Mutter immer macht, also teilweise hab ich, dis war mir vollkommen unangenehm, da saß er vorm Computer, hat mir was gezeigt, kam seine Mutter rein, hast du schon alle Hausaufgaben gemacht und hat wirklich sein Hausaufgabenheft kontrolliert ob da was drin steht für nächste Woche oder so, dis war mir dann auch schon n bisschen, (.) warum wehrt der sich nich dagegen? Oder warum sagt der da nich mal was? Und dis hat mir dann auch gezeigt, dass er nich so n Willen aufbauen kann mal seine Meinung zu äußern. also er sagt vielleicht was und wenn er mal so was äußert, dann isses immer so ne klugschei- klugscheißerische Art, dann heißt- dann stellt der uns immer so als blöd hin, (.) also (.) weiß nich; (2)

Y: ⌊Hm.⌋

Bm: (.......) °kann ich nich so akzeptieren°

Cm: ⌊Wie Florian gerade gesagt hat sein Problem is, er kann sich nich kontrokontrolliert seine Meinung äußern, also oder wenn, dis passiert auch (.) wenn wir ihn mal so=n bisschen runtermachen oder so, (.) sagt er nichts, äh nimmt das so hin (.) und irgendwann is halt dis Maß voll und dann wird der aggressiv, aber dann richtig, dann greift der uns richtig an und so (.) dis is auch letztens auch wieder passiert.

Am: Immer auf die Schwachen @(4)@

Bm: @(2)@

Cm: Was? @Ja@, (   ) is auch der, der immer die Klappe am größten hat also wenn äh und dann äh also er sagt halt er sagt halt nichts dagegen, also man könnte fast dis Gefühl bekommen, dis is dem egal, aber dann halt irgendwann isses dann halt zu viel und dann greift der uns an und dann (.) sein Problem is, (.) der kann halt nich seine Meinung äußern und ähm da würd ich ja fast soweit gehen zu sagen, dis is fast gar nich seine Schuld, sondern dis is einfach die Schuld seiner Erziehung, dass er zu viel was bemuttert wurde oder so;

Y: Hm.

Cm: Und äh, dass er dadurch irgendwie keinen eigenen Willen oder=so, sondern=dass er dann, ja dass er einfach nich widersprechen kann (.) und dis is-

Das Verhalten des Einzelnen, das von den Normalitätserwartungen der Teilnehmer abweicht, wird an dessen biographische Erfahrungen und seine Lebenssituation rückgebunden: Es kann sein, dass Alexanders Unfähigkeit zur „richtigen" Kommunikation oder sein „falsches" Verhalten „einfach die Schuld seiner Erziehung" sei und „dass er zu viel bemuttert wurde". Durch die Thematisierung der biographischen Dimension seines Verhaltens wird die Einzigartigkeit Alexanders und damit seine ‚persönliche Identität' in den Blick genommen und ein Ineinsfallen von Stereotyp und Individuum verhindert. Allerdings deutet sich ähnlich wie in Gruppe *Marder* keine Möglichkeit der Überwindung dieses biographisch bedingten Verhaltens an. Es bleibt insofern wie in den Gruppen *Blau* und *Marder* bei der angedeuteten Ambivalenz: Die Möglichkeit der Wahrnehmung der Besonderheit des Einzelnen wird begrenzt durch die (implizite) Orientierung an „ordentlichem", „vernünftigem" Verhalten, das in Gruppe *Fuchs* insbesondere auf die Form der Kommunikation bezogen ist. Im vorliegenden Abschnitt dokumentiert sich das auch in der Abgrenzung von Alexanders Verhalten, das zugleich negativer Horizont ist, nämlich „nicht kontrolliert seine Meinung sagen" und nicht „vernünftig" kommunizieren zu können.

Zentrale Aspekte des kollektiven Orientierungsrahmens

In der Differenzsetzung in Gruppe *Fuchs* stehen unterschiedliche Formen von nicht wahrhaftigem und nicht „vernünftigem" Verhalten im Vordergrund, die verschiedenen ‚sozialen Identitäten' zugeschrieben werden. Dabei ist ähnlich wie in Gruppe *Marder* der Bezug auf die Geschlechtszugehörigkeit zentral. Wie dort und in Gruppe *Blau* kommt es auch in Gruppe *Fuchs* unter anderem durch den Verweis auf die Biographien der Individuen, die im negativen Horizont der Gruppe stehen, als Ursache für das ihnen zugeschriebene und von Normalitätserwartungen abweichende Verhalten zu einer *Relativierung* dieser Zuschreibungen. Als geteiltes implizites Wissen, das die Herstellung von Zugehörigkeit anleitet, dokumentiert sich in diesen Horizonten der Selbstverortung eine *primäre* Orientierung an „vernünftigem" Verhalten, das soziale Beziehungen kontrollier- und ihre Entwicklung erwartbar macht. Die Rekonstruktion der Diskussion macht nun deutlich, dass für die Teilnehmer der Gruppe *Fuchs* anders als für die Gruppen *Marder* und *Blau* gesellschaftliche Konventionen oder etablierte Autoritäten kaum eine Rolle spielen. Im Fokus steht hier vielmehr die Fähigkeit der Einzelnen, sich in direkter und wahrhaftiger Kommunikation einander zuzuwenden. Auffällig ist dabei allerdings, dass die Enaktierung dieses Verhaltens nicht nur anderen, wie Mitschüler Alexander, der sich der Diskussion mit seinen Klassenkameraden nicht stellt, oder „den Mädchen", die in der Kommunikation nicht wahrhaftig sind, sondern wie in den Gruppen *Blau* und *Marder* auch den Teilnehmern *selbst* kaum möglich zu sein scheint. Insofern lässt sich die Orientierung am rationalen Dialog *als implizites Ideal* fassen und die darin zumindest angelegte Wahrnehmung der Besonderheit des Einzelnen findet letztlich in der Paralellisierung von vernünftigem Verhalten und dem für die eigene Gruppe charakteristischen Stil bzw. den charakteristischen habituellen Praktiken eine Grenze. Es wird zudem eine weitere Spannung deutlich, wie sie in homologer Weise auch in den Gruppen *Blau* und *Marder* dokumentiert: So zeigt sich zwar, dass sich die Teilnehmer an unexplizierten gemeinsamen, d.h. kollektive Orientierungen orientieren, die in gemeinsamen (habituellen) Praktiken fundiert sind. Auf der anderen Seite scheinen diese kollektiven Orientierungen aber bedroht zu sein und müssen nicht zuletzt über Distinktion und Stereotypisierungen stabilisiert werden.

6.1.7 Gruppe Birke: Fremdzuschreibung als Praxis und als Erfahrung

Der Kontakt zur Gruppe *Birke*, die aus neun Mädchen im Alter von 15-18 Jahren, besteht (Af: Susi; Bf: Maria; Cf: Beate; Df: Chrissy; Ef: Irina; Ff: Steffi; Gf: Eva; Hf: Kati; If: Sunny), kam über eine Jugendfreizeiteinrichtung zustande. Der Diskussion gingen mehrere Telefonate sowie ein längeres Treffen mit den Verantwortlichen des Jugendzentrums voraus. Das Gespräch mit den Jugendlichen fand schließlich im Juni 2010 an einem Nachmittag in der Woche in einem Sportraum des Jugendzentrums statt. Die Gruppe traf sich hier regelmäßig zum HipHop-Tanzen unter Anleitung:

Als ich in den Raum komme, sind fünf Mädchen versammelt, die Tanztrainerin, mit der ich vorher telefoniert und die meinen Besuch angekündigt hatte, ist auch noch anwesend, lässt mich dann aber mit den Mädchen allein. Während und kurz nach der erklärenden Einleitung zu mir und meinem Forschungsprojekt, die ich der Diskussion vorausschicke, kommen noch drei Mädchen dazu. Der Raum ist etwa vier Meter hoch und sechzig Quadratmeter groß und wie eine Mischung aus Turnhalle und Theater eingerichtet: An der Decke hängen einige Scheinwerfer, in der Ecke liegen Turnmatten, an einer Seite ist die Wand mit Spiegeln verkleidet, in der Mitte des Raums stehen ein Bartisch und ein paar Hocker. Die Mädchen stehen und sitzen in Sportklamotten vor und auf einer et-

wa fünf mal fünf Meter großen Bühne, die nach Angaben der Trainerin für eine bevorstehende Aufführung aufgebaut wurde. Sie scheinen sich nicht ganz sicher zu sein, was sie von mir zu erwarten haben, als sei ich ein Erwachsener, der sie bei einer Freizeitaktivität stört, die Erwachsene normaler Weise nicht interessiert. Im Laufe der kurzen Vorstellung meiner Person und des Projekts und während ich das Aufnahmegerät aufbaue, wechseln einige der Teilnehmerinnen ihre Position und verteilen sich im Raum: Ein Teil bleibt auf der Bühne hocken, einige setzen sich auf die Barhocker oder auf den Boden um den Bartisch herum, auf dem das Aufnahmegerät steht. Ich hocke ebenfalls auf einem Barhocker an diesem Tisch. Die meisten der Mädchen bleiben in relativ weiter Entfernung zu mir.

Der erste Eindruck der Skepsis gegenüber dem Interviewer relativiert sich im Lauf der Diskussion etwas, die Mädchen fangen schnell an, sich über verschiedene Themen zu unterhalten, ohne den Interviewer dabei direkt zu adressieren. Die Diskussion ist zwar sehr selbstläufig, verbleibt aber in weiten Teilen auf der Ebene der Argumentation, es kommen also wenige Beschreibungen oder Erzählungen über (gemeinsam gemachte) Erfahrungen zur Sprache und auch gemeinsame Freizeitaktivitäten, an denen alle Mädchen beteiligt sind, werden nur sehr eingeschränkt zum Thema. Die Diskussion wird von vier Teilnehmerinnen dominiert (Susi, Maria, Beate und Chrissy), die in dieselbe Klasse gehen und sowohl die größten Redeanteile haben, als auch die meisten Themen initiieren.

Modus der Differenzsetzung und handlungsleitende Orientierung der Gruppe

Die Tatsache, dass sich die Diskussion der Gruppe *Birke* über weite Strecken auf der Ebene der Argumentation bewegt, aber auch die geringe Beteiligung etwa der Hälfte der Teilnehmerinnen erschwert die Rekonstruktion eines geteilten Orientierungsrahmens der Gruppe. Mit Blick auf die Form der Differenzsetzung und Attribution lässt sich jedoch festhalten, dass eine ganze Reihe von Zugehörigkeiten im Sinne ‚sozialer Identitäten' konstruiert werden, die mit stereotypen Verhaltenserwartungen verknüpft sind. Gleichzeitig werden diese Verhaltenserwartungen und wird damit auch die Abgrenzung zu den damit identifizierten Gruppen immer wieder mit Bezug auf eigene Erfahrungen mit Fremdzuschreibungen relativiert, wie exemplarisch bereits in der ersten Passage deutlich wird (Gruppe *Birke*, Passage 1, 54-79):

Df: Also ich bin also sagn wirs mal so ähm ich ich hab immer noch dieses Vorurteil im Westen gibts nur Türken die auf blonde Weiber stehn das is einfach so (.) und
Bf, Cf: ⌊@(.)@⌋

Df: wenn Du wirklich na- ich hatte bisher keine guten Erfahrungen wenn ich in Westen gefahren bin da gabs wirklich (.) sozusagen nur Türken und=ähm dann wirste halt viel von denen angemacht und dis hatn hatte sie ja auch schon-
Ef: ⌊Buä hör bloß auf Alter.
Cf: ⌊@(.)@
Y: Ja, was denn?
Ef: Mann dis is einfach nur dieses ja äh keine Ahnung die sehn dich finden dich
Df: ⌊Dieses Macker-⌋
Ef: hübsch oder geil oder was auch immer und dann ey: ja komm willste (.) vögeln im Prinzip und das geht einem halt ua- einem halt auf die Nerven.
Cf: ⌊@(.)@⌋
Df: Und dis haste im Westen schon ganz schön oft.
Ef: ⌊Jo.
Cf: Das merkt man auch richtig wenn man mit der Bahn reinfährt- @das is echt dis merkt man@. Da sieht man-
Bf: ⌊Ja also da trifft man- trifft man finde ich voll auf die Grenzen wenn zB auch ein oder ein- na ja sagen wir mal ein Junge türkischer
Cf: ⌊Ja.⌋
Bf: Herstammung hier ist wird er hier sofort angemacht also ne Freundin war mal mit ihrem Bruder hier unterwegs und er ist halt Türke und sie wurde in Ruhe gelassen obwohl sie auch brau- also sie war (.) na ja hatte halt mehr <u>dunklere</u> Haut und er war Türke und er wurde sofort angemacht in Orangenhain mit ja was willst du hier und ja. Also da sind die Grenzen doch noch klar.

Der vorliegende Abschnitt wird eingeleitet von einer Proposition Chrissys, die sie selbst als „Vorurteil" gegenüber „dem Westen" kennzeichnet, nämlich dass es dort „nur Türken" gäbe. Mit der Kennzeichnung ihrer Zuschreibung als „Vorurteil" deutet sich eine Distanzierung der Teilnehmerin von ihrem eigenen Urteil an, handlungspraktisch wird dann aber doch die entsprechende Zuschreibung vorgenommen: Wenn Chrissy „in Westen gefahren" ist, waren da erstens „wirklich nur Türken" und zweitens wird man „halt viel von denen angemacht". Es wirkt insofern zunächst so, als würde Chrissy in der Distanzierung vor allem eine sozial erwünschte Ausdrucksweise übernehmen, möglicherweise mit Blick auf den Interviewer, der mit einer diesem „Vorurteil" gegenüber kritischen Haltung identifiziert wird. In der gesamten Passage zeigt sich aber, dass es eine Spannung zwischen der handlungspraktisch vorgenommenen Abgrenzung und Stereotypisierung auf der einen und deren Relativierung auf propositionaler Ebene auf der anderen Seite gibt, die für den Modus der Differenzsetzung der Gruppe charakteristisch zu sein scheint. Mehr noch dokumentiert sich in der Beschreibung der Handlungspraxis „der Türken" durch Chrissy und den Validierungen durch Maria, Beate und Irina nicht nur eine stereotypisierende Auffassung von ethnischer Zugehörigkeit, sondern auch ein geteilter negativer Horizont der Gruppe, der sich etwa wie folgt charakterisieren lässt: Jemanden „anzumachen" und ein Individuum qua Aussehen zur Gruppe der „hübschen oder geilen" Mädchen zuzordnen und diesen zugleich zuzuschreiben, sie seien sexuell verfügbar. Die Teilnehmerinnen distanzieren sich hier also von einer Praxis der Zuschreibung von stereotypen Verhaltenserwartungen aufgrund von Äußerlichkeiten, obwohl sie selbst eine entsprechende Zuschreibung vornehmen.

Mit Blick auf die Form der Differenzsetzung und Attribution lässt sich ausgehend von dieser Passage für die gesamte Diskussion festhalten: Es werden ‚soziale Identitäten' konstruiert, wobei die Teilnehmerinnen sich immer wieder auf die Kategorie der ethnischen Zugehörigkeit beziehen: Zunächst geht es um „Ausländer" im Allgemeinen und „Türken" im Besonderen, im Laufe der Diskussion aber vor allem um die Kategorien der „Ossis" bzw. „Wessis". Zugleich problematisieren die Teilnehmerinnen entsprechende Zuordnungen, worin sich auch ein implizites Wissen um die Differenz von stereotyper Verhaltenserwartung, die mit der Zuschreibung einer‚sozialen Identität' etwa qua Aussehen verbunden ist, und dem tatsächlichen Verhalten von Individuen dokumentiert. Dieses Wissen scheint immer dann durch, wenn die Diskussionsteilnehmerinnen die Ebene der Argumentation verlassen und in Erzählungen oder Beschreibungen auf eigene Erfahrungen mit Fremdzuschreibungen zurückgreifen, wie mit Blick auf die Kategorisierung als „Ossis", der die Teilnehmerinnen offenbar ausgesetzt waren und sind, und die insbesondere im ersten Viertel der Diskussion diskutiert wird (GD *Birke*, Passage 2, 23-50):

Af:	Im Fernsehen isses auch schon ziemlich krass öh:m da wern die äh Ostberliner Bezirke auch immer total runtergemacht gerade in Oststadt-Orangenhain dis is
Df:	⌊Mhm. ⌋ |
Bf:	⌊Ja. (.)⌋
Af:	⌊Ja. (2) Ja Orangenhain.⌋
Ef:	⌊Ja Orangenhain ( ) der soziale Brennpunkt.⌋
Af	ganz schlimm da wern die schlimms- ja genau da wern die schlimmsten und
?f:	⌊Ja asozial hoch ( )⌋
Af:	blödesten Ecken aus unserem Bezirk ähm gezeigt dies aber in jedem Bezirk gibt
Bf:	⌊Ja.⌋
Af:	wo=anders und die @schönen@ Seiten die zeigen sie nie auch in Zeitungsartikeln dis is ganz schlimm.
Df:	⌊Ja weil ich find ich find zum Beispiel Orangenhain <u>is</u> gar nich so schlimm ich
Bf; Af:	⌊Nö.⌋
Df:	find Orangenhain isn richtig schöner Bezirk ähm und (.) ich-
Ef:	⌊Na wenn Du nach Harzberg fährst da isses-
Bf:	⌊Ja da isses viel schlimmer.
Af:	⌊Viel schlimmer.

Df: Ja und ich find ähmm nä=da=w die nehm wirklich immer die Familien in ähm:: in Fernsehen die die wirklich ähm anner Grenze leben zum Beispiel ähm da komm die mit Hartz IV nich klar ich kenn ähm also zum Beispiel bei mir meine El- Mom is auch Hartz IV Empfängerin und sie kommt mit dem Geld super klar.

Ef: Ja meine Mutter is auch Hartz IV Empfängerin und wenn ich jetz sage ich will hier Geld sie drückt mir 20 Euro in die Hand und (.) ja dis kriegen andere Kinder: nich.

Af: Nja sie zeigen immer nur die Klischees.

Bf: Ja auf jeden Fall sie=s sie bestätigen ich find sie bestätigen dadurch auch die Meinung ähm von den Leuten die im Westen leben weil die kriegen dann davon sone Meinung.

Af: ⌊Und umgekehrt.

Die Praxis, die in der Passage vor allem „dem Fernsehen" zugeschrieben wird, sich „die schlimmsten und blödesten Ecken" im Bezirk herauszusuchen und als repräsentativ darzustellen, obwohl es auch andere gibt, oder gerade die Familien zu porträtieren, „die anner Grenze leben", obwohl es auch andere gibt, also von einem Teil-Aspekt auf das Ganze zu schließen, wird von den Teilnehmerinnen kritisiert: Sie stellen ihre eigenen Erfahrungen gegen diese mediale Darstellung und fühlen sich und ihre Lebensrealität nicht angemessen abgebildet. Darin lässt sich durchaus eine Homologie zur Problematisierung der Praxis der Fremdzuschreibung von Individuen auf propositionaler Ebene in der ersten Passage sehen: Der negative Horizont, der sich hier dokumentiert, beinhaltet, ein Individuum vollständig mit einem von Normalitätserwartungen abweichenden Aspekt seines Verhaltens und damit mit einer zugeschriebenen ‚sozialen Identität' zu identifizieren. In der Passage zeigt sich zudem ein Wissen um die Dynamik entsprechender Konstruktionsprozesse, denn die Reziprozität der Abneigung geht in den Beschreibungen der Teilnehmerinnen nicht der Praxis der Differenzsetzung voraus, sondern entsteht erst durch sie. Anders ausgedrückt: Wenn die Leute „aus dem Westen" nicht anfangen würden, sie als „Leute aus dem Osten" zu identifizieren, und die Medien nicht eine entsprechende Meinungsmache in Gang setzen würden, gäbe es in den Augen der Teilnehmerinnen kein Problem. So aber fangen die Teilnehmerinnen bzw. die „Leute aus dem Osten" irgendwann *selbst* an zu denken, „Westen is scheiße – und nehmen dann auch, wie im weiteren Verlauf der Passage, *selbst* eine vergleichbar pauschale Zuschreibung vor (GD *Birke*, Passage 2, 51-64):

Bf: Ja ich find wenn man zum Beispiel im Westen wo=auf ich mein da is ja auch ne Jugend also ich find da geht es definitiv um einiges krasser zu als in Berlin da gibt=s 12jährige aufn Dörfern die ha- weiß nich die nehmen Gras und Alkohol und sonst was mit 12 dis haste in Berlin vielleicht nich so vertreten ich mein man muss sich auch einfach nur n bisschen informieren ähm denn wenn man sich n bisschen informiert denn weiß man das Orangenhain die kleinste Kriminellenrate zum Beispiel von allen Bezirken hat. (...)

Ef: ⌊Echt?
Af: ⌊Ja von den Autobränden und so was.
Bf: Und die kleinsten Ausländerraten ich finde es ist das Wissen das fehlt und dadurch hören die sich irgendsone Meinung an sehen irgendwie son Taff um 17 Uhr im Fernsehen und dann denken sie Orangenhain is asozial und dann ham sie
Y: ⌊Mhm.⌋
Bf: ihre Meinung.
Af: ⌊Mhm.

Wenn die Diskussionsteilnehmerinnen behaupten, in Harzberg sei es „viel schlimmer" oder die „Jugend auf den Dörfern im Westen" sei „um einiges krasser" als die in Orangenhain, handelt es sich um eine ebenso grobe Verallgemeinerung, wie die von ihnen erlebte Fremdkategorisierung als „Ossis" durch Verwandte oder die Medien. Hier zeigt sich also die bereits angesprochene Ambivalenz: Auf der einen Seite steht die eigene Praxis der Konstruktion von ‚sozialen Identitäten' wie die der „Türken" oder der „Leute aus dem Westen". Auf der anderen Seite steht die Kritik an der Nicht-Wahrnehmung der Besonderheit des jeweiligen Individuums, das eben nicht qua Aussehen oder Wohnort einem Kollektiv zugeschrieben werden soll.

Allerdings bemühen sich die Teilnehmerinnen ähnlich wie die Jugendlichen der Gruppen *Marder, Blau* und *Fuchs* an mehreren Stellen um eine Relativierung der eigenen Zuschreibungen, wenn diese auch nur ansatzweise gelingt, wie etwa in einer Passage deutlich wird, in der es um die Handlungspraxis der Angehörigen der Jugendkultur der „Emos" geht (GD *Birke,* Passage 3, 1-33):

Y: Und aber=sa- gibt=s irgendwie:: Situationen wos: wo ihr vielleicht schon Konflikte oder Probleme habt mit Personen oder Gruppen oder: gibt=s so was aus eurer Erfahrung,
Af: ⌊Ähm na diese na wi- na man sagt Emos dazu @eigentlich@ ja (.)
Bf: ⌊Nix ge=em Emo- gegen Emos hier ja? @(.)@
Af: ⌊Nein aber dis is also da also aus meinem Freundeskreis geraten da schon meistens wirklich mit diesen Personen auseinander dis is weil:: ich weiß wirklich nicht wieso dieses Vorurteil aufgetreten is aber-
Ef: ⌊Dass die sich halt ritzen.
Af: ⌊Ja und-
Ef: Halt so depri sind und immer so so Suizidgedanken.
Bf: | ⌊@(.)@⌋
Af: ⌊Nee=t also (.) ja. Also irgendwo at irgendwo tun einem diese Leute leid weil einer geht vorbei und fünf Leute schreien hinterher ja geh dich ritzen weißte wenn du=mir immer=durch den Rasierklinge gebe gibste mir ne Flasche Alkohol oder so was und (.) dis is aber auch ähm (.) die sind also ich weiß nicht also sie provozieren einerseits schon also ich wurde persönlich

auch schon von son Leuten provoziert und dadurch hab ich auch irgendwo teilweise ne Meinung bekommen dass ich sage ja nee geht doch weg oder so.

Y: Mhm.

Af: Aber: ich=ich kann ich würd echt gern wissen wieso dis so is dass wirklich eben diese Gruppe so stark na ja ve:rhasst teilweise schon verhasst ist.

?f: ⌊Die falln auch total auf einfach die siehste.

Bf Na so=ne Erfahrung hab ich aber gar nicht gemacht meine Halbschwester isn Emo und die is total nett zu mir obwohl ich ja nu so was von gar keine Emo bin und wir komm auch super miteinander klar wir ham die gleichen Hobbies die gleichen Interessen den gleichen Musikgeschmack und da gibs überhaupt keine Probleme; ich mag auch ihre Freunde auch wenn wir uns jetz nich so oft sehen aber da gibt=s gar keine Probleme.

Af: Ja aber sie is bestimmt nicht eine von denen die sag ich mal halb Ferdinandplatz belagern die Polizisten vollpöbeln und die anderen da. (.)

?f: ⌊°@(.)@°⌋

Bf: Nja ok nu dis nich aber sie hat schon auch ihre Treffen da mit ihren ganzen

Af: ⌊Dis=is dis=is eben- ja. (2) Na okay.⌋

Bf: Emo-Freunden.

Susi hält fest, dass „Emos „provozieren", ohne dass genauer ausgeführt wird, in welcher Weise. Deutlich wird aber, dass zu „provozieren" ein negativer Horizont ist: Wer provoziert, bei dem sagt man am Ende, „ja nee geht doch weg". Dabei wird gleichzeitig darauf verwiesen, dass die „Emos" einem „Vorurteil" ausgesetzt sind, nämlich dass sie sich „ritzen", „halt so depri" sind und „immer Suizidgedanken" haben. Wieder liegt die Vermutung nahe, dass mit dem Begriff „Vorurteil" eine gesellschaftlich erwartete Ausdrucksweise übernommen wird, auch wenn unklar bleibt, wie stabil die Abgrenzung gegenüber den Emos tatsächlich ist. In dieser Hinsicht ist vor allem der mehrfache Perspektivwechsel in der Passage interessant: Erst geht es um die Außenperspektive *auf* „die Emos" als Gruppe, mit der „Freunde" der Teilnehmerinnen immer wieder in Konflikt stehen, dann um die Andeutung der Übernahme der Innenperspektive („die Leute tun einem leid") und schließlich wird wieder in die Außenperspektive gewechselt („die falln auch total auf"). In der anschließenden Proposition von Maria erfolgt dann allerdings eine Differenzierung der Zuschreibung: Es gibt zwar solche „Emos", die „auffallen", indem sie „halb Ferdinandplatz belagern und die Polizisten vollpöbeln", aber auch solche, die „total nett sind" wie Marias Halbschwester. In der Beschreibung der Übereinstimmungen in den Lebensgewohnheiten („gleicher Musikgeschmack, gleiche Hobbies") deutet sich ein Wissen um die Mehrdimensionalität des Individuums und damit auch eine Partikularisierung von Zugehörigkeit an: Die Halbschwester kann zwar „Emo", *zugleich* aber auch „voll nett" sein. Eine *vollständige* Identifizierung mit ihrer Zugehörigkeit zur Gruppe der Emos bzw. mit den dieser

Gruppe zugeschriebenen und als negativ markierten Verhaltensweisen wird also vermieden. In Chrissys abschließendem Versuch einer Konklusion dokumentiert sich dann wieder *sowohl* eine stereotype Auffassung wie in dem referierten „Vorurteil", *als auch* eine Relativierung der damit verbundenen Zuschreibung (GD *Birke*, Passage 3, 34-49):

Df: Na also ich glaub dis liegt auch einfach daran dass die meisten auch einfach nicht: damit klarkommen dass manche Leute halt anders drauf sind und ähm sagen wir
Bf: └Ja.┘
Cf: └Ja.┘
Df: mal ganz im Ernst ich komm auch nicht mit deren mit deren Klamottenstil und mit der über- also mit dem richtig übermäßigen Schminken mit- klar oder dass die ähm: ich mein jetzt schwarz so übelst schwarz dass du gar nicht mehr siehst
Mehrere f: └@(.)@┘
Df: ob die ähm: schwarze Au- schwarze Augen haben oder @blaue Augen.@ (.) Oder
?f: └@(.)@┘
Df: ähm halt ähm (.) auch ähm (.) keine Ahnung (.) dass die also zum Beispiel bei den Goths dass die schon über Tod und so was reden zum Beispiel ich hab ich hab richtig @Angst@ davor ich könnt mich damit=ä nich so (.) @identifizieren@
?f: └@(.)@┘
Df: deswegen hab ich da auch sone leichte Abneigung weil ich ja nicht unbedingt ähm schon über den Tod nachdenken möchte. (.) zum Beispiel;
Y: Mhm.

Zwar verweist Chrissy darauf, dass „die meisten (...) nicht damit klarkommen, dass manche Leute halt anders drauf sind", stellt aber gleichzeitig fest, dass „Emos" *tatsächlich* „anders drauf" sind, was sich in ihrem „Klamottenstil" und dem „übermäßigen Schminken" ausdrücke. Zur Begründung ihrer eigenen Position bezieht sich Chrissy dann aber wiederum auf als *individuelle* gekennzeichnete Vorlieben (hier im Übrigen ähnlich wie Florian in Gruppe *Fuchs* in Bezug auf sein Verhalten gegenüber „den Mädchen"). Aufgrund ihrer Angst vor der Beschäftigung mit dem Tod könnte sich Chrissy „nich so" mit diesen Leuten/Gruppen „identifizieren". Chrissy nutzt also nicht unhinterfragbare Werte und Normen als Bezugspunkt oder ‚Normalität' als leere Chiffre wie die Teilnehmer*innen in Gruppe *Gelb* oder in Gruppe *Lagerfeuer*, um den negativen Vergleichshorizont zu markieren. Sie hält so die Möglichkeit offen, dass es Individuen geben kann, die sich zu dieser Gruppe hingezogen fühlen, und trotzdem Überschneidungen mit ihr oder anderen Teilnehmerinnen haben, wie von Maria geschildert.

Es lässt sich festhalten, dass die Teilnehmerinnen der Gruppe *Birke* einerseits den Geltungsanspruch von bestimmten Verhaltenserwartungen einfordern, andererseits diese aber als letztlich partikulare kennzeichnen, worin sich ein Wissen um die Differenz zwischen Individuum und Stereotyp dokumentiert. Die darin aufscheinende Orientierung an der

Wahrnehmung der ‚persönlichen Identität' als relevante, wenn auch nachgeordnete Orientierungskomponente deutet sich auch in der ersten Passage an – es geht hier thematisch um „Gruppen in Berlin" (GD *Birke*, Passage 1, 7-30):

Bf Also auf jeden Fall verschiedene (.) Persönlichkeiten mit denen man auch (.) klarkommen muss: ja und ich find (.) ja dass sich jeder da so:: seine Gruppen sucht. Also ich find in Berlin isses schon so (.) hmm-
Df ⌊Ziemlich krass.
Bf: ⌊Ja extremer als auf Dörfern dass also es=da diese Gruppierungen gibt.
Df: Also das (.) prägt dich auch; (2) Wenn man dis damals schon hatte dass man zum
Bf: ⌊Ja. (.) auf jeden Fall.⌋
Y: ⌊Hast du-⌋
Df: Beispiel von ähm andern Gruppen sozusagen (.) ausgeschlossen wird (.) denn (.) keine Ahnung denn änderst du dich vielleicht auch um da:zuzugehören oder ähm ja (.) dis mäche=macht dich auch stärker halt nicht auf die zu achten oder so einfach dein eigenes Ding durchzuziehen.
?f: ⌊Ja.
Y: Kannst du Beispiele für Gruppen aus- du meintest Gruppen aus denen man ausgeschlossen wird, oder aus denen man-
(2)
Df: Ach keine Ahnung also=is einfach so dass zum Beispiel (.) sagen wir mal jetzt unsere Schule also unsere Klasse da gibt=s viele verwöhnte (.) Gören @sag ichs mal ernsthaft@ und ähm sagen wir mal s=so entweder bist Du nicht klug genug für
?f: ⌊@(.)@⌋
Df: die ähm hast nicht genug Geld für die also wie die oder- (...) bist bist einfach nur
?f ⌊Oder bist zu klug.⌋
Df: (.) du selbst und dis-damit komm die einfach nich klar.
Y: Mhm.

In der Thematisierung von „Gruppen" dokumentiert sich zunächst die geteilte Auffassung, dass es ein wichtiger Bestandteil der individuellen Entwicklung ist, mit Gruppen „klarzukommen" bzw. nicht von ihnen „ausgeschlossen" zu werden. Damit ist schon deutlich, dass aus der Perspektive des Individuums gedacht wird: Es geht in der Perspektive der Teilnehmerinnen offenbar nicht darum, von der Teilnahme an einer Gruppe zu profitieren, sondern sich ihr so weit wie möglich zu entziehen, denn auch in der Entgegensetzung von „man kann dazugehören, wenn man sich ändert" und „man wird stärker, wenn man sein eigenes Ding durchzieht" dokumentiert sich, dass „Gruppen" von den Teilnehmerinnen eher als Einschränkung der individuellen Entwicklungsmöglichkeiten gesehen werden, oder als Problem für die Behauptung ‚persönlicher Identität'. In der Skizzierung der Verhaltenserwartungen der Gruppe der „verwöhnten Gören" aus der Schule zeigt sich zudem, dass sich diesen Erwartungen zu entziehen und sich nicht anders darzustellen, als man ist, um dazuzugehören bzw. „nur du selbst zu sein", positiver Gegenhorizont ist.

Zentrale Aspekte des kollektiven Orientierungsrahmens

In Gruppe *Birke* werden von den Diskussionsteilnehmerinnen zwar eine Reihe von ‚sozialen Identitäten' konstruiert (vor allem die der „Türken" und der „Wessis"), an mehreren Stellen wird aber die *vollständige* Identifizierung eines konkreten Individuums mit den damit verknüpften stereotypen Verhaltenserwartungen vermieden. Im Fokus der Differenzsetzung steht nämlich nicht zuletzt ein stereotypisierendes Verhalten, dem sich die Teilnehmerinnen *selbst* ausgesetzt sehen – etwa wenn sie von den Erfahrungen mit der Fremdzuschreibung als „Ossis", aber auch mit Verhaltenserwartungen aufgrund ihrer Geschlechtszugehörigkeit berichten. Eine ausgeprägte Ähnlichkeit zu Gruppe *Fuchs* besteht nun darin, dass die Enaktierung eines im positiven Horizont der Gruppe stehenden Verhaltens (hier: die Vermeidung stereotyper Fremdzuschreibungen und die Wahrnehmung der Besonderheit des Einzelnen) in der Perspektive der Teilnehmerinnen ihre Grenze an den jeweiligen Gegenübern findet, die letztlich dafür sorgen, dass sie, die Teilnehmerinnen, ein Verhalten zu übernehmen sich gezwungen sehen, das eigentlich negativer Horizont der Gruppe ist, nämlich selbst stereotype Zuschreibungen vorzunehmen und damit den Einzelnen eben doch vollständig mit einer zugeschriebenen ‚sozialen Identität' zu identifizieren. Diese Spannung wird allerdings nicht reflektiert, sondern verweist vielmehr wie in Gruppe *Fuchs* darauf, dass sich die Teilnehmerinnen die eigene Zugehörigkeit über eine entsprechende Differenzsetzung stabilisieren müssen, auch wenn diese durchaus auch in geteilten Formen der alltäglichen Lebensführung verankert ist.

6.1.8 Gruppe Rot: Partikularisierung von Zugehörigkeit

Gruppe *Rot* besteht aus drei Jungen im Alter von 16 und 17 Jahren (Am: Thomas, Bm: Holger, Cm: Alexander). Der Kontakt zur Gruppe kam über die Kerngruppenleiterinnen zustande, die sich dazu bereit erklärt hatten, die Vorstellung des Forschungsprojekts in ihrem Unterricht zu ermöglichen. Die Diskussion selbst fand Anfang Juni 2010 während des regulären Unterrichts statt, auf Wunsch der Jugendlichen aber in einem Seminarraum im Hauptgebäude einer nahe gelegenen Hochschule. Wir waren bereits eine Woche zuvor zu einem Diskussionstermin verabredet, den ich allerdings verpasst hatte. Da die drei keine Telefonnummer von mir dabei hatten, blieben sie etwas mehr als zwei Stunden am verabredeten Treffpunkt, unterhielten sich miteinander und meldeten sich anschließend, um eine neue Verabredung auszumachen. Beim Treffen Anfang Juni war ich pünktlich:

Die drei Jungs kommen etwas zu spät, ich entschuldige mich noch einmal dafür, dass wir uns beim letzten Mal verpasst haben, aber das scheint ihnen nicht besonders wichtig zu sein. Sie sind halb in ein Gespräch über Computerspiele vertieft, halb darauf konzentriert, die Universität und die durch die Gänge flanierenden Studenten zu beobachten. Im Raum angekommen baue ich das Aufnahmegerät auf und stelle Kekse und Saft auf den Tisch. Obwohl der Raum funktional eingerichtet ist – Metallstühle, weiße Tische und eine Tafel – entsteht schnell eine gemütliche Atmosphäre. Die drei Jugendlichen warten zwar geduldig meine Einführung ab, haben sich aber offenbar auch unabhängig von meinem Projekt viel zu erzählen. Meine Anwesenheit wird eher in Kauf genommen, dass ich Kekse und Saft dabei habe, ist eine willkommene Ergänzung.

Dieser erste Eindruck wird durch den Diskussionsverlauf bestätigt: Die Jungen nutzen zwar den Erzählstimulus und die Nachfragen des Interviewers, aber eher um Themen zu diskutieren, die ihnen ohnehin wichtig sind. Auch wenn sie an mehreren Stellen nach weiteren Themen suchen, als würden sie die Diskussion nicht beenden wollen, und dabei den Interviewer direkt um Rat fragen, hält der Diskussionsfluss fast ohne weitere Interventionen fast zwei Stunden an. Im Laufe der Diskussion beziehen sich die Teilnehmer auf eine ganze Reihe gemeinsamer außerschulischer Aktivitäten und demonstrieren außerdem ein ausgeprägtes Wissen von den Freundschafts- und Liebesbeziehungen der jeweils anderen Teilnehmer. Zudem fällt auf, wie offen die Informationen zu letzteren geteilt werden. In Bezug auf die Konstitution der Gruppe im Diskursverlauf ist auffällig, dass Thomas und Holger deutlich mehr Redeanteile haben. Zudem werden oft gemeinsame Erfahrungen referiert und dann Thomas von den anderen Teilnehmern explizit gebeten, diese im Detail auszuführen.

Modus der Differenzsetzung und handlungsleitende Orientierung der Gruppe

In Gruppe *Rot* folgen unmittelbar auf den Erzählstimulus kurze biographische Exkurse, in denen die Diskussionsteilnehmer der Reihe nach schildern, wie es dazu kommt, dass sie heute alle in Berlin leben. Dass die Jugendlichen anders als die Teilnehmer*innen anderer Gruppen, die zu Beginn der Diskussion ihren Bezirk (etwa in den Gruppen *Blau, Zelt* und *Marder*) oder ihre Schule (in den Gruppen *Lagerfeuer* und *Gelb*) charakterisieren, die *individuellen* Lebensgeschichten überhaupt so ausführlich zum Thema machen, zeigt bereits an, dass sie der Perspektive des Individuums mehr Raum geben. Parallel zu diesen Exkursen geht es in der ersten Passage um das Verhältnis zu den „Leuten in Berlin“. Dabei wird eine Unterscheidung zwischen den „Normalen“ und den „Leuten, die meckern“ eingeführt und letztere werden mit einem textilen Accessoire assoziiert, sie tragen „Nike-Mützen“ (GD *Rot*, Passage 1, 24-55):

Cm: Also, ich wohn schon die ganze Zeit in Berlin und (.) ja (2) ich find die eigentlich alle ganz nett hier.
Am, Bm: @(5)@
(2)
Cm: Ja gibt halt Leute, @die meckern@ (.) zwischendurch andere nich.
Am, Bm: @(4)@
Y: Welche Leute °meckern°?
Cm: Diese Leute mit Nike-Mützen.
Am,: ⌊@(4)@
Bm: ⌊@(3)@ Stimmt.
Cm: Denen geh ich immer automatisch aus dem Weg, weil die (.) wirken nich besonders intelligent auf mich (2) öh ich hab ne Nike-Mütze [nachäffend]
Am, Bm: ⌊@(7)@⌋
Y: ⌊@(2)@⌋
Cm: @Was denn? Is doch so@
Bm: @Er hat recht.@ @(6)@
Am: @Ich hab ne Nike-Mütze.@
Bm: @(3)@
(3)
Y: Und ähm: hast du irgendwelche Erlebnisse, also irgendwas,
Am: Schule. @(2)@
Cm: Ja in der Schule isses halt so, dass ähm (.) ähm die so mit Nike-Mützen rumlaufen (.) und irgendwie so künstlich gebräunt sind (.) die die neigen dazu, ähm (2)
Am, Bm: ⌊@(4)@⌋
Cm: <u>unfreundlich</u> zu werden; ja-
Am: Aber eigentlich mehr so untereinander also wenn man die (.) beobachtet wie so Tiere (.) @so in Busch@ die sind irgendwie <u>zueinander</u> unfreundlich aber mögen sich irgendwie <u>trotzdem</u> (2) sis auch wie ne andre Sprache manchmal wie sie reden; @(2)@
Bm: Die ham ihre eigene Sprache so-
Am: entwickelt. (2) Wie die meisten Menschen die Evolution <u>hoch</u>klettern, steigen die glaub ich wieder runter so=n bisschen @(.)@
Bm: Muss sich ja ausgleichen;
Am: @(.)@ Darf nich nur Häuptlinge in der Welt geben.

Die Abgrenzung von den „Nike-Mützen“ zieht sich durch das erste Viertel der Diskussion und hat insofern eine gewisse Relevanz für die Rekonstruktion des für die Gruppe charakteristischen Modus der Differenzsetzung. In der Abgrenzung von der der Gruppe der „Nike-Mützen“ zugeschriebenen Handlungspraxis dokumentiert sich zunächst ein negativer

Horizont, der wie folgt charakterisiert werden kann: Sich „künstlich zu bräunen“, „zueinander unfreundlich zu werden“ und „nicht sehr intelligent zu wirken“. Die Teilnehmer distanzieren sich also einerseits von einer bestimmten Form des Umgangs untereinander: Als Kennzeichen für eine Gruppe oder einen Freundeszusammenhang wird es abgelehnt, zueinander „unfreundlich“ zu sein. Andererseits grenzen sie sich davon ab, Gruppenzugehörigkeit einzig oder in erster Linie über Oberflächlichkeiten zu markieren, und verknüpfen die Zuschreibung eines entsprechenden Verhaltens mit dem Verweis auf mangelnde Intelligenz – an dieser Stelle in weitgehender Übereinstimmung mit der Differenzsetzung gegenüber den „Frutten“ und „Prolls“ in Gruppe *Fuchs*. Dass die Teilnehmer *selbst* ein modisches Accessoire als zentralen Aufhänger für die Konstruktion des Stereotyps der „Nike-Mützen“ nutzen, steht allerdings im Widerspruch zur Abgrenzung von der Fokussierung auf Oberflächlichkeit zur Markierung von Gruppenzugehörigkeit. In der Überzeichnung der mit diesem Merkmal verbundenen Verhaltenserwartung in der vorliegenden ersten Passage aber auch im weiteren Verlauf der Diskussion deutet sich insofern – und hier im Unterschied zur Distinktionspraxis der Gruppe *Fuchs* – *handlungspraktisch* eine Distanzierung von dieser Form der Differenzsetzung an – darauf verweisen im Übrigen auch die langen Phasen gemeinsamen Lachens, die nicht nur für die erste Passage charakteristisch sind. Zudem ist der Kontrast zwischen dem rein äußerlichen Merkmal, das eine Zuordnung zur Gruppe ermöglicht, und der quasi-*ethologischen* Perspektive, die die Teilnehmer gegenüber den „Nike-Mützen“ einnehmen („wenn man die beobachtet wie so Tiere“), aber auch zu dem Hinweis auf eine in der menschlichen Natur verankerte Hierarchie, an deren unteren Ende die „Nike-Mützen“ stehen (sie „steigen“ die Evolution „bisschen runter“ und sind keine „Häuptlinge“), so stark, dass er satirisch wirkt. Und auch an anderer Stelle, wenn es um einen ehemaligen Mitschüler der Teilnehmer geht, wirkt die Zuschreibung inszeniert (GD *Rot*, o.P., Minute 16:16-16:30):

Y: Der is in eurer Klasse?
Am: Nein der war mal (.) is sitzengeblieben
Cm: ⌊Der is sitzengeblieben⌋ @(2)@ (.) und der hat ne Nike-Mütze.
Am, Bm: @3@
(2)
Bm: Diese Mützen ziehen echt die Intelligenz aus den Köpfen.

Dass die „Mützen“ die „Intelligenz aus den Köpfen“ ziehen, greift die bereits oben zitierte Beobachtung der Teilnehmer auf, dass Personen, die „Nike-Mützen“ tragen, „nicht sehr intelligent“ wirken. An dieser Stelle wird von den Teilnehmern auf propositionaler Ebene nicht nur ein

Schluss von der Existenz eines äußerlichen Merkmals auf eine Charaktereigenschaft gezogen, also das Auftreten des einen mit dem Auftreten des anderen parallelisiert, sondern sogar behauptet, dass das äußerliche Merkmal die *Ursache* für den charakterlichen Defekt ist. Dass es sich bei dieser Ursache aber um ein textiles Acessoire handelt und dass die Bemerkung, dass der Mitschüler „ne Nike-Mütze" hatte, nachträglich und geradezu beiläufig erfolgt, trägt dazu bei, dass diese Annahme wirkt, als sei sie nicht ernst gemeint, sie wird ironisiert.

Mit Blick auf die Form der Differenzsetzung und Attribution lässt sich von dieser ersten Passage ausgehend für die gesamte Diskussion festhalten: Die Teilnehmer schreiben verschiedenen sozialen Gruppen (den „Nike-Mützen", später auch den „Emos") bestimmte Verhaltensweisen zu, nehmen dabei aber erstens nicht auf etablierte Kategorien sozialer Differenz wie ethnische Zugehörigkeit oder Geschlechtszugehörigkeit Bezug. Zweitens werden die Zuschreibungen entweder ironisiert (wie im vorliegenden Fall) oder explizit relativiert (wie im weiteren Verlauf der Diskussion im Fall der „Emos"). Nicht zuletzt durch den inszenierten Charakter der Abgrenzung gegenüber den „Nike-Mützen" deutet sich zudem an, dass ein (implizites) Wissen um die Differenz zwischen Stereotyp und konkretem Individuum existiert. Denn auch wenn die *Handlungspraxis* der „Nike-Mützen" negativer Horizont ist, ist die Zuordnung eines Individuums zu der entsprechenden ‚sozialen Identität' nicht total – so könnte sich, um im Bild zu bleiben, eine konkrete Person, die als dieser Gruppe zugehörig erkannt wird, der Fremdzuschreibung durch die Teilnehmer dadurch entziehen, dass sie die Mütze ablegt.

Dass die Teilnehmer sich umgekehrt geradezu an der Wahrnehmung der Besonderheit des Einzelnen bzw. an der Behauptung und Bewahrung von Individualität oder ‚persönlicher Identität' orientieren, wird im weiteren Verlauf der Diskussion zunächst darin deutlich, dass die Abgrenzung von einem Verhalten, das als „oberflächlich" charakterisiert wird, mit der Differenzsetzung gegenüber nicht-authentischem und nicht-wahrhaftigem Verhalten verknüpft wird, wie etwa in der zweiten Passage, in der es um die Jugendgruppe der „Emos" geht (GD *Rot*, Passage 2, 1-19):

Bm: Ah Emos wär auch=n gutes Thema weil (.) die=sch sagen (2) dis is=ne auch ne
Peergroup eigentlich dies::=die denken so wow Emo, dis sind die neuesten Natio-
äh neueste Jugendgruppe da muss ich auch dabei sein kaufen sich paar bling
bling Ketten ausn paar aus Aldi oder so; färben sich ihre Haare schwarz glätten
Am: [Die schwarz sind.]
Bm: jeden Morgen die Haare bis nach unten dass (.) machen so Pudelgesichtfrisuren
dass sie ihre Augen nich mehr sehen können, (.) und dann am Ende treffen sie
Am, Cm: [@(.)@]

Bm: sich dann jedes Wochenende oder so mehrmals in der Woche, am F- immer noch
Am: ⌊Ferdinand.⌋
Bm: am Ferdi?
Am: ⌊Nee die Emos sind eigentlich schon fast ausgestorben;
Bm: Früher ham sie sich massenweise so der ganze Fe=Ferdinandplatz war voller Emos, so da warn da sind doch ständig (.) Polizisten rumgelaufen warn-
Am: ⌊Aber richtig voll so da wars konnste gar nich laufen, war alles schwarz.
Bm: Und damals warn sie eigentlich noch nett als wir auch als wir auch am Ferdi:: Ferdi rumgelaufen sind weil aber irgendwann (.) fing dann Emos deswegen heißen sie auch so weil sie so emotional leicht angreifbar sind; fingen sie dann an zu weinen so hatten etwas zuviel getrunken und meinten dann auch so, ja, ich bring mich um::::.

Die Aufzählung der verschiedenen Charakteristika der „Emos", die sich vor allem auf die äußere Erscheinung beziehen, und der ergänzende ironische Hinweis, dass auch die „blingbling Ketten", die sich die „Emos" zulegen, „schwarz" sind, verweist darauf, dass es sich um einen negativen Horizont handelt, der an die Charakterisierung der „Nike-Mützen" anschließt: Sich nur über Oberflächlichkeiten zu einer Gruppe zu bekennen und dabei dem aktuellen Trend („sind die neueste Jugendgruppe") zu folgen, also die Neuartigkeit um der Neuartigkeit willen zu wollen oder eine Art Mitläufertum, sind Aspekte dieses Horizonts, der auch in der Kennzeichnung der Accessoires als billige Massenware („Ketten paar aus Aldi") zum Ausdruck kommt. Damit verknüpft ist die Abgrenzung von einer Inszenierung von Auffälligkeit, die bis hin zur Selbstbehinderung i.S. der Einschränkung der Kommunikationsfähigkeit geht („dass sie ihre Augen nich mehr sehen können"). Die Teilnehmer drücken damit stärker noch als in der Beschreibung der „Nike-Mützen" Zweifel an der Authentizität oder an der Echtheit der kollektiven Verbundenheit aus, die die „Emos" zur Darstellung bringen. Dieser Zweifel an Authentizität oder an der Entsprechung von Gefühl oder Erfahrung auf der einen und symbolischer Repräsentation auf der anderen Seite verweist also gleichzeitig auf deren hohen Stellenwert für die Jugendlichen, wie auf deren offenbar prekären Charakter. Ein zweiter Aspekt des negativen Horizonts, der sich in der Charakterisierung der Mitglieder der Gruppe der „Emos" dokumentiert, ist, vorzugeben, etwas zu tun, ohne es tatsächlich zu tun, also nicht-wahrhaftig zu sein. Das wird deutlich, wenn Holger ausführt, dass die „Emos" „irgendwann" anfingen „zu weinen so" und zu sagen, „ja ich bring mich um:::". Er verweist hiermit darauf, dass das viele Weinen Effekt einer Maßlosigkeit im Konsum von Alkohol sein könnte („haben etwas zu viel getrunken"), was das „Weinen" tendenziell als unnötig kennzeichnet. Außerdem wird durch die Wiedergabe der Ankündigung „ja ich bring mich um" in direkter Rede und die besondere

Betonung auf dem letzten Teil der Aussage diese als wiederkehrende Handlungspraxis markiert, die die Drohung letztlich unglaubwürdig macht.

Die Abgrenzung von einem nicht-wahrhaftigen und einem nicht-authentischen Verhalten spielt auch im weiteren Verlauf der Passage eine Rolle und gewinnt insbesondere in den Beschreibungen der Teilnehmer zum Verhalten der „Emos" in handgreiflichen Konflikten an Kontur (GD *Rot*, Passage 2, 29-35):

Am: Dis große Problem an denen war die ham immer so auf sehr guten Freund getan a=wenn du=irgend wenn dann in Schwierigkeiten=wars hat man auch gesehen zum Beispiel da wurde einer zusammen geschlagen seine sechzehn Freunde ham zugeguckt sind dann weggegangen (.) dis sind einfach nur Arschlöcher die meisten man kann ja nich alle einbegreifen aber die meisten (.) und jetzt jetzt weil die sehr angreif- das=sind di=Angriffsziel von den Nike-Mützen geworden @(2)@ die sin=gibt=s kaum noch, wie (.) die richtigen Emos die gibt=s noch würd ich mal

Bm: ⌊Ja weil die-⌋

Am: sagen. Aber die sind ja wirklich der Überzeugung und bleiben da auch dabei die kam gabs ja schon vor diesem Begriff Emo also das war ja vorher nich so bekannt (.) aber die ganzen diese Wannabe-Dinger die ham das=den Druck einfach nich ausgehalten und ham sich einfach wieder verändert.

Y: Mhm.

Bm: Die warn nur so kurzzeitig wow dis is der neueste Hit genauso als wärs so wow dis is die neueste Musik die hör ich mir an oah die is jetzt out jetzt mach ich was anderes.

Am: Naja, s war ja nie wirklich in dis kam sone Welle aber davon haben die meisten ja nichts gemerkt.

„Freund zu sein" und das heißt, sich aufeinander verlassen zu können, und zwar gerade im Kontext handgreiflicher Auseinandersetzungen, ist positiver Gegenhorizont zum nicht-wahrhaftigen Verhalten, das den „Emos" zugeschrieben wird, und das mit einem nicht-authentischen Verhalten parallelisiert wird. Von besonderer Relevanz ist allerdings, dass es im zitierten Abschnitt zu einer *Differenzierung* der Abgrenzung gegenüber den „Emos" kommt – und hier finden sich gewisse Ähnlichkeiten zu den Gruppen *Marder*, *Fuchs* und *Birke*. Es wird festgestellt, dass es die „Emos" wegen der Angriffe der „Nike-Mützen" zwar „kaum noch" gäbe, gleichzeitig aber eingeschränkt, dass die „*richtigen* Emos" sehr wohl nach wie vor als Gruppe bestünden. Thomas führt dazu die Unterscheidung zwischen diesen „richtigen Emos" und den „Wannabe-Dingern" ein, die er in der Folge zusammen mit Holger ausarbeitet. Mit dieser Unterscheidung ist auch eine Differenzierung der Bewertung der „Emos" bzw. ihrer Handlungspraxis verbunden, denn die „richtigen Emos", die es „schon vor diesem Begriff Emo" gab, haben im Gegensatz zu den „Wannabe-Dingern" „den Druck" der „Nike-Mützen" ausgehalten und sich eben nicht „einfach wieder verändert“. Die „Wannabe-Dinger“ hingegen „warn nur so kurzzeitig wow“ und schwenken jetzt um, weil „Emosein“ „is jetzt out jetzt mach ich was anderes“. Gegen den bereits ausgeführten negativen Horizont („mitzumachen ohne wirkliche Überzeugung“) steht nun der positive Gegenhorizont, „mitzumachen aus Überzeugung“, also ohne sich dabei um Fremdzuschreibungen und Außenwirkung zu kümmern, und verbunden mit der Fähigkeit, für diese Überzeugung dem „Druck standzuhalten“. Einzig den „richtigen Emos“ wird insofern eine Entsprechung von Gefühl oder Erfahrung und symbolischer Repräsentation zugeschrieben.

Mit Blick auf die sich darin wiederum dokumentierende Bedeutung des Authentisch-Seins, insbesondere im Kontext kollektiver Zugehörigkeit, bleibt die Orientierung der Teilnehmer an dieser Stelle allerdings ambivalent (GD *Rot*, Passage 2, 44-54):

Bm Aber (2) die richtigen Emos laufen ja ständig mit Rasierklingen rum und verletzen sich selbst oder so weil sie traurig sind,
Am: ⌊Dis is ja auch meistens⌋ krankheitlich bedingt so. Dis is ja ni-
Bm: ⌊Ja die sind psych=psychologisch sehr (.)
Am: Instabil.
Bm: Genau.
Am: Da kann man auch nich sagen ich mein wenn ma=jetz=sagt ritz dich Emo oder so was (.) wenn die=s die mits dis Problem wars viele ham dis ja gemacht weil sie dachten oh jetzt sindse cool und das fanden zum Beispiel die richtigen Emos die wirklich richtigen Emos warn nich sehr toll weil die ham dis ja wirklich gemacht weil die Probleme hatten und sich nich anders helfen konnten kein Geld ham fürn Psychologen oder sonst was.

Die Charakterisierung der „richtigen Emos“ unterscheidet sich deutlich von der Beschreibung der „Emos“ zu Beginn der Passage. Hier wird das Gefühl des „Traurigseins“, das vorher in den Kontext von Oberflächlichkeit und Unmäßigkeit gestellt wurde, von den Teilnehmern als Teil eines tiefergehenden Problems markiert: Das „Traurig-Sein“ ist bei den „richtigen Emos“ „krankheitlich bedingt“ bzw. sie sind „psychologisch sehr instabil“. Die Teilnehmer beschreiben hier etwas, das ihnen offensichtlich so fern ist, dass sie fremde Kategorien übernehmen müssen, um es begrifflich zu fassen zu bekommen. „Traurigsein“ und sich selbst zu verletzen wird hier pathologisiert, also ent-normalisiert, und nicht zum Beispiel als Ausdruck einer adoleszenten Verunsicherung oder Identitätssuche verstanden. In den Beschreibungen wird damit deutlich, dass die „richtigen Emos“ gerade nicht einfach *aus Überzeugung* „dem Druck stand“ gehalten haben, sondern weil sie sich „nich anders helfen konnten“. Ihnen wird so tendenziell die Fähigkeit zu rationalem und intentionalem Handeln abgesprochen: Wenn sie „kein Geld [...] fürn Psychologen" haben, können sie sich offensichtlich aus ihrer Lage nicht befreien und *müssen* sich so verhalten. Im Grunde geht es nicht mehr um Authentizität im Sinne der auf freier Wahl beruhenden und bewussten Behauptung ‚persönlicher Identität', sondern um existenzielle, in der Sozialisationsgeschichte verankerte Stilelemente. In den Beschreibungen drückt sich insofern zwar Respekt für die „richtigen Emos" aus, weil sie authentisch sind, aber auch ein Mangel an Respekt, weil diese Form der Authentizität als zwanghaft beschrieben wird, als eine aus biographischen Erfahrungen entstehende Notwendigkeit.

Mit Blick auf die handlungsleitende Orientierung zu Zugehörigkeit, die sich u.a. in dieser Differenzsetzung gegenüber benennbaren Gruppen und Aspekten von deren Handlungspraxis dokumentiert, ist nun von Bedeutung, dass sich trotz der Ambivalenz hinsichtlich der den „richtigen Emos" zugeschriebenen Authentizität in der Auseinandersetzung der Jugendlichen mit Formen der Selbst- und Fremdzuschreibung an mehreren Stellen eine positive Orientierung an der Wahrnehmung und Behauptung von Individualität dokumentiert – und hier wird auch ein Unterschied zu den Gruppen *Marder, Fuchs* und *Birke* deutlich. So relativiert sich bereits die Abgrenzung gegenüber den „Wannabe-Dingern", indem ein Teilnehmer feststellt, dass *er selbst* bei den „Emos dabei" war, und zwar als einer derjenigen, die „nur mitgeschwommen" sind. Die Teilnehmer scheinen mithin durchaus über ein (implizites) Wissen um die Differenz von Stereotyp und konkretem Individuum bzw. auch um die Partikularität von Zugehörigkeit zu verfügen. Das unterstreicht auch ein Ausschnitt aus einer späteren Passage, in der das Verhalten der „Picaldiprolls" und der „Nike-Mützen" gegenüber den „Emos" beschrieben wird (GD *Rot*, Passage 2, 101-128):

Am: Aber, die Pica-l also diese ganzen Picaldiprolls und so (.) die suchen ja eigentlich immer Leute, die so ausfallen, ich mein Normalos (.) hamse kein Grund, Emos sind ja perfekt dazu (3) eigentlich schon, und äh also die finden die ja immer schwul und alles aber dann dis hab ich auch schon gesagt zu nem Freund, also ich kenn mehrere Prolls, ich hab auch mehr so meinen Freundeskrei- also nich Freundeskreis, sondern Bekanntenkreis mehr ähm (.) der hat dann so n Emo angemacht, man du bist so ne Schwuchtel und bla du schminkst dich, da meint ich auch nur du hast n rosa T-Shirt an @(3)@ und gehst und gehst dich <u>bräunen</u>, also von daher @(3)@ soll man sich immer an die eigene Nase packen eigentlich. Sollnse doch machen, wenns ihnen gefällt, sich zu schminken oder so. Aber es hat einfach mal gestresst, die Leute sind einfach so, also ich bin selber kein Freund von Emos, die sind anstrengend.

Bm: Vor allem diese Nike-Mützen nennen mittlerweile, wenn sie keine Ahnung haben, die werden ja immer dümmer diese Typen, die nennen jetzt auch irgendwelche Typen Hauptsache lange Haare, männlich dann <u>Emo</u> schreinse hinterher.

Y: Hm.

Bm: Son richtig kleiner Junge, der war höchstens so zweite Klasse oder so, wirklich, so richtig klein, mit so ner Prollmütze, mit diesen engen Mützen, ne, mit dieser Nike-Mütze.

Am: ⌊Der war bestimmt schon 18 is nur runtergekommen wieder @(.)@

Bm: @(.)@ So, auf jeden Fall war er so zweite Klasse oder so, Hauptsache, er sah wie zweite Klasse aus (.) und der war mit seiner ganzen Schule irgendwie so, is er so (,) in der Hohe Bude U-Bahnhof oder so rumgelaufen (.) und dann bin ich halt so normal zur Bushalte gelaufen, wollte n bisschen langsam zur Schule gehen und seine ganze Klasse läuft da so rum und er schrei- fängt dann, sieht mich dann so an, und schreit von hinten so, **Emo**, schau mal, da is n **Emo** und dann so Emo Emo [ahmt nach] die ganze Klasse hinter mir schreit dann die ganze Zeit Emo Emo Emo im ganzen Takt, ich dreh mich um, sag so fickt euch Emo, richtig

Am, Cm: ⌊@(2)@⌋

Bm: laut und die Lehrerin war mir jetzt so egal, hallo, wenn mich jemand Emo nennt, dis fand ich jetzt nich so lustig und dann warn die auch leise und dann meinten sie so [ahmt nach] hm::

Die Diskussionsteilnehmer gehen zunächst auf die Fremdzuschreibung ein, der die „Emos" von Seiten der „Nike-Mützen" und der „Picaldiprolls" ausgesetzt sind, und kontrastieren diese mit der Handlungspraxis der „Prolls" selbst. Problematisiert wird auf diese Weise zunächst die Abwertung einer Handlungspraxis, wenn man selbst diese Handlungspraxis verfolgt: Wiederum geht es in erster Linie darum, etwas zu sagen/einzufordern, was man selber nicht tut. Dagegen steht als positiver Horizont aber nicht nur wahrhaftig oder authentisch zu sein, sondern auch „machen zu lassen, wenn's gefällt", das heißt, Anderen einen (individuellen) Spielraum für die Ausgestaltung der eigenen Handlungspraxis zuzugestehen. Dies kann auch als Problematisierung der Nicht-Wahrnehmung der Besonderheit des Einzelnen oder seiner ‚persönlichen Identität' gelesen werden, denn die Zuschreibung von bestimmten Verhaltensweisen oder Eigenschaften qua äußerlicher Erscheinung oder qua körperlicher Merkmale („lange Haare, männlich, dann Emo") und die daran anschließende *vollständige Identifizierung einer Person* mit diesem im negativen Sinn von den eigenen Normalitätserwartungen abweichenden Verhalten bzw. mit einer Gruppe, der dieses Verhalten zugeschrieben wird, ist hier negativer Horizont – was nicht zuletzt auch die Annahme einer Ironisierung der Differenzsetzung gegenüber den „Nike-Mützen" in der ersten Passage bestätigt. Im Unterschied zu Gruppe *Birke*, in der Fremdzuschreibung vor allem dann problematisiert wird, wenn sie die Diskussionsteilnehmerinnen *selbst* betrifft, verknüpfen die Teilnehmer der Gruppe *Rot* also ihre eigene Erfahrung mit Fremdzuschreibung mit der Erfahrung, die sie Angehörigen anderer sozialer Gruppe (hier der „Emos") zuschreiben. Zudem reagieren sie auf die erfahrene Fremdzuschreibung anders als die Teilnehmerinnen der Gruppe *Birke* nicht mit eigener Stereotypisierung.

Dass die Differenz zwischen den mit der Konstruktion von ‚sozialen Identitäten' verbundenen stereotypen Verhaltenserwartungen und dem tatsächlichen Verhalten eines konkreten Individuums, das in die entsprechende Kategorie fällt, hier und auch an anderen Stellen der Diskussion thematisch wird, stellt eine Homologie zum positiven Horizont des Wahrhaftig- und Authentisch-Seins dar. Beides verweist auf eine handlungsleitende Orientierung an der Wahrnehmung und Behauptung von Individualität, die sich auch im weiteren Verlauf der Diskussion immer wieder dokumentiert, etwa in der dritten und vierten Passage, in denen es um die Handlungspraxis eines Mitschülers der Teilnehmer und um ihr Verhalten ihm gegenüber geht. Zu Beginn der Passage wird der Begriff „mobben" eingeführt, und zwar mit Bezug auf die Handlungspraxis der Teilnehmer *selbst* gegenüber diesem Klassenkameraden, Peter. Das eigene Verhalten der Teilnehmer wird dann konkreter beschrieben als „sich lustig machen" über Peter, der unter der „Strenge" seiner Eltern leidet. Der negative Horizont, der zunächst am Verhältnis von Peter zu seinen Eltern exemplifiziert wird, ist, zu Dingen gezwungen zu werden und sich nicht dagegen zu wehren, also „in den Keller eingesperrt" zu werden, „um acht ins Bett" gehen oder um Erlaubnis fragen zu müssen, ob seine Freunde länger bleiben dürfen, also sowohl das „Müssen"/der Zwang, als auch, sich diesem „Müssen" zu unterwerfen und sich auf die Ebene des „abgemacht ist abgemacht" einzulassen, die hier auch auf den Zwang zum Konsens verweist. Im Unterschied etwa zu der Form der Thematisierung von Unterordnung aufgrund einer gegebenen gesellschaftlichen Hierarchie oder Rangordnung in den Gruppen *Lagerfeuer* (Unterordnung aller Schüler unter die Gruppe der „Ghetto-Girls"), *Zelt* (Unterordnung der Schüler unter den Lehrer bzw. unter die Ordnung der Schule) oder *Blau* (Unterordnung der Jüngeren unter die Älteren) ist diese für die Teilnehmer der Gruppe *Rot* offenbar immer wieder neu begründungspflichtig und muss sich insbesondere daran messen lassen, ob sie Spielräume für die Entwicklung und Behauptung ‚persönlicher Identität' lässt. Die handlungsleitende Orientierung an der Wahrnehmung und Behauptung von Individualität dokumentiert sich im weiteren Verlauf der Passage dann aber auch darin, dass zwar eine Abgrenzung gegenüber dem *Verhalten* Peters erfolgt, er aber nicht als *Person* abgelehnt wird: Er wird als Teil „unseres Freundeskreises" markiert. Es kommt also wiederum gerade nicht zu einer *vollständigen* Identifizierung des Individuums mit einem bestimmten Aspekt seines Verhaltens, das von den Erwartungen der Teilnehmer abweicht – anders als etwa in den Gruppen *Lagerfeuer*, *Zelt* und *Gelb*, anders aber auch als in Gruppe *Fuchs*, in der zwar in ganz ähnlicher Weise auf lebenssituationsspezifische und biographische Bedingungen des Verhaltens des Mitschülers Alexander verwiesen wird, welche ihn dort aber zusammen mit anderen Aspekten *grundsätzlich* disqualifizieren: Alexander *ist* „Muttersöhnchen" und er *ist* ein „ganz anderer Typ Mensch".

Dass in Gruppe *Rot* ‚persönliche Identität' hingegen auch dann anerkannt wird, wenn das Verhalten des Einzelnen in Teilen abgelehnt wird, zeigt sich am Ende der Passage in der Beschreibung einer Situation auf der Klassenfahrt (GD *Rot*, Passage 3, 41-54):

Cm: Ja (,) er erzählt halt, er denkt halt, er kann uns vertraun, ne?
Am: @(4)@
Cm: Und dann kriegt ers halt voll ins Gesicht geklatscht.
Am: @(5)@ auf Klassenfahrt war er voll emo drauf @ich bring mich heut Abend um,
Bm: ⌊Ja Peter war;⌋
Am: mich vermisst keiner ( )te Klasse@
Bm: @(3)@ weil er meinte auch so (.) [ahmt nach] **ihr seid meine einzigen Freunde.**
Am: Peter, du hast keine Freunde @(.)@
Bm: @(3)@
Bm: Aber dann (.) irgendwann, mittlerweile kann er auch darüber lachen und dass es auch bescheuert von ihm war, so was so Sprüche rauszuhauen (.) so:: ich bring mich um oder so (.) und Peter wie willst du dich jetzt umbringen? Ja ich spring von Bord, weil wir warn auf so n Schiff, so auf Klassenfahrt (.) und ja (2)
Am, Cm: ⌊@(.)@⌋

Die Teilnehmer beschreiben, dass Peter auf der Klassenfahrt „voll emo drauf" war und „Sprüche" gemacht habe wie „ich bring mich um". Die Abgrenzung erfolgt hier aber nicht gegenüber Peter *als Person*, sondern gegenüber einer Überdramatisierung bzw. einem dem eigentlichen Problem nicht angemessenen bzw. un-authentischen Verhalten. Der Begriff des „Vertrauens", der in der Beschreibung gebraucht wird, scheint sich dementsprechend eher auf die falschen Voraussetzungen zu beziehen, von denen Peter ausgeht: Peter kann den anderen zwar insofern vertrauen, dass sie seine Freunde *sind*, auch wenn er sich ihren Erwartungen nicht angemessen verhält (siehe oben). Er kann ihnen aber *nicht* vertrauen, insofern sie sich auf seine in ihren Augen un-authentische Emotionalität nicht einlassen. Die Teilnehmer „klatschen" Peter also nicht seine emotionale Offenheit (als Grundlage für eine freundschaftliche Kommunikation), sondern die Überdramatisierung „ins Gesicht" und sind dabei erstens wahrhaftig und nehmen ihn zweitens als Individuum ernst, denn sie konfrontieren ihn nicht nur mit ihrer Sicht, sondern ermöglichen es ihm darüber, dass er als Teil ihres Freundeskreises markiert ist, auch, sich dazu zu verhalten. Nicht zuletzt wird die Möglichkeit der *Veränderung* seiner Handlungspraxis angedeutet („mittlerweile kann er auch darüber lachen und dass es auch bescheuert von ihm war"), die offenbar auch auf der *Kommunikation der Teilnehmer mit Peter* beruht.

Die Beziehung der drei Jungen zu Peter ist insofern am Ideal der Gleichberechtigung orientiert, die mit einer offenen Art der Kommunikation verbunden ist, welche auch die Kritik seiner Handlungspraxis einschließt – und hier gibt es eine nur scheinbare Ähnlichkeit zur Gruppe *Fuchs*, denn den Teilnehmer *jener* Gruppe gelingt es wie gezeigt gerade *nicht*, mit den Mädchen eine entsprechende Kommunikationssituation zu schaffen. Es wird zudem deutlich, dass Gruppe *Rot* tatsächlich zu einer Wahrnehmung der jeweiligen Besonderheit des Individuums *kommt*, in der Individualität gerade nicht nur als durch schlimme Erfahrungen bedingt und damit als tendenziell pathologische Abweichung gefasst wird, wie etwa in Gruppe *Marder*. Das lässt sich an einer weiteren Passage verdeutlichen, in der es um einen weiteren Mitschüler, Ronni, geht, der einen „behindertem Arm" habe. In der Passage wird zunächst die Art beschrieben, wie Ronni mit dieser Situation umgeht (GD *Rot*, Passage 4, 15-25):

Cf: Und natürlich wird der auch deswegen verarscht, aber (.) äh wir ham auch schon mit ihm abgesprochen, dass es wenn dann nur Spaß is eigentlich (.) und er lacht dann selber darüber auch, (.) er macht ja verarscht ja auch selber Leute, dis is alles untereinander, (.) wir so untereinander, wir verarschen uns alle, dis is , glaub ich normal bei Jugendlichen, dass sie sich auch leicht untereinander verarschen,

Bm: Ja, zum Beispiel (.) sein Arm heißt bei uns immer Knick oder so @(.)@ und wenn irgendwas mit Knick, wir verarschen ihn dann halt auch so, wir (.) die Sportlehrerin sagt so, ja, jetzt machen wir diese Übung und so. Will jemand vormachen? und wir flüstern so untereinander so Ronni, willst du nich die Übung vormachen oder so?

Am: @(.)@

Bm: Und Ronni sagt dann so fick=di::ch zurück aber (2) er versteht, dass es Spaß is.

Im Vergleich etwa zu den Gruppen *Lagerfeuer* oder *Zelt* fällt zunächst auf, dass die Teilnehmer gerade nicht die Perspektive eines mehr oder weniger anonymen Kollektivs *auf* den auffälligen Einzelnen einnehmen, sondern die Übernahme der *Perspektive dieses Einzelnen selbst* andeuten. Zwar ist auch diese Perspektivübernahme zunächst nur eine Zuschreibung, es lässt sich also weder beurteilen, wie Ronni sich *tatsächlich* verhält, noch wie er selbst seine Behinderung erlebt. Allerdings wird eine ‚persönliche Identität' zugeschrieben, d.h. eine *Besonderheit des Einzelnen*. In der Beschreibung von Ronnis Verhalten im Verlauf des zitierten Abschnitts aber auch in der gesamten Passage dokumentiert sich zudem eine positive Orientierung daran, „über sich selbst lachen" zu können bzw. „charakterstark" zu sein, also die Fähigkeit zur Distanzierung von der eigenen Situation und/oder Perspektive. Dagegen steht das Beispiel des „emotional angreifbaren" Peters (GD *Rot*, Passage 4, 35-54):

Bm: Aber wenn Leute wie Peter zum Beispiel, der Typ der eingesperrt wurde
Am, Cm: @(.)@
Bm: im Keller, der is richtig, richtig emotional angreifbar, also;
Am: Jetz nich mehr, jetzt fühlt der sich krass.
Bm: Naja mittlerweile immer noch weil man ihm dis ansieht wie er reagiert ständig (.) aber Peter, der tut mir schon leid, wenn er um neun Uhr ins Bett muss und heimlich schnell noch an: PC geht, um mir n Physikreferat zu schicken oder so, (.) ich
Am: ⌊@(5)@⌋
Bm: ruf ihn an und meint so (.) [ahmt nach] °ja? äh ich schicks dir gleich okay? Nicht anrufen.° Was soll ich dabei denken? Aber wenn-
Am: Der redet sich so raus (.) nein meine Mutter hat schon geschlafen oder so @(.)@
Bm: Gena:u sowas (.) und (.) @(3)@ aber, wenn so ein Junge, der richtig emotional leicht angreifbar is, so n Arm hätte, dis würde ganz anders ausschaun, der würde ständig anfangen zu weinen;
Am: Das könnte man gar nich. Da würde man gar nich glaub ich was sagen, weil::
Bm: Man würde nich versuchen zu verarschen, weil-
Am: Man wüsste einfach, dass der dis nich verkraften könnte, dass es ihm wirklich wehtut oder so (.) dis will man dann ja in dem Moment nich, aber Ronni findet dis ja selber schon lustig.
Bm: Ja Ronni kann damit umgehn-
Am: Der is richtig, der is ja charakterstark (.) deswegen vielleicht.

Das Verhalten Peters ist zwar offensichtlich Teil eines negativen Vergleichshorizonts, allerdings stimmen die Teilnehmer ihr eigenes Verhalten auf seine besondere Situation ab. Sie machen hier also auch handlungspraktisch einen Unterschied zwischen einem Aspekt des Verhaltens einer Person (den sie ablehnen und der im Grunde Distinktion und Stigmatisierung begründen könnte) und der Person als solcher (die sie u.a. auch dadurch anerkennen, dass sie sie in ihre Gruppe einbeziehen). Die Passage zeigt mithin, dass die Teilnehmer nicht die gleichen Maßstäbe an alle Personen anlegen, sondern sich in der Verhaltenserwartung an der jeweiligen Besonderheit des Individuums orientieren, ohne es dadurch auszugrenzen: „Verarschen" kann man zwar den „charakterstarken" Ronni, *nicht* „verarschen" sollte man hingegen den „emotional angreifbaren" Peter, der einerseits abhängig ist („reagiert ständig", muss „heimlich schnell noch an PC") und sich andererseits den anderen gegenüber nicht offen zu dieser Situation der Abhängigkeit bekennen („redet sich raus") und/oder diese selbst-ironisch betrachten, sich also davon distanzieren kann.

Zentrale Aspekte des kollektiven Orientierungsrahmens

Die Diskussionsteilnehmer der Gruppe *Rot* grenzen sich im Wesentlichen von einem als nicht wahrhaftig und als nicht authentisch („oberflächlich") gekennzeichneten Verhalten ab. Dieses wird verschiedenen sozialen Gruppen zugeschrieben, etwa den „Nike-Mützen", den „Emos", aber auch den „Picaldi-Prolls". Obwohl die Abgrenzung von einem entsprechenden *Verhalten* aber stabil ist, wird die Abgrenzung von den Gruppen, denen dieses Verhalten zugeschrieben wird, z.T. ironisiert, z.T. explizit relativiert. In dieser Form der Differenzsetzung und darüber hinaus in weiteren Horizonten der Selbstverortung dokumentiert sich eine handlungsleitende Orientierung an der Wahrnehmung der Besonderheit des Einzelnen oder seiner ‚persönlichen Identität', die letztlich zu einer Partikularisierung von Zugehörigkeit führt: Individuen können in Teilen von bestimmten Verhaltens- oder Normalitätserwartungen der Teilnehmer abweichen, werden aber trotzdem nicht *als Person* abgelehnt oder ausgeschlossen. Die Hinweise auf die „Absprachen" mit Ronni (der, so die Teilnehmer, wisse, dass es „wenn dann nur Spaß is eigentlich", wenn die anderen ihn wegen seines Arms „verarschen") und auf die direkte Kommunikation mit Peter, dem sie seine (in ihren Augen unangemessenen) Aussagen „ins Gesicht klatschen", verweisen zudem auf die Bedeutung, die die Teilnehmer der direkten, wahrhaftigen Kommunikation beimessen – ganz ähnlich wie die Teilnehmer der Gruppe *Fuchs*. Hinzu kommt aber, dass diese Orientierung im Unterschied zu entsprechenden Orientierungskomponenten in den Gruppen *Birke* und *Fuchs* auch und sogar *in erster Linie handlungspraktisch* umgesetzt wird – das dokumentiert sich nicht zuletzt in den Passagen zu den „Nike-Mützen", aber auch in der Selbstzuschreibung, ein „Wanna-Be" zu sein, insofern den Teilnehmern darin eine (ironische) Distanzierung von den stereotypen Zuschreibungen gelingt, die sie *selber* vornehmen.

6.1.9 Gruppe Schwarz: Die Relativität sozialer Ordnung

Gruppe *Schwarz* besteht aus drei Mädchen im Alter von 15 und 16 Jahren (Af: Klara, Bf: Giulia, Cf: Henrieke). Der Kontakt zur Gruppe kam über die Kerngruppenleiterinnen zustande, die sich dazu bereit erklärt hatten, die Vorstellung des Forschungsprojekts in ihrem Unterricht zu ermöglichen. Die Diskussion fand Mitte Juni 2010 am Vormittag während des regulären Unterrichts statt. Die drei Mädchen hatten ausdrücklich darum gebeten, sich in einer nahe gelegenen Hochschule zu treffen:

Wir treffen uns vor dem Eingang der Hochschule und laufen ein paar Schritte zu einem von mir reservierten Seminarraum im Erdgeschoss. Die Atmosphäre ist locker und entspannt, die Teilnehmerinnen scheinen jede Menge Zeit zu haben und weder von der Universität besonders beeindruckt zu sein, noch von der bevorstehenden Diskussion. Der Raum ist mit der üblichen Ausstattung versehen, aber mit sehr viel mehr Stühlen vollgestellt, als es Plätze an Tischen gibt.

Wir räumen ein paar der Stühle in eine Ecke und gruppieren uns vor der Tafel um zwei, in Form eines Ls längs- und quergestellten Tische, so dass ich vor der kurzen Seite des Ls sitze, zwei der Teilnehmerinnen mir direkt gegenüber und eine am hinteren Ende der langen Seite. Die Jugendlichen versuchen, eine bequeme Haltung auf den Stühlen einzunehmen, indem sie ein Bein anziehen oder sich in den Schneidersitz setzen. Sie sind dabei bereits in ein Gespräch über einen Ausflug vertieft und nehmen mich erst zur Kenntnis, als ich mehrmals darauf aufmerksam gemacht habe, dass wir jetzt beginnen können.

Im weiteren Verlauf der Diskussion bestätigt sich dieser erste Eindruck: Die Teilnehmerinnen sind souverän im Umgang mit der Diskussionssituation und mit dem Interviewer. Zwar wechseln die Mädchen immer wieder die Anrede (von „Du" nach „Sie" und umgekehrt), das Siezen wirkt aber eher wie ein Reflex, der mit der Altersdifferenz zu tun hat, und es fällt den Teilnehmerinnen nicht schwer, den Interviewer sich selbst korrigierend mit Du anzureden. Auch kommen immer wieder Nachfragen, die an den Interviewer als Person gerichtet sind, und die sowohl seine Meinung als auch eigene Erfahrungen betreffen. Es zeigt sich zudem an einigen Stellen, dass die Jugendlichen einen leistungsorientierten Zugang zur Situation haben: Das drückt sich unter anderem darin aus, dass insbesondere von Henrieke immer wieder eingefordert wird, „zum Thema" zurückzufinden, wodurch die Teilnehmerinnen auch eine Selbstverpflichtung andeuten, twas „Sinnvolles zur Diskussion beizutragen. Klara und Giulia scheinen etwas mehr miteinander zu tun zu haben, was sich insbesondere in der interaktiven Bezugnahme aufeinander ausdrückt, aber auch in einem gemeinsamen Wissen über Mitschülerinnen dokumentiert, das an einigen Stellen explizit nicht mit Henrieke geteilt wird. Mit Blick auf die Konstitution der Gruppe auffälligstes Charakteristikum ist die Frontenbildung zwischen Klara und Giulia auf der einen und Henrieke auf der anderen Seite. Es geht dabei thematisch um verschiedene Aspekte, etwa die unterschiedliche Bewertung des Verhaltens von Mitschülern untereinander und die Charakterisierung von „Freundschaft". In den Auseinandersetzungen dokumentiert sich aber darüber hinaus eine partielle Rahmeninkongruenz, also Unterschiede in der diesen Bewertungen zugrunde liegenden Werthaltungen oder Orientierungen. Allerdings relativiert sich die eindeutige Frontstellung dadurch, dass an einigen Stellen Giulia von den anderen beiden als „naiv" charakterisiert wird und damit eine neue Konstellation entsteht.

Modus der Differenzsetzung und handlungsleitende Orientierung der Gruppe

Unmittelbar anschließend an den Erzählstimulus wird in Gruppe *Schwarz* die Diskussion sehr globaler Themen mit biographischen Einlassungen zu Kindheit und Grundschulzeit der Teilnehmerinnen verknüpft, die ihnen mit Blick auf das Thema Zugehörigkeit relevant scheinen. An dieser Stelle dokumentiert sich zum einen der bereits angedeutete leistungsorientierte Zugang: Die Teilnehmerinnen korrigieren sich immer wieder selbst und bemühen sich, „richtig zu reden", wie es Giulia ausdrückt. Zum anderen zeigt sich, dass sie ähnlich wie die Teilnehmer der Gruppe *Rot* tendenziell der Perspektive des Individuums folgen. Darauf weist auch hin, dass sich die drei Mädchen der Konstruktion von ‚sozialen Identitäten' im Laufe der gesamten Diskussion weitgehend verweigern bzw. dass die Anwendung der damit verbundenen stereotypen Verhaltenserwartungen auf konkrete Personen nicht gelingt, wie exemplarisch bereits in der ersten Passage deutlich wird. In dieser ersten Passage werden von Henrieke zunächst „Gruppen" in der Schulklasse der drei Diskussionsteilnehmerinnen unterschieden. Neben den „Strebern", gibt es die „Möchtegern-Coolen" und „die, die keine anderen Freunde haben" und sich deswegen „voll einschleimen" müssen. Die tendenziell abwertende Charakterisierung aller drei Gruppen zeigt bereits an, dass die ihren Angehörigen zugeschriebenen Verhaltensweisen Teil eines negativen Vergleichshorizonts sind. Ganz ähnlich wie in Gruppe *Rot* ist das Verhalten dieser drei Gruppen sowohl durch mangelnde Authentizität als auch durch mangelnde Wahrhaftigkeit charakterisiert: Die nicht-authentische Coolness der „Möchtegern-Coolen" bzw. die nicht-authentische und/oder nicht-wahrhaftige Kommunikation der „Einschleimer" stehen im negativen Horizont. Die Bedeutung des Authentisch-Seins dokumentiert sich dann auch im weiteren Verlauf der Passage, in der ausführlich die Gruppe der „Streber" thematisiert wird (GD *Schwarz*, Passage 1, 44-92):

Cf: Wo=wo=womit hab ich=n grad angefangen? Ach=so mit den Gruppen; (.)
Bf: Du hast Streber-Gruppen gesagt; aber
Cf: Ja es gibt eigentlich gar keine (.....)
Bf: ⌊Streber find ich⌋ eigentlich bisschen übertrieben so (.) wenn man sagt Streber; die wolln einfach nur was tun (.) ich finds so komisch;
Cf: ⌊Die ham einfach kein⌋ anderes Leben (.) guck dir mal bitte Jörn an;
Af: Er is kein Streber wirklich.
Bf: Nee.:.
Cf: Nein ich mein nich Streber im Sinne von schlau::=sein=tun sondern (2) keine Ahnung (3) ich mein in dem Sinne wär Emily auch=n Streber aber sie is ja nich in der

Strebergruppe sie is in der Gruppe von den ähm (.) Reichentrullis da. (3) Verstehst du was ich meine?

Af: Ja.
Cf: Ich rede von Streber von wegen nie was sagen immer ruhig sein im Unterricht (.) ähm nich so aufmüpfig sein zu den Lehrern und so;
Af: └Und dann noch ne┘ gute Note bekommen.
Cf: Ja genau. Dis mein ich mit Streber jetzt nich irgendwie gute Noten bekommen und so und Wikipedia.
Af: └Streber is┘ für mich aber so einer so einer der sich immer meldet der alles besser weiß so einer wie Sebastian;
Bf: Aber Sebastian is eigentlich ganz nett. Er is nur im Unterricht so, sonst is er <u>übertriebenst</u> nett;
Cf: Mhm [verneinend]
Bf: Hä wirklich jetz.
Cf: Mhm [verneinend]
Bf: Doch.
Cf: Ja zu dir vielleicht. (.) Ich kann den nich leiden.
Af: Doch der is ganz nett eigentlich sonst so;
Bf: Ich finde den richtig cool eigentlich (.) nur im Unterricht (   )
Cf: └Ja siehst┘ du er gehört auch nich zu der Strebergruppe obwohl ern Streber is (.)
Bf: Er is kein Streber wenn er was dafür <u>tut</u> für seine Sachen.
Cf: Na eben deswegen is er doch ein Streber ein Streber is jemand der alles weiß immer und so. Dis hast du grad ebend selber gesagt;
Bf: Ein Streber?
Af: Was ist ein Streber?
Bf: @(.)@
Cf: Ein Streber ist jemand der immer gute Noten hat.
Af: Hat er ja nich.
Bf: Nein der auch so komisch mit andern Leuten umgeht.
Af: └Der schreibt manchmal auch Fünfen so.┘
Bf: Wenn er dann (.) wenn er is dass andere besser sind als er oder wenn zum Beispiel im Unterricht (.) wenn man grad ne Arbeit sch-
Cf: └<u>Quatsch.</u>┘ (3) Dis sind dann wieder verschiedene <u>Charaktere</u> von Strebern.
Af: @(.)@
Bf: <u>Hä</u>? was sind Streber bitte?
Cf: Ich weiß gar nicht mehr, wo wir angefangen haben bei der Diskussion. (2)
Af: Macht nichts (.) na okay.
Bf: Hmm.

In der Passage dokumentiert sich ein geteilter negativer Horizont, der verschiedene Aspekte umfasst: „Nicht aufmüpfig zu sein“, sich „immer zu melden und alles besser wissen“, „komisch“ mit anderen Leuten umzugehen und „sauer“ zu sein, „dass andere besser sind“, also eine Überanpassung an schulische Leistungs- und Verhaltenserwartungen. Von einem solchen Verhalten, das von der Gruppe der „Streber“ erwartet wird, grenzen sich die Teilnehmerinnen ab. Allerdings dokumentiert sich in der Passage gleichzeitig die Schwierigkeit, konkrete Individuen als *Re-*

präsentanten dieses Stereotyps zu identifizieren. Das lässt sich sehr anschaulich an der antithetischen Diskursbewegung der Passage nachvollziehen: Nachdem die Teilnehmerinnen in der Konstruktion des generellen Typus des Strebers einen Konsens gefunden haben, verlagert Giulia die Diskussion, indem sie feststellt, dass der als „Streber" gekennzeichnete Sebastian „eigentlich ganz nett" bzw. „übertriebenst nett" sei und sich nur im Unterricht so verhalte, dass er als „Streber" gelten könne. Sie widerspricht damit zwar nicht dem skizzierten negativen Horizont, führt aber eine Differenzierung ein, indem sie klar macht, dass als „Streber" markierte Individuen *trotz* ihrer partiell ablehnenswerten Orientierungen „eigentlich nett" sein können. Giulia verweist damit auf den Unterschied zwischen verschiedenen Verhaltensweisen desselben Individuums, hier das Verhalten Sebastians im und außerhalb des Unterrichts, und wirft damit die Frage auf, inwieweit ein Einzelner unter den generellen Typus des „Strebers" subsumiert werden kann, soll oder darf. Henrieke macht im Anschluss zwar zunächst deutlich, dass sie die Einschätzung Giulias in Bezug auf Sebastian nicht teilt, versucht dann aber deren Position zu integrieren, indem sie darauf verweist, dass Sebastian zwar ein „Streber" sei, aber nicht zur „Strebergruppe" gehöre. Offensichtlich ermöglicht ihm das, sowohl außerhalb des Unterrichts „übertriebenst nett" zu sein, als auch im Unterricht eindeutig als „Streber" gekennzeichnet zu werden. Im weiteren Verlauf werden dann zwar viele Kriterien für die Zugehörigkeit zur Gruppe der „Streber" genannt, aber keines scheint den Teilnehmerinnen hinreichend, um sowohl den Typus als auch ein konkretes Individuum zu beschreiben. In der hier auch thematisch werdenden Infragestellung der vollständigen Identifizierung eines Individuums mit einem von Normalitätserwartungen abweichenden Verhalten wird ein ausgeprägtes Wissen um die Differenz von zugeschrieber ‚sozialer Identität' und tatsächlichem Individuum deutlich, was im Übrigen in starkem Kontrast steht zu den Gruppen *Lagerfeuer* und *Zelt*, in denen sich gerade keine Anerkennung der Individualität Einzelner findet: Einzelne werden dort vollständig mit den ihnen qua Gruppenzugehörigkeit zugeschriebenen Verhaltensweisen identifiziert und Zugehörigkeit basiert dort gerade nicht auf der Anerkennung des Anderen, sondern auf der Vermeidung von Nicht-Anerkennung.

Mit Blick auf die Form der Differenzsetzung und Attribution lässt sich von dieser Passage ausgehend für die gesamte Diskussion festhalten: Die Teilnehmerinnen handeln die Definition von ‚sozialen Identitäten' sowohl auf der propositionalen als auch auf der Ebene der Handlungspraxis aus. Sie kommen dabei zwar durchaus zur Formulierung oder Beschreibung von Stereotypen, die Zuordnung von konkreten Individuen zu entsprechenden Kategorien gelingt aber nicht. In der Aushandlung dokumentiert sich im Gegenteil ein Wissen um die Relativität der eigenen Zuschreibungen. Darüber hinaus grenzen sich die Teilnehmerinnen von einer Handlungspraxis ab, die in der ersten Passage als Überanpassung an schulische Leistungserwartungen gefasst werden kann. Es deutet sich hierin schon die Orientierung an (authentischer) Individualität an, die eben nicht auf reiner Übernahme externer Rollenerwartungen basieren kann. Im weiteren Verlauf der Diskussion wird deutlich, dass zentraler positiver Horizont ist, wahrhaftig *und* authentisch zu sein, und das heißt in der Perspektive der Teilnehmerinnen, sich seiner ‚persönlichen Identität' entsprechend zu verhalten und das auch kommunizieren zu können – so bspw. in der dritten Passage, in der es ausgehend von einer immanenten Nachfrage des Interviewers zu Problemen in der Klasse um die Bedeutung von Freundschaft geht und darum, wie es zu „Problemen" kommen kann. Dafür verantwortlich gemacht werden „Gerüchte", wie an dem Fall einer Mitschülerin illustriert wird (GD *Schwarz*, Passage 3, 58-101):

Bf: Als die irgendwie gesagt haben, irgendwie hat irgendwer erzählt weil die Langeweile hat dass sie irgendwie so gesagt hat über die eine dis warn halt so die Möchtegernkrassen und ähm (1) ähm und dass=irgendwie=dass gesagt hätte dass sie ähm °aufn° Strich geht und so blablabla dass sie halt wie sone Schlampe rumläuft und- (.) weil=s ene is und keine Ahnung;
Cf: Ach Klein?
Bf: Ja und dann ähm (2) de=dann wurde die halt übertriebenst dann seitdem gings
Cf: ⌊Ich dachte-°(.....)°⌋
Bf: dann weil sie jedes Mal ham die irgendwas gemacht und ähm also jedes Mal wurde die doch dann immer so von denen voll:: (1) °fertiggemacht°.
Af: ⌊Ja.⌋ |
Cf: ⌊Aber daran sieht man zum Beispiel wieder dass dis richtig Scheißfreunde sind weil jetzt sind sie auf einmal wieder abf(..) jetzt sind sie wieder-
Af: ⌊Maxi und Beate?
Cf: Ja Maxi und Beate sind jetzt richtig gut wieder befreundet. Ja wann gehen wir mal wieder ins Solarium und dies und das. Daran siehst du einfach dass es keine echten Freunde sind. (2)
Bf: Hä? Beate Klein und Maxi,
Cf: Ja.
Bf: Die warn noch nie befreundet.
Cf: Die sind jetzt aber befreundet. Ich hab doch die (Face)bookeintrag gelesen.
Af: ⌊Ich war früher auch mit Maxi befreundet.
Cf Ja Süße wann gehn wir mal wieder ins Solarium und is so toll und ich vermiss dich und Küsschen Küsschen und=no. Ich hab dis doch gelesen.
Bf: °Was:°
Af: Maxi erzählt aber auch-
Bf: Maxi is aber eigentlich ganz nett.
Af: Sie erzählt aber hat früher auch irgend=n Käse erzählt oder erzählt jetz Käse.

Cf: Genau wie Maxi und Andrea sagt auch komm mal meine beste Freundin so ironisch gemeint, Maxi kommt rein. Dann nächsten Tag ich sitz neben Maxi sie sagt genau dis Gleiche. Aber wenn sie zusammen sind dann tun sie immer so auf beste Freunde.

Geteilter negativer Horizont, der sich in diesem Abschnitt dokumentiert, ist, „Gerüchte" über andere zu erzählen, und das heißt, Aussagen zu treffen, die nicht der Wahrheit entsprechen. Abgelehnt wird aber nicht nur, etwas zu sagen, das nicht stimmt, sondern auch, „so zu tun, als ob" man „beste Freundinnen" wäre. Nicht wahrhaftig zu sein *und* nicht authentisch zu sein sind hier die beiden Dimensionen des negativen Horizonts, der von allen drei Teilnehmerinnen geteilt wird. Dass dies nicht zuletzt auf eine positive Orientierung daran verweist, stereotype Verhaltenserwartungen, die an den Einzelnen aufgrund der Zuordnung zu einer ‚sozialen Identität' gerichtet werden, ignorieren zu können, wird auch in einer weiteren Passage deutlich, die von einer immanenten Nachfrage des Interviewers zu den Erfahrungen der Teilnehmerinnen mit Jungen eingeleitet wird. Henrieke greift diese Frage auf und schließt mit der Proposition an, dass „Jungs die besten Freunde" sind. Dieser wird von Giulia widersprochen. Gemeinsamkeit besteht zunächst in der Feststellung, dass „Jungs" *anders* sind als „Mädchen". Die sich widersprechende Konsequenzen, die die beiden aus dieser geteilten Annahme ziehen, ist dann aber zunächst nur, dass Jungs deswegen entweder „beste Freunde" oder gerade „nicht beste Freunde" sein können. In der anschließenden Beschreibung der Handlungspraxis der „Jungs" und der Teilnehmerinnen selbst dokumentiert sich dann ein geteilter positiver Horizont (GD *Schwarz*, Passage 5, 56-96):

Cf: Ich find Jungs einfach besser als Mädchen.
Af: Jungs sind manchmal nett, sind aber manchmal auch scheiße.
Cf: Jungs sind nich zickig, Jungs sind nich zickig, Jungs sind nich, weiß ich was.
Bf: Nicht alle,
Cf: Meine Freunde sind nich zickig, meine Freunde sind einfach total lässig und (.) denen isses egal (.) was weiß ich, ob du jetzt hier (.) was weiß ich, mir fällt grad nichts ein. Ob du jetzt eine gefälschte Gucci-Tasche hast oder nich, dis interessiert die einfach nich, dis sind einfach keine Mädchen, die rumzicken wegen was weiß ich, du kannst einfach bei denen sein wie du halt sein möchtest, weiß ich nich, du kannst so (3) keine Ahnung du kannst deinen Schweinehund, raushängen lassen,
Af: └Ja; es gibt sone und solche Jungs.
Cf: was weiß ich, wie dis heißt.
Af: Bei Mädchen aber auch;
Cf: **Also meine Freunde** sind total lässig (.) sind (.) geh mal zu Mädchen hin, geh mal zu Giulia hin und rülpse;
Af: Mach ich und da sagt sie üäh.
Cf: Ja. hör doch mal auf, dis is ja eklig.

Af: Ja aber wenn ich bei anderen einfach mal so rülpse-
Bf: ⌊Wenn ihr so übertreibt wie in der Mensa? dis war ja iih ey (.) dis warn wirklich (.) die ham, so ne Parade gestartet;
Af, Cf: ⌊@(6)@
Bf: @(2)@
Cf: @Dis war total lustig.@

„Nicht rumzuzicken", „nich zickig zu sein", „lässig zu sein", „zu sein wie du halt bist", sich also nicht verstellen zu müssen und den „Schweinehund raushängen lassen zu können", sind die zentralen Aspekte des positiven Horizonts, der sich in dieser Passage dokumentiert. Positive Orientierung ist also, sich entsprechend der eigenen individuellen Vorlieben und Bedürfnisse verhalten zu können. Auf propositionaler Ebene halten die Teilnehmerinen dazu fest, dass die Enaktierung dieser Handlungspraxis als „Mädchen" oder unter Mädchen schwieriger sei. Allerdings wird die Unterscheidung zwischen Jungs und Mädchen einerseits explizit durch den wiederkehrenden Hinweis relativiert, dass es „sone und solche Jungs" gibt. Durch die Beschreibung der eigenen Handlungspraxis von Klara und Henrieke wird die stereotypisierende Unterscheidung andererseits aber auch implizit in Frage gestellt, weil sie selbst „rülpsen" und sich eben gerade nicht wie typische Mädchen verhalten. Es zeigt sich mithin, dass Mädchen sich durchaus anders verhalten können, als gemäß der stereotypen Verhaltenserwartungen an „Mädchen" erwartet würde. Auch in dieser Passage dokumentiert sich insofern ein teils implizites, teils explizites Wissen um die Differenz zwischen stereotyper Verhaltenserwartung und dem tatsächlichen Verhalten eines konkreten Individuums. Beides verweist auf eine handlungsleitende Orientierung an ‚persönlicher Identität' bzw. an der Wahrnehmung und Behauptung der Besonderheit des Individuums.

Bemerkenswert ist nun, dass sich in Gruppe *Schwarz* ähnlich wie in den Gruppen *Fuchs* und *Rot* an mehreren Stellen die Bedeutung dokumentiert, die Kommunikation für die Etablierung von Zugehörigkeit hat. Das wird schon in der oben beschriebenen Praxis der Aushandlung von Differenzsetzung und Attribution auf der Ebene einer reziproken und abstrahierenden Kommunikation deutlich, die als charakteristischer modus operandi der Gruppe gefasst werden kann. An anderer Stelle der Diskussion wird diese Diskurspraxis auch thematisch relevant (GD *Schwarz*, Passage 2, 1-42):

Cf: Okay kommen wir zurück zu den Gruppen (.),
Bf: Mm (.) ja.
Cf: Es gibt die Streber es gibt die Möchtegern-Coolen es gibt die (.) die die keine anderen Freunde haben und sich deswegen voll einschleimen müssen;
Af: Was denn Richard und so aber die sind so °nich sone wirkliche Gruppe;°

Cf: ⌊Dis sind die Rocker. Nee die⌋ sind au= dis is auch keine wirkliche Gruppe.
Bf: Wieso?
Cf: Die lästern auch übereinander.
Af: Ja (2) @wir lästern auch übereinander@.
Bf: ⌊Ich denk dis is⌋ ich denk dis is kein Lästern du sagst einfach nur was dich bei dem anderen aufgeregt hat (.) was der gemacht hat.
Cf: Dis sagst du dem ins Gesicht (3) wenn mich was an dir stört sag ich dir dis; (.) dann=s findest du dis wieder=halt dass ich dich dumm anmache.
Bf: Hm (.) du musst dis ja nich anderen sagen du kannst dis doch normal sagen.
Cf: ⌊Hab=ich=ni;⌋
Bf: Nein ich sag doch grade (.) wenn mich was an dir stört dann sag ich dir das ins Gesicht und dann sagst du gleich wieder von wegen ich mach dich fertig oder ich bin so böse zu dir oder was weiß ich;
Bf: Nicht fertig machen aber ich mein dass du ähm (.) dass du <u>anders</u> sagen kannst (2) du musst nich so komisch so zickig sein.
Cf: ⌊Ich sag halt wies is.⌋ ⌊Ich bin halt zickig.
Bf: Ich hasse Zicken eigentlich.
Cf: Ich <u>bin</u> zickig du bist <u>genauso</u> zickig.
Bf: Ich bin nich-
Af: Mhm [verneinend]
Bf: Siehst du ich bin niemals zickig.
Cf: ⌊Na klar (.)⌋ na klar.
Bf: Mhm [verneinend]
Cf: Hmmh.
Af: Kann jetzt aber bloß nich immer halt (.) sie sagt halt immer ja und nich wenn sie was nich will sagt sie halt nich nein; (2) aber sonst is sie eben nich wirklich ne Zicke. (.) sie is nur ein bisschen (.) kindisch manchmal find ich,
Cf: ⌊Sieht auch jeder anders.⌋ ⌊<u>Manchmal</u>?
Bf: @(.)@
Af: Mit Annika.
Cf: [stöhnt]
Bf: @Hallo Themawechsel.@

Im Anschluss an die Charakterisierung einiger Gruppen in der Klasse verhandeln die Diskussionsteilnehmerinnen zunächst, was eine „wirkliche Gruppe" ist bzw. wann sich Menschen, die miteinander zu tun haben, auch als Gruppe beschreiben lassen. Es spielen hier offenbar zwei Ebenen eine Rolle: Gemeinsame Interessen oder geteilte Handlungspraktiken und eine bestimmte Form des Umgangs miteinander. Es dokumentiert sich nun zunächst eine gemeinsame Orientierung dahingehend, dass in „wirklichen Gruppen" „Lästern", also „hinter dem Rücken" oder „mit anderen" kritisch oder abfällig über ein Mitglied der eigenen Gruppe zu reden, nicht vorkommen darf. Gleichzeitig ist damit ein gemeinsamer positiver Vergleichshorizont markiert, nämlich Kritik direkt an die Personen zu richten, die damit gemeint sind. „Lästern" wird als der negative Gegenhorizont zu einer offenen, wahrhaftigen und reziproken Kommunikation gefasst. Im weiteren Verlauf verhandeln die Teilnehmerinnen dann darüber, ob und wie eine solche Kommunikation in der eigenen Gruppe problemlos möglich ist. Hinsichtlich dieser Frage besteht eine partielle Rahmeninkongruenz: Henriekes positiver Vergleichshorizont ist hier eine Praxis der ehrlichen/wahrhaftigen Aussage, die sich nur daran orientiert „wies is", also auf einer Übereinstimmung von Denken und Sagen basiert. Sie nimmt dabei in Kauf, dass andere sie missverstehen und dass sie andere verletzt. Giulia hingegen weist diese Art der reinen Wahrhaftigkeit zurück, und legt den Schwerpunkt auf die *Form* der Aussage: Man kann Kritik auch „nich so komisch" sagen. Sie fokussiert also nicht die Wahrhaftigkeit um ihrer selbst willen, sondern eine Kommunikation, die *auch* auf einer Perspektivübernahme basiert, also auf dem Versuch, eine Kritik so zu formulieren, dass sie der Gegenüber auch annehmen kann. Der Versuch der Enaktierung einer offenen und reziproken Kommunikation in der Diskussionssituation selbst endet nun in einer wechselseitigen Zuschreibung „zickiger" und „kindischer" Verhaltensweisen – allerdings führt das nicht zu einem grundsätzlichen Problem, weil der spezifische modus operandi der Gruppe, die reziproke und abstrahierende Kommunikation, sich im Versuch selbst manifestiert, auch dann, wenn er mißlingt.

Allerdings dokumentieren sich an verschiedenen Stellen der Diskussion durchaus Inkongruenzen in den handlungsleitenden Orientierungen – etwa auch in der zweiten Passage, in der es um einen Mitschüler geht, der aufgrund körperlicher Defizite „gehänselt" wird (GD *Schwarz*, Passage 2, 42-75):

Af: Unter den Gruppen also zum Beispiel Jungs-Gruppen prügeln sich halt so @wie Arne oder so@ die schlagen sich dann halt einfach aber meistens is dis dann auch nur Spaß was man ( )

Bf: ⌊Ja aber wenn du überlegst, was alle so zu Arne sagen wegen seinem Arm? (2) ich mein dis verletzt doch einen.

Cf: Dann soll er die Schule wechseln.

Af: ⌊Ja muss er mit leben.⌋

Bf: Jedesmal die Schule wechseln.

Cf: Wieso jedes mal? muss er halt auf ne Behindertenschule gehen, da wird er dafür nich gehänselt-

Af: ⌊Ja aber er is schlau.

Bf: ( ) Behindertenschule is von anderen.

Af: Er is voll schlau, der muss doch nich auf ne Behindertenschule nur weil er was anders-

Cf: Ja sag ich ja nich (.) ich hab gesagt wenn ihn dis nervt muss er dahin gehn.

Af: Ja aber er is ja so intelligent, dass er Abi und alles machen,

Bf: ⌊Ich find die anderen brauchen da einfach, müssen da einfach so intelligent sein, um so was die ganze Zeit nich so zu sagen.

Af: Manchmal find ichs halt auch ganz lustig aber (.) manchmal is halt auch der Schlusspunkt erreicht wo man aufhören soll damit. (.)

Cf: Na er lässt sich ja auch richtig reinziehn (.) wenn er gleich zuschlägt und so, is doch klar dass die weitermachen (.) du musst einfach nich hinhörn, weiterlaufen, nicht drauf eingehn;
Af: ⌊( ) nich alle machen.
Cf: Hm?
Bf: Dis kannst du nich bei allem machen, was ( ) sagen;
Cf: ⌊Na klar, wenn ihn dis stört dann muss er weiterlaufen.
Af: Aber man kann (.) macht er ja auch oft aber er kann sich ja nich immer so zurücknehmen dis is-
Bf: Irgendwann kommts doch alles;
Cf: Ja dann soll er irgendeinen Kampfsport machen und sich da austoben.
Af: Wie geht das denn mit seinem Arm? irgendein Kampfsport geht doch gar nich.
Cf: Es gibt schon irgendeinen Kampfsport.
Af: ⌊Mit einem Arm so @(.)@.
Cf: Gibt=s:: bestimmt irgendeinen.

In der Passage führt die Thematisierung des Umgangs der „Jungs-Gruppen" in der Klasse untereinander zu einer abwägenden Erörterung der Möglichkeit des Umgangs mit den „Beleidigungen", denen Mitschüler Arne offensichtlich wegen einer körperlichen Einschränkung ausgesetzt ist. Geteilt wird hier die Auffassung, dass diese Beleidigungen mitunter verletzen und eine bestimmte Intensität haben, so dass „ein Schlusspunkt erreicht ist". Henrieke fokussiert nun die Notwendigkeit, dass Arne sein Verhalten ändert bzw. den Bedingungen anpasst und also „stark ist". Positiver Horizont, der sich in ihren Aussagen dokumentiert, ist, „nich hinzuhörn", „weiterzulaufen", „sich zurückzunehmen", „stark" im Sinne von „unabhängig" zu sein und im Zweifelsfall die Wut „auszutoben", indem man Kampfsport macht. Dieser positive Horizont ist offenbar verbunden mit der Annahme, dass die Bedingungen unveränderbar sind, und dass sich der Einzelne damit abfinden muss. Darin dokumentiert sich zwar eine Orientierung am Individuum oder genauer an „starken Einzelnen" (und damit in Ansätzen an dem, was in Gruppe *Rot* als „charakterstark" beschrieben wird), allerdings scheint diese sekundär und der primären Orientierung an einer gegebenen Ordnung nachgeordnet, die nicht hinterfragbar scheint und in der es u.U. zur Ausgrenzung von (in diesem Fall in körperlicher Weise) auffälligen Individuen kommt. Klara und Giulia hingegen argumentieren, dass Arne sich gerade „nich zurücknehmen" sollte, sondern vielmehr „die anderen intelligent sein müssen", damit aufzuhören – nicht zuletzt, weil es den beiden nicht möglich scheint, dass Arne sich so weit zurücknimmt, wie Henrieke es verlangt. Darin dokumentiert sich die primäre Orientierung an der Wahrnehmung der Besonderheiten des Einzelnen: Die Bedingungen müssen und können sich ändern, wenn der Einzelne nicht so respektiert wird, wie er ist. Die hier nur angedeutete Inkongruenz lässt sich sowohl anhand der Analyse des Diskursverlaufs rekonstruieren, wie in der zweiten Passage, die durch eine rituelle Konklusion oder genauer durch „Verschiebung des Themas" (Przyborski 2004: 75) beendet wird, taucht aber immer wieder auch auf der Oberfläche des Diskurses auf, etwa wenn Klara und Giulia Hernieke an einigen Stellen ein bestimmtes Wissen vorenthalten und sie damit temporär von der Diskussion ausschließen: Sie nehmen an diesen Stellen handlungspraktisch eine Grenzziehung vor und konstituieren eine Beziehung innerhalb der Peergroup, die auf einem geteilten Wissen basiert, das nicht allen Mitgliedern der Gruppe zugänglich gemacht wird.

Zentrale Aspekte des kollektiven Orientierungsrahmens

Die Diskussionsteilnehmerinnen der Gruppe *Schwarz* grenzen sich von einem nicht wahrhaftigen und nicht authentischen Verhalten ab, das etwa beinhaltet, die schulischen Leistungsanforderungen und Verhaltenserwartungen zu ernst zu nehmen oder aufgrund von Rollenerwartungen (insbesondere in Bezug auf Geschlechtszugehörigkeit), denen man ausgesetzt ist, nicht so sein zu können, wie es den eigenen und individuellen Bedürfnissen oder Interessen entspricht. Sie verweigern sich zugleich weitgehend der Konstruktion von ‚sozialen Identitäten', auch weil die Anwendung der entsprechenden Kategorien auf konkrete Individuen nicht gelingt. Den Mädchen ist es zudem auch selbst unproblematisch möglich, die Verhaltens- und im weiteren Sinne die Normalitätserwartungen aufgrund der Zuordnung zu einer ‚sozialen Identität' (etwa die der „Mädchen") zu ignorieren. Die rekonstruierten Horizonte der Selbstverortung verweisen auf eine handlungsleitende Orientierung an der Wahrnehmung der Besonderheit des Einzelnen und damit an Individualität, die sich nicht zuletzt in der besonderen Bedeutung dokumentiert, die eine gelungene, reziproke Kommunikation als Grundlage für die Konstitutierung von Zugehörigkeit für die Teilnehmerinnen hat. Trotz weitgehender Homologien zu Gruppe *Rot* findet sich ein wesentlicher Unterschied in der Bedeutung, die die Konsensfindung über eine reflektierende Diskussion in Gruppe *Schwarz* hat: Die Teilnehmerinnen setzen sich in mehreren Passagen *explizit* mit der Schwierigkeit der Verknüpfung von Kategorien und konkreten Erfahrungen auseinander. Diese Distanzierung zum unmittelbaren Erleben bzw. die in der Relationierung von Ideen und Erfahrungen präsente Erfahrung der Differenz ermöglicht ihnen eine vermittelte Auseinandersetzung, die sich nicht zuletzt im affirmativen Bezug auf das Projekt ausdrückt.

6.1.10 Gruppe Pinie: Individualität und Anerkennung durch Andere

Gruppe *Pinie* besteht aus drei Jungen und zwei Mädchen, die zwischen 16 und 18 Jahren alt sind (Am: Mark, Bm: Karl, Cm: Arne, Af: Nina, Bf: Andrea). Der Kontakt zur Gruppe *Pinie* kam über eine Jugendeinrichtung zur Freizeitgestaltung zustande, die ihre Schwerpunkte in den Bereichen „Rockmusik, Theater, künstlerische und handwerkliche Gestaltung plus offenen Café- mit Internetbereich" hat (zitiert nach der Internetseite der Einrichtung). Die Einrichtung bietet den Jugendlichen neben Tanz- und Theaterprojekten vor allem die Möglichkeit, Musik zu machen. Sie ist mit einem professionell eingerichteten Tonstudio und mehreren Proberäumen ausgestattet. Vier der fünf Diskussionsteilnehmer*innen machen hier mindestens einmal wöchentlich als Band zusammen Musik. Ich hatte die Gruppe bei einer ihrer Proben besucht und mit ihnen ein Treffen verabredet:

Wir treffen uns im offenen Cafébereich des Jugendzentrums. Die vier Bandmitglieder haben noch eine Freundin mitgebracht, die sich für das Thema sehr interessiert, wie sie sagt. Für das Gespräch ist ein heller, ruhiger Raum im ersten Stock des Jugendzentrums für uns freigehalten worden. Wir setzen uns um einen etwa vier Meter langen und zwei Meter breiten Tisch herum, so dass ich am Kopfende und ein bisschen abseits der Jugendlichen sitze. Die Atmosphäre ist sehr vertraut und persönlich, die Jugendlichen scheinen es gewohnt zu sein, miteinander zu diskutieren.

Entsprechend dieses ersten Eindrucks ist die Diskussion von Beginn an durch eine große Eigendynamik gekennzeichnet und läuft fast ohne Unterbrechung oder Interventionen von Seiten des Interviewers mehr als zwei Stunden lang. Der Interviewer wird kaum beachtet und weder mit Fragen zu Themen noch zu eigenen Erfahrungen oder Einschätzungen adressiert. Mit Blick auf die Konstitution der Gruppe ist Dreh- und Angelpunkt die Bezugnahme auf die geteilte Begeisterung für Musik und die Praxis des Musikmachens – an manchen Stellen bleibt daher die Teilnehmerin, die nicht Bandmitglied ist, außen vor. Ausführlich werden außerdem die Lebensläufe der einzelnen Teilnehmer*innen nacherzählt, und zwar so detailliert, dass von ihnen selbst immer wieder festgestellt wird, dass sie einiges berichtet bekommen, was sie vorher nicht voneinander wussten. Die Redeanteile sind relativ gleich verteilt, ein Teilnehmer, Karl, tut sich allerdings insofern hervor, als er immer wieder explizit mehr Raum einfordert. Ein auffälliges Charakteristikum der Diskussion ist, dass die Teilnehmer*innen immer wieder über die Diskussion selbst diskutieren und etwa den thematischen Verlauf oder die interaktive Bezugnahme der Teilnehmer*innen aufeinander explizit zum Gegenstand machen.

Modus der Differenzsetzung und handlungsleitende Orientierung der Gruppe

Schon der Beginn der Diskussion verweist auf die stark reflektierende Haltung, die die Jugendlichen der Gruppe *Pinie* – hierin ganz ähnlich den Teilnehmerinnen aus Gruppe *Schwarz* – gegenüber der Diskusson einnehmen: So wird vorgeschlagen, sich mit Blick auf den räumlichen Fokus der Diskussion „zunächst auf Brunsviertel" zu beschränken, „weil wir alle hier wohnen". Es wird also ausgehend von einer gemeinsamen Erörterung für *sinnvoll* gehalten, sich über diese gemeinsame Erfahrungsbasis an das Thema anzunähern. Zudem wird die Frage aufgeworfen, wie genau der Begriff „Jugendgruppen", der im Projekttitel („Peergroups und Zugehörigkeit") auftaucht, definiert oder differenziert werden müsste, um *sinnvoll* darüber zu diskutieren: „Man müsste erst mal anfangen bestimmte Jugendgruppen zu trennen oder zu beschreiben". Diese Haltung der Diskussionsteilnehmer*innen schlägt sich im Verlauf der Diskussion auch darin nieder, dass die einzelnen Passagen in der Regel von einer These oder einem Argument ausgehen, denen eine Exemplifizierung folgt – der Einstieg erfolgt selten über Erzählungen oder Beschreibungen selbst.

In der ersten Hälfte der Diskussion sind vor allem die Erfahrungen der Jugendlichen im Kontext der Schule Thema. In den im Wesentlichen nacheinander vorgetragenen Erzählungen und Beschreibungen dokumentieren sich immer wiederkehrende Horizonte der Selbstverortung. So wird eine erste Differenzsetzung gegenüber einem „arroganten" oder „oberflächlichen" Verhalten vollzogen (GD *Pinie*, Passage 1, 1-20):

Bm: Wo war ich? Ach so genau dann gabs aber auch Leute die sich doch ziemlich ziemlich wichtig und toll gefunden haben wenn sie äh (.) ja sag ich mal etwas wohlhabender waren als andere also wirklich hart fand ich dass wie eine Schülerin beobachtet hat wie sie mit ner anderen gesprochen hat so und dann so meinte so ja dieser Karl der is ja so krass unter meiner Würde (.) also wo dann wirklich schon so ne Schwelle der Arroganz überschlagen wird die dann nicht mehr nicht mehr (.) tolerabel is;
Y: ⌊Und was meinte sie damit?
Bm: Dass=dass ich nicht äh (.) dass ich nicht wichtig bin, dass ich schon ziemlich (..) und dis ging dann eben ich hab hab dann eben die angesprochen, warum sagst Du denn so wat. Ja weißte schon wie du dich anziehst und so (.) musste doch mal
Alle: ⌊@(.)@⌋
Bm: überlegen und so. Ähm ich komm jetzt ausm relativ armen Haushalt; (.) ja: hab
Alle: ⌊@(2)@⌋
Bm: erst später angefangen dis irgendwie so zu merken und irgendwie auch so irgendwie dis so als Defizit zu verstehen sag ich jetzt mal auch wenn auch wenn's

> nicht auch wenn's jetzt wirklich kein krasses Defizit ist; aber doch eigentlich=eigentlich erst als ich dann nach der 7. ähm mit aus der Klasse gegangen bin jetzt sag ich mal mit nicht unbedingt weinend ähm: und dann eben auf die Baumann- äh Schwachsinn auf die Alexis gekommen bin war das dann eher so dass ich erst so begriffen hab was ich da die ganze Zeit so @erlebt hab@ in der Baumann-Schule und als ich dann es war wirklich so:. so jetz lern ich mal normale Leute kennen die auch wirklich andere so akzeptieren wie sie sind.

Der negative Horizont, der sich in Karls Erzählung dokumentiert, ist, „sich doch ziemlich ziemlich wichtig und toll zu finden" und andere danach zu beurteilen, „wie du dich anziehst" bzw. sie zu ignorieren, wenn sie sich *falsch* anziehen. Dieses Verhalten wird „Leuten" zugeschrieben, die „etwas wohlhabender" sind. Eine Abgrenzung findet an dieser Stelle ähnlich wie in Gruppe *Rot* und in Ansätzen in Gruppe *Birke* gegenüber einer Form der Zuschreibung von Verhalten oder noch genauer gegenüber der Bewertung eines Individuums auf der Grundlage von Äußerlichkeiten statt. Dagegen steht als positiver Gegenhorizont, „andere so zu akzeptieren, wie sie sind", eine Handlungspraxis, die Karl den Mitschülern an seiner *neuen* Schule und auch sich selbst zuschreibt. Diese Differenzsetzung wiederholt sich im Laufe der folgenden Passagen. So berichtet auch eine weitere Teilnehmerin, Nina, von ihrer Erfahrung an verschiedenen Schulen, die sie mit ihrer jetzigen Situation kontrastiert (GD *Pinie*, Passage 2, 1-37):

Af: Da sind wir für sieben Jahre nach Belgien gegangen Europaschulen da haste halt (.) da haste halt diese ganzen Diplomatenkinder und von all diesen reichen Leuten die dann irgendwie alle vier Jahre umziehen und dis heißt du gehst auf diese Schule und du gehst da wie auch immer lange hin aber du kennst eigentlich niemanden wirklich lange weil die kommen und gehen und kommen und gehen

Am: ⌊Ja.⌋

Af: und dis sind auch alles solche oberflächlichen Menschen n Stück weit, weil die einfach niemals die Erfahrung gemacht haben irgendwo lange zu sein und

Am: ⌊Hmm.⌋

Af: irgendjemanden gut zu kennen. Und ähh und ich halt irgendwie total verpeilt aus meinem kleinen Leben in Brunsviertel @komm halt@ auf diese Europaschule und

Am; Bf: ⌊@(.)@⌋

Af: denk mir so was gehtn hier ab ja. Äh:m hab dann erst mal sieben Jahre da auf der Europaschule, weiß ich nich eher überlebt als gelebt weil war=wa=war halt genau dieses mit dem jaa trägt nicht die richtigen Klamotten is ja voll unten durch- ja

Am: ⌊@Unten durch.@

Af: Und dann äh wieder zurück nach Berlin wieder auf ne internationale Schule wieder mit lauter Leuten die kommen und gehen und kommen und gehen (.)war auch ganz nett is auch ganz nett is auch ne schöne Schule aber is halt eher so dieses wo man reinkommt und man weiß versteh mich mit denen allen gut, ich kann mit denen gut den ganzen Tag lang in der Schule sitzen aber dit sind nich meine Freunde. Und äh diswegen- na ja; (.....)

Am: ⌊@(.)@ (.) Jaja.⌋

Af: Dis sind halt so Leute, wenn du die nach der Schule mal anrufen würdest haa nee hab ich keine Lust irgendwas zu machen und du denkst halt auch ganz anders als die (...)
Bm: ⌊Wenn man die in der S- wenn man die dann so in der S-Bahn trifft hallo (.)
Af: ⌊Ja genau. Und dann-
Bm: hi (.) schönes Wetter is ja mhm (.) Was machst Du noch so? Ja nichts.
Af: ⌊Eigentlich eigentlich gar nicht weil dann kommt dann immer **Hey: und wie geht's Dir ach na alles gut**. Total enthusias-
Cm: ⌊Nich mal dis.⌋
Af: tisch und oh: ja aber da ist nichts dahinter. Da kommt immer ganz viel aber da
Bm: ⌊Ach so. Gut okay okay.⌋
Af: ist nichts dahinter. Deswegen fand ich dis voll cool, als ich das Oase-Jugendzentrum kenne- äh gefunden hab und hier die Leute kennen gelernt hab, weil dis is einfach was ganz anderes. Es is einfach irgendwie (.) ja: die chillen hier und machen ihre Musik und sind nette Menschen und (.) na und dann lernt man sich kennen und dann versteht man sich gut und dann kann sich daraus ne Freundschaft bilden und eben nicht nur son hey und eh eh eh und so. Jo. Und dis war=n so meine Erfahrungen.

In Homologie zur ersten Passage dokumentiert sich hier der negative Horizont, „oberflächlich zu sein" und Wert auf die „richtigen Klamotten" zu legen, um jemanden anzuerkennen. Und auch in dieser Passage wird entsprechendes Verhalten den „reichen Leuten" bzw. den „Diplomatenkindern" zugeschrieben. Verknüpft wird die Abgrenzung von einem „oberflächlichen" Verhalten außerdem mit einer Charakterisierung dieses Verhaltens als nicht authentisch bzw. als nicht wahrhaftig, wenn man also „nichts dahinter" hat – was an dieser Stelle beides bedeuten könnte, die fehlende Entsprechung von symbolischer Repräsentation und Erfahrung/Gefühl oder aber die fehlende Übereinstimmung von Denken und Sagen. Der positive Gegenhorizont in der vorliegenden Passage wird dagegen anders als bei Karl nicht am Beispiel der Schule exemplifiziert, sondern findet sich in der Beschreibung der Handlungspraxis Ninas und der anderen Diskussionsteilnehmer im Jugendzentrum. Hier führt „Kennenlernen" im Kontext von „chillen" und „Musik machen" dazu, dass sich „Freundschaften bilden", was als anstrebenswert markiert ist. Die Validierungen von Ninas Proposition durch die anderen Jugendlichen weisen darauf hin, dass dies Aspekte eines geteilten Orientierungsrahmens der Gruppe sind.

Mit Blick auf die Form der Differenzsetzung und Attribution lässt sich ausgehend von diesen beiden kurzen Ausschnitten für die gesamte Diskussion festhalten: Die Teilnehmer*innen grenzen sich in erster Linie von einem „oberflächlichen" und „arroganten" Verhalten ab, das der sozialen Gruppe der „Reichen" und „Wohlhabenden" zugeschrieben wird. Diese Abgrenzung ist relativ stabil, allerdings zeigt sich im Verlauf der Diskussion, dass sich ganz ähnlich wie in Gruppe *Rot* ein implizites Wissen von der Mehrdimensionalität des Individuums dokumentiert. So wird in einem Abschnitt der fünften Passage, in der es um die Nutzung von Facebook geht, deutlich, dass ein Verhalten, das negativer Horizont ist, durchaus auch von Teilnehmer*innen selbst an den Tag gelegt wird (GD *Pinie*, Passage 5, 55-70):

Bf: Aber diese Leute die dann drei Stunden am Tag bei Facebook sind und dann total
Cm: ⌊@(2)@⌋
Bf: mies gelaunt ans Telefon rangeht wenn man den fragen irgendwas fragen möchte. Weil sie sich- **Weil sie sich genervt** fühlen (.) Arne, @(.)@ und ähm-
Am, Bm, Af ⌊@(3)@⌋ |
Cm: ⌊Ja was willst du, du hast-
Af ⌊Ja
dann noch so abgelenkt am Telefon is dis Beste so am Telefon und dann am besten noch chatten-
Bf: ⌊Ja das hatten wir gestern abend gestern beste Beispiel Facebook ich telefon=telefoniere mit ihm (.) ich rede plötzlich bricht ab man hört nur noch
Cm: ⌊Da wollt ich essen.⌋
Af: ⌊@(2)@⌋
Bf: tötötöötötötötötötö; ich so Arne? Tötötötötötöt Arne? Tötötötötö äh: was? @(.)@
Alle: ⌊@(2)@⌋ |
Cm: ⌊Dis war auch so war auch
so uninteressant dis Thema.

Andrea entwickelt mit ihren Ausführungen zur Handlungspraxis „der Leute, die dann drei Stunden am Tag bei Facebook sind" einen negativen Horizont, nämlich sich nicht auf das Gespräch und damit den Gegenüber zu konzentrieren. Indem sie hier aber nicht irgendwelche „Leute", sondern konkret einen der Teilnehmer der Diskussion beschreibt, wird die starre Differenzsetzung in Frage gestellt. Man kann offenbar sowohl ein Freund sein, als auch bestimmte Verhaltensweisen zeigen, die eigentlich geteilter negativer Horizont der Gruppe sind. Es kommt mit anderen Worten zu einer differenzierten Bewertung, die sich auch im weiteren Verlauf der Passage dokumentiert, etwa wenn festgestellt wird, dass Facebook trotz der Vorbehalte, die die Teilnehmer*innen aufgrund der mitunter oberflächlichen Kommunikation, die das Netzwerk nahe legt/ermöglicht dagegen haben, „richtig praktisch" sei, um den Kontakt zu Leuten zu halten, die weit weg sind, oder auch um in Bezug auf „Events" auf dem Laufenden zu bleiben. Dieses Bemühen um Differenzierung in der Bewertung läuft parallel mit der differenzierten Wahrnehmung des Einzelnen, der eben nicht nur aufgrund einzelner Verhaltensweisen einem Stereotyp zugeschrieben, sondern in seiner Mehrdimensionalität anerkannt wird.

Bemerkenswert ist nun zunächst und gerade im Unterschied etwa zu Gruppe *Gelb* aber auch zu den Gruppen *Blau* und *Marder*, dass Differenzsetzung und Attribution in der Gruppe insgesamt nicht allzu viel Raum einnehmen. In Bezug auf das implizite und kollektive Wissen, das die Herstellung von Zugehörigkeit orientiert, ist zudem im Vergleich etwa zu den Gruppen *Lagerfeuer* und *Zelt* auffällig, dass sich schon in den ersten beiden Passagen stärker konturierte positive Horizonte dokumentieren. Diese umfassen eine bestimmte Vorstellung eines angemessenen Verhaltens oder eines Umgangs miteinander, der als „nicht oberflächlich" charakterisiert werden kann und der damit einher geht, dass man die anderen akzeptiert, „so wie sie sind". Anders als etwa in den Gruppen *Blau* oder *Fuchs* ist dieses Verhalten zudem an keiner Stelle der Diskussion als ein „vernünftiges" markiert, es liegt also keine Orientierung an einer vernünftigen/sinnvollen sozialen Ordnung vor. Vielmehr entsteht diese Orientierung offenbar im Kontext der Frage nach der Möglichkeit der Behauptung von Individualität oder ‚persönlicher Identität'. Das dokumentiert sich bereits darin, dass es in den Erzählungen der Teilnehmer*innen zu ihren Schulbiographien zu Beginn der Diskussion vor allem um die Erfahrung des Nicht-Dazugehörens geht: Der Blick ist, so lässt sich verallgemeinern, von den „Außenseitern" auf die Mehrheit gerichtet und nicht umgekehrt, nicht nur an dieser Stelle, sondern im Verlauf der gesamten Diskussion. Auf eine geteilte Orientierung an der Behauptung von Individualität oder ‚persönlicher Identität' verweist aber auch, dass sich in den Erzählungen der Teilnehmer*innen ähnlich wie in Gruppe *Rot* dokumentiert, dass Rangordnungen oder Hierarchien, die aus Gewohnheit oder Konvention resultieren, immer wieder neu begründungspflichtig sind – so erzählt Andrea davon, wie in ihrer Schule die „Kleinen", also Mitschüler unterer Jahrgänge, von den „Großen" „in die Mülltonne geworfen" wurden, und zwar aufgrund einer Rangordnung qua Alter. Aber nicht nur die Erzählungen der Teilnehmer*innen zu ihren Schulbiographien weisen auf die Bedeutung der Frage nach der Möglichkeit der Behauptung von Individualität hin. An mehreren Stellen der Diskussion dokumentiert sich der geteilte positive Horizont der Gruppe, „individuell zu sein" und „unabhängig von den anderen". Das wird etwa in folgenden Ausschnitt aus der dritten Passage deutlich, in der es thematisch um den Wunsch nach Unabhängigkeit von der schulischen Lei-stungsnorm geht, vor deren Hintergrund man bewertet wird (GD *Pinie*, Passage 3, 1-50):

Bm: Und (.) wie gesagt aber dieser dieser Drang dann wirklich so=zu=dazu- dazugehören zu wollen unbedingt mit allen möglichen Mitteln und selbst wenn ich mich komp- ja dis also dis liegt mir irgendwie nicht also ich sag dann lieber dann bin

Af: ⌊Mhm.⌋

Bm: ich lieber alleine als wirklich dann so zu sein wie alle anderen. (.) Wenn dis dann irgendwie heißt ja inner in=ner Schule ja macht doch mal schreibt doch mal da und dazu irgendn Text und hat=man schon okay ich mach das so und so weil dis irgendwie das einfachste ist sag ich mir so hä is doch blöd. Wenn ich den jetz wenn ich genau mit sowas ankomme, dann (.) ja dis geht doch komplett unter. Und dann schreib=mach ich lieber was total Extravagantes auch wenn=s komplett bescheuert ist und vielleicht sogar falsch, Hauptsache ich stech so irgendwie so raus das kann man jetzt natürlich auch als Selbstverliebtheit irgendwie auslegen so isses aber eigentlich noch gar nicht mal gemeint es geht mehr darum sich jetz nich so: (.) nicht so zu sein wie alle sind.

Af: ⌊Aber du musst doch dann auch wieder- ganz kurz ganz kurz ganz kurz aber du musst dann auch wieder gucken wie weit du sagst ok ich pass mich nicht an (.) ich möchte ich selber sein;

Bm: ⌊Mhm.⌋

Af: Ja dis is ja total ähm (.) respektabel und dis is ja auch dis dis braucht ja auch ne

Am: ⌊Ok.⌋

Af: Menge irgendwie äh:: Selbst:bewußtsein oder Selbst°vertrauen.°

Bm: ⌊Noch nich mal noch nich mal noch nich mal.

Af: Nich wirklich Selbstvertrauen aber es braucht einfach dieses weißte okay mir geht's gut alleine und du musstes auf jeden Fall Respekt dafür ja, aber dieses wenn du dann sagst (.) na ja dis machen alle so und so weil so isses richtig und so isses leicht und ich machs dann aber ganz anders dann lässt du dich ja wieder von den anderen beeinflussen weil du sagst ja dann ich mach dis nicht so wies

Cm: ⌊Ja.⌋

Af: mir einfällt sondern ich mach dis so dass ich auf gar keinen Fall reinpasse.

Bm: ⌊Kann=man kann=man kann=man so sehen ja;⌋ ⌊Nee nee so isses auch nich mal also wenn ich wirklich- äh es is jetzt nich so dass ich sage sie machens alle richtig und es is einfach ähh ich mach es ich mach es anders und es ist trotzdem richtig sozusagen also es-

Am: ⌊Aber da-

Bm: Ich will trotzdem so meinen eigenen Weg dann irgendwie gehen weißte. Wenn

Af, Cm: ⌊Mhm.⌋

Bm: dann wenn dann weiß ich zum Beispiel ne Geschichtshausaufgabe, schreibe einen Text da und dazu und alle haben da eben son schnöden 08/15 Aufsatz geschrieben und ich hab dann irgendwie angefangen un- dis alles in Gedichtform zu schreiben. Ich hab dafür dann leider ne öh ne 6 bekommen weil das nicht der Aufgabenstellung entsprach; @Aber der Lehrer hat sehr@ gelacht und so fand

Alle: ⌊@(3)@⌋

Bm: dis super aber meinte er kann das leider nicht bewerten (.) ähm hat=sich hat=sich trotzdem dazu hinreißen lassen paar Sachen vorzulesen; die Klasse hat sehr

Af: ⌊( )⌋

Bm: gelacht (.) dis war irgendwie auch schön (.) trotzdem hat er mir dann @ne Sechs gegeben@ aber dis- dis fand ich auch ich=war=da ich=war=davon auch überzeugt dass es richtig is und bin sogar bin und hab sogar mit=n paar Lehrern noch gesprochen wie finden sie dis denn die fanden so ja dis is super aber ich hätt dann vielleicht eben ohne Bewertung geschrieben und nich gleich sechs=aber (.) dis is mir dann wirklich isses mir dann wirklich auch wert dann auch vielleicht auch wirklich (.) zumindest bürokratisch auf die Nase zu fliegen aber irgendwie doch wenigstens was besonderes geleistet zu haben.

Karl entwickelt seine Proposition zunächst argumentativ, sie dokumentiert sich aber auch in seinem exemplifizierenden Beispiel. Der positive Horizont ist, „nicht so zu sein wie alle sind", „herauszustechen", „was total Extravagantes zu machen" und dabei auch in Kauf nehmen, dass es „falsch" ist und man „bürokratisch" auf die Nase fliegt. Diese Orientierung wird grundsätzlich geteilt, Nina fokussiert sie mit ihrem Einwand sogar noch, wenn sie einerseits betont, dass diese Haltung „Selbstbewußtsein oder Selbstvertrauen" voraussetzt und andererseits darauf hinweist, dass es wichtig sei, sich auch im Anders-Sein so weit wie möglich von den anderen unabhängig zu machen. Der positive Horizont ist also „individuell" und „unabhängig von den anderen" und auch „lieber alleine" zu sein, der negative Gegenhorizont dagegen, sowohl „gewöhnlich zu sein" und Normen nur deswegen zu erfüllen, weil sie existieren, als auch „besonders zu sein, nur weil man sich von den anderen abgrenzen will", indem man also „darauf Wert" legt, „dass man auf gar keinen Fall reinpasst". In einem späteren Abschnitt derselben Passage wird von Mark explizit auf die „Gefahr" des „Außenseiterdings" verwiesen. Damit wird unterstrichen, dass ein Aspekt des negativen Gegenhorizonts auch ist, „sich reinzusteigern", Sachen also „genau umgekehrt" zu machen wie alle anderen, nur um „cool" zu sein, und nicht um ihrer selbst willen. Individuell zu sein und Dinge um ihrer selbst willen zu tun, sind für die Gruppe *Pinie* also charakteristische Horizonte der Selbstverortung. Es geht dabei um eine Form des Verhaltens, mit dem man der eigenen Individualität gerecht und das auch gegen die Überzeugung der Mehrheit enaktiert wird. Insofern lässt sich von einer primären Orientierung an der Wahrnehmung und Behauptung von Individualität oder ‚persönlicher Identität' sprechen. Wenn aber auch die damit verbundene Verweigerung der Entsprechung mit Normalitätserwartungen im Vordergrund steht, wird an verschiedenen Stellen der Diskussion deutlich, dass es durchaus *auch* um die *Anerkennung durch Andere* geht – die damit eine sekundäre Orientierungskomponente der Gruppe ist. In Karls Beschreibungen in der dritten Passage zeigt sich das darin, dass „bürokratisch auf die Nase zu fallen", also den schulischen Leistungsnormen nicht zu entsprechen, in seinen Augen kompensiert wird/werden muss durch die positive *Anerkennung* der „Extravaganz" des Individuums bzw. des „Besonderen", das hier geleistet wurde – im Beispiel sowohl durch den oder die Lehrer (Karl hat noch andere Lehrer nach ihrer Meinung zu seinem „Aufsatz in Gedichtform" gefragt, und diese „fanden dis super" und sein Lehrer hat seine Leistung honoriert, indem er sich „hinreißen" ließ, Ausschnitte aus seinem Aufsatz der Klasse vorzulesen), als auch durch die Mitschüler („die Klasse hat sehr gelacht, das war schön").

Diese Ambivalenz einer Orientierung an ausgeprägter Individualität (und damit auch an der Übereinstimmung zwischen der Mehrdimensionalität der eigenen Erfahrung und deren Repräsentation im Sinne eines authentischen Verhaltens) und der Suche nach Anerkennung durch Andere (und damit die Übereinstimmung mit letztlich immer wenigstens gruppenspezifischen und damit tendenziell eindimensionalen Normalitätserwartungen) ist charakteristisch für Gruppe *Pinie*. Sie zeigt sich exemplarisch am Ende der dritten Passage (GD *Pinie*, Passage 3, 143-167):

Am: Also ganz kurz noch mal so bei Peergroups gibs ja auch immer sag ich mal obs jetz ne Klasse is oder so gibs auch oft immer Leute sag ich mal die diese Peergroup wirklich anführen und dann wieder (.) sag ich mal Leute, die jetz nur mitlaufen in dieser Peergroup, die aber auch genauso gut in zehn anderen Peergroups sein könnten aber dadurch dass sie jetz in dieses Gefüge gefallen sind sind sie in: in diese Peergroup ge=gekommen;

Bm: ⌊Und es gibt eben auch viele Leute die eben mitmachen weil sie sonst eben diese Gefahr sehen allein dann zu sein; also so wie auf Klassenfahrt wenn dann wirklich die Leute noch (.) da bis spät in die Nacht Remmidemmi machen und man macht irgendwie notgedrungen mit obwohl man eigentlich ganz gern um zehn im Bett wär; (2) is nich unbedingt-

Alle: ⌊@(2)@⌋ |

Cm: ⌊Ach na gut.@(.)@

Bm: ⌊Bezieh jetz gar nich mal so auf mich. Aber die dann einfach irgendwie einfach mitmachen weil sie sonst ganz allein irgendwie dastehen oder sagen wir mal gezwungen sind ich meine wenn du um zehn pennen willst und de- machen da noch Krach kannste eh nich pennen, deswegen machste dann irgendwie mit; dis is jetz ich weiß dis Beispiel war jetz vielleicht n bisschen doof aber ihr wisst worau- was

Am, Af, Cm: ⌊Ja.⌋

Bm: ich meine.

Am, Af, Cm: ⌊Ja.

Bm: Dieses Mitmachen weil es eh gar keine andere Möglichkeit gibt wenn du dis durchziehst kannst du nur verlieren und wirst am besten dafür noch ausgelacht.

Am: Dis geht dann=et ums Prinzip dass dus durchziehst einfach (.) nich um deinen Willen durchzusetzen sondern dann eher um zu zeigen dass dus (.) blöde findest

Bm: ⌊Jaja °genau.°⌋

Am: oder- keine Ahnung.

Cm: Naja, meistens geht's dir dann besser als wenn du nicht mitmachen würdest so vom Gefühl her. (.)

Der Zwang, „mitzumachen“, sich dem Gruppendruck zu unterwerfen, ist hier negativer Horizont, also „notgedrungen“ „Remmidemmi“ auf der Klassenfahrt zu machen, obwohl man eigentlich „gern um zehn im Bett wäre“. Positiver Gegenhorizont ist dagegen, „dass dus durchziehst einfach“, also letzlich den eigenen Bedürfnissen folgst, Deine eigene Individualität behauptest, und eben nicht „Remmidemmi“ machst. Das Enaktierungspotential hierfür ist allerdings gering, denn „wenn du dis durchziehst kannst du nur verlieren und wirst am besten dafür noch ausgelacht", das heißt, man verliert die Anerkennung der Gruppe. Im Grunde geht es also um die im Laufe der Diskussion ständig präsente Frage, wie es möglich ist, von einer Gruppe anerkannt zu werden, ohne sich an ihre Normen anzupassen und d.h. gleichzeitig individuell zu bleiben.

Es ist nun bemerkenswert, dass sich ähnlich wie in Gruppe *Schwarz* auch in Gruppe *Pinie* an mehreren Stellen der Diskussion die besondere Bedeutung einer auf Reziprozität basierenden Kommunikation für die Möglichkeit der Wahrnehmung und Behauptung von Individualität dokumentiert. Das wird etwa in der vierten Passage deutlich, in der es ausgehend von einer arbeitsteiligen Elaboration des negativen Horizonts des „Mobbings" darum geht, dass es trotzdem möglich sein muss, „auch maln Witz" zu machen (GD *Pinie*, Passage 4, 37-81):

Bm: Dis is dis also an meiner Klasse kann ich beobachten dass wir alle (.) einen ziemlich guten Hang zur Selbstironie haben also eigentlich wirklich ziemlich viele paar verstehen Ironie nich sofort:

Alle: ⌊@(3)@

Cm: ⌊@Na okay dis is jetz@ n andres Thema.

Bm: Dis is dis is jetz n andres Thema aber (.) ich sag mal so wir haun uns da manchmal auch schon n paar Sachen so an Kopf; es is jetz zum Glück zielt dis nich immer auf eine Person ab sondern eigentlich kriegt jeder mal (..) sein Fett ab; (.) und wir wissen irgendwie alle wer wirklich austeilt muss auch was einstecken können. Die die dis irgendwie nich können äh die halten irgendwie auch die Klappe oder wollen vielleicht auch gar nicht dis weiß ich nich; ähm und die jetz aber auch schon mal gerne n flapsigen Kommentar über jemand anderes machen wissen auch dis kommt irgendwann zurück und damit muss ich dann auch leben. Aber-

Af: ⌊Aber dis is was anderes.

Bm: Dis=is genau dis=is wirklich was anderes und vor allem wissen wir auch dass wir (.) dass wir wirklich niemanden wirklich verletzen wollen; auch=wen- auch wenn wir uns dann mal irgendwie son bisschen an- äh gegeneinander sticheln (.) wir wissen (.) äh wir wissen man muss auch wirklich mal mi=mit soner mit soner Stichelei auch mal leben können und dis is dann irgendwie auch dis is dann auch gut, und we=und wenn dann irgendn Verhalten von irgendwem irgendwie mal kritisiert wird oder n bisschen verhohnepipelt wird dann dann is dis okay, dann- (.) und wenn=s auch wirklich mal irgendwie böse wird (2) isses irgendwie (.) auch=auch dis is dann klar dass wir dis dann nich verletzend meinen beziehungsweise wir entschuldigen uns dann auch noch wenn=wenn wir wirklich mal über die Stränge geschlagen haben. (.) äh ja dis=dis also dis find ich eigentlich sehr schön.

Alle: ⌊@(4)@

Bm: ⌊Nein nein nein nein⌋ ihr versteht mich (...) falsch es is einfach so dass man dann wirklich mal: wirklich mal so sich auchn Witz erlauben kann ohnes ohne gleich irgendwie zu befürchten dass die halbe Klasse gleich sauer auf einen ist.

Af: ⌊Naja klar.

Cm: Das find ich wirklich sehr schön.

Alle: @(2)@
Bm: Dis is dann dis is dann der Unterschied zur Baumann-Schule. Wenn man da irgendwie wirklich mal ähu ne Stecknadel fallen lässt, dann weiß es wirklich irgendwie sofort-
Cm: ⌊So die Baumann ( )
Am: ⌊Klingt irgendwie wie son Gefängnis, ne?
Cm: ⌊@Wirklich oder?@
Af: ⌊°@Klingt echt so@°
Bm: Dis wird dann wirklich in allen möglichen Face- Facetten diskutiert wie dis dann hätte jetz aus- wie man dis jetz eben aus=aus-
Cm: ⌊Na son Schwarzweißdenken an der Baumann-Schule.
Bm: Wie bitte?
Cm: N Schwarzweißdenken (.) an der Baumann-Schule.
Bm: Ja (.) ja schon ja doch kann man son bisschen so sehen.

In Abgrenzung zur Praxis des „Mobbing" dokumentiert sich in der Passage an mehreren Stellen der positive Horizont der Reziprozität von Kommunikation, die sich mit der Wahrnehmung der Besonderheit des Einzelnen *verbindet*. Das wird deutlich, wenn festgehalten wird, dass man, wenn man jemanden „stichelt" und es „böse" wird, als Konsequenz eine Entschuldigung anbietet, aber auch in dem Hinweis, dass man sich „auch maln Witz erlauben" können muss, ohne dass einem gleich die Anerkennung entzogen wir. Die Passage unterstreicht also, dass Sprüche machen durchaus funktionieren kann, dass also sich „Sachen an den Kopf hauen" nicht notwendiger Weise „verletzen" muss und entsprechend auch nicht immer als eine Beleidigung behandelt oder „in allen möglichen Facetten diskutiert" werden sollte, das Voraussetzung dafür aber eine offene und gleichberechtigte Kommunikation ist, die aber mit der Wahrnehmung der besonderen Situation, in der Äußerungen getätigt werden, und mit der Wahrnehmung der konkreten Person, die die Äußerungen tätigt, verbunden werden muss.

Gerade die Bedeutung, die die vollständige Wahrnehmung des jeweiligen Kommunikationspartners für die Teilnehmer*innen der Gruppe *Pinie* hat, wird im Verlauf der fünften Passage noch deutlicher. Hier wird zunächst das „oberflächliche Verhalten" von Mitschülern mit deren Art der Nutzung von Facebook parallelisiert: Teilnehmerin Nina beschreibt, dass es Leute gibt, die nicht mit Freunden reden oder mit irgend jemandem chatten, wenn sie auf Facebook sind, sondern sich „stundenlang die Gespräche von anderen Leuten durchlesen" oder sich „die Fotos von andern Leuten angucken". Vollzogen wird hier wiederum die Abgrenzung von einem „oberflächlichen" Verhalten, das sowohl umfasst, vor allem auf das Äußere zu achten, als auch nichts von sich preisgeben zu wollen oder sogar nichts zu sagen haben. Ein weiterer negativer Horizont, der sich in dieser Passage dokumentiert, ist aber, wie bereits zu Beginn der Falldarstellung herausgearbeitet wurde, die mangelnde Konzentration auf den Interaktionspartner, die bei Facebook möglich und gängig ist. In diesem Sinn zieht Teilnehmer Mark am Ende der Passage und in direktem Anschluss an den bereits zitierten Ausschnitt folgendes Fazit (GD *Pinie*, Passage 5, 71-99):

Am: @(.)@ Ich würde sofort auflegen Alter dis geht gar nich. Aber ganz kurz ähm also ich sag jetz mal ganz kurz äh ich will jetz mal ganz kurz was sagen (.) eher
Cm: ⌊Tut mir leid Andrea. @(.)@ (....)
Am: wirklich also was äh jetz meine eigene Entwicklung angeht; (.) ähm (.) bin **ich auf**
Cm: ⌊Mit Facebook @(.)@⌋
Bf: ⌊@(2)@⌋
Am: **son Platt**form von der 5. bis 9. Klasse gewesen und dann hab ich den Einblick erhalten ich war erleuchtet (.) ich bin a=erleuchtet gewesen. Ich saß auch zwei Stunden am Abend davor und es bringt <u>nix</u> es wird nur über <u>Scheiße</u> gere=geredet und wenn ich da chatte mit denen zwei Stunden danach hm=f hab ich mich gefragt was hab ich eigentlich für Scheiße gemacht. Und ganz kurz (.) es
Af: ⌊@(.)@⌋
Am: bringt <u>null</u> einem was und dis hab ich viel zu spät gecheckt wirklich viel zu spät und ich glaube allen guck mal Karl also auch du du hast vor zwei drei Jahren auch noch gesagt ja okay zwei seit dreien kennen=wir=uns=nich aber vor andervor einem Jahr meintest du ja auch noch ach dis is alles scheiße und so und jetz biste auch in sonem Ding ich bin nich noch nich bei Facebook @noch nich@ (.) ähm nee ich war auch bei SchülerVZ und hab da auch meine <u>Zeit</u> wirklich ins Internet gesteckt dis gibs echt nich und=und di=und ich bereu dis so doll also ich hab da gar nix (.) einfach so dis Ding die Leute mit denen ich was machen will die kann ich treffen, die kann ich anrufen ich find anrufen is=is auch cooler irgendwo
Af: ⌊Die siehste dann und die rufste an-⌋
Am: als wenn ich jetzt mit jemand chatte, von dem ich weiß okay der chattet nebenbei mit <u>zehn</u> anderen Leuten, unterhält sich grad mit nem anderen Typ äh wen er
Af: ⌊Ja.⌋
Am: grad gevögelt hat und ich chatte mit dem und rede mit dem was ich gerade zum
Cm; Bf: ⌊@(.)@⌋
Am: Abendbrot gegessen habe. Dis is doch es is doch nur son Scheißtalk so was muss
Cm, Bf: ⌊@(.)@⌋
Am: ich mir nicht geben; und-

Mark stellt im Sinne einer Konklusion fest, dass auf Facebook „nur Scheiße geredet wird", und führt aus, dass es „cooler ist" jemanden anzurufen, „als wenn ich jetzt mit jemand chatte, von dem ich weiß okay der chattet nebenbei noch mit 10 anderen Leuten". In den Validierungen dieser Proposition durch die anderen Diskussionsteilnehmer dokumentiert sich der geteilte positive Gegenhorizont zu einer bestimmten Art der Nutzung des sozialen Netzwerks, der sich etwa wie folgt charakterisieren lässt: Sich in der Kommunikation auf jemanden zu konzentrieren, ihn in seiner Besonderheit wahrzunehmen und selbst in gewisser Weise auch *authentisch* im Sinne von „ganz da" zu sein. Alles andere ist „Scheißtalk" oder „billiger Smalltalk", bei dem „nur Kacke rauskommen" kann. Positiver Gegenhorizont zu der durch Facebook nahegelegten Form der Kommunikation und Interaktion ist also das Gespräch Auge in Auge, das nicht nur (begriffliche) Informationen transportiert, sondern letztendlich dazu führt, den Interaktionspartner als *ganze Person* und das heißt, als Individuum in seiner auch körperlichen Einzigartigkeit wahrzunehmen oder kennenzulernen.

Zentrale Aspekte des kollektiven Orientierungsrahmens

In Gruppe *Pinie* nimmt die Differenzsetzung und Attribution insgesamt keinen großen Raum ein – einzig die ‚soziale Identität' der „Oberflächlichen" oder „Arroganten", deren Repräsentanten zugeschrieben wird, über ein Mehr an ökonomischem Kapital zu verfügen, spielt eine gewisse Rolle. Die Abgrenzung von „oberflächlichem" Verhalten, die sich an mehreren Stellen dokumentiert, wird aber nicht mit Bezug auf eine diffuse oder gruppenspezifische Normalitätserwartung vorgenommen, sondern taucht im Kontext der Frage nach der Möglichkeit der Behauptung von Individualität oder ‚persönlicher Identität' auf. In den Horizonten der Selbstverortung dokumentieren sich in Übereinstimmung mit den für die Gruppen *Rot* und *Schwarz* rekonstruierten impliziten und kollektiven Wissensbeständen einerseits eine Partikularisierung von Zugehörigkeit, andererseits die handlungsleitende Orientierung an individueller Authentizität. Mit Blick auf den gruppenspezifischen modus operandi zeigt sich zudem eine große Nähe zu Gruppe *Schwarz*: Auch in Gruppe *Pinie* folgen die Beispiele und Erzählungen eigener Erfahrungen in der Regel auf abstrakte Thesen und auch hier findet an mehreren Stellen eine Reflexion *über* die eigenen Erfahrungen statt. Im Vergleich zu den Gruppen *Rot* und *Schwarz* ist allerdings in Gruppe *Pinie* das Wissen um die *Ambivalenz* zwischen der Orientierung an Individualität oder ‚persönlicher Identität' (etwa auch in der Verweigerung einer bestimmten Leistungsnorm) und der Suche nach Anerkennung durch Andere stärker ausgeprägt.

6.2 Die ‚Normalität' des Individuums als Orientierungsproblem

Die komparative Analyse der zehn Diskussionen, die ich in den Falldarstellungen bereits angedeutet habe, führt zunächst zu der Feststellung, dass in allen Gruppen ähnliche Themen verhandelt werden. Das sind insbesondere die Charakteristika von Schule und Stadtteil als soziale und räumliche Bezugspunkte der Jugendlichen, die Charakterisierung auffälliger Einzelner oder in diesen Räumen präsenter Gruppen und schließlich der *Umgang* mit diesen Einzelnen oder Gruppen. Gerade die letzten beiden Punkte verweisen bereits auf die Bedeutung, die die Auseinandersetzung mit sozialen Klassifizierungen, also mit der Selbst- und Fremdzuschreibung ‚sozialer Identität(en)' und den damit verbundenen Verhaltenserwartungen, für die Jugendlichen hat. Darüber hinaus dokumentiert sich in allen zehn Diskussionen auch in der *Art und Weise der Bearbeitung* dieser Themen, dass sich die Jugendlichen mit den Regeln auseinandersetzen, die für die Herstellung von Zugehörigkeit gelten, und damit zugleich mit Normalitätserwartungen, die an das Individuum gerichtet werden, denn nur auf der Basis einer zugeschriebenen oder und/oder anerkannten ‚Normalität' kann Zugehörigkeit hergestellt werden: Wer gänzlich un-normal ist, bleibt kategorisch fremd und ist demnach *nicht* zugehörig. Mit anderen Worten: Es geht in allen Gruppen im Kern um die Auseinandersetzung mit der ‚Normalität' des Individuums. Das verweist nicht zuletzt auf die von Jürgen Habermas im Anschluss an die Ergebnisse der Arbeiten Erving Goffmans ausgemachte Schwierigkeit, eine stabile Relation oder Balance zwischen den zwei Dimensionen der Erwartungen zu etablieren, die bei seinen Selbstpräsentationen an das Individuum gestellt werden: Der Anspruch, so zu sein wie alle anderen, also über die Übereinstimmung mit entlang der Konstruktion „virtualer sozialer Identitäten" (vgl. Goffman 2012 | 1963: 10) zugeschriebenen Verhaltenserwartungen Zugehörigkeit(en) zu markieren, und der Anspruch, so zu sein wie kein anderer, also eine ‚persönliche Identität' in Szene zu setzen. Die Jugendlichen müssen, wie Habermas es ausdrückt, gleichzeitig ihre „soziale Identität wahren und ausdrücken, ohne der Gefahr der ‚Verdinglichung' zu erliegen [...] [und ihre] persönliche Identität zugleich wahren und ausdrücken, ohne ‚stigmatisiert' zu werden" (Habermas 1973 | 1968: 131).

Wie in den Ausführungen im zweiten Kapitel bereits problematisiert wurde, wird in den Arbeiten Erving Goffmans allerdings nicht deutlich, inwieweit die Prozesse der Selbst- und Fremdzuschreibung ‚sozialer Identität(en)' und dann auch ‚persönlicher Identität' und die Auseinandersetzung mit den damit verbundenen Verhaltenserwartungen auch unbewußt ablaufen können. Und auch in den Überlegungen von Jürgen Habermas scheint die Annahme zugrunde zu liegen, dass die Interaktionspartner mehr oder weniger *strategische* Inszenierungen vornehmen: Das wird etwa deutlich, wenn Habermas darauf verweist, dass die Interaktionspartner ihre Selbstpräsentationen auf beiden Ebenen *als fiktive markieren* (müssen) (vgl. Habermas 1973 | 1968: 131f). Das empirische Material der vorliegenden Arbeit zeigt nun allerdings auf, dass die Auseinandersetzung mit der ‚Normalität' des Individuums in den untersuchten Gruppen über die bewußte, kommunikative und strategische Aushandlung und Inszenierung von Identität hinausgeht. Zwar wenden die Jugendlichen Mittel und Verfahren an, um Personen ihrer sozialen Umwelt zu typisieren und die Relationen zwischen ihnen in überschaubare Zusammenhänge zu bringen. Sie nutzen dabei unter anderem den Bezug auf Kategorien sozialer Differenz oder ‚soziale Identitäten', auch um eine Selbstidentifizierung zu markieren (wem fühle ich mich zugehörig?) und sich mit Fremdidentifizierungen auseinanderzusetzen (zu wem werde ich gezählt?) – und auf dieser Ebene geht es tatsächlich um mehr oder weniger reflexiv verfügbare Identitätskonstruktionen. Allerdings kann, wie bereits erläutert wurde, mit Garfinkel davon ausgegangen werden, dass die Auslegung von Regeln oder Normen ein Knowing-how erfordert oder, wie Reckwitz es ausdrückt, es bedarf „körperlicher, routinisierter Hervorbringungen und deren Konstitution durch kollektive Habitusschemata, die ein entsprechendes praktisches Verstehen wie auch intentionale ‚Strategien' der Akteure ermöglichen" (Reckwitz 2000: 310). Insofern stellen bereits die unterschiedlichen *Formen der Differenzsetzung und Attribution*, die mit den Formen der Identitätskonstruktion verknüpft sind, jeweils spezifische *modi operandi* im Bourdieuschen Sinne dar, sie werden von den Jugendlichen also nicht bewußt gewählt, sondern in den Distinktionspraktiken, wie auch in weiteren Erzählungen und Beschreibungen von Alltagstätigkeiten, dokumentiert sich ein implizites oder habituelles Wissen, an dem sich die Diskussionsteilnehmer*innen bei ihren Selbst- und Fremdkategorisierungen *orientieren* – und hier wechselt die Analyse auf die Ebene der handlungsleitenden Orientierungen. Es lässt sich mithin zwar davon sprechen, dass sich die Jugendlichen mit Normalitätserwartungen in Bezug auf Zugehörigkeit und Individualität – Goffman spricht hier passender Weise von „Identitätsnormen" (Goffman 2012 | 1963: 161) – auseinandersetzen und sich zu diesen verhalten. Diese Auseinandersetzung erfolgt aber in erster Linie handlungspraktisch bzw. wird von einem habituellen Wissen angeleitet, über das die Jugendlichen gerade nicht reflexiv verfügen.[55]

Fassen wir zusammen: Die identifizierte Gemeinsamkeit aller Fälle weist über thematische Ähnlichkeiten hinaus auf eine gemeinsame Problemstellung hin. Die Jugendlichen setzen sich mit dem Verhältnis von Zugehörigkeit und Individualität auseinander oder vielmehr mit der

55 Zudem können auch die ‚Identitätsnormen' als *implizite Normalitätshorizonte* gelten. Vgl. dazu die Auseinandersetzung mit der Frage, inwiefern Diskurse in erster Linie implizites, wenngleich nicht konjunktives Wissen darstellen bei Geimer 2012.

'Normalität' des Individuums. Dies ist das Ergebnis des ersten Schritts der sinngenetischen Typenbildung, der „Abstraktion des Orientierungsrahmens" (Bohnsack 2007a: 236). Ausgehend von der Identifizierung eines gemeinsamen Orientierungsproblems im Sinne eines tertium comparationis der Fälle, das nicht auf thematischer Ebene angesiedelt ist, lassen sich nun die Unterschiede in der Art und Weise rekonstruieren, wie die Jugendlichen dieses Orientierungsproblem bearbeiten und das heißt auch, wie sie sich auf die 'Identitätsnormen' im Sinne impliziter Normalitätshorizonte des Alltags beziehen. Auf dieser Ebene geht es um die Rekonstruktion unterschiedlicher Formen der *habitualisierten Lösung* des Orientierungsproblems und bei diesem zweiten Schritt der komparativen und fallübergreifenden Analyse richtet sich der Fokus auf die in den Falldarstellungen bereits angedeuteten „Kontraste in der Gemeinsamkeit" (ebd.). Im Zuge einer „Spezifizierung des Typus" (ebd.) lassen sich drei *unterschiedliche* Modi der Differenzsetzung und Attribution und damit korrespondierende handlungsleitende Orientierungen herausarbeiten. Diese verweisen auf drei distinkte kollektive Orientierungsrahmen, die in der folgenden Tabelle kurz charakterisiert sind (Tabelle 3).

Orientierungsproblem: Die 'Normalität' des Individuums			
Typ	**Typ I** **Milieuspezifische Desintegration und Ordnung um der Ordnung willen**	**Typ II** **Milieuspezifische Integration und die Irrationalität der Anderen**	**Typ III** **Zugehörigkeit durch wechselseitige Anerkennung persönlicher Identität**
Modus der Differenzsetzung und Attribution	Abgrenzung von auffälliger Körperlichkeit von Einzelnen; Konstruktion 'totaler Identitäten'	Abgrenzung von „sinnlosem" Verhalten und Konstruktion stabiler 'sozialer Identitäten'; Versuch der Differenzierung durch Verweis auf die individuelle Lebensgeschichte	Abgrenzung von nicht authentischem oder „oberflächlichem" Verhalten; Partikularisierung von Zugehörigkeit durch Verweis auf die Mehrdimensionalität des Individuums
Handlungsleitende Orientierung	Orientierung an einer 'phantom normalcy'	Orientierung an Kollektivität	Orientierung an Individualität
Gruppen	*Lagerfeuer, Zelt, Gelb*	*Blau, Marder, Fuchs, Birke*	*Rot, Schwarz, Pinie*

Tabelle 3: *Überblick über die rekonstruierten Orientierungsrahmen*

Zur Erläuterung der Dimensionen: Mit Blick auf den Modus der Differenzsetzung und Attribution zeigen sich Unterschiede *im Vergleich* der Fallgruppen und fallübergreifende Gemeinsamkeiten *innerhalb* einer Fallgruppe in Bezug auf die Frage, ob und welche *Kategorien* im Sinne von ‚sozialen Identitäten' jeweils gebildet werden und welche *Dimensionen* die Jugendlichen in Anschlag bringen, um die Differenzsetzung zu vollziehen, d.h. auf welche zentralen Attribute oder Aufhänger sie sich beziehen, an denen die Zuschreibung zu einer ‚sozialen Identität' festgemacht wird, und welche Verhaltenserwartungen mit dieser Zuschreibung korrespondieren. Schließlich spielt bereits auf dieser Ebene eine Rolle, ob und in welcher Form sich in den Diskussionen eine (handlungspraktische) Differenzierung zwischen ‚sozialer' und ‚persönlicher Identität' dokumentiert. In den entlang dieser Dimensionen nachweisbaren Differenzen in den Differenzkonstruktionen dokumentieren sich darüber hinaus die unterschiedlichen *impliziten Prinzipien oder handlungsleitenden Orientierungen*, denen die Jugendlichen bei der Herstellung von Zugehörigkeit folgen. Auch hier finden sich fallübergreifende Gemeinsamkeiten und Unterschiede etwa mit Blick auf die Frage, auf welcher Grundlage Zugehörigkeit sich konstituiert, ob und welche Relevanz Zugehörigkeit im Unterschied zu der Entwicklung und Behauptung von Individualität oder ‚persönlicher Identität' hat, und inwiefern die Jugendlichen in der Lage sind, das ihre Handlungspraxis orientierende Prinzip auch zu enaktieren.

Als Ansätze für eine Theoretisierung der Ergebnisse bieten sich im Anschluss an diese Ausführungen Goffmans Arbeiten zur Herstellung gesellschaftlicher Normalität in sozialer Interaktion an. Am empirischen Material lässt sich etwa herauszuarbeiten, welche *milieuspezifischen* Formen die Zuschreibung ‚sozialer Identität(en)' annehmen kann und welche Ansatzpunkte für Stigmatisierung und Diskriminierung sich im Modus der Differenzsetzung und Attribution finden. Darüber hinaus lässt sich mit Blick auf die Relationierung der Zuschreibung ‚sozialer' und ‚persönlicher Identität' rekonstruieren, welche Normalitätshorizonte in Bezug auf Zugehörigkeit und Individualität sich in diesen Distinktionspraktiken dokumentieren. Das Material lässt sich zudem auch in Richtung der Sozialisations- und Identitätstheorie von Jürgen Habermas diskutieren, dessen Skizze eines Stufenmodells der Identitätsentwicklung (vgl. Habermas 1976 | 1974: 77ff.) zugleich auf eine Beschreibung und Analyse unterschiedlicher Niveaus interaktiver Kompetenz abzielt – Habermas skizziert „Qualifikationen des Rollenhandelns" (ebd.: 76), die an Prozesse der Identitätsentwicklung gekoppelt sind. In der Zusammenschau der hier analysierten Fälle lässt sich etwa diskutieren, auf welche unterschiedlichen und gleichzeitigen milieuspezifischen Formen der

Rollendistanz, die Habermas für eine wesentliche Bedingung der Entwicklung von „Ich-Identität" (ebd.: 80) hält, die jeweilige Relationierung zwischen ‚sozialer' und ‚persönlicher Identität' verweist – wobei auch hier der Fokus nicht auf der *intentionalen,* als vielmehr auf der *handlungspraktischen* Relationierung liegt. Sowohl in Bezug auf die Arbeiten von Habermas' wie auch die von Goffman liegt der Mehrwert der vorgestellten Analysen also darin, dass erstens durch die schärfere Trennung zwischen intentionalen Identitätskonstruktionen und den diese orientierenden impliziten Wissensbeständen die ausschließliche Fokussierung auf kognitive Aspekte der Herstellung von Normalität oder des Rollenhandelns überwunden werden kann (vgl. die kritische Anmerkung zu seiner eigenen Skizze bei Habermas 1976 | 1974: 85). Zweitens werden ausgehend von der Perspektive einer praxeologischen Wissenssoziologie *kollektive* Formen rekonstruiert: Es geht um *Milieus,* die in *je typischer Weise* Differenzsetzung und Attribution (und damit auch Identitätskonstruktionen) vornehmen und sich dabei an *geteilten* impliziten Wissensbeständen orientieren.

6.3 Milieuspezifische Lösungen des Orientierungsproblems

Im folgenden stelle ich die drei Typen entlang der skizzierten Dimensionen kurz vor und greife zur Illustration der Gemeinsamkeiten der in einem Typ zusammengefassten Gruppen auf das in den Falldarstellungen bereits vorgestellte und diskutierte Material zurück. Ich abstrahiere dabei aber stärker von den einzelnen Fällen, um Aussagen über einen für alle Gruppen eines Typs – und damit für ein Milieu – spezifischen Modus der Differenzsetzung und über die geteilten Orientierungen zu Zugehörigkeit treffen zu können.[56] Ich deute zudem durch die Verweise auf die Arbeiten Erving Goffmans und Jürgen Habermas' eine Theoretisierung der Ergebnisse an, die im dritten Teil der Arbeit vertieft wird.

6.3.1 Milieuspezifische Desintegration und Ordnung um der Ordnung willen

Die drei Gruppen *Lagerfeuer, Zelt* und *Gelb* sind mit Blick auf den *Modus der Differenzsetzung und Attribution* gekennzeichnet durch die Konstruk-

56 Auch wenn an dieser Stelle nahezu synonym von Milieu und Typ die Rede ist, stellt das Ergebnis der sinngenetischen Typenbildung im Grunde nur eine halbierte Milieuanalyse dar, da die Rekonstruktion der Orientierungsrahmen im Fokus steht, über deren Soziogenese auf dieser Ebene aber noch nichts ausgesagt werden kann (vgl. die Ausführungen in Kapitel 5 und in Amling/Hoffmann 2014).

tion einer Reihe von ‚sozialen Identitäten', die mit klaren Verhaltenserwartungen korrespondieren. Die erste Gemeinsamkeit der drei Gruppen besteht dabei darin, dass Normalitätserwartungen in Bezug auf Körperlichkeit im Fokus stehen. Genauer gesagt erfolgt die Abgrenzung gegenüber Personen, die sich in Bezug auf ihren Körper „auffällig" benehmen. So dokumentiert sich etwa in der Beschreibung des Mitschülers Robert in Gruppe *Zelt* der negative Horizont, „sich nicht um sein Äußeres zu kümmern". In den anderen Gruppen geht es um die Abgrenzung von Individuen, die sich „die „Haare färben" oder „nie waschen" (Gruppe *Lagerfeuer*), „übermäßig schminken" und „Cellulite haben" (Gruppe *Gelb*). Die Jugendlichen nutzen mithin sichtbare Attribute als Aufhänger für die Differenzsetzung und diese Attribute sind zugleich als Ausdruck einer „beschämenden Andersartigkeit" (Goffman 2012 | 1963: 172) markiert, womit sie zu Ansätzen für Stigmatisierungsprozesse werden. Die körperlichen Attribute werden zudem mit der Zuschreibung von Verhaltensweisen verknüpft, die ebenfalls im negativen Horizont der Gruppen stehen. Hier unterscheiden sich die Gruppen geringfügig: In den Gruppen *Lagerfeuer* und *Gelb* ist vergleichbarer negativer Horizont, sich selbst in den Mittelpunkt zu stellen bzw. die eigene Individualität oder ‚persönliche Identität' übermäßig zu betonen, in Gruppe *Lagerfeuer* wird die abweichende Körperlichkeit darüber hinaus ähnlich wie in Gruppe *Zelt* mit der Zuschreibung eines Mangels an Durchsetzungsfähigkeit verknüpft. In der Differenzsetzung wird in den Gruppen *Zelt* und *Lagerfeuer* zudem anders als in Gruppe *Gelb* auf etablierte Kategorien sozialer Differenz bzw. auf „Differenzierungskategorien" (Degele/Winker 2010: 25) zurückgegriffen. Dabei stehen die ethnische Zugehörigkeit („Ausländer" in Gruppe *Lagerfeuer*) und die soziale Positionierung („Hartz-IV-Empfänger" in Gruppe *Zelt*) im Mittelpunkt.

Eine zweite Gemeinsamkeit der drei Gruppen besteht darin, dass es zu einer *vollständigen Identifizierung* der in Frage stehenden Individuen mit einem im negativen Sinne von den Normalitätserwartungen abweichenden Attribut oder Aspekt ihres Verhaltens kommt, wie etwa in folgender Passage der Gruppe *Lagerfeuer* deutlich wird (GD *Lagerfeuer*, Passage 4, 83-105):

Af: Welche Leute ich auch voll ekelhaft finde, dass sind diese ganzen (.) Fidschis.
Bf: °Ja.°
Af: Du siehst die irgendwo stehen (.) ihre Zigaretten verkaufen, aber wenn du dann irgendwo- auch so wenn du in Läden bei denen irgendwas kaufst, die sind so äh [angeekeltes Geräusch] die haben so=n langen Fingernagel, (.) meistens sind die dann noch dreckig, und generell-
Cf: Dis is bei denen so. Die müssen immer einen langen Fingernagel haben.
Af: ⌊Dis is ja ihr Statussymbol.⌋

Cf: Nguyen hat mir mal erzählt, um seine Ohr- um=um die Ohren richtig sauber zu machen.
Bf. Mmh.
Cf: Ich so boah nee. @(.)@
Y: Wer hat dis erzählt?
Cf: Jemand aus unserer Schule, der hat mal bei mir gewohnt bei dem ( ) [Handyrückkopplung]. Und der meinte zu mir, dass die dis machen, um die Ohren und die Nase so richtig sauber zu machen. Er hat zum Beispiel immer den kleinen Finger glaub ich lang, um sich dann hier (.) @Löcher zu entkeimen@
Af: ⌊Ääh [angeekelt] @(.)@ @voll eklig@.
Bf: Is echt eklig, ja.
Cf: Stell dir vor du sagst schönen guten Tag. @(.)@
Af: ⌊@(.)@⌋ |
Bf: ⌊@Hi.@
Af: Den find ich zum Beispiel auch eklig. Der riecht auch eklig.
Cf: Der riecht halt nach (.) Fidschi.
Af: ⌊Nguyen @(.)@.

An der Passage lässt sich zunächst zeigen, dass sich die Diskussionsteilnehmerinnen der Gruppe *Lagerfeuer* von Personen abgrenzen, denen sie zuschreiben, von einem bestimmten, in ihren Augen offenbar allgemeingültigen Standard der Körperpflege abzuweichen: Sich die „Fingernägel" nicht zu schneiden, diese dreckig werden zu lassen, „immer schmalzige Haare zu haben", „immer dieselben Sachen anzuziehen", sind Aspekte des geteilten negativen Horizonts der Gruppe. Auffällig ist darüber hinaus, dass sich auch in der Thematisierung eines den Teilnehmerinnen persönlich bekannten Mitschülers am Ende der Passage kein Wissen um eine Differenz zwischen Stereotyp und Individuum dokumentiert. Dieser Mitschüler wird vielmehr als wortwörtliche *Verkörperung* des Stereotyps eingeführt: „Der *riecht* halt nach Fidschi" (Herv. von mir).

Die Passage verdeutlicht exemplarisch, dass die Differenzsetzung in allen drei Gruppen *Zelt*, *Lagerfeuer* und *Gelb* auf der Ablehnung der *ganzen Person* basiert. Das wird zunächst im Fokus auf *Körperlichkeit* fassbar, die als letzte und unhintergehbare Dimension von Individualität verstanden werden kann. Darüber hinaus werden die stereotypen ‚sozialen Identitäten', die Grundlage für die Differenzsetzung sind, in allen drei Gruppen in erster Linie ausgehend von der Beschreibung der Handlungspraxis Einzelner entwickelt: Diese Einzelnen sind dadurch nicht nur *Repräsentanten*, sondern vielmehr die *Verkörperung* des jeweiligen Stereotyps, von dem sich die DiskussionsteilnehmerInnen abgrenzen – neben Mitschüler Nguyen ist das in Gruppe *Lagerfeuer* etwa das „Mädchen auf der Toilette", die „wirklich nach Fisch stinkt", in Gruppe *Gelb* die Mitschülerinnen Sara, Amiri und Katja, die „hässlich" sind und den „Trends hinterherlaufen", in Gruppe *Zelt* der Mitschüler Robert, der „keinen Sport" macht, „nicht durchsetzungsfähig" ist und „keine Zukunft" hat.

In den Beschreibungen dieser Einzelnen finden sich einerseits keine Hinweise auf eine Unterscheidung zwischen den in Frage stehenden Individuen als *ganze Person* und bestimmten *Aspekten* ihres Verhaltens, wie sie sich etwa in Gruppe *Schwarz* dokumentiert, in der „Streber zu sein" oder sich entsprechend zu verhalten nicht ausschließt, „nett" und damit potentiell „Freund" zu sein oder in Gruppe *Rot*, in der die Ablehnung von Aspekten des Verhaltens des Mitschülers Peter nicht ausschließt, dass er als „Teil unseres Freundeskreises" markiert wird. Auffällig ist zudem andererseits, dass in den drei Gruppen *Zelt*, *Lagerfeuer* und *Gelb* zwar die aktive Suche nach Auffälligkeiten durchaus beschrieben, auf der anderen Seite aber nicht mehr gesehen wird, dass die beobachteten Abweichungen einzelner Mitschülerinnen das *Resultat* entsprechender Zuschreibungen sind – die Individuen sind in dieser Perspektive am Ende selbst schuld an ihrer Ausgrenzung.

An dieser Stelle lässt sich der Bogen zur Identitätstheorie Habermas' schlagen: Die Jugendlichen der drei Gruppen lassen sich nämlich zwar durchaus der Stufe der „Rollen-Identität" (Habermas 1976 | 1974: 78) zuordnen, sie können also, wie Habermas in Bezug auf die für diese Stufe charakteristischen Rollenqualifikationen ausführt, Akteure ansatzweise als Träger von Rollen wahrnehmen, etwa indem sie ihnen ‚soziale Identitäten' und entsprechende Verhaltenserwartungen zuordnen, und zugleich reflexive, im Sinne zeitlich generalisierter Verhaltenserwartungen (Rollen, Normen) verstehen (vgl. ebd.: 77ff.). Allerdings scheinen die Teilnehmer*nnen der genannten drei Gruppen in einem ganz grundsätzlichen Sinn nicht in der Lage zu sein, symbolische Strukturen „nach Allgemeinem und Besonderem zu differenzieren" (ebd.: 81), also etwa zwischen Individuum und Rolle zu unterscheiden – ein in Habermas' Konzept wesentlicher Aspekt der interaktiven Kompetenz, die auf dieser Stufe erreicht sein sollte. In den Gruppen des Typ I werden der Mensch und sein Handeln vielmehr „als Beispiele einer Gleichförmigkeit definiert", wobei der „einzigartige, sich niemals wiederholende Charakter des Ereignisses oder der Person [...] verloren gegangen" ist (Garfinkel 1972 | 1961: 205). Erving Goffman hat im Kontext seiner Untersuchung ‚totaler Institutionen' am Beispiel der Asyle für psychisch Kranke diese Art der machtvollen Zuschreibung als „Looping-Technik" beschrieben (vgl. Goffman 1973 | 1961). Die Looping-Technik besteht darin, die Ausdrucksformen der Rollendistanz, also die Möglichkeit der Distanzierung von stereotypen Erwartungen, die aufgrund der Zuschreibung ‚sozialer Identitäten' bzw. entsprechender Kategorisierungen an die Akteure herangetragen werden, mit negativen Sanktionen zu unterbinden. Mit anderen Worten: Die Insassen der Asyle werden in eine Rolle hineingedrängt, in der sie ihre ‚persönliche Identität' nicht ausdrücken können, sie werden vollkommen mit der Rolle (als Insassen) identifiziert. In ganz ähnlicher Weise konstruieren die Jugendlichen der Gruppen des Typ I gewissermaßen *totale Identitäten*, auch wenn es dabei nicht um eine Durchsetzung von Rollenerwartungen im Rahmen einer Institution geht: Vielmehr wird die Übereinstimmung mit diffusen und globalen Normalitätserwartungen zur Grundlage für die Etablierung von Zugehörigkeit.

Mit Blick auf die sich in diesem Modus der Differenzsetzung und Attribution dokumentierende, allen Gruppen gemeinsame und damit milieuspezifische handlungsleitende *Orientierung zu Zugehörigkeit* ist nun auffällig, dass zwar von den Teilnehmerinnen aller drei Gruppen fraglos vorausgesetzt wird, dass Individuen sich an stereotype Verhaltenserwartungen halten und Abweichungen durch Diskriminierung und Stigmatisierung sanktioniert werden müssen. Allerdings bleibt die Vorstellung des gewissermaßen *richtigen* Verhaltens, das Grundlage und Möglichkeitsbedingung für die Konstitution von Zugehörigkeit ist, diffus – ‚Normalität' bleibt eine Chiffre. Das dokumentiert sich in erster Linie darin, dass die Aufspannung der Vergleichshorizonte in allen Gruppen *ex negativo* erfolgt, wie in den folgenden Ausschnitten aus der Diskussion der Gruppe *Gelb* deutlich wird (GD *Gelb*, Passage 3, 20-26 und 83-90):

Af: Mann (.) die macht immer blauen Lidschatten (.) rauf und hat blaue Augen und sie meint dis betont dann ihre Augen (.) So=n Quatsch ey.
Bf: Voll dis Gegenteil.
Am: ⌊Und die is so dermaßen dick;
Af: Die platzt aus allen Nähten. Dann immer mit ihrem Monsterausschnitt, ey (.)
Bf: ⌊Ääh.⌋
Af: Denkt auch dis turnt die voll an. Voll eklig oder?
[...]
Af: Sie denkt sie wär=n Model.
Y: Was hat=n die gemacht?
Af: Die ist einfach (.) sie ist so dünn, sie ist richtig richtig richtig dünn (.) und dann will sie so Moonboots anziehen ey dis geht ja gar nicht und schminkt sich noch
Bf: ⌊Es gibt doch immer so Trends (.) so
Af: knallpink und-
Bf: Leopa::rden und so (.) und sie übertreibt gleich, sie kauft gleich Schuhe, Leggings,
Af: ⌊Aber bei ihr sieht es einfach immer so billig aus (.) so voll nachgemacht und;
Bf: Tasche alles mit Leoparden.

Das *richtige*, den Normalitätserwartungen angemessene Verhalten liegt irgendwo zwischen nicht „dermaßen dick" aber auch nicht „richtig richtig dünn" zu sein, Trends aufzunehmen, aber nicht billig damit auszusehen oder es zu „übertreiben". In ganz ähnlicher Weise ist auch in Gruppe *Lagerfeuer* in den Charakterisierungen von MitschülerInnen, die in irgendeiner Weise aus dem Rahmen fallen, nur eine Orientierung an einer

Form ‚normalen' Verhaltens präsent, das aber nicht genauer charakterisiert wird oder werden kann. In allen Gruppen findet sich insofern eine Orientierung an Ordnung um der Ordnung oder ‚Normalität' *um ihrer selbst* willen, denn für deren Aufrechterhaltung werden sogar Ungerechtigkeiten in Kauf genommen, wie sich etwa in Gruppe *Zelt* in der Beschreibung der Situation an der Berufsschule dokumentiert, in der es ist, „wies eigentlich sein soll", in der aber auch vier Fehlstunden „als vier Fehltage gezählt" werden.

Dabei scheint es den Jugendlichen nicht nur darum zu gehen, abweichende Andere zu sanktionieren, sondern auch darum zu vermeiden, *selbst* auffällig zu werden: Auch für sie selbst scheint mithin die Übereinstimmung des eigenen Verhaltens mit den skizzierten Verhaltenserwartungen Voraussetzung für Zugehörigkeit zu sein, nicht zuletzt, weil diese Erwartungen sich ihrer Einflussnahme entziehen, wie sich exemplarisch in einer Passage aus Gruppe *Lagerfeuer* dokumentiert (GD *Lagerfeuer*, Passage 2, 18-43):

Af: Die haben in der achten Klasse (.) n Mädchen nach=m Sport angehalten wo die noch hier drüben in der Turnhalle hatten (.) und ham sie dann ham sie halt dazu gezwungen sich aufn Boden zu hocken und dann ham sie ihr die ganze Zeit auf den Kopf geascht.
Bf: Oder gespuckt.
Af: Mhm.
Bf: Da war ich auch dabei.
Y: Und wer war dis?
Bf: Na dis is halt, ne Freundin aus-
Af: ⌊Dis war Amelie. @(.)@
Bf. Aus unserer Parallelklasse (.) das isn äh wo wir auf die Schule gekommen sind haben sich halt diese Grüppchen gebildet äh von den Coolen und halt die was für die Schule machen die Streber wie man dis auch nennen mag [räuspert sich] um=um wirklich nicht ähm aufzufallen oder gegen diese Leute anzugämpfen ähhm hat man halt denn (.) weiß ich nich (2) keine Ahnung sich da hingestellt und hat zugeguckt und kei=man konnte ja nichts machen weil dieses [atmet ein] diese zwei Mädchen die da halt der Höhepunkt waren dieser Gruppe die also sag ich mal die Anführer waren (2) die haben ähhm konnten gegen die konnte man einfach nichts machen da musste man einfach mitgehen und nichts dagegen sagen sonst war man total raus und,
Af: Weils auch nichts bringt wenn sich einer gegen die stellt.
Bf: Genau ja (2) das is so wo ich auf die Schule gekommen sind ähm musste man wirklich mitlaufen um nicht auf=die sag=ich=jetzt mal so auf die Schnauze zu bekommen.

In der Passage dokumentiert sich zum einen kein Wissen von möglichen Standards zur Bewertung der Situation *jenseits* der Übereinstimmung mit einer diffusen Vorstellung davon, körperlich ‚normal' zu sein oder (in der Schule) nicht aufzufallen. Zum anderen wird der Zwang zur ‚Normalität' deutlich, dem sich die Jugendlichen offenbar ausgesetzt sehen: „Man *musste* mitlaufen." Mit dieser Orientierung an der Vermeidung, selbst auffällig zu werden, die in den Gruppen *Lagerfeuer* und *Gelb* besonders ausgeprägt ist, korrespondiert, dass sich gerade diese beiden Gruppen nicht nur in der Abgrenzung von abweichenden Einzelnen zusammenfinden, sondern zugleich die Betonung eigener Individualität ein negativer Horizont *per se* ist. Es lässt sich gleichzeitig und vor allem in den Gruppen *Lagerfeuer* und *Zelt* eine Orientierung an starken, durchsetzungsfähigen Figuren rekonstruieren, die geradezu das zu definieren scheinen, was ‚Normalität' ist oder ausmacht. Nicht zuletzt begründen die Diskussionsteilnehmer*innen beider Gruppen das eigene Verhalten in erster Linie wenn nicht ausschließlich unter dem Gesichtspunkt persönlicher Stärke und Durchsetzungsfähigkeit, und hinter diesem Gesichtspunkt treten andere Maßstäbe der Bewertung zurück, was sich in Gruppe *Lagerfeuer* etwa in dem Hinweis darauf dokumentiert, dass ‚Normalität' oder die Regeln für das Dazugehören von den Starken, Durchsetzungsfähigen definiert werden, die dafür entsprechend bewundert werden.

Es lässt sich zusammenfassen: Die Herstellung von Zugehörigkeit basiert in den Gruppen *Lagerfeuer*, *Zelt* und *Gelb* in erster Linie wenn nicht ausschließlich auf der Ausgrenzung von Schwächeren und erfolgt nicht, wie etwa in den Gruppen des Typ II, auf der Basis geteilter normativer oder moralischer Vorstellungen und Werte oder Gemeinsamkeiten in den Formen alltäglicher Lebensführung. Die ‚sozialen Identitäten', die in den Gruppen des Typ I vor allem um des Nachweises der Abweichung willen konstruiert werden, ermöglichen Sanktionierung und Stigmatisierung, die der Stabilisierung der eigenen Zugehörigkeit dienen – oder besser: sie dienen der *Vermeidung von Nicht*-Zugehörigkeit, denn den Teilnehmer*innen aller drei Gruppen scheint es einzig – und auch nur ansatzweise – zu gelingen, sich einer *lokal begrenzten Zugehörigkeit* zu vergewissern. Die Suche nach *habituellen Gemeinsamkeiten*, die Zugehörigkeit über die konkrete Gruppe oder Situation hinaus konstituieren, bleibt hingegen erfolglos. In dieser Hinsicht lässt sich in Bezug auf die Gruppen des ersten Typs sogar von einer milieuspezifischen *Erfahrung der Desintegration* sprechen oder von einer bereits erfolgten Zersetzung oder Auflösung milieuspezifischer Gewißheiten. Den Individuen scheint daher nichts weiter übrig zu bleiben, als sich so zu verhalten, *als ob* sie mit diffusen und relativ globalen Normalitätserwartungen an Aussehen, Körperlichkeit usw., die sie selbst nicht näher konkretisieren können, übereinstimmen würden. In diesem Sinne kann in allen Gruppen von der Orientierung an einer ‚phantom normalcy' (Goffman 2012 | 1963: 152) gesprochen werden, die mit dem rekonstruierten Modus der Differenzsetzung und Attribution korrespondiert. Goffman verwendet den Begriff allerdings zur Kennzeichnung eines strategischen Kalküls von Menschen, deren ‚soziale Identität' aufgrund eines auffälligen Stigmas (bzw. eines sichtbaren und von allgemeinen Normalitätserwartungen abweichenden Attributs) gefährdet ist. Sie können der Aufmerksamkeit nicht entgehen und müssen daher so tun, als ob sie normal seien bzw. so wie alle anderen, damit diese so tun können, als ob sie sie als Normale betrachten würden (ebd.: 122). In den Gruppen *Lagerfeuer, Zelt* und *Gelb* geht es hingegen eher darum, dass die Jugendlichen – ohne sich dessen allerdings bewußt zu sein – Zugehörigkeit zu einem nicht näher bestimmbaren Kollektiv simulieren müssen, weil sich ein Bezug auf geteilte konjunktive Erfahrungen nicht realisieren lässt: Die Selbstverortung der Diskussionsteilnehmer*innen erfolgt mithin weder als Angehörige einer ‚sozialen Identität' noch als (unverwechselbare) Person, sondern ausschließlich ex negativo als *nicht-stigmatisiertes* Individuum.

6.3.2 Milieuspezifische Integration und die Irrationalität der Anderen

In den Gruppen *Blau, Fuchs, Marder* und *Birke* findet sich zwar ähnlich wie in den Gruppen des Typ I eine Orientierung an relativ stabilen Normalitätserwartungen, diese beziehen sich aber nicht auf eine diffuse Vorstellung von ‚Normalität', sondern gewinnen in der Abgrenzung von verschiedenen Formen des „unvernünftigen" oder „sinnlosen" Verhaltens an Kontur. Dies ist auch das erste Charakteristikum des homologen *Modus der Differenzsetzung und Attribution*, der sich für die drei Gruppen rekonstruieren lässt. Auffällig im Vergleich zu den Gruppen des ersten Typs ist dabei, dass die Teilnehmer*innen einerseits nicht Körperlichkeit als Aufhänger für die Differenzsetzung bemühen, sondern vielmehr bestimmte Formen des Verhaltens, womit andererseits korrespondiert, dass sie sich in der Differenzsetzung weniger auf Einzelne beziehen, als die Verhaltensweisen, von denen sie sich abgrenzen, vielmehr den Angehörigen von Kollektiven zuschreiben, die sie unter Bezugnahme auf mehr oder weniger etablierte Differenzierungskategorien konstruieren. Die Gruppen unterscheiden sich allerdings hinsichtlich der Kategorien, die sie nutzen: In Gruppe *Marder* wird das „unvernünftige" Verhalten etwa einer Mitschülerin zugeschrieben, die im Unterricht „total doll Terror" macht und die als Repräsentantin bildungsferner Schichten eingeführt wird, aber auch den „Jungen" also den Repräsentanten des anderen Geschlechts, in Gruppe *Fuchs* den Angehörigen einer Art jugendkultureller Gruppierung, den „Frutten", die nicht nachdenken, „was sie tun", aber auch den „Mädchen", die nicht „vernünftig" kommunizieren können, in Gruppe *Blau* den Angehörigen von ethnisch markierten Kollektiven –

„Türken, Arabern" – und Gruppen anderen Alters (Mitschüler*innen aus unteren Klassen), die „sinnloser Weise" „pöbeln" und Regeln missachten. In Gruppe *Birke* grenzen sich die Diskussionsteilnehmerinnen schließlich ebenfalls von ethnisch markierten Kollektiven wie den „Türken" und den „Wessis" ab, denen vor allem eine Form der unangemessenen Fremdzuschreibung unterstellt wird.

Eine zweite Gemeinsamkeit der vier Gruppen, die gerade im Vergleich mit den Gruppen des Typ I ins Auge fällt, ist der Versuch, die Zuschreibung ‚sozialer Identitäten' und damit verbundener stereotyper Verhaltenserwartungen zu relativieren. Das zeigt sich vor allem in der Thematisierung des Zusammenhangs vom Verhalten Einzelner und ihrer Lebensgeschichte oder ihrer Lebenssituation, in der sich auch die Anerkennung ‚persönlicher Identitäten' als Ergebnis individueller Biographien andeutet. So dokumentiert sich in Gruppe *Marder* in dem Versuch einer Erklärung des von den Normalitätserwartungen der Teilnehmerinnen abweichenden Verhaltens der Mitschülerin Antonia ein Blick auf die konkrete Person und ihre Verstrickung in sehr spezifische biographische Schwierigkeiten. In Gruppe *Fuchs* wird in ähnlicher Weise die Lebenssituation des Mitschülers Alexander, der sich „nicht in die Klasse integrieren" lässt, zur Erklärung seines Verhaltens herangezogen. In Gruppe *Blau* weisen die Teilnehmer*innen hingegen auf die sozialen Hintergründe („Erziehung" und „Umgebung") der Gruppen hin, die die Schule zu einem „Dreckshaufen" machen, „wo jeder mal raufkann". Auch wenn es sich bei diesen Erklärungsversuchen letztlich um Zuschreibungen handelt, zeigt sich darin doch, dass die *vollständige* Identifizierung eines Individuums mit einem von den Normalitätserwartungen abweichenden Verhalten in allen Gruppen vermieden oder wenigstens ausgesetzt wird. Die Anerkennung ‚persönlicher Identität' gelingt allerdings nur in Ansätzen: So ist der Mitschülerin Antonia in Gruppe *Marder* der Weg zur Zugehörigkeit zur Gruppe zwar insofern freigehalten, als mehrmals auf die Zeitweiligkeit ihres Verhaltens bzw. auf die Veränderbarkeit der Bedingungen, unter denen sie steht, hingewiesen wird. Allerdings wird das skizzierte Verhalten bzw. ihr ganzer „Lebensstil" gleichzeitig als etwas gekennzeichnet, das tendenziell nur durch schlimme biographische Erfahrungen zu erklären ist und damit wird Individualität tendenziell als pathologisch charakterisiert. Ganz ähnlich wird in Gruppe *Fuchs* auf die Erfahrungen des Mitschülers Alexander verwiesen, die sein Verhalten zu erklären helfen, aber am Ende der entsprechenden Passage auch festgestellt, dass er eben „ein ganz anderer Typ Mensch" sei, was eine Integration in die Gruppe der Teilnehmer unmöglich mache. In Gruppe *Birke* gibt es schließlich eine Relativierung der Abgrenzung von den „Emos", die „provozieren" und „halb Ferdinandplatz belagern und die Polizisten vollpöbeln", durch den Hinweis, dass es auch solche gibt, die „total nett sind", wie die Halbschwester einer Teilnehmerin. In der Konklusion der entsprechenden Passage wird allerdings festgehalten, dass „Emos" tatsächlich „anders drauf" *sind*, was sich in ihrem „Klamottenstil" und dem „übermäßigen Schminken", ausdrückt. Alle vier Gruppen oszillieren also zwischen der Zuschreibung ‚sozialer Identitäten' in Verbindung mit entsprechenden Verhaltenserwartungen und der Wahrnehmung und Anerkennung ‚persönlicher Identität', die aber nur ansatzweise gelingt und damit als sekundäre Orientierungskomponente gelten kann.

Mit Blick auf die Identitätstheorie Habermas' lassen sich diese Gruppen nun ähnlich wie die Jugendlichen des Typ I auf der Stufe der „Rollen-Identität" verorten. Die Gruppen sind aber nicht nur in der Lage, Akteure als Träger von Rollen wahrzunehmen, was sich etwa darin zeigt, dass sie ihnen unterschiedliche ‚soziale Identitäten' zuschreiben, sie scheinen sich im Unterschied zu den Jugendlichen der Gruppen des Typ I auch *selbst* (unterschiedlichen) Rollenerwartungen *ausgesetzt* zu sehen, die mit benennbaren Verhaltenserwartungen einher gehen, denen die Jugendlichen zu entsprechen suchen – etwa mit Blick auf die Geschlechtszugehörigkeit oder mit Blick auf die Schüler-Rolle. Zudem dokumentieren sich in der Zuschreibung (wenn auch pathologisierter) ‚persönlicher Identitäten' Ansätze der Fähigkeit zur Differenzierung zwischen Individuum und Rolle (vgl. Habermas 1976 | 1974: 78). Dass die Teilnehmer*innen aller vier Gruppen in der Lage sind, symbolische Strukturen „nach Allgemeinem und Besonderem zu differenzieren" (ebd.: 81), drückt sich zudem auch in Passagen aus, in denen es zu einer *expliziten* Relativierung stereotyper Verhaltenserwartungen kommt (also auf propositionaler Ebene). So zeigt sich in Gruppe *Fuchs* in der Beschreibung der Handlungspraxis der „Mädchen" zwar ein negativer Horizont: Nicht wahrhaftig zu sein oder genauer das „unwahrhaftige Sprechen". Die Zuschreibung zur ‚sozialen Identität' der „Mädchen" ist zudem relativ stabil und gewissermaßen erfahrungsgesättigt. Allerdings scheint es den Teilnehmern zumindest *möglich, andere* Mädchen kennenzulernen, die nicht diesen Verhaltenserwartungen entsprechen. Eine ähnliche Passage in Bezug auf „Jungs" findet sich in Gruppe *Marder*. Die Zuschreibung, dass „Jungs" sich ständig „miteinander vergleichen müssen wer besser ist", bleibt zwar trotz einer Reihe von Relativierungsversuchen stabil: Eine Veränderbarkeit scheint aber dennoch prinzipiell *möglich* zu sein, auch wenn sich keine konkreten Beispiele dafür finden lassen. Im Unterschied zu den Gruppen des Typ I ist in diesen Ansätzen einer Differenzierung zwischen Stereotyp und konkretem Individuum auch die Fähigkeit zur Distanzierung von Rollen-Entwürfen zumindest angelegt.

Mit Blick auf die sich in diesem Modus der Differenzsetzung und Attribution dokumentierende, allen Gruppen gemeinsame und damit milieuspezifische handlungsleitende *Orientierung zu Zugehörigkeit* lässt sich für die Gruppen des Typ II festhalten, dass die Distinktionen und Stereotypisierungen zwar *auch* zur Sicherung einer gruppen- oder milieuspezifischen Zugehörigkeit dienen. Diese *konstituiert* sich aber in erster Linie auf Basis von Gemeinsamkeiten in den Formen der alltäglichen Lebensführung, denen konjunktive Erfahrungen zugrunde zu liegen scheinen. Es geht um das sich im ‚richtigen' Verhalten, der richtigen Form manifestierende Kollektiv (GD *Fuchs*, Passage 2, 101-123):

Bm: Und irgendwie seh ich dann auch die Gruppe von den Jungs so als Peergroup an, (.) weil also ich finds zwar scheiße, was wir machen, aber wir ham ja fast versucht, ihn zu integrieren (.) und Peergroups sind ja immer so Leute mit gleichen Interessen und bilden eine Gruppe und halt die, die nich dieselben Interessen haben, die werden halt ausgegrenzt. und dis is halt bei uns so der Fall, weil wir können ihn nich integrieren, weil er vom Typ her, vom Typ Mensch her halt n bisschen anders is, (.) und ähm wir alle, also ich bin ja zum Beispiel kein Zocker, aber ich kann halt trotzdem mit den allen reden, weil ich irgendwo anders meine Interessen mit denen teilen kann, (.) und Alexander hat halt, ähm der macht keinen Sport, der tanzt, aber ich kann mir nich vorstellen, wie dis bei ihm aussehen soll, weil er halt ja is wirklich so. Beim Sport, äh beim Laufen wirkt der immer

Am: ⌊@(.)@⌋

Bm: so n bisschen unförmig und auch von der Fitness her, (.) und ähm er liest sehr viel, also er kriegt zum Geburtstag und Weihnachten ( ) achtzehn Bücher geschenkt bekommen (.) und da frag ich mich auch, also welcher normale Mensch hat achtzehn Bücher zum Geburtstag bekommen, weil warum? dis kann man sich doch mal einzeln kaufen müssen und dann mal lesen, genießen, weil so liest der dis alles, so ich muss dis durch haben, dann kommt dis nächste Buch, dann irgendwann hey ich les dis jetzt noch mal, weil ich den Inhalt nich mehr weiß und dis find ich dann bescheuert, ja.

Cm: Es gibt ja bestimmt Leute, die das machen, die halt sehr viel lesen, aber ähm (.) die Sache is, wir=sin: äh also ich ich les auch nich wenig, also ich les auch ab und zu mal n Buch oder so, aber ich bin jetzt nich so, der ständig irgendwie davor sitzt und ständig irgendwas lesen muss (.) und äh deswegen wir sind nich so wie er und äh, es passt einfach nich, er is einfach n ganz anderer Typ Mensch.

In dieser Passage aus Gruppe *Fuchs* geht es auf propositionaler Ebene zunächst darum zu erklären, warum eine einzelne Person, Mitschüler Alexander, nicht in den Klassenverband bzw. in die Peergroup der drei Diskussionsteilnehmer „integriert" werden konnte. Im Fokus stehen dabei weniger die konkreten, inhaltlichen Interessen, als vielmehr eine bestimmte *Form*, mit der diese verfolgt werden. Die Abgrenzung erfolgt mit anderen Worten über den vermeintlich anderen *Stil*, es wird nämlich festgestellt, dass Alexander sich *durch die Art seines Verhaltens* grundlegend von allen anderen in der Klasse und in der Peergroup unterscheide bzw. ein „ganz anderer Typ Mensch" sei. In der Aufzählung verschiedener Verhaltensweisen, in denen sich die Teilnehmer und ihr Mitschüler unterscheiden, dokumentiert sich nun vor allem ein positiver – impliziter und selbstverständlicher – Gegenhorizont, eine klare Vorstellung davon, wie *richtiges* „tanzen", *richtiges* „Sport machen", *richtiges* „lesen", *richtiges* „reden" aussieht. Diese Vorstellung von einem richtigen, und das heißt hier vor allem der Form nach angemessenen, Verhalten hat für alle Gruppen des Typ II eine besondere Relevanz: Jemand, der nicht weiß, wie man *richtig* liest, nämlich indem man Bücher „genießt", der also die Kulturtechnik des Lesens nicht wertschätzen kann, der beweist nur, dass er nicht am richtigen Platz ist, wenn er sich bemüht, sich in die Gruppe zu „integrieren". In Gruppe *Marder* ist die Bedeutung der Form etwa in der Abgrenzung von Individuen präsent, denen ein anderes „Niveau" zugeschrieben wird, in Gruppe *Blau* in der Kategorie des „Stils", die ein explizites Kriterium für die Möglichkeit der Etablierung von Zugehörigkeit darstellt (GD *Blau*, Passage 3, 93-104):

Bf: Und dis gibt dann halt einfach auch so Leute, wo man sich so sagt, geht einfach mal weg und ich will gar nichts und ich mach nichts und lass mich einfach nur in Ruhe weiter leben @(.)@
Mehrere: @(3)@
Bf: Zum Beispiel, ich war einmal im Matheunterricht, meinte so ja okay ich geh kurz raus, ich muss mir die Nase schnauben und dann steht da n Typ und meint so (.) ja yo Mann, krieg ich deine Handynummer? [ahmt nach], @da denk ich mir so ey
Mehrere: └@(3)@┘
Bf: **lass mich halt in Ruhe.**@
Cf: °Ja.°
Bf: Ja so sowas, was einfach keinen Stil hat und was, wo man sich sagt, (.) geh einfach weg.
Am: @Bitte@
Mehrere: @(5)@
Bf: @ Ich fleh dich an.@

In den Gruppen des Typ II wird also die Bewertung der Handlungspraxis Anderer nicht an einer *unspezifischen* und relativ globalen Normalitätserwartung aufgehängt (‚Normalität' als Chiffre wie in Typ I), sondern diese Normalitätserwartung ist über positive Vergleichshorizonte bestimmbar und gleichzeitig als *für ein bestimmtes Kollektiv* charakteristische ausgewiesen. Denn auch wenn die Gruppen sich nur an wenigen Stellen ausdrücklich selbst einem Kollektiv zuordnen (etwa in Gruppe *Birke* über die Selbstzuschreibung als „Ossis"), dokumentiert sich doch in allen Gruppen in der Tatsache, dass die Differenzsetzung in erster Linie *gegenüber Kollektiven* erfolgt (nämlich über die Zuschreibung ‚sozialer Identitäten'), dass die Jugendlichen über ein (im Wesentlichen implizites) Wissen darüber verfügen, dass es a) unterscheidbare Kollektive gibt, deren Angehörige sich b) über Gemeinsamkeiten in den Formen alltäglicher Lebensführung zusammenfinden, die wiederum c) auf der Basis jeweils spezifischer und geteilter biographischer Erfahrungen entstehen. Es lässt sich insofern von einer Orientierung an der ‚Normalität' des Kollektivs oder an Kollektivität sprechen. Der Spielraum für die Anerkennung ‚persönlicher Identität' bzw. eines Verhaltens, das von der kollektiv fundierten Normalitätserwartung abweicht, scheint dagegen in allen Gruppen gering.

Die unhinterfragten Gemeinsamkeiten oder habituellen Übereinstimmungen, die Zugehörigkeit konstituieren, sind nun zwar in allen vier Gruppen relativ stabil. Im Unterschied zu einer milieuspezifischen Erfahrung der Desintegration und der individuellen Isolierung, die insbesondere in der Analyse der Gruppen *Lagerfeuer* und *Zelt* herausgearbeitet werden konnte, lässt sich in Bezug auf die Gruppen des Typ II insofern von einer *milieuspezifischen Integration* sprechen: Im Rahmen des eigenen Kollektivs gelingt es den Teilnehmer*innen, den ihre Handlungspraxis orientierenden Normalitätserwartungen zu entsprechen. Allerdings erweist sich die Enaktierung des richtigen, d.h. des mit den Gemeinsamkeiten in den Formen alltäglicher Lebensführung korrespondierenden Verhaltens, in allen Gruppen an anderen Stellen als schwierig. So wird in Gruppe *Marder* festgestellt, dass man sich „zusammenreißen" müsse, um etwa nicht den Unterricht zu stören und damit den schulischen Leistungs- und Verhaltenserwartungen entsprechen zu können, in Gruppe *Fuchs* führen die nicht befriedigenden aber gleichzeitig nicht zu vermeidenden Beziehungen zu Mädchen aufgrund deren Kommunikationsverhaltens sogar dazu, dass die Diskussionsteilnehmer selbst eine Handlungspraxis übernehmen, die eigentlich negativer Horizont ist, nämlich „nicht-wahrhaftig" zu sein. In Gruppe *Blau* dokumentiert sich die Schwierigkeit darin, dass die Jugendlichen sich immer wieder mit den irrationalen Anderen konfrontiert sehen, die „sinnlose Dinge" tun oder „pöblen", und sich mit ihnen auseinandersetzen *müssen*, ob es „Türken" oder „Möchtegerntürken" oder die „Kleinen" in der Schule sind. In Gruppe *Birke* können sich die Diskussionsteilnehmerinnen der Fremdzuschreibung, der sie als „Ossis" sich ausgesetzt sehen, nicht entziehen, und reagieren darauf selbst mit einer ausgeprägten Stereotypisierung. In dieser Schwierigkeit, die vorhandenen milieuspezifischen Gewißheiten in Bezug auf die Formen alltäglicher Lebensführung zu enaktieren, deutet sich mithin auch die Perspektive einer Milieutransformation an, insofern die Gewißheiten und Orientierungsrahmen zwar noch gelten, aber den Kontexten, in denen sich die Jugendlichen bewegen, nicht mehr angemessen zu sein scheinen.

6.3.3 *Zugehörigkeit durch wechselseitige Anerkennung persönlicher Identität*

In den Gruppen *Schwarz, Rot* und *Pinie* nehmen Differenzsetzung und Attribution nun im Vergleich zu den bereits diskutierten Gruppen der Typen I und II insgesamt deutlich weniger Raum ein. Darauf weist bereits die Tatsache hin, dass etablierte Kategorien der sozialen Differenz wie ethnische Zugehörigkeit oder Geschlecht in keiner der Diskussionen eine Rolle spielen – einzig auf sozioökonomische Unterschiede wird an einigen wenigen Stellen Bezug genommen. Eine Gemeinsamkeit der drei Gruppen in Bezug auf den *Modus der Differenzsetzung und Attribution* ist allerdings, dass sich die Diskussionsteilnehmer*innen von einer Form des übermäßig rollenförmigen oder nicht-authentischen Verhaltens abgrenzen – so etwa in Gruppe *Rot* in der Diskussion um das Verhalten eines Mitschülers (GD *Rot*, Passage 4, 41-51):

Cm: Ja, er erzählt halt, er denkt halt, er kann uns vertraun, ne?
Am: @(4)@
Cm: Und dann kriegt ers halt voll ins Gesicht geklatscht.
Am: @(5)@ auf Klassenfahrt war er voll emo drauf @ich bring mich heut Abend um,
Bm: ⌊Ja Peter war;⌋
Am: mich vermisst keiner ( )te Klasse@
Bm: @(3)@ weil er meinte auch so (.) [ahmt nach] **ihr seid meine einzigen Freunde**
Am: Peter, du <u>hast</u> keine Freunde @(.)@
Bm: @(3)@
Bm: Aber dann (.) irgendwann, mittlerweile kann er auch darüber lachen und dass es auch bescheuert von ihm war, so was so Sprüche rauszuhauen (.) so:: ich bring mich um oder so (.)

Die Teilnehmer der Gruppe *Rot* erwarten von ihrem Mitschüler Peter, den sie zuvor als Teil ihres Freundeskreises markiert haben, offenbar, dass er das Gefühl, sich punktuell nicht als Teil der Anerkennungsbeziehungen der relevanten Peers zu fühlen, als solches benennt und nicht eine übertriebene Form der Emotionalität („ich bring mich heut Abend um") in Szene setzt. Sie unterstellen ihm also, dass seinem Verhalten keine Übereinstimmung zwischen Gefühl/Erfahrung und Repräsentation/Selbstdarstellung zugrunde liegt. Diesen Mangel an Authentizität schreiben die Jugendlichen an anderer Stelle auch den als Mitläufer der Jugendkultur der „Emos" charakterisierten „Wannabe-Dingern" zu, die in ihrer Perspektive nur der neuesten Mode folgen und nicht aufgrund einer tiefergehenden, existenziellen Verbundenheit Teil der Jugendkultur der „Emos" sind. Zugehörigkeit, die ausschließlich oder in erster Linie auf einer *oberflächlichen* Bezugnahme auf Stilelemente beruht, ist ein geteilter negativer Horizont aller drei Gruppen des Typ III ist: So grenzen sich auch die Jugendlichen der Gruppe *Pinie* von einem „oberflächlichen"

Verhalten ab, das etwa den „reichen Leute“ zugeschrieben wird, die vor allem Wert auf die „richtigen Klamotten“ legen würden. Die Gruppen verbindet zudem der positive Gegenhorizont eines authentischen Verhaltens: So grenzen sich die Teilnehmerinnen der Gruppe *Schwarz* gegenüber „Strebern“ ab, die sich durch eine übermäßige Anpassung an schulische Leistungs- bzw. Rollenerwartungen auszeichnen und damit auf die Darstellung anderer Dimensionen ihrer ‚persönlichen Identität‘ verzichten. In der für alle Gruppen charakteristischen Form der Differenzsetzung spielt also die Figur des authentischen Verhaltens, in dem die Selbstdarstellung die Mehrdimensionalität des Individuums angemessen zum Ausdruck bringt, eine zentrale Rolle.

Allerdings erweist sich die Abgrenzung gegenüber Individuen, denen ein nicht-authentisches oder „oberflächliches“ Verhalten zugeschrieben wird, in allen drei Gruppen als relativ bzw. es dokumentiert sich ein (implizites) Wissen davon, dass ein Unterschied zwischen Stereotyp oder stereotyper Zuschreibung einerseits und dem tatsächlichen Verhalten oder dem konkreten Individuum andererseits besteht – und das ist eine zweite Gemeinsamkeit der drei Gruppen. Im Beispiel der Gruppe *Rot* relativiert sich etwa die Abgrenzung von den „Wannabe-Dingern“ (und damit auch von ihrem „oberflächlichen“ Verhalten) im Verlauf der Diskussion dadurch, dass ein Teilnehmer *sich selbst* als „Wannabe-Ding“ beschreibt, die dieser Gruppe zugeschriebenen Verhaltensweisen also auch auf sich selbst und die eigene Handlungspraxis bezieht. In Gruppe *Pinie* wird in ganz ähnlicher Weise zwar der negative Gegenhorizont etabliert, sich nicht auf ein Gespräch und d.h. auf den Gegenüber als *ganze Person* zu konzentrieren, weil man etwa über computerbasierte soziale Netzwerke gleichzeitig mit mehreren Personen kommuniziert, gleichzeitig wird dieses Verhalten aber *an einem Diskussionsteilnehmer* exemplifiziert. Man kann also sowohl Freund sein, als auch gleichzeitig bestimmte Verhaltensweisen zeigen, die eigentlich geteilter negativer Gegenhorizont der Gruppe sind – und in Gruppe *Schwarz* wird diese Differenz von Stereotyp und konkretem Individuum auch explizit verhandelt: So existiert dort zwar durchaus eine klare Vorstellung von der Kategorie der „Streber“, aber die Anwendung auf konkrete Personen gelingt nicht oder nur eingeschränkt: Es gibt „die Streber“, die eine übermäßige Leistungsorientierung demonstrieren, aber die konkreten Personen, die wenigstens teilweise mit einem entsprechenden Verhalten identifiziert werden, sind immer „auch nett“.

Diese Verweigerung gegenüber der Anwendung von Stereotypen auf konkrete Personen korrespondiert mit einer Partikularisierung von Zugehörigkeit, die sich als Sensibilität gegenüber dem Einzelnen und seiner ‚persönlichen Identität‘ rekonstruieren lässt. Diese Sensibilität wird besonders darin deutlich, dass die Jugendlichen aller drei Gruppen nicht nur ‚persönliche Identitäten' zuschreiben, wie es ja auch für einige Gruppen des Typ II rekonstruiert werden konnte, sondern dass diese einerseits nicht nur als Effekt von schlimmen Erfahrungen und damit als das pathologisch Andere von „vernünftiger" Kollektivität dargestellt und andererseits eigene Verhaltenserwartungen an das konkrete Individuum angepasst werden, um diese anzuerkennen – wie bspw. in Gruppe *Rot*, in der es um den Umgang mit verschiedenen Mitschülern geht, denen in den Augen der Teilnehmer je nach (zugeschriebenem) Charakter bzw. nach (zugeschriebener) ‚persönlicher Identität' mit unterschiedlichen Haltungen begegnet werden muss. Mit Bezug auf die Identitätstheorie Habermas lassen sich die drei Gruppen daher auf der Ebene der „Ich-Identität" verorten, auf der sich, wie es Habermas formuliert, die „Rollenträger in Personen" verwandeln, „die ihre Identität unabhängig von konkreten Rollen und besonderen Normensystemen behaupten können" (Habermas 1976 | 1974: 80). In allen drei Gruppen erfolgt zwar eine Abgrenzung gegenüber einem konkreten Verhalten auch von Einzelnen, das als „oberflächlich" oder nicht authentisch charakterisiert wird. Gleichzeitig wird der oder die konkrete Einzelne aber relativ unabhängig von seiner Leistung oder seinen Fähigkeiten oder der Übereinstimmung mit den an ‚soziale Identitäten' gebundenen Verhaltenserwartungen anerkannt, wenn er sich authentisch verhält und d.h. wenn er seine ‚persönliche Identität' auch gegen stereotype Verhaltenserwartungen behauptet. In dieser (handlungspraktischen) Differenzierung zwischen Akteuren als Kombination von Rollenattributen und „individuierten Einzelnen, die durch Anwendung von Prinzipien eine jeweils unverwechselbare Biographie organisieren" (ebd.: 81f.), dokumentiert sich die für die Stufe der „Ich-Identität" in Habermas' Konzept charakteristische interaktive Kompetenz. Diese Kompetenz zeigt sich auch in den an mehreren Stellen auftauchende Auseinandersetzungen mit der Differenz zwischen „bloß überlieferten (oder auferlegten) und prinzipiell gerechtfertigten Normen" (ebd.: 81) – etwa in Gruppe *Rot*, in der die Unterordnung aufgrund einer gegebenen gesellschaftlichen Hierarchie oder Rangordnung (dort in Bezug auf das Verhältnis zwischen Eltern und Kindern) immer wieder neu begründungspflichtig ist und sich insbesondere daran messen lassen muss, ob sie Spielräume für die Entwicklung und Behauptung ‚persönlicher Identität' lässt, oder in Gruppe *Schwarz*, in der am Beispiel des Umgangs mit einem Mitschüler, der aufgrund körperlicher Defizite „gehänselt" wird, gegebene Erwartungen an individuelle Stärke und Durchsetzungsfähigkeit diskutiert werden.

Mit Blick auf den sich in diesem Modus der Differenzsetzung und Attribution dokumentierende, allen Gruppen gemeinsame und damit milieuspezifische handlungsleitende *Orientierung zu Zugehörigkeit* lässt sich festhalten, dass in den Gruppen des Typ III Zugehörigkeit auf der Grundlage der wechselseitigen Anerkennung ‚persönlicher Identität' hergestellt wird. Dass sich die Teilnehmer*innen aller drei Gruppen dabei tatsächlich an der konkreten Person orientieren (und nicht nur an einer milieuspezifischen Vorstellung von Authentizität), wird in der bereits erwähnten Relativierung der Differenzsetzung gegenüber einem „oberflächlichen" Verhalten deutlich, es zeigt sich aber nicht zuletzt auch in den Passagen, in denen es um die Frage nach der Durchsetzung oder Behauptung von ‚persönlicher Identität' geht (GD *Schwarz*, Passage 5, 56-77):

Cf: Ich find Jungs einfach besser als Mädchen.
Af: Jungs sind manchmal nett, sind aber manchmal auch scheiße.
Cf: Jungs sind nich zickig, Jungs sind nich zickig, Jungs sind nich, weiß ich was.
Bf: Nicht alle,
Cf: Meine Freunde sind nich zickig, meine Freunde sind einfach total lässig und (.) denen isses egal (.) was weiß ich, ob du jetzt hier (.) was weiß ich, mir fällt grad nichts ein. Ob du jetzt eine gefälschte Gucci-Tasche hast oder nich, dis interessiert die einfach nich, dis sind einfach keine Mädchen, die rumzicken wegen was weiß ich, du kannst einfach bei denen sein wie du halt sein möchtest, weiß ich nich, du kannst so (3) keine Ahnung du kannst deinen Schweinehund, raushängen lassen,
Af: ⌊Ja; es gibt sone und solche Jungs.
Cf: was weiß ich, wie dis heißt.
Af: Bei Mädchen aber auch;
Cf: **Also meine Freunde** sind total lässig (.) sind (.) geh mal zu Mädchen hin, geh mal zu Bf hin und rülpse;
Af: Mach ich und da sagt sie üäh.
Cf: Ja. hör doch mal auf, dis is ja eklig.
Af: Ja aber wenn ich bei anderen einfach mal so rülpse-
Bf: ⌊Wenn ihr so übertreibt wie in der Mensa? dis war ja iih ey (.) dis warn wirklich (.) die ham, so ne Parade gestartet
Af, Cf: ⌊@(6)@
Bf: @(2)@
Cf: @Dis war total lustig.@

In der Beschreibung der Handlungspraxis der „Jungs" aus Gruppe *Schwarz* dokumentiert sich ein gemeinsamer positiver Gegenhorizont: „[N]icht rumzuzicken", „nich zickig zu sein", „lässig zu sein", aber vor allem, zu „sein wie du halt bist", sich also nicht verstellen zu müssen. Die geteilte Orientierung ist, so sein zu können, wie man ist, und also auch die Verhaltenserwartung aufgrund der Zuordnung zu einer ‚sozialen Identität' ignorieren zu können. Es wird zwar explizit festgehalten, dass die Enaktierung dieser Handlungspraxis als Mädchen oder unter Mädchen schwierig sei, allerdings wird durch die Beschreibung der Handlungspraxis von Klara und Henrieke diese Unterscheidung zwischen „Jungs" und „Mädchen" wieder in Frage gestellt, weil sie selbst sich ja gerade nicht wie „typische" Mädchen verhalten. Anerkennung, so lässt sich ausgehend von dieser Passage verallgemeinern, wird in den Gruppen des Typ III vergeben, wenn sich Individuen *ihrer eigenen ‚persönlichen Identität' gemäß* verhalten, d.h. nicht nur deren Mehrdimensionalität angemessen ausdrücken, sondern sie auch gegen Widerstände von außen durchsetzen oder behaupten – im Beispiel der Gruppe *Schwarz* etwa, indem sie die Zuschreibung, sich als „Mädchen"nicht auf eine bestimmte Weise verhalten zu sollen, ignorieren. Ganz ähnlich zu der zitierten Passage der Gruppe *Schwarz* verweist die Abgrenzung von den „Emos" bzw. von den „Wannabe-Dingern" in Gruppe *Rot* auf die Bedeutung, die eigene ‚persönliche Identität' auch gegen „Druck von außen" zu bewahren. Positiver Horizont ist hier das Mitmachen aus Überzeugung, ohne sich um den Gruppennamen und um die Außenwirkung zu kümmern, und die Fähigkeit, für diese Überzeugung auch dem „Druck standzuhalten". In Gruppe *Pinie* dokumentiert sich die Orientierung an der Behauptung ‚persönlicher Identität' etwa in der Diskussion einer Situation auf der Klassenfahrt. Wenn man „notgedrungen" „Remmidemmi" macht, obwohl man eigentlich ganz „gern um zehn im Bett wäre", ist das negativer Horizont, der positive Gegenhorizont ist dagegen, „dass dus durchziehst einfach", also die die eigene Handlungspraxis anleitenden Prinzipien auch enaktierst.

In Bezug auf eine erfolgreiche Behauptung von Individualität oder ‚persönlicher Identität' zeigt sich nun insbesondere in den Gruppen *Rot* und *Pinie* an mehreren Stellen, dass hierfür die Fähigkeit zur *reflexiven Selbstvergewisserung* über die Distanzierung von der konkreten Situation oder der eigenen Perspektive eine wichtige Möglichkeitsbedingung ist, wie etwa in folgender Passage der Gruppe *Rot* deutlich wird, in der es um einen Mitschüler der Diskussionsteilnehmer geht (GD *Rot*, Passage 4, 1-34):

Bm: Aber Ronni wird (.) ständig verarscht, aber den (.) den juckt dis garnicht. also er
Am: ⌊Ronni zum Beispiel-⌋
Bm: kommt damit zurecht.
Am: Er hat n behinderten Arm;
Bm: Er kann seinen Arm nich ausstrecken irgendwie, weil bei der Geburt der Arzt n Fehler gemacht hat;
Am: ⌊Na okay is nein.
Cm: Die Sehne is zu kurz.
Am: Nein die Sehne ist zu kurz und er könnte's jetzt schon operieren, aber (.) die Technik heutzutage is noch nich soweit, dass es so gut klappt also denkt er sich,

warum soll ich nich bis erwachsen warten, dann kann er's ganz vernünftig machen, da geht nichts schief.

Y: Hm.

Am: Is auch vernünftig eigentlich.

Bm: Mhm.

Cm: Und natürlich wird der auch deswegen verarscht, aber (.) äh wir ham auch schon mit ihm abgesprochen, dass es wenn dann nur Spaß is eigentlich (.) und er lacht dann selber darüber auch, (.) er macht ja verarscht ja auch selber Leute, dis is alles untereinander, (.) wir so untereinander, wir verarschen uns alle, dis is , glaub ich normal bei Jugendlichen, dass sie sich auch leicht untereinander verarschen, aber;

Bm: Ja, zum Beispiel (.) sein Arm heißt bei uns immer Knick oder so @(.)@ und wenn irgendwas mit Knick, wir verarschen ihn dann halt auch so, wir (.) die Sportlehrerin sagt so, ja, jetzt machen wir diese Übung und so. Will jemand vormachen? und wir flüstern so untereinander so Ronni, willst du nich die Übung vormachen oder so?

Am: @(.)@

Bm: Und Ronni sagt dann so fick=di::ch zurück aber (2) er versteht, dass es Spaß is.

Am: ⌊( ) wie? @(.)@⌋

Am: Ja also sagt er, also sagt er auch also ich frag auch hab ihn schon öfters gefragt, dass wenn n Spruch zu hart is, soll ers ruhig sagen und so (.) manche nur manche können manchmal übertreiben so, wenn sie sauer sind, so wie Matthias;

Cm: Was hab ich gemacht?

Am: Du übertreibst voll oft, mann (.) wenn du sauer auf ihn bist. (2)

Bm: @oh ja@

(2)

Am: Du hättest ihn fast geschlagen (.) ey dis is doch voll unfair, der hat nur einen Arm. @(2)@

In der Passage wird ein positiver Horizont etabliert: Dass die anderen Mitschüler Ronni wegen seines „behinderten Arms" verarschen, „juckt ihn gar nicht", er „lacht dann selber darüber". Dieses Verhalten als positive Orientierung entspricht, „charakterstark" zu sein – und das heißt in den Augen der Teilnehmer offenbar zunächst, über sich selbst lachen zu können. Gleichzeitig geht Ronni mit seiner (körperlichen) Behinderung „vernünftig" um und wartet mit der Operation, die alles wieder in Ordnung bringen soll, bis er erwachsen ist. Auch das wird hier positiv vermerkt. In ganz ähnlicher Weise wird in Gruppe *Pinie* in mehreren Passagen darauf hingewiesen, dass es wichtig sei, „auch mal was einstecken", einen „Witz vertragen" und noch allgemeiner, Kritik an der eigenen Person zulassen zu können (zumindest, wenn sie der Form nach angemessen ist). Es kommt hier also zu einer Parallelisierung von „individuell" und „(charakter)stark sein", wobei sich durch die Kontextuierung des Begriffs erschließt, dass es in erster Linie um die Fähigkeit zur („vernünftigen") *Distanzierung von der eigenen Perspektive oder vom eigenen Erleben* geht. Interessanter Weise findet sich hier eine Analogie zu den Identitätstheorien Habermas' oder Goffmans, in denen eine reflexive Selbstvergewisserung als Grundlage für die Entwicklung von „Ich-Identität" gilt (vgl. etwa Goffman 2012 | 1963: 132ff.).

Es lässt sich festhalten: Auch in den Gruppen des Typ III dokumentieren sich ausgeprägte Gemeinsamkeiten in den Formen der alltäglichen Lebensführung, die Zugehörigkeit konstituieren. Auffällig ist allerdings, dass im Unterschied zu den Gruppen der Typen I und II Zugehörigkeit im Grunde nur als Epiphänomen der (erfolgreichen) Behauptung von Individualität oder ‚persönlicher Identität' in den Blick gerät. Zudem scheint es zumindest in den Gruppen *Rot* und *Schwarz* anders als in den Gruppen des Typ II keine Schwierigkeit zu geben, die Orientierung an Individualität und Authentizität in der eigenen Handlungspraxis umzusetzen. Einzig in Gruppe *Pinie* dokumentiert sich ein Wissen um die Schwierigkeit, gleichzeitig „individuell" zu sein und die Anerkennung der Gruppe nicht zu verlieren: Zugehörigkeit auf der Basis von individueller Authentizität scheint an dieser Stelle strukturell prekär zu bleiben.

7. Die Bedeutung von Bildung und Quartier – Soziogenetische Analysen

Im vorangehenden Kapitel konnte gezeigt werden, dass sich in allen untersuchten jugendlichen Peergroups eine Auseinandersetzung mit dem Verhältnis von Zugehörigkeit und Individualität oder mit der ‚Normalität' des Individuums nachweisen lässt, die damit als gemeinsames Orientierungsproblem gelten kann. Ausgehend von dieser Gemeinsamkeit aller Fälle wurden in der Rekonstruktion der Modi der Differenzsetzung und Attribution einerseits und der kollektiven, impliziten und handlungsleitenden Orientierungen zu Zugehörigkeit andererseits fallübergreifende Formen der Lösung des Orientierungsproblems herausgearbeitet, die im Sinne der forschungsleitenden Perspektive als milieuspezifische ausgewiesen werden konnten: Zeichnen sich die Gruppen des ersten Milieus durch die Abgrenzung von „auffälliger" Körperlichkeit und die Konstruktion ‚totaler Identitäten' aus, die mit einer handlungsleitenden Orientierung an einer ‚phantom normalcy' korrespondiert, dient die Differenzsetzung gegenüber „sinnlosem" Verhalten in den Gruppen des zweiten Milieus der Sicherung einer Zugehörigkeit, der eine Orientierung an den für ein bestimmtes Kollektiv charakteristischen Normalitätserwartungen zugrunde liegt und die in Gemeinsamkeiten in den Formen alltäglicher Lebensführung fundiert ist. Die Gruppen des dritten Milieus zeichnen sich schließlich dadurch aus, dass sie sich der Konstruktion ‚sozialer Identitäten' und stereotyper Verhaltenszuschreibungen weitgehend verweigern. Damit korrespondiert die Orientierung an ‚persönlicher Identität' und Authentizität.

Im Anschluss an die Rekonstruktion der milieuspezifischen kollektiven Orientierungsrahmen steht in diesem Kapitel die Frage im Fokus, welche Aussagen sich über die *soziale Genese* dieser Orientierungsrahmen treffen lassen und das heißt darüber, auf welche Ausgangsbedingungen im Sinne strukturidentischer „Erlebnisschichtungen" (Mannheim 1964b | 1928: 536) die unterschiedlichen Formen der Lösung des Orientierungsproblems verweisen. Ich richte in diesem Kapitel den Blick also nicht mehr auf die sinngenetische Dimension der Milieus oder auf die Milieus als ‚strukturierende Struktur' im Sinne Bourdieus (Bourdieu 1997 | 1979: 279), sondern vielmehr auf die soziogenetische Dimension der Milieus oder auf die Milieus als ‚strukturierte Struktur'. Dazu nehme ich zunächst eine soziogenetische Interpretation der einzelnen Fälle vor und gehe der Relevanz der sich in den Aussagen der Befragten selbst dokumentierenden ‚konjunktiven Erfahrungsräume' nach (7.1). Aufgrund der Grenzen dieser Interpretationen, die durch das vorliegende Material bedingt sind, schließe ich daran zwei Ausblicke an, die als qualitativ orientierte, typenvergleichende Korrespondenzanalysen gefasst werden können. Dazu nehme ich erstens eine gesellschaftliche Verortung der Gruppen je Typ mit Hilfe ausgewählter Kategorien der Sozialstrukturanalyse vor und bestimme auf diese Weise Dimensionen „sozialer Lagerung" (Mannheim 1964b | 1928: 524ff.) der Vergleichsfälle anhand standardisierter Indikatoren (7.2). Zweitens verbinde ich die Ergebnisse der sinngenetischen Typenbildung mit einem Ausblick auf eine vertiefende Analyse der gesellschaftlichen *Selbst*verortung der Jugendlichen, indem ich die Bezugnahme auf gesellschaftlich relevante „Differenzierungskategorien" (Degele / Winker 2010: 25) im Typenvergleich herausarbeite (7.3).

7.1 Die Erfahrungsräume Schule, Quartier, Geschlecht und Peergroup

In der soziogenetischen Interpretation wird der spezifische konjunktive (bspw. schicht- oder bildungstypische) Erfahrungsraum oder die Überlappung von Erfahrungsräumen rekonstruiert, in dem die soziale Genese der kollektiven Orientierungsrahmen gründet, die im jeweiligen Forschungsinteresse stehen. Im Fokus steht hierbei die sich in den Erzählungen und Beschreibungen der Befragten selbst dokumentierende Relevanz strukturidentischer Erfahrungen oder geteilter Dimensionen der Erlebnisschichtung. Dazu richtet sich der Blick zunächst auf Passagen, in denen auf eine von den Diskussionsteilnehmer*innen geteilte biographische Erfahrung Bezug genommen wird und die sich durch ihre interaktive Dichte als „Fokussierungsmetaphern" (Bohnsack 2008: 33) auszeichnen. Zweitens zeigt auch die Häufigkeit, mit der solche Passagen, die durch interaktive Dichte und Bezug auf Gemeinsamkeiten in der Lebensgeschichte charakterisiert sind, im Text auftreten, die Bedeutung der in diesen Passagen präsenten Erfahrungen an. Drittens muss sich in den Erzählungen oder Beschreibungen der Diskussionsteilnehmer*innen die Bedeutsamkeit der erzählten Erfahrungen für die Begrenzung und / oder Ermöglichung der eigenen Handlungspraxis dokumentieren.

Erfahrungsraum Schule

Wirft man ausgehend von diesen Überlegungen einen Blick auf die zehn Gruppendiskussionen, wird deutlich, dass in nahezu allen Gruppen in den Erzählungen und Beschreibungen ausführlich auf die Schule und die dort präsenten Gruppen und Einzelnen Bezug genommen wird.

So sind in Gruppe *Lagerfeuer* (Typ I) die Erfahrungen mit den „Ghetto-Girls“ bzw. mit den in der Schule dominanten Gruppen, „gegen die man nicht ankämpfen kann“, ein in mehreren Passagen wiederkehrendes Thema. Wie in der Falldarstellung herausgearbeitet werden konnte, scheint es, als könnten die Mädchen sich dem sozialen Druck, den diese Gruppen ausüben, nicht entziehen, als würden mithin die Erfahrungen, die sie im Rahmen der Schule mit diesen Gruppen machen, ihre Handlungspraxis unmittelbar beeinflussen und als würde es für sie auch durch diese Erfahrungen nahe liegen, sich an der Vermeidung von auffälliger Körperlichkeit oder auffälligem Verhalten zu orientieren.

In ganz ähnlicher Weise dokumentiert sich auch in den sich über ein Viertel der Diskussion hinziehenden Erzählungen der Jugendlichen zu Erfahrungen mit Ausgrenzung und Nicht-Zugehörigkeit zum schulischen Kollektiv in Gruppe *Pinie* (Typ III) die Bedeutung des Erfahrungsraums Schule, wie beispielhaft in folgendem Ausschnitt (GD *Pinie*, Passage 1, 1-11):

Bm: Wo war ich? Ach so genau dann gabs aber auch Leute die sich doch ziemlich ziemlich wichtig und toll gefunden haben wenn sie äh (.) ja sag ich mal etwas wohlhabender waren als andere also wirklich hart fand ich dass wie eine Schülerin beobachtet hat wie sie mit ner anderen gesprochen hat so und dann so meinte so ja dieser Bruno der is ja so krass unter meiner Würde (.) also wo dann wirklich schon so ne Schwelle der Arroganz überschlagen wird die dann nicht mehr nicht mehr (.) tolerabel is;
Y: ⌊Und was meinte sie damit?
Bm: Dass=dass ich nicht äh (.) dass ich nicht wichtig bin, dass ich schon ziemlich (..) und dis ging dann eben ich hab hab dann eben die angesprochen, warum sagst Du denn so was. Ja weißte schon wie du dich anziehst und so (.) musste doch mal
Alle: ⌊@(.)@⌋
Bm: überlegen und so. [...]
Alle: ⌊@(2)@⌋

In starkem Kontrast zu der Form der Thematisierung der Erfahrungen in der Schule in Gruppe *Lagerfeuer* wird in Gruppe *Pinie* der Blick allerdings von den diskriminierten Einzelnen aus *auf das schulische Kollektiv* (oder die darin dominanten Gruppen) gerichtet und die Diskussionsteilnehmer*innen nehmen dabei auch auf *eigene* Erfahrungen Bezug, die in Gruppe *Lagerfeuer* weitgehend ausgeklammert bleiben.

Auch in Gruppe *Zelt* (Typ I) wird die Schule als sozialer Raum thematisch relevant, in dem die Jugendlichen Erfahrungen mit Diskriminierung und Stigmatisierung machen, die „jeden treffen" können, auch wenn ihre *eigenen* Erfahrungen wie in Gruppe *Lagerfeuer* nicht zur Sprache kommen. Spielt die Schule in den Gruppen *Pinie* und *Lagerfeuer* aber ausschließlich *als sozialer Ort* eine Rolle, wird sie in Gruppe *Zelt auch als Institution* thematisiert – darauf verweist etwa die Bedeutung, die der Abwesenheit verbindlicher Regeln zugewiesen wird und die Kontrastierung der eigenen Erfahrungen in der Schule mit der (nicht selbst erfahrenen) Situation an der Berufsschule, wo es ist, „wie es eigentlich sein soll".

Schließlich scheint in Gruppe *Marder* (Typ II) die Schule insoweit als Erfahrungsraum von Bedeutung, als die Jugendlichen hier die wiederkehrende Erfahrung mit der Schwierigkeit machen, eine Orientierung an Leistungs- und Verhaltenserwartungen auch zu enaktieren – wofür neben den „Jungen" vor allem eine Mitschülerin verantwortlich gemacht wird, wie in folgender Passage deutlich wird (GD *Marder*, Passage 2, 6-13):

Bf: Antonia. (.) Antonia ist ein Mädchen aus unserer Klasse und (.) ähm (2) früher war sie normal hat viel für die Schule gemacht, aber jetze ist sie total abgesunken, geht nur noch feiern die kommt montags zum ersten Block zur Schule und o=sofort erster Satz was sie sagt, ist ich kanns kaum erwarten bis Wochenende is und ähm nur noch feiern und trinken und Disco Kopf Kopf und (.) richtig schlimm und die macht auch im Unterricht total doll Terror und die zieht dann die Jungs mit rein und die machen dann auch Terror und das stört dann komplett den Unterricht und (.).

Die Schule ist für die Teilnehmerinnen der Gruppe *Marder* also ein Ort, an dem sowohl die Orientierung an gesellschaftlichen Konventionen ausgelebt werden kann, die sich auch in den Erzählungen zu Erfahrungen in anderen Kontexten dokumentiert, die die Enaktierung dieser Orientierung aber gleichzeitig erschwert – ein Muster, das sich in dieser Gruppe in Bezug auf andere Kontexte, etwa die Erfahrungen im Quartier, gerade nicht finden lässt.

Es lässt sich festhalten, dass mittels soziogenetischer Interpretationen anhand fokussierter Passagen für die ausgewählten vier Gruppen die Schule als relevanter konjunktiver Erfahrungsraum rekonstruiert werden kann. Die Orientierungsrahmen dieser Gruppen generieren sich offenbar maßgeblich durch Erfahrungen, die die die Teilnehmer*innen in diesem Kontext gemacht haben. Allerdings spielen noch weitere Erfahrungsdimensionen eine Rolle.

Erfahrungsraum Quartier

Gerade in den Gruppen *Lagerfeuer* und *Zelt* lässt sich nicht nur die Bedeutung der Schule, sondern auch die Bedeutung des näheren Wohnumfelds der Diskussionsteilnehmer*innen rekonstruieren. So nehmen die Teilnehmer der Gruppe *Zelt* (Typ I) gleich zu Beginn der Diskussion ausführlich auf ihre Erfahrungen im „Viertel" Bezug und charakterisieren ihres als „nicht besonders schön". Auf die Nachfrage nach einer genaueren Erläuterung dieser Erfahrungen kommt es zu folgender Passage (GD *Zelt*, Passage 1, 3-13):

Am: Ja allgemein, die Menschen, die hier so wohnen.
Cm: Viele Hartz-IV-Empfänger.
Am: Hm::jo. Is eher so ne Ecke wo die nicht so viel Arbeit haben oder halt (.) so Stress machen auch Jugendliche so. (2)
Y: Hast Du selber schon erlebt, irgendwie Stress gehabt oder?
Am: Jo.
Cm: Weil hier an jeder Ecke Jugendliche (.) am Freitag oder Wochenende betrunken rumstehen und einen anpöbeln (2) man kann hier nich ma in Ruhe durchs Viertel gehen, ohne dass man irgendwo Streß hat.
Y: Hm.
Cm: Is schon fast überall.

Das „Viertel" wird hier als Raum beschrieben, in dem die Freizeitaktivitäten der Jugendlichen stattfinden und der diese ermöglicht, diesen Aktivitäten aber zugleich einen engen Rahmen setzt: Sie können sich den Verstrickungen in auch körperliche Auseinandersetzungen, die im „Viertel" an der Tagesordnung sind, nicht oder kaum entziehen. Die Beschreibung des Viertels als gleichzeitig relevanter wie unsicherer Ort wiederholt sich an mehreren Stellen der Diskussion.

In ganz ähnlicher Weise beziehen sich auch die Teilnehmerinnen der Gruppe *Lagerfeuer* (Typ I) auf ihr näheres Wohnumfeld: Die Häufigkeit, mit der sie von den hier gemachten Erfahrungen berichten, vor allem aber die Dichte der entsprechenden Passagen weisen darauf hin, dass diese Erfahrungen einen nachhaltigen Einfluss auf die Ausbildung handlungspraktischer Orientierungen haben. Wie bereits in der Falldarstellung deutlich gemacht wurde, zeigt sich das in Gruppe *Lagerfeuer* vor allem in den Abschnitten, in denen von gewalttätigen Übergriffen auf die Diskussionsteilnehmerinnen oder andere Akteure berichtet wird, die „urplötzlich" auftreten und die sich die Mädchen nicht erklären können. So stellt eine Teilnehmerin fest, sie habe schon erlebt, dass, „wenn ich von irgendwo gekommen bin irgendeiner aus ner Clique angepöbelt wird; man kann halt nie damit rechnen was passieren wird wie derjenige reagieren wird". Hierin dokumentiert sich ein Wissen um die Labilität von Handlungserwartungen, das vor dem Hintergrund der Erfahrungen im Quartier entstanden zu sein scheint.

In deutlichem Kontrast zu der Art und Weise, in der die Gruppen *Lagerfeuer* und *Zelt* von ihren Erfahrungen im Quartier berichten, stehen nun die Erzählungen der Jugendlichen in Gruppe *Marder* (Typ II). So wird zwar auch dort gleich zu Beginn der Diskussion in ausführlichen Schilderungen auf „Niveauunterschiede" im Quartier Bezug genommen und von körperlichen Auseinandersetzungen berichtet. In diese sind die Diskussionsteilnehmerinnen allerdings nicht selbst verstrickt bzw. gelingt es ihnen, nicht zuletzt durch die in der Diskussion selbst vorgenommene Abgrenzung von Individuen, denen ein *niedrigeres* „Niveau" zugeschrieben wird, die darin präsente Handlungsverunsicherung auf Distanz zu halten.

Erfahrungsraum Geschlecht

Die Erfahrungen im Quartier scheinen für die Teilnehmerinnen der Gruppe *Marder* mithin weder eine ermöglichende noch eine eindeutig begrenzende Dimension für die Handlungspraxis der Jugendlichen zu haben. Allerdings kann in den empirischen Rekonstruktionen herausgearbeitet werden, dass in dieser Gruppe die Erfahrungen im Bereich der Geschlechtszugehörigkeit von besonderer Relevanz sind – und diese scheinen sich mit den Erfahrungen in der Schule zu überlagern oder diese sogar zu überformen. So wird, wie bereits angedeutet wurde, an mehreren Stellen deutlich, dass die Diskussionsteilnehmerinnen ihre Orientierung an schulischen Leistungs- und Verhaltenserwartungen nicht zuletzt aufgrund der Erfahrungen mit den „Jungen" nicht enaktieren können, wie etwa folgender Ausschnitt belegt (GD *Marder*, Passage 3, 1-7):

> Bf: So gesehen reicht bei uns (.) hm (.) muss nur einer irgend etwas sagen (.) auch nur wenn=s zum Unterricht passt so weil was heißt (2) hmm (2) irgendwa- aneinander vorbei kommen oder sowas und dann verstehen die Jungs sofort wieder ja, kommen und dann gleich wieder Sex und äh dann klingelts bei denen anscheinend bei denen im Kopf und dann fangen die ganzen Jungs an zu lachen und würfen werfen noch ein paar Kommentare hin und her und daraufhin reagiert dann wieder Antonia und daraufhin lacht dann irgendwie wieder jemand und daraufhin wieder muss dann noch jemand was dazu sagen und dis is ne Kettenreaktion; [...]

In einer ganzen Reihe weiterer Erzählungen dokumentiert sich in der Diskussion die Bedeutung der Unterscheidung zwischen „Jungen" und „Mädchen", und zwar nicht nur mit Bezug auf den Erfahrungsraum Schule.

Die besondere Relevanz der Geschlechtszugehörigkeit lässt sich nun interessanter Weise auch in Gruppe *Fuchs* (Typ II) anhand der wiederkehrenden Ausführungen zu den Schwierigkeiten der Teilnehmer im Umgang mit „den Mädchen" rekonstruieren: Für die Jugendlichen dieser Gruppe sind die Erfahrungen mit Mädchen, denen sie „nicht über den Weg vertrauen", so zentral für die eigene Handlungspraxis, dass sie schließlich ein Verhalten zu übernehmen sich gezwungen sehen, das eigentlich negativer Vergleichshorizont ist, nämlich nicht wahrhaftig zu sein.

In deutlichen Kontrast hierzu wird etwa in Gruppe *Schwarz* (Typ III) die Unterscheidung zwischen Jungen und Mädchen – die ja in allen Gruppen auf einer Zuschreibung entsprechender ‚sozialer Identitäten' basiert – gerade *nicht handlungspraktisch* relevant und stellt mithin offenbar keinen relevanten Erfahrungsraum dar. So wird in der Beschreibung der „Jungen" zwar auf der propositionalen Ebene eine Differenz zwischen den Geschlechtern etabliert, es dokumentiert sich hierin aber vor allem ein geteilter positiver Vergleichshorizont: „Nicht rumzuzicken", „nich zickig zu sein", „lässig zu sein", aber vor allem: „zu sein wie du halt bist", sich also nicht verstellen zu müssen und den „Schweinehund raushängen lassen zu können". Es wird dann *auf propositionaler Ebene* festgehalten, dass die Enaktierung dieser Handlungspraxis als Mädchen oder unter Mädchen schwierig sei, allerdings dokumentiert sich in der Beschreibung der eigenen *Handlungspraxis*, dass die Unterscheidung zwischen „Jungs" und „Mädchen" darauf offenbar keinen Einfluss hat, weil die Diskussionsteilnehmerinnen sich selbst gerade nicht wie „typische" Mädchen verhalten und sich den stereotypen Verhaltenserwartungen also offenbar ohne weiteres entziehen können.

Erfahrungsraum Peergroup

Findet sich in den Gruppen *Lagerfeuer* und *Zelt* (beide Typ I) eine Überlagerung des konjunktiven Erfahrungsraums Schule mit den Erfahrungen im Quartier, und in Gruppe *Marder* (Typ II) eine Überlagerung mit den Erfahrungen in Bezug auf die Geschlechtszugehörigkeit, wird in Gruppe *Pinie* (Typ III) auf die Schule und sehr ausführlich und in dichten Passagen auf die Bedeutung der Einbindung in eine „Musikerpeergroup" Bezug genommen. So grenzen sich die Diskussionsteilnehmer*innen zunächst von anderen „Peergroups" wie den „HipHoppern" ab, denen sie zuschreiben, dass eine Mitgliedschaft mit sehr klaren Erwartungen an den Einzelnen einhergeht („und so und so hast du dich zu verhalten"). Dagegen steht als positiver Vergleichshorizont das „Musikersein", etwas „künstlerisches kulturelles", das „von der Individualität her lebt". Die

Bedeutung von Individualität und Anerkennung der Authentizität des Gegenübers verbindet sich dann mit der positiven Bezugnahme auf die „Musikerpeergroup“ (GD *Pinie*, Passage 6, 126-142):

Bm: Wenn wir wenn wir woll=ma=sagen als Band irgendwo bei sonem Konzert auftreten (.) und wir dann Backstage mit den anderen Bands rumhängen (.) dann fühl ich mich trotzdem z- mit denen irgendwie gehörig ich fühl mich dann wirklich so (...) na sind so Kollegen irgendwie man kann sich dann unterhalten was
Bf: ⌊Verbunden.⌋ ⌊Ja.⌋
Af: ⌊(......)⌋
Bm: machst du so für Musik ja ich mach Grunge (...) @(2)@
Cm: ⌊Kabelbrand.⌋
Bf: Ja aber auch gerade wenn ich mit meiner Band unterwegs bin weißte da fühl ich mich einfach richtig dazugehörig (.) einfach (.) dis schon im Kopf zu haben dis is mein Gitarrist dis is mein Bassist und wir spielen alle in einer Band- Nein aber in-
Am: ⌊Nich deiner.⌋
Bf: sagt man doch so.
Am: ⌊@(2)@ (.) Jaja ich weiß.
Bf: Und (.) und (.) und wir machen zusammen Musik und erreichen was gemeinsam und erzeugen was gemeinsam und allein dis reicht mir das ich sage ich fühl mich
Am: ⌊Gebären etwas gemeinsam.⌋
Bf: extrem dazugehörig gerade wenn ich unterwegs bin.
Cm: Ja und dass es Dir gefällt persönlich.
Bf: Ja mir gefällts sehr weil äh weil=s mir n gewissen Halt und Sicherheit gibt.

Die Einfindung in die „Musikerpeergroup“, d.h. der Bezug auf eine Szene, mit deren Angehörigen die Jugendlichen eine bestimmte Übereinstimmung in grundsätzlichen Orientierungen teilen, scheint hier auch ein Ergebnis der Praxis des Musikmachens, also der gemeinsamen *Aktivität* und in Überlappung mit den Erfahrungen von Ausgrenzung und Nicht-Zugehörigkeit im Rahmen des Erfahrungsraums Schule scheint diese Erfahrung für die Ausbildung der handlungsleitenden Orientierung von elementarer Bedeutung.

Die Relevanz der Erfahrung der Eingebundenheit in eine Gruppe von Gleichaltrigen und Statusgleichen zeigt sich nun zwar auch in Gruppe *Lagerfeuer* (Typ I), allerdings in ganz anderer Weise, denn hier beziehen sich die Teilnehmerinnen ausschließlich auf die eigene Freundinnengruppe, um Ansprüche an Anerkennung zu realisieren. Das, was die Gruppe zusammenhält, ist zudem weniger Aktivität, als vielmehr *Intimität*, wie folgender Ausschnitt zeigt (GD *Lagerfeuer*, o.P., Minuten 18:40-20:09):

Af: Die Ghetto-Girls haben echt extrem schlechten Umgang, ich hatte ne Zeitlang viel mit der Amelie zu tun, dass die in diese Drogenschiene reinrutschen, ins Kinderheim müssen, das prägt die ja auch irgendwo. Viele übelste Mitläufer, manche die fangen an zu kiffen ziehen noch zwei drei weitere mit die einfach mitmachen.

(4)

Bf: Dann Gottseidank die Leute die dann manche auch trotz ihrer Probleme halt aufnehmen, zum Beispiel bei mir so bis zur achten Klasse Problemkind, Doris und Antonia haben mir dann hochgeholfen, das man dann wirklich Freunde findet

Af: Weg von den Straßen vom Einkaufsland.

Cf: Gott hab ich sie gehasst.

Bf: Das is das Besondere an den Leuten hier.

Af: Das macht aber auch unsere Freundschaft gerade aus dass wir gerade diesen Zusammenhalt haben in den zwei drei Jahren.

Die Freundschaft der drei – an anderer Stelle ist auch von der Gruppe als „Familie" die Rede – ist eine Art soziales Netz, ein Raum, in dem die üblichen Zuschreibungen und Erwartungen zeitweise ausgesetzt sind.

Fazit

Über die soziogenetischen Interpretationen am Beispiel ausgewählter Gruppen habe ich versucht, einen Zusammenhang zwischen den rekonstruierten kollektiven Orientierungsrahmen und den für deren Genese relevanten konjunktiven Erfahrungen oder Strukturidentitäten der Lebensgeschichte zu identifizieren und damit die Analyse der sinngenetischen und der soziogenetischen Dimension von Milieus zu verknüpfen. Mittels dieser Interpretationen anhand von fokussierten Passagen konnte nun zunächst für vier Gruppen die Schule als relevanter konjunktiver Erfahrungsraum herausgearbeitet werden. Die Erfahrungen in der Schule scheinen also – in Überlagerung mit strukturidentischen Erfahrungen in anderen Bereichen – für die Ausbildung der unterschiedlichen kollektiven Orientierungsrahmen von Bedeutung zu sein. In Gruppe *Zelt* scheint es etwa die Überlagerung der konjunktiven Erfahrungen in Schule und Quartier, die zu einer Ausbildung der handlungsleitenden Orientierung beiträgt. In Gruppe *Lagerfeuer* hingegen werden diese konjunktiven Erfahrungen in Schule und Quartier ergänzt durch den Erfahrungsraum der konkreten Peergroup. In Gruppe *Pinie* verweist die soziogenetische Interpretation darauf, dass sowohl Schule als auch „Musikerpeergroup" im Sinne der Zugehörigkeit zu einer jugendkulturellen Szene wichtige Erfahrungsräume sind, während sich in den Gruppen *Marder* und *Fuchs* vor allem Hinweise darauf finden, dass die Erfahrungen der Diskussionsteilnehmer*innen im Bereich der Geschlechtszugehörigkeit eine herausragende Rolle spielen und in Zusammenspiel mit den Erfahrungen in der Schule den Rahmen für die eigene Handlungspraxis setzen.

Es lässt sich allerdings konstatieren, dass das vorliegende empirische Material nicht geeignet ist, um ausgehend von diesen Interpretationen zu einer soziogenetischen Typenbildung auf einem Niveau hoher Validität zu gelangen – und etwa von einer „Bildungs-" oder „Schul-Typik" zu sprechen. Die Erfahrungsräume sind zum einen zu wenig konturiert bzw. die interpretierten Passagen lassen nur Andeutungen zu ihrer Relevanz zu, zum anderen kann es weitere relevante Erfahrungsräume geben, die nicht in den Blick geraten.

7.2 Quartier und Bildungshintergrund als relevante Dimensionen sozialer Lagerung

Ausgehend von den Grenzen der soziogenetischen Interpretationen will ich im Folgenden mit Blick auf die im fünften Kapitel ausgeführte Möglichkeit einer typenvergleichenden Korrespondenzanalyse als ein alternativer – wenn auch weniger valider – Schritt der soziogenetischen Typenbildung eine Identifizierung der für die in der sinngenetischen Typenbildung rekonstruierten Typen charakteristischen Dimensionen „sozialer Lagerung“ (vgl. Mannheim 1964b | 1928: 524ff) vornehmen. Ich fasse den Begriff der ‚sozialen Lagerung‘ dabei im Anschluss an Mannheim als eine Art Indikator für strukturidentische Erfahrungen. Wenn im Folgenden die verschiedenen Fälle über standardisiert erhobene Daten charakterisiert werden, ist damit also der Anspruch verbunden, für die bereits rekonstruierten Kontraste in den handlungsleitenden Orientierungen korrespondierende Kontraste in Lagerungs-Dimensionen zu identifizieren. Damit ist allerdings keine Kennzeichnung einer „objektiven“ Position der Jugendlichen gemeint und die aufgefundenen Unterschiede können nur als *Hinweise* auf relevante konjunktive Erfahrungsräume verstanden werden und nicht als eine Rekonstruktion derartiger Erfahrungsräume selbst wie im Falle einer validen soziogenetischen Typenbildung über soziogenetische Interpretationen.

Um die relevanten Lagerungs-Dimensionen in den Blick zu bekommen, wurden in der vorliegenden Arbeit im Anschluss an die Gruppendiskussionen von den Teilnehmer*innen aller Gruppen Kurzfragebögen erhoben. Diese Fragebögen orientieren sich an Kategorien der Sozialstrukturanalyse, die sich in Studien zu sozialer Ungleichheit bei Jugendlichen als relevant erwiesen haben. So wurden in der Auswertung der internationalen Schulvergleichsstudien wie PISA und IGLU, die in der Jugendforschung nach Thole/Schoneville zu einer „Neuentdeckung sozialer Ungleichheit als Bildungsungleichheit“ (Thole/Schoneville 2010: 150) geführt haben, die Variablen „soziale Schichtzugehörigkeit“ und „Bildungshintergrund der Herkunftsfamilie“ als bedeutsam herausgearbeitet (vgl. ebd.: 150ff).[57] In Bezug auf die kulturellen oder Alltagspraktiken Jugendlicher weist auch Raithel (2006) in seiner Meta-Analyse von „Lebensstiltypologien" von Jugendlichen und jungen Erwachsenen auf die Relevanz der unterschiedlichen Bildungsniveaus und darüber hinaus der Geschlechtszugehörigkeit von Jugendlichen hin (Raithel 2006: 283).[58] Schließlich zeigen die Ergebnisse der gleichfalls auf kulturelle Praktiken Jugendlicher bezogenenen Untersuchungen Ottes zu „Flirtbereitschaft und Verfügung über körper- und musikbezogenes Kapital" (Otte 2007a) die Bedeutung des „Bildungshintergrunds" der Herkunftsfamilie an, sowie des „Bildungshintergrunds der Jugendlichen" selbst und ihres „Erwerbsstatus" (vgl. ebd.: 176).[59]

In den in der vorliegenden Arbeit eingesetzten Kurzfragebögen wurde mit Blick auf diese Kategorien *erstens* die soziale Schichtzugehörigkeit der Herkunftsfamilie erfasst, und zwar im Einzelnen über den Erwerbstätigkeitsstatus beider Eltern, sowie über die Berufe, die diese ausüben oder zuletzt ausgeübt haben. *Zweitens* wurde der Bildungshintergrund der Herkunftsfamilie in den Blick genommen: Im Fragebogen wurde dazu die höchste Schul- und Berufsausbildung der Eltern abgefragt. Die Fragebögen umfassen *drittens* Angaben zum Geschlecht der Diskussionsteilnehmer*innen über die Selbstzuordnung zu den Kategorien „männlich"/ „weiblich", *viertens* zur besuchten Schulform und zum angestrebten Bildungsabschluss. *Fünftens* ziehe ich die aus dem Sozialstrukturatlas Berlin von 2008 entnommenen Daten zur Sozialstruktur der Quartiere heran, in denen die Schulen liegen, die von den Teilnehmer*innen besucht werden, sowie der unmittelbar angrenzenden Quartiere, in denen die Teilnehmer*innen mehrheitlich wohnen.

Im Folgenden gebe ich im Sinne der deskriptiven Statistik einen Überblick über die aus den Fragebögen gewonnenen empirischen Daten. Die Überlegungen zielen darauf ab, eine auffällige Merkmalsverteilung

---

57 Die Kategorien wurden für die PISA-Studie in Anlehnung an die Unterscheidung verschiedener Formen von Kapitalien bei Bourdieu bestimmt (vgl. zur Konzeption Baumert/Maaz 2003).

58 Allerdings bleibt Raithel bei der genaueren Bestimmung seiner Kategorien ungenau und verweist einerseits auf die Korrespondenz des „hedonistischen" bzw. „hoch-kulturellen" Lebensstils mit dem Bildungsniveau (im Sinne der besuchten Schulformen) und der Geschlechtszugehörigkeit der Jugendlichen selbst (Raithel 2006: 282), andererseits darauf, dass diese Lebensstile sich „in bildungs- und somit herkunftsspezifischer [...] Hinsicht" polarisierend verhalten. Inwiefern damit auch der Bildungshintergrund der Eltern gemeint ist, bleibt offen.

59 Otte fasst diese drei Variablen zur Kategorie „Klasse" zusammen: „Die soziale Herkunft (mittlere Anzahl der Jahre des Schul- und Hochschulbesuchs der Eltern), die eigene Bildung (kategorial als Schul- bzw. Hochschulabschluss) sowie den mit beruflicher Bildung gekoppelten Erwerbsstatus (Auszubildende vs. Studierende)" (Otte 2007a: 176).

im Typenvergleich und d.h. vor dem Hintergrund der empirischen Rekonstruktionen zu identifizieren, die in der sinngenetischen Typenbildung in Kapitel 6 zusammengefasst wurden. Die Auffälligkeit bemisst sich dabei in Relation zur Merkmalsausprägung in den jeweils anderen Typen, die verwendeten Begriffe sollen also nur eine sampleinterne Kategorisierung darstellen.

Zu den Ergebnissen:

*Geschlechtslagerung der Teilnehmer*innen*: In der Auswertung der Daten zeigt sich mit Blick auf die standardisiert erhobene Geschlechtszuordnung der Jugendlichen, dass sich im Typenvergleich keine Relevanz für die Ausbildung der handlungsleitenden und milieuspezifischen Orientierungen andeutet, da sich in allen Typen neben geschlechtshomogen männlichen Gruppen (*Zelt* in Typ I, *Fuchs* in Typ II, *Rot* in Typ III) und geschlechtshomogen weiblichen Gruppen (*Lagerfeuer* in Typ I, *Marder* in Typ II, *Rot* in Typ III) auch geschlechtsheterogene Gruppen (*Gelb* in Typ I, *Blau* in Typ II, *Pinie* in Typ III) finden.

Schicht-Lagerung der Herkunftsfamilie: Wenig aufschlussreich sind auch die Angaben zur sozialen Schichtzugehörigkeit der Herkunftsfamilie: Es lassen sich kaum Unterschiede zwischen den Typen finden, obwohl in der Auswertung sogar die Differenzierung von „Qualifikationsrang" und „Arbeitslogik" nach dem Modell der horizontalen und vertikalen Aufgliederung der Berufsstruktur von Daniel Oesch (2006) berücksichtigt wurde.[60] Eine Zuordnung zur sozialen Herkunft der Heranwachsenden in Anlehnung an Lareau (2003: 279) und Vester (2004: 38f.) scheint daher nicht lohnend.[61]

*Ortsgesellschaftliche Lagerung der Teilnehmer*innen*: Etwas anders sieht es mit der sozialräumlichen Verortung der Gruppen aus. In Tabelle 4 sind dazu der im Sozialstrukturatlas Berlin anhand einer Reihe von Indikatoren bestimmte Rang der Quartiere bzw. der „lebensweltlich orientierten Räume" (LOR) angegeben, in der die Schulen liegen, die die Diskussionsteilnehmer*innen besuchen, sowie der durchschnittliche Rang der unmit-

---

60 Einzig in Bezug auf den Erwerbstätigkeitstatus der Eltern deuten sich Unterschiede zwischen den Typen an: So sind in Typ I deutlich weniger Eltern erwerbstätig (ein Drittel) als in den Typen II und III (jeweils etwa zwei Drittel).

61 Beide Autoren orientieren sich in ihren Systematisierungen an einer Verbindung von beruflicher Stellung, wobei das Innehaben einer Führungs- oder Leitungsposition zum zentralen Kriterium wird, und der für die Arbeit erforderlichen Bildungsabschlüsse – letzteres entspricht in etwa der Dimension „Qualifikationsrang" bei Oesch.

telbar angrenzenden Quartiere, in der die Teilnehmer*innen mehrheitlich wohnen.[62] Berücksichtigt man vor allem den durchschnittlichen Rang der an die jeweiligen Schulquartiere angrenzenden Viertel, fällt auf, dass sich in Typ I und Typ II hauptsächlich Gruppen aus sozialstrukturell relativ schwachen Quartieren finden, während in Typ III ausschließlich Gruppen aus relativ wohlsituierten Quartieren vertreten sind.

Typ I	**Typ II**	**Typ III**
Gruppe *Lagerfeuer* LOR-Rang: **356** Ø-Rang: **327**	Gruppe *Blau* LOR-Rang: **87** Ø-Rang: **31**	Gruppe *Rot* LOR-Rang :**87** Ø-Rang: **31**
Gruppe *Zelt* LOR-Rang: **356** Ø-Rang: **327**	Gruppe *Marder* LOR-Rang: **217** Ø-Rang: **295**	Gruppe *Schwarz* LOR-Rang: **87** Ø-Rang: **31**
Gruppe *Gelb* LOR-Rang: **87** Ø-Rang: **31**	Gruppe *Fuchs* LOR-Rang: **217** Ø-Rang: **295**	Gruppe *Pinie* LOR-Rang: **83** Ø-Rang: **41**
	Gruppe *Birke* LOR-Rang: **412** Ø Ø -Rang: **338**	

Tabelle 4: *Sozialstruktur der Quartiere im Typenvergleich*

*Bildungslagerung der Teilnehmer*innen*: Um weiter differenzieren zu können, ist es nun hilfreich, die Bildungslagerung der Teilnehmer*innen in den Blick zu nehmen. So lassen sich die Unterschiede zwischen den rekonstruierten Orientierungen der Gruppen aus Typ I und II ansatzweise auf Kontraste in den Schulformen beziehen, die die Diskussionsteilnehmer*innen besuchen. In Typ I finden sich ausschließlich Gesamtschüler*innen, in Typ II hingegen mehrheitlich Gymnasiast*innen (bis auf Gruppe *Blau* und eine Teilnehmerin der Gruppe *Birke*). Typ III ist in dieser Hinsicht allerdings heterogen. Interessant ist im Vergleich aller drei Typen, an dieser Stelle die Bildungsaspirationen der Jugendliche mit dem Bildungshintergrund der Herkunftsfamilie zu vergleichen. In Tabelle 5 sind dazu die schulbezogenen Bildungsaspirationen der Diskussionsteilnehmer*innen je Typ und die höchsten Schulabschlüsse der Eltern je Typ dargestellt.

62 Die Auswertung orientiert sich an der Einteilung der „lebensweltlich orientierten Räume" (LOR) im Berliner Sozialatlas 2008. Die insgesamt 417 LORs werden über die in Kapitel 5 beschriebenen Indikatoren in Bezug auf ihre Sozialstruktur klassifiziert, wobei die günstigste Ausprägung der Indikatoren in einem niedrigen Rang resultiert, d.h. wohlsituierte Quartiere stehen am oberen Ende der Rangliste.

	Typ I		Typ II		Typ III	
	Bildungs-aspiration der TN	Höchster Schul-abschluss der El-tern	Bildungs-aspiration der TN	Höchster Schul-abschluss der El-tern	Bildungs-aspiration der TN	Höchster Schul-abschluss der El-tern
Abitur	0	9	20	21	6	10
Realschul-abschluss	8	7	4	21	4	7
Hauptschul-abschluss	3	2	0	2	1	3
ohne Anga-be	1	0	0	4	0	2
	11 TN	22 Eltern	24 TN	48 Eltern	11 TN	22 Eltern

Tabelle 5: *Bildungsaspirationen der TN und Schulabschlüsse der Eltern im Typenvergleich*

Es zeigt sich, dass die Teilnehmer*innen der Gruppen aus Typ I, die alle Gesamtschulen mit gymnasialer Oberstufe besuchen, den Haupt- oder Realschulabschluss anstreben, obwohl fast die Hälfte ihrer Eltern Abitur gemacht hat, ein gutes Drittel einen Realschul-, die Übrigen den Hauptschulabschluss. Diese Diskrepanz zwischen schulbezogenen Bildungsaspirationen und den Schulabschlüssen der Eltern lässt sich allerdings in Bezug auf die weiteren Bildungsaspirationen nur ansatzweise bestätigen: So wollen alle Teilnehmer*innen im Anschluss eine Berufsausbildung absolvieren, was weitgehend mit den Bildungsverläufen der Eltern korrespondiert: Die große Mehrheit der Eltern hat anschließend eine Berufsausbildung absolviert, nur zwei Elternteile ein Studium.

In Typ II, in denen die Teilnehmer*innen bis auf Gruppe *Blau* (Gesamtschule mit gymnasialer Oberstufe) Gymnasien besuchen, streben mehr als zwei Drittel auch das Abitur an. Hier haben aber nur knapp die Hälfte der Eltern die Schule selbst mit dem Abitur abgeschlossen, gleich viele mit dem Realschulabschluss und zwei Elternteile haben den Hauptschulabschluss gemacht. Diese Diskrepanz zwischen Bildungsaspirationen der Jugendlichen und Bildungshintergrund der Herkunftsfamilien zeigt sich auch mit Blick auf die weiteren Bildungsverläufe. So streben im Anschluss an die Schule jeweils knapp die Hälfte der Teilnehmer*innen ein Studium und eine Berufsausbildung an, allerdings haben mehr als die Hälfte der Eltern eine Berufsausbildung absolviert, nur ein knappes Drittel ein Studium.

In Typ III hingegen deuten sich kaum Diskrepanzen zwischen Bildungsaspirationen der Diskussionsteilnehmer*innen und den Schulabschlüssen ihrer Eltern an: Die Teilnehmer*innen besuchen mehrheitlich Gesamtschulen mit gymnasialer Oberstufe (bis auf die Gymnasiast*innen der Gruppe *Pinie*) und hier gibt es hinsichtlich der Bildungsaspirationen eine größere Streuung: Zwar will die Mehrheit der Jugendlichen das Abitur machen, über ihre weitere Ausbildung sind sich hingegen einige noch nicht im Klaren, die anderen streben mehrheitlich eine Ausbildung, weniger ein Studium an. Diese Streuung zeigt sich auch mit Blick auf den Bildungshintergrund der Herkunftsfamilien: So haben insgesamt ebenfalls knapp die Hälfte der Eltern der Teilnehmer*innen das Abitur gemacht, ein Drittel einen Real-, der Rest einen Hauptschulabschluss. Etwa die Hälfte der Eltern hat danach studiert, etwas weniger haben eine Berufsausbildung absolviert.

Fazit

Es zeigt sich, dass der Versuch, über eine standardisierte Erhebung eine auffällige Merkmalsverteilung im Typenvergleich zu identifizieren, ansatzweise gelingt. So verbindet die Gruppen der Typen I und II einerseits die Zugehörigkeit zu sozialstrukturell schwachen Quartieren und andererseits die mehr oder weniger deutliche *Diskrepanz* zwischen dem Bildungshintergrund der Eltern und den Bildungsaspirationen der Jugendlichen selbst: Die Schulen und Wohnorte der Teilnehmer*innen dieser Gruppen liegen mehrheitlich in Quartieren mit sehr niedrigen oder immer noch deutlich unterdurchschnittlichen Ausprägungen der Indikatoren nach dem Berliner Sozialstrukturatlas 2008. Allerdings streben die Teilnehmer*innen der Gruppen aus Typ I ausschließlich Haupt- oder Realschulabschlüsse und anschließende Berufsausbildungen an, obwohl immerhin etwa die Hälfte ihrer Eltern selbst das Abitur gemacht hat. Man könnte diese Gruppen die *(Bildungs-)Absteiger* nennen. Die Jugendlichen aus den Gruppen des Typ II hingegen streben mit deutlicher Mehrheit das Abitur und mit immerhin knapper Mehrheit ein Studium an, obwohl das nur ansatzweise dem Bildungshintergrund der Eltern entspricht. Man könnte diese Gruppen die *(Bildungs-)Aufsteiger* nennen. In Bezug auf beide Typen lässt sich auch von einer Milieu-*Diskontinuität* in Bezug auf die Bildungs-Lagerung sprechen, wohingegen die Gruppen des Typ III in dieser Hinsicht von einer *Kontinuität* gekennzeichnet sind: Hier findet sich eine weitgehende Entsprechung der Bildungsaspirationen der Diskussionsteilnehmer*innen und des Bildungshintergrunds der Eltern, und zwar unabhängig davon, welche Form des höchsten Schulabschlusses die Eltern haben. Man könnte diese Gruppen die *(Bildungs-)*

Etablierten nennen. Auffällig ist, dass sich diese Gruppen nur in Quartieren mit relativ hohen Ausprägungen der Indikatoren nach dem Berliner Sozialstrukturatlas 2008 finden.

Die Unterschiede zwischen den Typen mit Blick auf die gewählten Kategorien der Sozialstrukturanalyse sind allerdings nicht sehr deutlich – so wird nicht zuletzt die eindeutige Zuordnung der Gruppen je Typ zu durch eine bestimmte Sozialstruktur charakterisierten Quartieren dadurch eingeschränkt, dass es in den Typen I und II auch Gruppen aus Quartieren mit anderen sozialstrukturellen Charakteristika gibt. Die vorgenommene Bestimmung der ‚sozialen Lagerungen' der Gruppen je Typ kann aber immerhin die Bedeutung *andeuten*, die die Verknüpfung der Erfahrungs-Dimensionen Quartierszugehörigkeit (unter Berücksichtigung der Unterschiede in der Sozialstruktur) und Zugang zu Bildungsinstitutionen hat – und hier ergeben sich interessante Überschneidungen mit bzw. Ergänzungen zu den soziogenetischen Interpretationen, die ja ebenfalls (wenn auch nur für einige Gruppen) auf die Relevanz der konjunktiven Erfahrungsräume Schule und Quartier hinweisen. Es müsste allerdings noch geklärt werden, ob sich diese Ergebnisse tatsächlich ohne weiteres zusammenfassen lassen, ob also von der Relevanz eines Erfahrungsraums „Bildung" gesprochen werden kann, da der Zugang zu Bildungsinstitutionen doch eine andere Qualität hat, als die Erfahrungen, die Jugendliche im sozialen Raum Schule gemacht haben, der sich, wie es sich ja auch in den Interpretationen andeutet, vor allem in Peerbeziehungen ausgestaltet. Zudem wirft auch die Tatsache, dass sich die Relevanz beider Dimensionen ‚sozialer Lagerung', die durch die Korrespondenzanalyse in den Blick geraten, bereits in den soziogenetischen Interpretationen andeutet, dass sich aber die Bedeutung der Erfahrungen im Rahmen der Geschlechtszugehörigkeit *nur* in den soziogenetischen Interpretationen nachweisen lässt, die Frage auf, wie sich die beiden Analysen sinnvoll aufeinander beziehen lassen – denn es ist ja gerade nicht so, dass die Korrespondenzanalyse neue Dimensionen ‚sozialer Lagerung' aufdeckte, denen in vertiefenden Analysen weiter nachgegangen werden könnte: Sie unterstreicht eher die Bedeutung der bereits auf dem Wege soziogenetischer Interpretation fokussierten Dimensionen.

7.3 Zur Bedeutung der Selbstverortung über Differenzierungskategorien

Interessant ist nun allerdings, die gewissermaßen „objektive" gesellschaftliche Verortung im Sinne der Bestimmung der im Vergleich der Typen relevanten Lagerungs-Dimensionen der Gruppen mit einer Rekonstruktion ihrer gesellschaftlichen *Selbst*verortung zu verknüpfen. Der folgende Abschnitt richtet den Fokus dazu wieder auf die Aussagen der Teilnehmer*innen selbst, nimmt allerdings die Ebene des *kommunikativen* Wissens in den Blick. Dieses kommunikative Wissen wurde in den Analysen der einzelnen Fälle im sechsten Kapitel zwar bereits berücksichtigt, steht aber in der Zusammenschau der Fälle je Typ in der sinngenetischen Typenbildung nicht mehr im Vordergrund, da diese sich auf die *konjunktiven* Wissensbestände der Gruppen konzentriert. Das heißt, dass zwar die *Art und Weise* der Verwendung der Kategorien bereits rekonstruiert wurde. Allerdings folge ich – auch im Anschluss an die im dritten Kapitel referierten Studien in der Jugendforschung – der Annahme, dass auch die Tatsache, dass jeweils *bestimmte,* in gesellschaftlichen Diskursen präsente Kategorien von den Jugendlichen aufgegriffen und zur Selbstverortung genutzt werden, von Bedeutung ist. Im Folgenden stehen daher gerade die Formen der symbolischen Grenzziehungen auf der Basis von „Differenzierungskategorien" (Degele/Winker 2010: 25) im Fokus, die die Gruppen in Anschlag bringen, um an ihnen ihre negativen Gegenhorizonte zu explizieren. Es geht mir dabei nun allerdings nicht mehr um eine Analyse der sozialen *Genese* im engeren Sinne, die sich etwa an den unterschiedlichen Formen der Verwendung dieser Kategorien orientiert. Der folgende Abschnitt stellt vielmehr eine weitere typenvergleichende Korrespondenzanalyse dar, die die Zusammenhänge der handlungsleitenden Orientierungen mit gesellschaftlich relevanten Diskursen in den Blick nimmt.

In zwei *Gruppen des Typ I* (*Zelt* und *Lagerfeuer*) ist in dieser Hinsicht vor allem die Distinktion qua Zuschreibung ethnisch-nationaler Zugehörigkeit bemerkenswert. So grenzen sich die Teilnehmerinnen der Gruppe *Lagerfeuer* von „den Türken" ab, „die dich dann halt wirklich so anmachen", aber auch von „Indern" und Chinesen", die „dann in der Bahn sitzen und sich so lauthals am Telefon unterhalten", und von „den Fidschis", die „so=n langen Fingernagel" haben und die „meistens noch dreckig" sind. Den „Ausländern" wird im Verlauf der gesamten Diskussion ein den Normalitätserwartungen der Teilnehmerinnen nicht angemessenes Verhalten und vor allem eine abweichende Körperlichkeit oder Körperpraxis unterstellt. Abweichende Körperlichkeit wird allerdings auch einzelnen Mitschüler*innen der Jugendlichen zugeschrieben – etwa dem Mädchen, das auf der Toilette gefilmt wurde und „wirklich janz dolle nach Fisch gestunken" hat – und scheint für die Teilnehmerinnen der Gruppe *Lagerfeuer* insgesamt eine soziale Beziehungen strukturierende Dimension zu haben: So weisen sie an zentraler Stelle darauf hin, dass sich „Grüppchen" an der Schule „einfach auch dadurch bilden weil es auch viele Leute gibt die einfach auch extrem ungepflegt sind".

Auch in Gruppe *Zelt* wird an zentralen Stellen die Abgrenzung qua ethnisch-nationaler Zugehörigkeit vorgenommen, wie etwa in der folgenden Passage (GD *Zelt*, Passage 4, 25-36):

Am: Also ich denk mal die könn sich sowieso auch nicht richtig durchsetz- setzen weil wenn da ein Security Mann is dann (.) und dann komm sag ich mal zehn Türken Russen oder was weiß ich für welche und die sind schon leicht angetrunken glaub nicht dass der eine Typ die dann aufhalten kann.
Cm: Naja und wenn dann zwei vom Ordnungsamt kommen oder so weil die sich da betrinken.
Y: Mhm.
Am: Also;
Cm: Die alle da ihre Messer dabei haben und denn-
Bm: Was auch noch lustig ist sind die Zigarettenverkäufer (.) einen Tag.
Am: ⌊Fidschis.⌋
Bm: Die einen Tag da kommen da so drei Polizeiautos hin und nehmen die alle mit und einen Tag später stehen aber die gleichen wieder da.

Zwar funktioniert die Kategorie „Ausländer" (und genauer: die Begriffe „Türken oder Russen" oder „Fidschis") auch in Gruppe *Zelt* als Sammelbegriff, sie bezieht sich aber anders als in Gruppe *Lagerfeuer* auf Individuen, denen eher ein von einer nicht näher ausgeführten Normalitätserwartung abweichendes *Verhalten* zugeschrieben wird. Die Abgrenzung von abweichender Körperlichkeit wird hingegen vor allem auf Gruppen bezogen, die aufgrund ihrer *ökonomischen* Position als schwach gekennzeichnet sind. So wird festgestellt, dass die „Hartz-IV-Empfänger" „keine Zähne im Mund" haben und mit Blick auf den Mitschüler Robert, an dem sich die Differenzsetzung maßgeblich aufhängt, dass er „dick" sei und deswegen „keine Zukunft" habe.

In den Gruppen *Lagerfeuer* und *Zelt* verbindet sich also die Differenzsetzung gegenüber Individuen, denen eine auffällige Körperlichkeit und/oder ein von vagen Normalitätserwartungen abweichendes Verhalten zugeschrieben wird, relativ systematisch mit der Differenzsetzung gegenüber ethnisch-nationaler und/oder Schicht- oder Klassenzugehörigkeit. Die dritte Gruppe des Typ I, Gruppe *Gelb*, fällt im Vergleich allerdings durch den weitgehenden Verzicht auf den Gebrauch von Differenzierungskategorien auf – einzig der Verweis auf die Herausstellung der eigenen Erfolge und der eigenen Statussymbole („3er BMW") durch Mitschülerin Sara lässt sich als Abgrenzung von einer – allerdings *höheren* – sozialen Schicht oder Klasse lesen. Im Mittelpunkt steht hier die Abgrenzung von abweichender Körperlichkeit und die Betonung der Bedeutung des richtigen Aussehens oder des richtigen Stils. Ein von diesen Normalitätserwartungen abweichendes Verhalten wird aber ausschließlich besonderen Einzelnen zugeschrieben, etwa dem Mitschüler Patrick, der „eklig“ ist, aber auch den Mitschülerinnen, die sich in ein Kleid „reinquetschen“ müssen, weil sie „dermaßen dick“ sind, oder die „Trends“ aufnehmen, aber damit „billig“ aussehen und es „übertreiben“.

In zwei *Gruppen des Typ II* (*Fuchs* und *Marder*) wird nun im Unterschied zu dem für die Gruppen *Lagerfeuer* und *Zelt* herausgearbeiteten Bezug auf die Kategorien der ethnisch-nationalen Zugehörigkeit Kollektivität *in erster Linie* über die Kategorie „Geschlecht“ konstruiert. Es kommt mithin zu einer Abgrenzung gegenüber Individuen, denen eine andere Geschlechtszugehörigkeit zugeschrieben wird. So konstatiert Peter in Gruppe *Fuchs,* dass er „Mädchen nicht über den Weg vertraut“, während in Gruppe *Marder* die Unterschiede zwischen den „reifen“ Mädchen und den „unreifen“ Jungs ausführlich diskutiert werden (GD *Marder,* Passage 3, 8-17):

Af: Und dis is ja auch dis, was unser Klassenlehrer zum Beispiel meint, dass unsere Jungs so unreif sind also (.) und irgendwie ähm ich meine, ich kann:: persönlich jetzt offen, weil ich auch so erzogen wurde über Sex reden und ich bin jetzt auch nich mehr so, dass ich über sowas lache, aber ich mein, wenn irgendwie sowas dann kommt und alle lachen dann wird man eigentlich auch irgendwo animiert, mitzulachen und dann wirkt dis halt- und wir Mädchen persönlich wollen dis ja nich, dass unser Klassenlehrer so schlecht über uns denkt und aber irgendwie können wir das auch nicht ähm also manchmal nich so wieder weg machen, weil (.) man halt irgendwie animiert wird auch manchmal da auch mitzulachen oder (.) einfach auch manchmal vielleicht irgendwie doofes Zeug zu labern oder @ja@ dis is halt einfach so manchmal;

Darüber hinaus findet sich in beiden Gruppen – durchaus in partieller Übereinstimmung mit den Distinktionspraktiken in den Gruppen *Lagerfeuer* und *Zelt* – auch eine Distinktion gegenüber *niedrigeren sozialen Schichten.* In Gruppe *Marder* werden in dieser Hinsicht schon in der Eingangspassage die „Niveauunterschiede“ im Bezirk zum Thema und auch die Passage zur Handlungspraxis der Mitschülerin Antonia weist in diese Richtung. In Gruppe *Fuchs* deutet sie sich in der Beschreibung der „Prolls“ und „Frutten“ an (GD *Fuchs,* Passage 1, 52-59):

Bm: Also wie ich gerne zum Beispiel sage, die Prolls und die Frutten, die tun sich ja meistens irgendwie so zusammen;
Y: Die Frutten?
Alle: @(3)@
Bm: Dis sind (.) ähm Mädchen, die sich immer so n bisschen billig tun, also so vom Aus- also von Außen her ziemlich aufge:putscht aussehen und wahrscheinlich auch vom Charakter her son bisschen primitiv sind, also die zumindest mit nem Kerl sich immer abgeben und nich darüber nachdenken, was sie jetzt eigentlich tun oder so.

Die Abgrenzung von „sinnlosem" Verhalten, das als negativer Vergleichshorizont in allen Gruppen des Typs präsent ist, lässt sich hier auch als Abgrenzung von Individuen lesen, die nicht nur „billig tun", oder sich als Angehörige einer Schicht darstellen, die über weniger *ökonomisches* Kapital verfügt, sondern die „wahrscheinlich" auch „bisschen primitiv" sind, denen also auch die Zugehörigkeit zu einer mit geringerem Wissen oder Können bzw. weniger inkorporiertem *kulturellen* Kapital ausgestatteten Gruppe zugeschrieben wird.

Eine ganz ähnliche Differenzsetzung findet sich auch in Gruppe *Blau,* in der eine Abgrenzung gegenüber leistungsunwilligen oder –unfähigen Individuen vorgenommen und die diesen zugeschriebene Haltung auf ihre Sozialisationserfahrungen bezogen wird, wie in folgender Passage (GD *Blau,* Passage 3, 75-86):

Am: Wir sind ja ne Gesamtschule, so ne gewisse Anzahl, also ich will nich sagen, dasses von der Bildung abhängt, aber (.) es is manchmal leider so, es is manchmal
Cf: └@(.)@┘
Am: leider so, dass-
Bf: Ja, von der Erziehung auch;
Am: Ja und wenn wenn dann irgendwo einer mitbekommt in der Erziehung, dass er dass alles scheißegal ist und die Eltern sowieso keinen Bock haben, dann überträgt sich dis und dann kommen da welche, und ham auch kein Bock auf Schule, müssen aber hin, (.) siehe Andi, (.) ähm und und dann machen
Bm: └@(.)@┘
Am: die nur scheiße und dis kotzt mich an, weil unsere Schule, die war mal eigentlich voll angesehen und jetzt isses so=n so=n Dreckshaufen, wo jeder mal raufkann und ( ) nicht schafft.

Die Schule wird hier als Institution formaler Bildung thematisch relevant und die Abgrenzung erfolgt gegenüber denjenigen, die dafür sorgen, dass diese Institution entwertet wird. Hier schwingt die Abgrenzung von so genannten „bildungsfernen Schichten" mit, die im medialen Diskurs ein Synonym für die sozial Schwachen sind – und auch in Gruppe *Blau* sind die Individuen, die „kein Bock auf Schule" haben, aufgrund der ihnen zugeschriebenen familiären Situation („Eltern", die „sowieso keinen Bock haben" und denen die Schule „scheißegal" ist) als Individuen markiert, die wenn nicht eindeutig *niedrigeren,* so doch eindeutig *anderen* sozialen Schichten zugeordnet werden können.

In Gruppe *Blau* fällt allerdings auch eine an mehreren Stellen wiederkehrende Abgrenzung von Individuen anderer ethnisch-nationaler Zugehörigkeit auf, wenn hierbei auch anders als in Gruppe *Lagerfeuer* die Dimension der Körperlichkeit überhaupt keine Rolle spielt. So wird den „Türken" und „Arabern" an mehreren Stellen zugeschrieben, dass sie „abziehen" und aus Langeweile „pöbeln" (GD *Blau,* Passage 2, 91-104):

Bf: Vor allen Dingen, bei voll vielen ist das auch so, (.) ja zum Beispiel bei Türken o-der Araber, was weiß ich, bei denen isses auch immer so, die pöbeln sich an, weil sie einfach drauf- weil sie einfach Spaß dran haben, und weil sie Langeweile ha-ben, und dann pöbeln sie dich einfach an, erwarten, dass du zurück pöbelst und dann sagen sie, ey man Dicker ich hol meine ganzen Kumpels
Ef: Na hol ma @(.)@
Mehrere: ⌊@(3)@
Bf: Da denkt man sich auch so, ja schön, dann lass mich einfach in Ruhe. Dis is
Cf: ⌊°Türken haben doch immer Brüder, Türken haben zwanzig Brüder.°
Ef: ⌊°Ja okay, aber dis is voll dis krasse Vorur-teil⌋ weil° ja nee okay (.) n paar davon.°
Bf: irgendwie als würden sie keine anderen Hobbys haben, als müssten sie irgend-welche Leute belästigen.
Cf: °Ich kenn auch n paar Türken°
Bm: Also sind alles Geschichtenerzähler (.) erzählen einen Haufen Mist.

Die Abgrenzung von ethnisch-nationaler Zugehörigkeit wird in Gruppe *Blau* gerahmt von der Orientierung an vernünftigem und das heißt, an einem etablierten gesellschaftlichen Konventionen entsprechenden Verhalten: Von Individuen, denen eine andere ethnisch-nationale Zugehörigkeit zugeschrieben wird, wird in dieser Hinsicht *abweichendes* Verhalten erwartet.[63]

Und auch die Teilnehmerinnen der Gruppe *Birke* greifen auf diese Kategorie zurück: Die Abgrenzung der Diskussionsteilnehmer*innen erfolgt sogar von zwei verschiedenen Formen ethnisch-nationaler Zugehörigkeit, den „Türken“ und den „Wessis“, wie folgende Passage zeigt (GD *Birke*, Passage 1, 54-69):

Df: Also ich bin also sagn wirs mal so ähm ich ich hab immer noch dieses Vorurteil im Westen gibts nur Türken die auf blonde Weiber stehn das is einfach so (.) und
Bf, Cf: ⌊@(.)@⌋
Df: wenn Du wirklich na- ich hatte bisher keine guten Erfahrungen wenn ich in Wes-ten gefahren bin da gabs wirklich (.) sozusagen nur Türken und=ähm dann wirste halt viel von denen angemacht und dis hatn hatte sie ja auch schon-
Ef: ⌊Buä hör bloß auf Alter.
Cf: ⌊@(.)@
Y: Ja, was denn?
Ef: Mann dis is einfach nur dieses ja äh keine Ahnung die sehn dich finden dich
Df: ⌊Dieses Macker-⌋
Ef: hübsch oder geil oder was auch immer und dann ey: ja komm willste (.) vögeln im Prinzip und das geht einem halt ua- einem halt auf die Nerven.

63 Allerdings wird die Abgrenzung von ethnisch-nationalen Kollektiven dadurch relativiert, dass ein entsprechendes Verhalten im weiteren Verlauf auch den jüngeren Mitschülern der Diskussionsteilnehmer*innen zugeschrieben wird, ohne dass auf eine Differenz in ethnisch-nationaler Zugehörigkeit hingewiesen würde.

Cf: ⌊@(.)@⌋
Df: Und dis haste im Westen schon ganz schön oft.

Allerdings wird zugleich deutlich, dass diese Zuschreibungen in erster Linie in der Auseinandersetzung mit Fremdzuschreibungen entstehen: So verweist die Kategorie der „Türken", die mit der Erwartung einer bestimmten Form von Männlichkeit oder männlicher Inszenierung verknüpft ist, *auch* auf die eigenen Erfahrungen der Jugendlichen mit der Fremdzuschreibung zur ‚sozialen Identität' der „Mädchen", während die Distinktion gegenüber „dem Westen" auf relevante Erfahrungen mit Fremdzuschreibungen hinweist, denen die Teilnehmerinnen der Gruppe *Birke* als „Ossis" ausgesetzt waren und sind.

In den *Gruppen des Typ III* schließlich spielt weder die Abgrenzung von ethnisch-nationaler noch von Geschlechtszugehörigkeit oder von auffälliger Körperlichkeit oder Stil eine Rolle. Einzig, wenn auch nur in Andeutungen, findet sich eine Abgrenzung gegenüber *höheren* sozialen Schichten. In Gruppe *Schwarz* lässt sich etwa der Verweis auf die Gruppe der „Reichentrullis", zu denen sich die Teilnehmerinnen selbst nicht zählen, in diese Richtung interpretieren. In Gruppe *Pinie* wird das „oberflächliche" Verhalten, das zentraler negativer Vergleichshorizont ist, vor allem den „reichen Leuten" oder den „Bonzen" zugeschrieben (GD *Pinie*, Passage 3, 124-139):

Cm: Ja dis kann ich auch bestätigen also ich hab da ähnliche Erfahrungen gemacht in meiner Klasse also ich bin auch auf ner Privatschule und da is auch sehr dass da (.) ziemlich viele Bonzen sag ich mal drauf sind. (.) Und ich hatte auch immer irgendwie dis Glück dass ich in der Klasse eigentlich immer so son paar Leute immer hatte, die so meinen Ansprüchen so (.) @genüge waren@ sag ich mal;
Bf; Am: ⌊@(2)@⌋
Cm: wo ich denn gesagt hab irgendwie also die=die ham halt andere äh Prioritäten da isses nicht wichtig dass man jetzt irgendwie weiß=ich=was n Auto zum Geburtstag kriegt oder so was bei meiner K- Schule wirklich so (.) is eigentlich fast die ganzen- ja @(.)@ da sind halt wirklich so die ganzen äh Neumarkter Bonzen
Bm: ⌊Blumenberg, ne?⌋
Am: ⌊@(2)@⌋
Cm: drauf sag=ich=mal aber es gibt natürlich aber trotzdem noch ne ganze Menge anderer Leute die nich so denken und (.) ja dis war auch denk ich mal deswegen (.) komm ich eigentlich auch mit Susi eigentlich ganz gut klar weil ich auch- ich hab denke dass sie da nich so die Prioritäten drauf liegen wie ich eigentlich- (.)
Alle: ⌊@(3)@⌋

Von etwas größerer Bedeutung für die Gruppen des Typ III ist allerdings die Distinktion gegenüber den Angehörigen verschiedener Jugendkulturen im weiteren Sinne. So grenzen sich die Teilnehmer*innen der Gruppe *Pinie* von „HipHoppern" und Popfans ab, in Gruppe *Rot* sind „Nike-

Mützen" und „Picaldiprolls" sowie „Emos" in dieser Hinsicht Thema. Man könnte mithin davon sprechen, dass sich die Jugendlichen gerade von Gruppen distanzieren, die sich qua bestimmter Attribute oder fester Rituale eindeutig und selbst einer Gruppe zuordenbar machen. Es scheint hier auch um eine Distanzierung von einem „in den Mainstream übergegangenen szenebedingten Stil" (Lauenburg 2008: 22) zu gehen, und damit um die Differenz von „‚authentics' versus ‚plastics'" (ebd.: 19) innerhalb von jugendkulturellen Szenen. Allerdings wird die Differenzsetzung in den Erzählungen der Jugendlichen selbst immer wieder relativiert. In Gruppe *Rot* ist sie z.T. ironisch gebrochen (in Bezug auf die „Nikemützen"), z.T. wird der Wahlcharakter der Zugehörigkeit zu einer Jugendkultur hervorgehoben und die Abgrenzung erfolgt wiederum nur von denjenigen, die nur oberflächlich Zugehörigkeit inszenieren, also kurzfristig „auf einen Trend aufspringen" (in Bezug auf die „Wanna-Bes"). In Gruppe *Pinie* geht die Abgrenzung von den „HipHoppern" schließlich in einer weiteren Zugehörigkeit auf, sie werden zu „den Musikern" oder „der Musikerpeergroup" gezählt, der sich die Jugendlichen auch selbst zugehörig fühlen.

Fazit

Es fällt zunächst auf, dass die in den Gruppen verwendeten „Differenzierungskategorien" sich bereits in einer ganzen Reihe von Studien als relevant erwiesen haben: Mit Blick etwa auf Erving Goffmans empirische Analysen sind das die Kategorien „Geschlecht", „Klasse" und „ethnische Zugehörigkeit" (Goffman 2001 | 1994: 93), die in der vorliegenden Arbeit in den Gruppen des Typ I und II von besonderer Relevanz sind. In ihren theoretisch-konzeptionellen Überlegungen arbeiten zudem Degele und Winker neben der Bedeutung der Strukturkategorien „Klasse", „Geschlecht", „Rasse" auch die Kategorie „Körper" heraus, die hier in den Gruppen des Typ I zentral wird (vgl. Degele/Winker 2010: 15ff.). Die Verwendung der Differenzierungskategorien im Sinne einer gesellschaftlichen *Selbst*verortung der Gruppen korrespondiert zudem wenigstens ansatzweise mit den rekonstruierten Typen handlungsleitenden Wissens. So lassen sich zwar in *zwei* Typen Gruppen finden, die sich von *niedrigeren* sozialen Schichten abgrenzen (Typ I: *Zelt*, Typ II: *Marder, Fuchs, Blau*) und auch die Kategorie „ethnische Zugehörigkeit" ist in mehreren Gruppen und Typen präsent (Typ I: *Zelt, Lagerfeuer*, Typ II: *Blau* und *Birke*). Auffällig ist allerdings, dass die Kategorie „Körper/Körperlichkeit" nur in den Gruppen des Typ I, die Kategorie „Geschlecht" (*Marder, Fuchs*) hingegen nur in Typ II zur Abgrenzung genutzt werden. Zudem zeichnen sich die Gruppen des Typ III durch einen weitgehenden Verzicht auf die Verwendung von Differenzierungskategorien aus – neben der angedeuteten Abgrenzung von (höheren) sozialen Schichten (*Pinie, Schwarz*), spielt hier einzig die Distanzierung von Jugendkultur-Zugehörigkeit (*Rot*) eine (allerdings untergeordnete) Rolle.

Eine noch deutlichere Korrespondenz gibt es allerdings zwischen der Verwendung der Differenzierungskategorien und den im vorangegangenen Abschnitt im Typenvergleich identifizierten relevanten Lagerungs-Dimensionen. So lässt sich gerade der Gebrauch der Kategorie der Köperlichkeit in Verbindung mit der Abgrenzung von ethnisch-nationaler und Schichtzugehörigkeit in den Gruppen *Lagerfeuer* und *Zelt* als Abgrenzung von im öffentlichen Diskurs als anders oder wertlos markierten Individuen lesen, wodurch sich ein Zusammenhang mit der vorherigen Kennzeichnung als *(Bildungs-)Absteiger* herstellen lässt: Mit Blick auf die Bedeutung von Bildungsabschlüssen für die soziale Statuszuweisung können diese Jugendlichen als „abgehängtes Prekariat" (FES 2009) gelten, das kaum in der Lage ist, in der „Erfolgskultur der Marktgesellschaft" (Neckel 2008) zu bestehen. In deren symbolischer Ordnung bleiben den Jugendlichen kaum sozial schwächere Gruppen, von denen sie sich abgrenzen können. Die Bearbeitung der Erfahrung einer *negativen* Milieu-Diskontinuität führt so zu einer Reproduktion stereotyper Zuschreibungen. Die offensichtliche Distinktion gegenüber niedrigeren sozialen Schichten bzw. genauer: gegenüber leistungs- und aufstiegsunwilligen Individuen in drei Gruppen des Typ II lässt sich hingegen mit der Kennzeichnung als *(Bildungs-)Aufsteiger* verbinden: Gerade die Aufstiegsorientierten setzen einen Habitus der Prätention in Szene und versuchen, ihre soziale Position bzw. die Erfahrung einer positiven Milieu-Diskontinuität auch auf der Ebene der gesellschaftlichen Selbstverortung abzusichern. Auf diese Korrespondenz verweist auch, dass die Jugendlichen insbesondere der drei Gruppen *Blau, Marder* und *Fuchs* einem besonderen Konformitätsdruck ausgesetzt zu sein scheinen, den sie in Form von ausgeprägter Stereotypisierung be- oder verarbeiten: Stärker als in anderen Gruppen wird hier auf die Schwierigkeit der Enaktierung des eigenen Verhaltens hingewiesen. In Gruppe *Blau* sind es etwa die Mitschüler*innen, deren „Eltern sowieso keinen Bock haben", die dafür sorgen, dass die Schule „ein Dreckshaufen" ist, aber auch die „Kleinen", die immer „frecher" werden und mit ihrer Respektlosigkeit den Rahmen für die Handlungspraxis der Jugendlichen setzen; in Gruppe *Marder* ist es die Mitschülerin Antonia aber auch „die Jungs", die „unreif" sind, und deren Verhalten im Unterricht zu einer „Kettenreaktion" führt, und auch die Teilnehmerinnen dazu „animiert" „mitzulachen" und „irgendwie doofes Zeug zu labern"; in Gruppe *Fuchs* sind es vor allem die „Mädchen", die „hintenrum" sind und denen man „nicht über den Weg vertrauen" kann, und die die Teilnehmer dazu veranlassen, sich selbst nicht-wahrhaftig zu verhalten. Die Teilnehmer*innen der Gruppen des Typ III scheinen hingegen von der Notwendigkeit der Abgrenzung von im vertikalen Gefüge an niedrigeren Positionen stehenden Gruppen und damit von den in solchen Selbst-Verortungen ausgetragenen sozialen Kämpfen weitgehend unabhängig zu sein. Mit anderen Worten: Kommt es in den Gruppen des Typ I und II zu einer Reproduktion von stereotypen Statuszuweisungen, werden diese in den Gruppen des Typ III de-thematisiert. Auch hier findet sich eine offensichtliche Korrespondenz zur Kennzeichnung als *(Bildungs-)Etablierte*.

Teil 3: Diskussion

8. Zugehörigkeit und Differenz in jugendlichen Peergroups – gegenstandstheoretische Reflexionen

Die vorliegende Arbeit konzentriert sich ausgehend von der Perspektive einer praxeologischen Wissenssoziologie auf die Rekonstruktion der kollektiven Orientierungsrahmen, die die Herstellung von Zugehörigkeit und sozialer Differenz in jugendlichen Peergroups anleiten, und auf die Analyse der sozialen Kontexte der Entstehung dieser Orientierungsrahmen. Der Zusammenhang zwischen beiden Ebenen wird in der praxeologischen Wissenssoziologie als Milieu bezeichnet (vgl. Bohnsack 2014a). Auf der sinngenetischen Ebene, auf der die Milieus als ‚strukturierende Struktur' im Sinne Bourdieus (Bourdieu 1997 | 1979: 279) in den Blick genommen wurden, konnten unterschiedliche Formen der Bewältigung des allen von mir befragten Jugendlichen-Gruppen gemeinsamen Orientierungsproblems, die Auseinandersetzung mit der ‚Normalität' des Individuums herausgearbeitet werden. Es konnten weiter drei Typen unterschieden werden, in denen jeweils unterschiedliche habitualisierte Lösungen dieses Problems vorliegen: Im ersten Typ ist die Herstellung von Zugehörigkeit an einer ‚phantom normalcy' orientiert, im zweiten an für benennbare Kollektive charakteristischen Normalitätserwartungen, im dritten an der wechselseitigen Anerkennung ‚persönlicher Identität' und individueller Authentizität. Die Rekonstruktionen auf der sinngenetischen Ebene werden ergänzt durch die Analysen zur sozialen Genese der kollektiven Orientierungsrahmen, in denen ich die Milieus als ‚strukturierte Struktur' fokussiere. Zwar konnten aufgrund der Grenzen des empirischen Materials keine eindeutigen Zusammenhänge zwischen Orientierungsrahmen und konjunktiven Erfahrungsräumen belegt werden, die soziogenetischen Interpretationen deuten aber die Relevanz der jeweils spezifischen Verschränkung konjunktiver Erfahrungen der Jugendlichen in der Schule, im Quartier und im Bereich der Geschlechtszugehörigkeit an und verweisen zudem auf die Bedeutung der jugendlichen Peergroups selbst als relevanten Erfahrungsraum. Sie werden schließlich durch zwei qualitativ orientierte und typenvergleichende Korrespondenzanalysen ergänzt, die auf die Identifizierung relevanter Dimensionen „sozialer Lagerung" (Mannheim 1964b | 1928: 524ff.) bzw. auf die milieuspezifische Verwendung von „Differenzierungskategorien" (Degele/ Winker 2010: 25) abzielen. Die erste der beiden Analysen hebt insbesondere die Bedeutung des Zugangs der Jugendlichen und ihrer Familien zu Bildungsinstitutionen hervor und verweist zudem auf die Bedeutung der Quartiere als sozialräumliche Kontexte, in denen sich die Jugendlichen bewegen. Die aufgrund der Differenzen in diesen beiden Lagerungsdimensionen sich ergebenden Perspektiven milieuspezifischer sozialer Mobilität werden von den Jugendlichen zudem über die gesellschaftliche Selbstpositionierung qua etablierter Kategorien sozialer Differenz in unterschiedlicher Weise abgesichert oder verarbeitet.

In diesem Kapitel stelle ich im Anschluss an diese Ergebnisse gegenstandstheoretische Überlegungen an und verknüpfe empirische Rekonstruktionen und soziogenetische Analysen dazu mit den Erkenntnissen aus anderen Forschungsarbeiten. Es geht dabei in erster Linie um eine Differenzierung bekannter Theorien und um die Generierung von Fragen und Forschungsperspektiven. Ich nehme zunächst Studien in den Blick, die sich im Bereich der soziologischen Jugendforschung ohne explizit differenzsensible Perspektive auf die Jugendphase oder auf die Sozialformen Jugendlicher konzentrieren. Zudem gebe ich einen Ausblick auf die Sozialisationstheorie, und zwar im Anschluss an Überlegungen zur Korrespondenz von Identitäts- und Moralentwicklung (8.1). Im Weiteren fokussiere ich Untersuchungen, die die Formen der Distinktion und, damit verknüpft, der Herstellung von Zugehörigkeit in jugendlichen Peergroups in den Blick nehmen, und verallgemeinere hinsichtlich der Analyse von Distinktionspraktiken insgesamt (8.2). Anschließend knüpfe ich an Arbeiten aus dem Kontext der empirischen Ungleichheitsforschung an, und zwar insbesondere an solche, die Ansäze einer relationalen Analyse sozialer Ungleichheit beinhalten (8.3). Im Fazit des Kapitels gebe ich einen Ausblick auf weitere Erhebungen, die vor dem Hintergrund der gegenstandstheoretischen Überlegungen sinnvoll erscheinen (8.4).

8.1 Zur Analyse der Jugendphase

8.1.1 Zugehörigkeit als jugend- oder generationenspezifisches Orientierungsproblem?

Dass in der vorliegenden Arbeit für alle Gruppen die Auseinandersetzung mit der ‚Normalität' des Individuums als gemeinsames Orientierungsproblem rekonstruiert werden konnte, korrespondiert mit der in einschlägigen Arbeiten aus dem Kontext der Jugendforschung relativ einhelligen Charakterisierung der Jugendphase als Periode, in der sich Jugendliche u.a. mit der Aufgabe konfrontiert sehen, eine persönliche und gleichzeitig eine Bezugsgruppenidentität zu entwickeln, also sowohl die Profilierung der eigenen Individualität, als auch die Markierung von Zugehörigkeit zu betreiben. Mit Blick auf das Fehlen empirischer Vergleichshorizonte lässt sich die Kennzeichnung dieses Orientierungsproblems als ein *jugendspezifisches* allerdings nicht weiter konturieren: Die Gemeinsamkeit aller Gruppen meines Samples besteht im gleichen Alter der Befragten. Erst wenn sich auch empirisch *Unterschiede zu Gruppen von Jugendlichen in anderen Lebensphasen* (synchrone Perspektive) und *Gemeinsamkeiten zu Gruppen von Jugendlichen in anderen zeitgeschichtlichen Kontexten* (diachrone Perspektive) nachweisen ließen, würde eine entsprechende Charakterisierung an Validität gewinnen.[64] Im Anschluss an Arbeiten, die für die (bundes)deutsche Gesellschaft insgesamt einen Prozess der „Individualisierung" konstatieren (grundlegend: Beck 1983; Kreckel 1983; bilanzierend: Berger/Hitzler 2011), der im Kern die „Auflösung von bzw. Ablösung der Menschen aus traditionellen Lebensformen und gesellschaftlichen Rollen" beschreibt, die mit einer zunehmenden „Pluralisierung von Lebensstilen und Lebensformen" einher geht (Degele/Dries 2005: 73), könnte das Orientierungsproblem allerdings auch als ein *generationenspezifisches* gefasst werden. Im Kontext der Arbeiten, die der Individualisierungsthese folgen, wird weiter argumentiert, dass sich für den Einzelnen durch die genannten Prozesse die Möglichkeit und gleichzeitig die Notwendigkeit ergäbe, seine sozialen Bindungen auszugestalten und sich seiner Zugehörigkeit wie auch seiner (Ich-)Identität (immer wieder) reflexiv zu vergewissern (vgl. Keupp 2009 und 2008; Kraus 1996). Reckwitz konstatiert daher, dass mit der These der „Individualisierung" die Annahme einher gehe, dass „die Freisetzung der Individuen aus sozialen Bindungen [...] den Akteuren die Möglichkeit und Notwendigkeit einer neuen Reflexivität auferlegt" (Reckwitz 2009: 170).

In den empirischen Rekonstruktionen der vorliegenden Forschungsarbeit ist nun einerseits deutlich geworden, dass die Auseinandersetzung mit dem Verhältnis von Individualität und Zugehörigkeit, die durchaus auf die von den genannten Autoren identifizierte Problemstellung verweist, nicht in erster Linie reflexiv erfolgt. Vielmehr verfügen die befragten Jugendlichen über ein weitgehend implizites Wissen darüber, wie sie das Orientierungsproblem zu bearbeiten haben. In der Arbeit wird andererseits auch deutlich, dass es gerade auf der Ebene der *Bearbeitung* des Orientierungsproblems durchaus *nicht* zu einer Individualisierung

64 Um eine empirisch fundierte Charakterisierung der Jugendphase, die m.E. ein Forschungsdesiderat darstellt, zu leisten, wäre im Sinne der Variation der empirischen Vergleichshorizonte und als Ausblick auf eine international vergleichende Forschung zudem interessant, Jugendliche in anderen nationalstaatlichen Kontexten in die Untersuchung einzubeziehen. Vgl. zu ersten Analysen in diese Richtung: Amling/Warth 2012 und 2014.

kommt, denn es konnte gezeigt werden, dass sich in den Gruppen zwar sehr *unterschiedliche*, aber *fallübergreifend homologe* Orientierungen finden. Hier lässt sich an die Überlegungen Mannheims zum Generationenbegriff und insbesondere an seine Unterscheidung von *Generationszusammenhang* und *Generationseinheiten* anschließen. Mannheim schreibt:

> „Dieselbe Jugend, die an derselben historisch-aktuellen Problematik orientiert ist, lebt in einem ‚Generationszusammenhang', diejenigen Gruppen, die innerhalb desselben Generationenzusammenhanges in jeweils verschiedener Weise diese Erlebnisse verarbeiten, bilden jeweils verschiedene ‚Generationseinheiten' im Rahmen desselben Generationenzusammenhanges (Mannheim 1964b I 1928: 544)."

Der Begriff des ‚Generationszusammenhangs' verweist auf die soziale Lagerung, die ‚Generationseinheiten' entsprechen Milieus, die sich auf der Grundlage der Überlagerung des konjunktiven Erfahrungsraums ‚Generation' mit anderen Erfahrungsräumen konturieren. Folgt man dieser Unterscheidung, ließe sich argumentieren, dass die vorliegende Arbeit zeigen kann, dass alle befragten Jugendlichen über die geteilte Erfahrung ein und derselben „historisch-aktuellen Problematik" verfügen (Generationszusammenhang) – und diese „Problematik" ließe sich im Lichte der vorliegenden Analysen eher als die *Veränderung des gesellschaftlichen Zurechnungsmodus hin zu individualisierten Zuschreibungsmustern* fassen, wie es Wohlrab-Sahr formuliert (vgl. Wohlrab-Sahr 1997). Die von allen Mitgliedern des Generationszusammenhangs geteilte Erfahrung überlappt sich nun mit den Erfahrungen, die die Jugendlichen in anderen Bereichen gemacht haben (etwa im Bereich der Schule oder der Geschlechtszugehörigkeit), und aus dieser Überlappung resultieren unterschiedliche Formen konjunktiven Wissens und damit auch unterschiedliche Formen handlungspraktischer *Bearbeitungen* der Problematik (Generationseinheiten).

8.1.2 Rollendistanz und Moralentwicklung: Ausblicke auf die Sozialisationstheorie

Dass sich die befragten Jugendlichen mit dem Verhältnis von Zugehörigkeit und Individualität bzw. mit identitätsbezogenen Normalitätshorizonten auseinandersetzen, verweist, wie ich bereits im sechsten Kapitel angedeutet habe, nicht zuletzt auf die Relevanz sozialisationstheoretischer Fragestellungen. Hier bietet sich im Lichte der vorliegenden empirischen Rekonstruktionen insbesondere ein Bezug auf die Sozialisations- und Identitätstheorie von Jürgen Habermas an. Habermas unterscheidet in seiner Skizze zu „Moralentwicklung und Ich-Identität"

(Habermas 1976 | 1974) drei Stufen der Identitäts-Entwicklung, die jeweils mit unterschiedlichen interaktiven Kompetenzen, die zum Rollenhandeln befähigen, und zugleich mit den von Kohlberg identifizierten Stufen der Moral-Entwicklung korrespondieren (vgl. Habermas 1976 | 1974: 77ff.). Ist auf dem ersten Niveau Identität leibgebunden („natürliches Ich"), rein körperliche Erfahrung der Unterscheidbarkeit von Selbst und Außenwelt, ohne aber die Fähigkeit zu reflexiver Selbst-Vergegenwärtigung, zur Perspektivübernahme oder zur Wahrnehmung von zeitlich generalisierten Verhaltenserwartungen (Normen, Regeln) zu beinhalten (präkonventionelle Moral), wird Identität auf dem zweiten Niveau („Rollen-Identität") durch soziale Rollen bestimmt: Dem Individuum ist es nun möglich, symbolische Strukturen „nach Allgemeinem und Besonderem" (ebd.: 81) zu differenzieren und zwischen tatsächlicher Handlung und kontrafaktischer Norm und auch zwischen Individuum und Rolle zu unterscheiden (konventionelle Moral). Erst auf dem dritten Niveau („Ich-Identität") verwandeln sich die Rollenträger schließlich „in Personen, die ihre Identität unabhängig von konkreten Rollen und besonderen Normensystemen behaupten können" (ebd.: 80). Die Individuen sind nun in der Lage, zwischen Akteuren als Kombination von Rollenattributen und „individuierten Einzelnen, die durch Anwendung von Prinzipien eine jeweils unverwechselbare Biographie organisieren" (ebd.: 81f.) zu differenzieren und zwischen „bloß überlieferten (oder auferlegten) und prinzipiell gerechtfertigten Normen" (ebd.: 81), d.h. zwischen „partikularen und allgemeinen Normen" (ebd.) zu unterscheiden (postkonventionelle Moral).

Die empirische Rekonstruktion unterschiedlicher Formen der Zuschreibung ‚sozialer Identität(en)' und damit verknüpfter Verhaltenserwartungen, aber auch der Aneignung von „Identitätsnormen" (Goffman 2012 | 1963: 161) in der vorliegenden Arbeit zeigen nun auf, dass die befragten Jugendlichen über ein sehr unterschiedliches, aber durchaus kollektiv geteiltes oder eben *milieuspezifisches* Wissen von der (in ihrer Perspektive) angemessenen Auslegung von rollen- und identitätsbezogenen Normen verfügen. Dadurch wird zunächst und wenig überraschend die Kritik Habermas' an der Annahme der Übereinstimmung von Rollen*definition* und Rollen*interpretation* in der Rollentheorie Parsons empirisch untermauert (vgl. Habermas 1973 | 1968). Habermas stellt dagegen die Bedeutung der Dialektik von Rollenübernahme und Rollenentwurf heraus und hält mit Goffman fest, dass die an einer konkreten Interaktionssituation Beteiligten „eine diffuse Ausgangssituation im Hinblick auf locker definierte Rollen dadurch interpretieren, daß sie ihre konkurrierenden Rollenprojekte sich aneinander abarbeiten lassen, bis ein vorläufiger Deutungskompromiß gefunden ist" (ebd.: 126). Im Lichte der Ergebnisse der vorliegenden Arbeit scheinen die unterschiedlichen Formen der Auslegung von rollen- oder identitätsbezogenen Normen nun aber weder in erster Linie Ergebnis eines Aushandlungsprozesses in einer konkreten Interaktionssituation, noch Effekt einer bewußten und strategischen Inszenierung von Identität zu sein. Deutlich wird vielmehr, dass ein weitgehend *implizites* Wissen die Distinktionspraktiken und auch die Herstellung von Zugehörigkeit der Akteure orientiert. Vor dem Hintergrund der in der Perspektive einer praxeologischen Wissenssoziologie fundamentalen Annahme, dass sich die Rollenerwartungen auf der Ebene des kommunikativ-generalisierten Wissens bewegen, die von der Ebene des konjunktiven Wissens kategorial zu unterscheiden ist (vgl. etwa Bohnsack 2014b), stellt sich zudem die ebenfalls von Habermas aufgeworfene Frage nach der *Internalisierung* von Normen und Rollenerwartungen in einem anderen Licht: Habermas' Annahme, dass Bedingung der Möglichkeit zur Rollendistanz die *reflexive* Verhaltenskontrolle der Akteure sei (Habermas 1973 | 1968: 127), lässt sich anhand der vorgestellten Analysen durchaus in Frage stellen, denn was sich zeigen lässt, ist, dass eine *Relationierung* von Rollenübernahme und Rollenentwurf – also der Übernahme von mit der Selbstzuschreibung ‚sozialer Identitäten' verknüpften Verhaltenserwartungen und der Negation dieser Verhaltenserwartungen, die die Möglichkeit der Darstellung ‚persönlicher Identität' beinhaltet – in den untersuchten Gruppen *in erster Linie handlungspraktisch* erfolgt. Interessanter ist nun aber die Frage, ob die für die Typen rekonstruierbaren *interaktiven Kompetenzen*, die eine solche Relationierung von Rollenübernahme und Rollenentwurf ermöglichen, mit der Zuordnung der Typen zu den Stufen der Moralentwicklung nach Kohlberg korrespondieren, wie in Habermas' Modell der Identitätsentwicklung (Habermas 1976 | 1974) angedeutet wird. Es geht dabei nicht darum, den einzelnen Individuen oder Gruppen eine entsprechende Kompetenzstufe zuzuschreiben oder die Dimensionen moralischen Handelns auf eine Stufenordnung der Ontogenese zu beziehen, sondern sie in ihrer Bedeutung für die Konstruktion logischer Typen zu verstehen. Dies sei am Material kurz illustriert.

In den Gruppen des Typ I wird die Balance zwischen Rollenübernahme und Rollenentwurf zugunsten der Orientierung an relativ unspezifischen Normalitätserwartungen aufgelöst. Dies habe ich im Anschluss an Goffman als Orientierung an einer ‚phantom normalcy' bezeichnet. Die Jugendlichen dieser Gruppen scheinen also, mit Habermas ausgedrückt, „überwiegend Rollendefinitionen zu übernehmen" (Habermas 1973 | 1968: 128). Es wirkt mit anderen Worten so, als würden sie bei einer Art permanenten und globalen „role-taking" stehen bleiben, das „role-making" hingegen, die Negation der an sie gerichteten Verhaltenserwartungen, gerät so gut wie gar nicht in den Blick, was zu einer vollständigen Abwesenheit von Rollendistanz führt. Zugleich lässt sich feststellen, dass sich in diesen Gruppen Zugehörigkeit nicht auf der Basis geteilter normativer oder moralischer Vorstellungen und Werte konstituiert, sondern auf dem Wege der Ausgrenzung von Schwächeren. In der Orientierung an Sanktionierung bei Regelübertretung (d.h. bei Nicht-Übereinstimmung mit den diffusen Normalitätserwartungen), an der Vermeidung von eigener Strafe (in erster Linie im Sinne sozialer Ächtung über Stigmatisierung), aber auch an der Unterordnung unter Autoritäten und in der prominenten Orientierung an *eigenen* Bedürfnissen finden sich zudem wesentliche Elemente einer *präkonventionellen Moral* (vgl. Kohlberg 1996: 123ff.).

In den Gruppen des Typ II greifen die Jugendlichen hingegen nicht nur in Bezug auf eigene Zuschreibungen auf verschiedene ‚soziale Identitäten' zurück, sondern setzen sich auch mit den *ihnen zugeschriebenen* ‚sozialen Identitäten' und den unterschiedlichen Dimensionen der (lose) damit verknüpften Verhaltenserwartungen auseinander – etwa mit schulischen Leistungserwartungen oder gesellschaftlichen Konventionen insgesamt. Zudem dokumentiert sich in allen Gruppen der Versuch einer Wahrnehmung der Einzigartigkeit des Individuums und in beidem, Auseinandersetzung mit verschiedenen ‚sozialen Identitäten', die den Jugendlichen zugeschrieben werden, und Bemühung um eine Differenzierung zwischen ‚sozialer' und ‚persönlicher Identität', ist die Fähigkeit zur Rollendistanz zumindest angelegt. Diese Form der Relationierung von Rollenübernahme und Rollentwurf korrespondiert zudem mit der Beobachtung, dass sich Zugehörigkeit in den Gruppen des Typ II zwar auf der Basis von Gemeinsamkeiten in den Formen alltäglicher Lebensführung konstituiert, aber gleichzeitig durch die Distinktion über die Dimension des „sinnlosen" Verhaltens und des nicht angemessenen „Stils" stabilisiert werden muss. In den Gruppen finden sich dann vor allem Elemente einer *konventionellen Moral*: Die geltenden Konventionen müssen, auch um der Bewahrung eigener Zugehörigkeit willen, beachtet und befolgt werden, und auch wenn sich nicht zuletzt in den Schwierigkeiten der Enaktierung eigener Orientierungen die Fähigkeit zur Differenzierung zwischen Sollen und Wollen oder Pflicht und Neigung andeutet, dokumentiert sich gerade nicht (oder nur punktuell) die etwa für die Gruppen des Typ III rekonstruierbare Auseinandersetzung mit der Verallgemeinerungsfähigkeit von besonderen (etwa für eine konkrete Gruppe oder eine spezifische historische Situation geltenden) Normen oder zwischen „bloß überlieferten [für eine gegebene Gesellschaft gültigen] [...] und prinzipiell gerechtfertigten Normen" (Habermas 1976 | 1974: 81).

Die Gruppen des Typ III schließlich sind durch ein Wissen um die Polykontexturalität von Zugehörigkeit gekennzeichnet: Verhaltenserwartungen aufgrund der Zuschreibung zu einer ‚sozialen Identität' lassen sich in dieser Perspektive entweder nicht auf reale Personen anwenden oder sie werden als stereotype Fremdzuschreibung erlebt und zurückgewiesen. Die Jugendlichen dieser Gruppen lösen die Balance zwischen Rollenübernahme und Rollenentwurf mithin zugunsten der Orientierung am „role-making", der Negation der Verhaltenserwartungen zum Zwecke der Darstellung eigener ‚persönlicher Identität' auf und verstehen es, aufgrund der (in erster Linie handlungspraktischen) Differenzierung zwischen ‚sozialer' und ‚persönlicher Identität' „die Rollenambiguität durch ein angemessenes Verhältnis von Rollenübernahme und Rollenentwurf zu balancieren" (Habermas 1973 | 1968: 128). Hier finden sich zudem zentrale Elemente einer *postkonventionellen Moral*, die auf universellen Prinzipien basiert, die für jeden Einzelnen gelten, aber je nach den Bedürfnissen und Möglichkeiten dieser Einzelnen abgestimmt werden müssen.

Diesen offensichtlichen Korrespondenzen zwischen milieuspezifischen Distinktionspraktiken, handlungsleitenden Orientierungen zu Zugehörigkeit und Stufen der Moral- und Identitätsentwicklung, die ich hier anhand der theoretischen Skizze von Jürgen Habermas und mit Bezug auf Lawrence Kohlberg nur angedeutet habe, müsste weiter nachgegangen werden. Voraussetzung dafür wäre allerdings, die Möglichkeit der Verbindung von auf die Ontogenese bezogenen Stufenmodellen und auf kollektive und implizite Wissensbestände gerichteten empirischen Rekonstruktionen zu diskutieren.

8.1.3 Peergroups und jugendkulturelle Szenen

Wendet man sich von diesen auf die Jugendphase insgesamt bzw. auf die Sozialisationsprozesse Jugendlicher konzentrierten Überlegungen ab und den Sozialformen zu, die Jugendliche ausbilden, so zeigen die empirischen Ergebnisse der vorliegenden Arbeit an, dass Jugendkulturen oder jugendkulturelle Szenen für den weitaus größten Teil der Teilnehmer*innen der Gruppendiskussionen kaum eine Rolle spielen. Es ist besonders auffällig, dass in keiner der Gruppen ein positiver Bezug auf die eigene Zugehörigkeit zu einer Jugendkultur oder einer jugendkulturellen Szene herausgearbeitet werden konnte – d.h. diese sind für die hier untersuchten ‚normalen' Jugendlichen als (Erfahrungs-)Raum offensichtlich nicht von Bedeutung. Ecarius und Andere (Ecarius et al. 2011) stellen in Übereinstimmung mit diesem Befund und im Anschluss an die Arbeit von

Pfaff (vgl. Pfaff 2006) fest, dass davon ausgegangen werden kann, dass gegenwärtige Peergroups zwar einen fließenden Übergang zu Jugendkulturen bzw. jugendkulturellen Szenen aufweisen *können*, dies aber keineswegs *müssen*: Peergroups und auch Freundschaftsnetze, so konstatieren sie, „existieren häufig ohne die Einbindung der beteiligten Jugendlichen in eine jugendkulturelle Gemeinschaft, gleichwohl liegen in der Regel diffuse Orientierungen an allgemein jugendkulturell geprägten Lebensstilen vor" (Ecarius et al. 2011: 106). Nicht zuletzt wird auch in der bereits zitierten Arbeit von Hitzler und Niederbacher betont, dass Szenen „lockere Netzwerke" oder „Gesinnungsgemeinschaften" seien (Hitzler/Niederbacher 2010a: 16), und die Zugehörigkeit nicht nur auf freier Wahl beruhe (vgl. ebd.: 15f.), sondern man sich in Szenen auch „wie in einer Wolke oder in einer Nebelbank" bewege und insofern in der Regel „einen problemlosen Zugang zu ihr [hat] und [...] sie ebenso problemlos auch wieder verlassen" kann (ebd.). Und Lauenburg konstatiert im Anschluss an diese Beobachtung, dass, da die Mitglieder einer solchen Vergemeinschaftungsform erstens „keine fest deklinierbaren (sanktionierbaren) Werte und Normen mehr entwickeln, welche es erlauben würden, von einer eigenen *Kultur* zu sprechen", und zweitens, diese „rudimentär vorhandenen Wertvorstellungen nicht mehr in gleichem Maße internalisiert werden", es „in vielen Fällen zu einem *Switchen* zwischen verschiedenen Szenen [kommt]" (Lauenburg 2008: 13; Herv. im Original).

Vor dem Hintergrund der empirischen Ergebnisse der vorliegenden Arbeit ist mit Blick auf diese Hinweise zur weitgehenden Unverbindlichkeit von Szene-Zugehörigkeit dann interessant, wie sich die Tatsache interpretieren lässt, dass sich in einigen Gruppen *überhaupt* ein Bezug zu jugendkulturellen Szenen ausmachen lässt – und damit ist auch die Frage nach der Relationierung unterschiedlicher „Gesellungsgebilde" (Hitzler/Niederbacher 2010a: 16) Jugendlicher aufgeworfen. So findet sich in Gruppe *Pinie* zwar der Bezug auf die „Musikerpeergroup" und in Gruppe *Rot* die wenigstens partielle Anerkennung der Jugendkultur der „Emos". In beiden Gruppen scheint aber vor allem die Differenzierung zwischen „authentics" und „plastics" auf, die in der Forschung zu Jugendszenen einen gewissen Stellenwert hat (vgl. Lauenburg 2008). So wird in Gruppe *Rot* die Abgrenzung von den „Wanna-Bes", denen ein bloß oberflächliches Mitläufertum zugeschrieben wird, mit einer Charakterisierung der „richtigen Emos" verknüpft, in der die existenzielle Verankerung der von diesen in Szene gesetzten Stile hervorgehoben wird – diese Stile werden dann in gewisser Weise als „authentisch" verstanden. Allerdings ordnen sich die Teilnehmer der Gruppe *Rot* selbst keiner Szene zu und auch in Gruppe *Pinie* steht eher der Versuch im Mittelpunkt, sich von einer Fremdzuordnung über stereotype Kategorien zu lösen: Die

Jugendlichen distanzieren sich zum einen von den „HipHoppern" und deuten zum anderen durch die Verwendung des Neologismus „Musikerpeergroup" einen Zusammenhang an, der sich von im diskursiven/medialen Mainstream präsenten Szene-Charakterisierungen wie „Rocker", „Hiphopper", etc. löst. Ganz ähnliche Distanzierungen von der stereotypen Fremdzuschreibung als „HipHopper" wurden in den Untersuchungen von Bohnsack et al. (1995) zu jugendlichen Musikgruppen nachgewiesen. Bohnsack hält dazu fest:

> „Stile in ihrem immanenten oder kommunikativ-generalisierenden Sinngehalt (hier: ‚Hip Hop') werden, wie die Musik überhaupt, lediglich als Medium benutzt, um auf dem Wege des situativen Aktionismus, im Zusammen-Spiel im ursprünglichen Sinne des Wortes, d.h. im zweckfreien spielerischen Erleben der gemeinsamen Praxis, eine habituelle Übereinstimmung und die ‚eigentlichen', habituellen Stilelemente in ihrem ‚Wesenssinn' entfalten zu können (Bohnsack 2008: 62)."

Es scheint sich also zu bestätigen, dass es sich bei der Zuordnung zu Szenen oder Jugendkulturen um eine Selbst- und Fremdverortung auf der Ebene der ‚sozialen Identität' handelt, die dem Bereich des kommunikativen Handelns zugehört. Wenn man nun aber ausgehend von der Perspektive einer praxeologischen Wissenssoziologie Szene-Zugehörigkeit gerade nicht nur als zweckrationalen Akt individueller Entscheidung versteht, sondern als Ergebnis der probehaften Entfaltung stilistischer Präferenzen innerhalb eines Kollektivs, ließe sich statt von Szenen oder Jugendkulturen sinnvoller von Stilgemeinschaften sprechen, in denen individuelle Präferenzen zu kollektiven Praktiken verdichtet werden. Diese Überlegung korrespondiert auch mit den Ergebnissen der vorliegenden Arbeit, insofern es in einigen der von mir untersuchten Gruppen zwar zu einer negativen Bezugnahme auf jugendkulturelle Szenen im weiteren Sinne kommt. In Gruppe *Fuchs* stehen etwa die „Prolls" und „Frutten" im negativen Horizont, in Gruppe *Marder* die „Gang-Mitglieder" und in Gruppe *Birke* wiederum die „Emos". Zentral ist hier aber die Abgrenzung von einer bestimmten *Form des Verhaltens* oder von einem bestimmten *Stil*. Inwiefern diese Stilgemeinschaften sich nun unterschiedlichen Szenen zuordnen können (vgl. etwa die Ergebnisse der Studie von Pfaff 2006) oder sich auf ein und dieselbe Szene in unterschiedlicher Weise beziehen (vgl. etwa die Arbeit von Hoffmann 2014)[65],

65 Hoffmann geht den Differenzen in den habituellen Stilen innerhalb einer jugendkulturellen Szene am Beispiel von Teilhabern der Elektro/Techno-Szene nach und kommt zu einer Unterscheidung unterschiedlicher bzw. milieuspezifischer Formen der Bezugnahme auf die kommunikativen Szene-Stile, die sich zudem in Ansätzen auf unterschiedliche konjunktive Erfahrungen der Jugendlichen beziehen lassen.

muss an dieser Stelle aufgrund der Grenzen des empirischen Materials allerdings offen bleiben.

Abgesehen davon, dass die vorliegenden Analysen also auf den Bedarf nach einer weiteren Klärung des Verhältnisses von Peergroups und Jugendkulturen bzw. jugendkulturellen Szenen verweisen, stellt sich zudem und anschließend an die Untersuchungen zur Bedeutung von Peergroups, die im dritten Kapitel referiert wurden, die Frage, ob und wie sich anhand der vorliegenden Rekonstruktionen unterschiedliche Formen von Peerbeziehungen differenzieren lassen. Die dokumentarische Methode kann ausgehend von der ihr zugrunde liegenden forschungsleitenden Perspektive einer praxeologischen Wissenssoziologie zur Kennzeichnung solcher Formen zunächst an Mannheims Unterscheidung von zwei Formen der performativen Verbundenheit anschließen, der „geistig-sozialen" (Mannheim 1964b | 1928: 546) und der „geistig-seelischen" (ebd.: 526). In Abgrenzung von der bereits ausführlich charakterisierten „geistig-sozialen" Verbundenheit im Sinne eines Milieuzusammenhangs über *strukturidentische* Erfahrungen verweist die „geistig-seelische" Verbundenheit auf die *gemeinsamen* oder *identischen* Erfahrungen einer sozialen Gruppe, z.B. der Peers oder der Familie. Mit anderen Worten kann eine Gruppe, weil sie eine Perspektive teilt, die sich aus einem strukturidentischen sozialisationshistorischen Hintergrund ergibt, sich unmittelbar verstehen, womit ein Milieu bezeichnet wird. In Abgrenzung dazu rekurriert die Verbundenheit der vitalen Peergemeinschaft auf die zusätzliche Teilhabe an einer miteinander *direkt geteilten* Sozialisationsgeschichte. Hier geht es nicht mehr nur um Peergroups *als Repräsentanten von Milieus*, sondern um Peergroups als *konjunktive Erfahrungsräume* – und deren Bedeutung als äußerst relevanter Ort jugendspezifischer Erfahrungsbildung konnte nicht zuletzt in den in dieser Arbeit vorgenommenen soziogenetischen Interpretationen für die Gruppen *Pinie* und *Lagerfeuer* herausgearbeitet werden. An dieser Stelle wäre es im Anschluss an die Arbeiten von Oswald (1993), Oswald/Krappmann (2003 | 1995), Scherr (2010b) oder Harring et al. (2010a und b), auf die bereits verwiesen wurde, sinnvoll, den Fokus auf die Peergroup selbst zu richten. Diese könnte dann mit Schmidt als „ein lokal gebundenes Geflecht persönlicher, intimer Beziehungen und Erwartungsstrukturen" gefasst werden, „das weitestgehend auf emotional-diffusen Gefühlen (Sympathie) beruht, sowie eine kollektive Interaktionsgeschichte und Möglichkeiten der Identifizierung mit einem ‚Wir' hervorbringt, insgesamt also einen interaktiv konstituierten, diskriminierbaren sowie historisch und kulturell einzigartigen Sinnzusammenhang [...] ausbildet" (Schmidt 2004: 48). In Anlehnung an diese Definition lassen sich die besondere Bedeutung von direkter und wahrhaftiger Kommunikation in den Gruppen

Fuchs und *Schwarz*, oder die Bedeutung des „Verläßlich-Seins" im Kontext handgreiflicher Auseinandersetzungen in Gruppe *Rot*, aber auch das Teilen von Informationen und das Aussetzen standardisierter Verhaltenserwartungen im Rahmen der eigenen Peergroup in den Gruppen *Pinie* und *Lagerfeuer* als relevante Dimensionen von *persönlichen Beziehungen innerhalb* jugendlicher Peergroups fassen (vgl. hierzu auch Lenz/Nestmann 2009: 10). In diese Richtung geht auch die Beobachtung, dass sich in Gruppe *Schwarz* über das Teilen von Informationen zwischen zwei der drei Diskussionsteilnehmerinnen bei gleichzeitigem Ausschluß der dritten eine exklusive Beziehung konstituiert, die zu entsprechenden Dynamiken *innerhalb* der Gruppe führt.

Eine tiefergehende Analyse dieser Beziehungen, etwa auch über die „kommunikativen Routineverfahren" (Schmidt 2004: 397), durch die sich die jeweiligen Gruppen kontinuieren, stößt allerdings an die Grenzen der hier gewählten Perspektive: Die dokumentarische Methode ist zwar durch den Versuch gekennzeichnet, die Analyse sowohl der Common-Sense-Konstruktionen (Ebene des kommunikativen Handelns) als auch der handlungsleitenden Orientierungen (Ebene des konjunktiven Handelns) in *ein* Paradigma zu integrieren und in der vorliegenden Arbeit spielen auch beide Ebenen eine Rolle. Allerdings muss man in der empirischen Forschungspraxis im Sinne der dokumentarischen Methode „durch die Eigentheorien des Falles und dessen Orientierung an der Norm, also durch die Semantik einer Typenbildung des Common Sense, *hindurch*[gehen], um dann zur praxeologischen Typenbildung, zur Typisierung der Praxis zu gelangen" (Bohnsack 2010a: 303; Herv. von mir). Die Äußerungen der Diskussionsteilnehmer*innen werden also *in erster Linie als Dokument* für ein über den immanenten Sinn hinausweisendes Wissen interpretiert und die Realgruppen als *Repräsentanten von Milieus* verstanden. Und auch die Identifizierung unterschiedlicher Diskursmodi (vgl. insbesondere Przyborski 2004) stellt nur auf den ersten Blick eine Möglichkeit der Unterscheidung von Formen dar, in denen sich die befragten Jugendlichen aufeinander beziehen, denn auch diese Diskursanalyse steht im Kontext der Rekonstruktion milieuspezifischer Gemeinsamkeiten – sowohl mit Blick auf die geteilten kollektiven Orientierungsrahmen, die sich nur in inkludierenden Diskursmodi dokumentieren, als auch hinsichtlich der Gemeinsamkeiten der Sozialisations- und Lebensgeschichte, deren Charakter über unterschiedliche Formen inkludierender Modi rekonstruiert werden können.[66] Wie und ob kommunikative

66 So verweist der *parallele* Diskursmodus auf struktur-identische, also *homologe* aber nicht gemeinsam gemachte Erfahrungen, der *univoke* Diskursmodus hingegen auf identische Erfahrungen der Diskussionsteilnehmer*innen (vgl. Przyborski 2004: 313-316).

Wissensbestände in der Analyse stärker berücksichtigt werden können und ob dadurch auch eine genauere Kennzeichnung der Beziehungen innerhalb von jugendlichen Peergroups möglich wird, müsste insofern grundlagentheoretisch geklärt werden, verweist die Frage doch auch auf das Verhältnis der Milieuanalyse einer praxeologischen Wissenssoziologie zur Analyse von Einzelfällen.[67]

8.2 Zur Analyse von Distinktionspraktiken

8.2.1 Dimensionen der Distinktion: Körperlichkeit, Stil, Authentizität

In ihrer Studie zu „Abgrenzung, Gewalt und Kreativität bei Gruppen Jugendlicher" resümieren Eckert, Reis und Wetzstein (2000), dass die mit der Gruppenbildung verbundene Abgrenzung bei Jugendgruppen ganz unterschiedlich verläuft und dass nicht alle „den Weg über extrovertierte Stile oder Ideologien" beschreiten. Die Autoren konstatieren zudem, dass sie „[d]arüber, wie sich ‚Normalos' abgrenzen und Selbstwert herstellen" (Eckert/Reis/Wetzstein 2000: 397) nur spekulieren können. Die Bedeutung der Differenzsetzung und Attribution ist in den Gruppen ‚normaler' Jugendlicher, die im vorliegenden Sample in den Blick genommen wurden, nun offensichtlich. So dokumentiert sich in den Diskussionen der Gruppen des Typ I die Abgrenzung insbesondere von „auffälliger" Körperlichkeit, die sich mit der Abgrenzung von sozialen Gruppen wie den „Ausländern" oder den „Hartz IV-Empfängern" verbindet. In den Gruppen des Typ II verbindet sich die Abgrenzung von unvernünftigem oder „sinnlosem" Verhalten, das sich in den Augen der Teilnehmer*innen etwa über eine Verweigerung gegenüber schulischen Leistungserwartungen und allgemeiner: gegenüber gesellschaftlichen Konventionen manifestiert, mit der Bezugnahme auf die Kategorien Geschlecht und Schichtzugehörigkeit oder Klasse. In den Gruppen des Typ III hingegen grenzen sich die Teilnehmer*innen von einem „oberflächlichen" oder nicht authentischen Verhalten ab und konstruieren wenige und ausschließlich auf erworbenen Merkmalen beruhende ‚soziale Identitäten' wie die Jugendkulturzugehörigkeit.

Mit Blick auf die Gruppen des Typ I ist in Übereinstimmung mit meinen empirischen Rekonstruktionen die Bedeutung von „Körperlichkeit" oder der Kategorie „Körper" sowohl in den theoretischen Überlegungen

67 Vgl. auch die Anmerkungen zu den durch die gewählte Perspektive bedingten Grenzen der Analyse in Kapitel 5 und die Auseinandersetzung mit der Verbindung unterschiedlicher paradigmatischer Perspektiven in Kapitel 9.

Degeles und Winkers (2010), als auch in den empirischen Arbeiten von Pfaff (2010), Pfaff, Hoffmann und Hänert (2010) und Wellgraf (2012) herausgearbeitet worden. So schreibt Wellgraf, dass körperliches Kapital wie „Schönheit, Schlankheit oder Fitness" von den von ihm untersuchten Berliner Hauptschüler*innen als ein Instrumentarium begriffen werde, „das in spezifischen gesellschaftlichen Handlungsbereichen eingesetzt wird, um soziale Gewinne wie Anerkennung oder materiellen Erfolg zu erzielen" (Wellgraf 2012: 74). „Körperliches Kapital" diene dabei zunächst als Mittel, „um Aufmerksamkeit zu gewinnen, und bietet damit vor allem die Möglichkeit an, es in soziales und darauf folgend in ökonomisches Kapital zu verwandeln" (ebd.). Bei Wellgraf verbindet sich diese Körperinszenierung mit dem Streben nach (sozialer) Anerkennung, denn „[e]in nachlässiges Aussehen soll vermieden und stattdessen durch Styling und Kosmetik bewundernde Blicke provoziert werden" (ebd.: 73). Damit grenzen sich die Jugendlichen auch von Kategorien wie der Figur des „Bettlers" ab, die „für sie vor allem durch ein unachtsames Äußeres gekennzeichnet ist" (ebd.). Zwar findet sich, wie ich in Kapitel 7 ausgeführt habe, auch in den Gruppen des Typ I eine Verbindung der Abwertung von „auffälliger" oder von einer diffusen Normalitätserwartung abweichender Körperlichkeit mit der Abgrenzung von im öffentlichen Diskurs als schwach oder unnütz markierten Individuen und Statusgruppen. Es geht hier aber weniger um ein Streben nach sozialer Anerkennung, als vielmehr um die Vermeidung von Stigmatisierung aufgrund ‚unnormaler' Körperlichkeit. Im Fokus steht insofern nicht, „sich schön zu machen" (vgl. Degele 2004), sondern eher, sich (als Individuum) *unsichtbar* zu machen. Zentral ist in den Gruppen des Typ I zudem der Versuch der Reduktion von Ambivalenz auf eine feste Ordnung, eine Menge an Regeln, deren Nichtbeachtung mit Sanktionen belegt wird. Die Abgrenzung von Körperlichkeit ist insofern auch als Abgrenzung von einer diese Ordnung tendenziell in Frage stellenden Individualität zu interpretieren.

In den Rekonstruktionen der Diskussionen des Typ II finden sich hingegen mehrfache Überschneidungen mit der Arbeit Pfaffs zu „Social Distinction in Children´s Peergroups" (Pfaff 2010). So kommt es in den Gruppen *Blau* und *Marder* zu einer Abgrenzung über die Dimension der schulischen Leistungserwartung – das entspricht der Dimension des „achievement" bei Pfaff. Zudem ist in drei Gruppen des Typs die Dimension „taste as an aesthetic dimension of personal style" präsent. Interessant ist dabei, dass sich auch Pfaffs Beobachtung zu bestätigen scheint, dass die klassenbedingten Ausschlussmechanismen von den Jugendlichen weit weniger schnell auf den Begriff gebracht werden, als die Dimensionen „Geschlecht" und „ethnische Zugehörigkeit", obwohl doch sozio-ökonomische Unterschiede eine durchaus relevante Dimension auch der *symbolischen* Reproduktion sozialer Ungleichheit darstellen (vgl. Weiß et al. 2001a). Es scheint, als würde sich diese Dimension in den Gruppen des Typ II in der Distinktion qua Stil oder Geschmack oder über „feine Unterschiede" im Sinne Bourdieus wiederfinden. Eine ähnliche Beobachtung macht auch Wellgraf und konstatiert, dass es bei der Frage nach dem guten und richtigen Geschmack „immer auch um Überlegenheitsansprüche [geht] und darum, welche Gruppe den legitimen Geschmack, den dominierenden Klassifikationsmaßstab einer Gesellschaft vertritt" (Wellgraf 2012: 141). Wellgraf folgt in der Interpretation dieser Distinktionspraxis der Annahme Bourdieus, derzufolge „in der Regel die oberen sozialen Schichten die geschmackliche Norm- und Normalitätsvorstellungen einer Gesellschaft" (ebd.) bestimmen und auf diese Weise symbolische Gewalt auf die unteren Schichten ausüben. Die Abgrenzung über die Kategorie „Stil" verbindet sich in den in der vorliegenden Arbeit rekonstruierten Gruppen des Typ II zudem mit einer Orientierung an „sinnvollem" im Sinne eines (zweck-) rationalen Verhaltens und im Anschluss wiederum an Wellgraf lässt sich festhalten, dass die damit verknüpften „Dummheitszuschreibungen" ebenfalls als ein Exklusionsmechanismus dienen können, „mit dessen Hilfe soziale Grenzen konstruiert, legitimiert, naturalisiert und überwacht werden" (ebd.: 258).

In den Gruppen des Typ III ist nun eine Differenzsetzung über etablierte Differenzierungskategorien wie gezeigt kaum von Belang. Allerdings lässt sich auch der Bezug auf „Authentizität" als milieuspezifische Form der Distinktion begreifen, insofern sich das „authentische Selbst" in Anlehnung an eine Formulierung von Ulrich Bröckling als ein „hegemoniales Anforderungsprofil" (Bröckling 2012: 131) fassen lässt (vgl. Geimer 2012 u. 2014). Die Jugendlichen folgen mit anderen Worten einem dominanten Imperativ in Bezug auf die identitätsbezogenen Normalitätshorizonte des Alltags oder in Bezug auf die „Identitätsnormen" (Goffman 2012 | 1963: 161) und sind im Unterschied zu den Jugendlichen der anderen Gruppen auch in der Lage, diesen in ihre Selbstentwürfe zu berücksichtigen. Folgt man diesen Überlegungen könnte statt von „Kreativität als Vehikel sozialer Differenzierung" (Reckwitz 2012) von einer Realisierung von Authentizität als Mittel zur sozialen Distinktion gesprochen werden.

Die empirischen Rekonstruktionen und auch die in Kapitel 7 vorgenommene Analyse der gesellschaftlichen Selbstverortung der Jugendlichen weisen nun außerdem auf die Relevanz der gleichzeitigen Bezugnahme auf unterschiedliche Differenzierungskategorien hin, wie sie auch in Ansätzen der Intersektionalitätsanalyse im Mittelpunkt des Forschungsinteresses steht (vgl. Hess 2011; Lutz/Supik 2010; Degele/Winker 2010; Klinger/Axeli-Knapp 2007). Die Frage, ob sich hierin mehr ausdrückt, als die relative *Beliebigkeit* der Fremd- und Selbstzuschreibung zu ‚sozialen Identitäten', die auf der Ebene des kommunikativ-generalisierten Wissens vorgenommen werden, ist damit allerdings nicht beantwortet.[68] Im Lichte der vorliegenden Analysen scheint es gerade auch in diesem Zusammenhang notwendig, die Ebenen, über die in der Analyse von Distinktionspraktiken gesprochen wird, genauer zu unterscheiden. So finden sich in der Arbeit von Eckert, Reis und Wetzstein (2000) abschließende Überlegungen, in denen die Autoren Ansatzpunkte oder Ressourcen zu identifizieren suchen, auf die sich die Jugendlichen in der Konstruktion „positiver sozialer Identitäten" beziehen. Die Autoren nennen den Bezug auf die „gemeinsame Biografie", auf „Kreativität, jugendkultureller Stil, Szene, Weltanschauung" und auf die Kategorien Geschlecht oder ethnische Zugehörigkeit (vgl. Eckert/Reis/Wetzstein 2000: 399ff.) als Kristallisationspunkte der Etablierung eines Gruppenselbstbildes und verorten diese doch sehr unterschiedlichen Ansatzpunkte oder Ressourcen auf einer Ebene. Pfaff hingegen rekonstruiert neben der Verwendung sozialer Struktur- oder eben Differenzierungs*kategorien,* auch *Dimensionen, über die* Distinktion vorgenommen wird. Diese umfassen „[p]ersonal development on the way to adolescence as an age related dimension, taste as an aesthetic dimension of personal style, which gains certain importance in the context of youth culture and, last but not least, school achievement as a specific aspect, which has very different meanings in diverse social context" (Pfaff 2010: 178). Und auch Offen (2013) stellt trotz ihres Fokus auf die *Kategorie* Geschlecht fest, dass sich die in ihren Diskussionen in Frage stehende Selbstverortung der Jugendlichen im Bereich Geschlecht und sexuelle Orientierung in grundsätzlich divergenten *Formen* ausdrückt (vgl. Offen 2013: 151). Vor dem Hintergrund der Ergebnisse der genannten Arbeiten und der vorliegenden empirischen Rekonstruktionen würde ich daher von folgender Unterscheidung ausgehen, die einer Analyse von Distinktionspraktiken als Heuristik vorangehen kann: Die *Kategorien* oder ‚sozialen Identitäten', die von den Akteuren für die Differenzsetzung verwendet werden, lassen sich unterscheiden von einerseits den *Dimensionen über die* Differenz erzeugt wird, die sowohl die Verhaltenserwartungen umfassen, auf die bei der Zuschreibung von ‚sozialen Identitäten' Bezug genommen wird, als auch die Attribute oder Aufhänger, an der die Zuschreibungen ansetzen, und

68 Kubisch stellt dazu fest, dass die intersektionale Analyse zwar als Paradigma verstanden wird, es jedoch wenige Diskussionen darüber gebe, wie Intersektionalität untersucht werden kann (vgl. Kubisch 2008: 326). Das heißt, „methodologische Fragen sind weitgehend ungeklärt" (ebd.) und insbesondere eine intersektionale Analyse auf der Basis von Gruppendiskussionen ist bislang nicht ausgearbeitet worden.

andererseits den *Formen*, die der *Prozess der Differenzsetzung* annimmt. Betreffen die ersten beiden Aspekte die Ebene der Common-Sense-Konstruktionen, verweist der dritte Aspekt auf die handlungsleitenden Orientierungen oder das konjunktive Wissen.[69]

Mit Blick auf die *Formen der Distinktion*, die auf handlungsleitende Orientierungen zu Zugehörigkeit verweisen, gibt es nun Parallelen der vorliegenden empirischen Rekonstruktionen sowohl zu den Ergebnissen der Arbeit von Offen (2013) als auch der von Franz (2013), auf die ich etwas ausführlicher eingehen möchte. So weist Offen in den abschließenden Überlegungen ihrer Arbeit darauf hin, dass nicht alle der von ihr untersuchten Jugendlichen dieselben Möglichkeiten zu haben scheinen, sich (hier in Bezug auf Geschlecht und sexuelle Orientierung) Anerkennung zu verschaffen:

> „Einige müssen quasi alles erfüllen oder dürfen zumindest nicht auffallen, andere zeigen durch Referenzen auf andere Zugehörigkeitssysteme/ Bezugssysteme, dass sie weniger angewiesen sind und sich Devianz leisten können, wieder andere (wenige) können die Ordnung der Zugehörigkeit selbst in Frage stellen (etwa unter Verweis auf Pluralisierung als Modernisierungsanforderung) (Offen 2013: 161)."

Hier zeigen sich deutliche Parallelen zu den von mir rekonstruierten drei Milieus: Quasi alles erfüllen zu müssen oder zumindest nicht auffallen zu dürfen, korrespondiert mit der Orientierung an einer ‚phantom normalcy' in den Gruppen des ersten Typs. Sich eine gewisse Devianz leisten zu können, verweist auf die Jugendlichen aus Typ II, in der es zu einer partiellen Distanzierung von stereotypen Verhaltenszuschreibungen kommt. Die Möglichkeit, die Ordnung der Zugehörigkeit selbst in Frage zu stellen, also die mit der Zuschreibung ‚sozialer Identitäten' einher gehenden Verhaltenszuschreibungen ignorieren zu können, haben die Jugendlichen in Typ III. Es bleibt allerdings offen, ob sich diese Differenzen auch *innerhalb* der von Offen untersuchten Gruppen zeigen oder nur *zwischen* den Gruppen. Zudem fehlt in ihrer Arbeit in dieser Hinsicht eine Systematisierung der Ergebnisse.

In der Arbeit von Julia Franz findet sich hingegen eine der in der vorliegenden Arbeit geleisteten in vielen Hinsichten erstaunlich vergleichbare Typenbildung. In der Auswertung biographischer Interviews mit „Jugendlichen mit muslimischem Hintergrund" und mit Fokus auf deren Auseinandersetzung mit Zugehörigkeit unterscheidet Franz drei Formen

69 Mit Schmidt, der die „Methoden und Verfahren der Ausgrenzung" mit Fokus auf das „kommunikative Miteinander" (Schmidt 2004: 55) in den Blick nimmt, ließe sich diese Sortierung evtl. noch weiter differenzieren. Dazu müsste allerdings die bereits aufgeworfene Frage geklärt werden, welchen Gewinn eine stärkere Gewichtung der kommunikativen Auseinandersetzung der auf Milieus fokussierten Analyse brächte.

handlungsleitender Orientierungen: an individueller Authentizität, an kollektiver Zugehörigkeit und an gesellschaftlicher Anerkennung (vgl. Franz 2013: 265ff.). In der von Franz rekonstruierten „Orientierung an individueller Authentizität" sind vorgefundene Normen und moralische Prinzipien nachrangig gegenüber Werten, die im praktischen Handeln entstehen:

> „Das bedeutet, dass sich die Jugendlichen nicht auf moralische Regeln festlegen lassen wollen, seien diese nun religiös-kulturell oder institutionell begründet. Sie begehren insbesondere gegen Versuche auf, solche Regeln in autoritärer Weise durchzusetzen [...] (Franz 2013: 307)."

Zwar wird in den Gruppendiskussionen meiner Arbeit die Auseinandersetzung mit *familiären* Autoritäten nicht thematisch relevant. Der Anspruch, dass Regeln nicht bloß qua Konvention gültig sind, sondern sich hinsichtlich ihrer Übereinstimmung mit der „individuellen Authentizität" der Akteure begründen lassen müssen (vgl. ebd.: 308), wie Franz schreibt, also die Partikularisierung von Moralvorstellungen, lässt sich aber analog zu einer Partikularisierung von Zugehörigkeit in den Gruppen des Typ III lesen: Auch in diesen Gruppen dokumentiert sich, dass die Jugendlichen die Normalitätserwartungen, die aus der Zuschreibung bestimmter ‚sozialer Identitäten' resultieren, nicht einfach übernehmen, sondern sie an ihre Erfahrungen anzupassen suchen und dass im Gegenteil die Einzigartigkeit des jeweils konkreten Gegenübers die eigentliche ‚Normalitäts'erwartung ist.

Die „Orientierung an kollektiver Zugehörigkeit", die Franz rekonstruiert, zeichnet sich hingegen dadurch aus, dass für die Jugendlichen die Zugehörigkeit zur Familie, sowie ethnisch-kulturelle bzw. religiöse Identitäten bedeutsam sind, das heißt, die Jugendlichen „versuchen, sich als guter Sohn bzw. als gute Tochter zu erweisen, indem sie den Wertmaßstäben der Zugehörigkeitskontexte ihrer Eltern und Großeltern entsprechen" (ebd.: 308). Bezogen auf die vorliegende Arbeit lässt sich wiederum festhalten, dass in den von mir untersuchten Peergroups weniger die Auseinandersetzung mit den Normalitätsannahmen oder -erwartungen relevant sind, die die Jugendlichen durch ihre *Eltern* nahegelegt bekommen. Es geht vielmehr, wie ich im sechsten Kapitel herausgearbeitet habe, um unspezifischere Erwartungen, die ich im Terminus der (i-den-titätsbezogenen) Normalitätshorizonte des Alltags zusammengefasst habe. Die gering ausgeprägte Differenzierung zwischen ‚persönlicher' und ‚sozialer Identität' in den Gruppen des Typ II, die sich auch in der ausgeprägten Orientierung daran manifestiert, ein „guter Schüler" oder auch ein „richtiges Mädchen" zu sein, lässt sich aber auf die Ergebnisse von Franz beziehen. Franz spricht davon, dass die Jugendlichen, um soziale Anerkennung zu erlangen, ‚soziale Identitäten' verteidigen, rechtfertigen und normalisieren (vgl. ebd.: 310). Diese Suche nach „Anerkennung aufgrund einer Übernahme sozialer Identitäten, also von Fremdidentifizierungen" (ebd.) zeigt sich auch in den von mir untersuchten Gruppen des Typ II. Das handlungsleitende Prinzip „Verantwortung für die Gemeinschaft" (ebd.: 309) bei Franz ließe sich mit Blick auf meine Rekonstruktionen dann in Verantwortung für die Bewahrung der eigenen Statusgruppe übersetzen.

Die dritte der von Franz in ihrer Forschungsarbeit rekonstruierten Orientierungen, die „Orientierung an gesellschaftlicher Anerkennung", findet sich im vorliegenden Sample allerdings nicht. In dieser geht es bei den von Franz untersuchten Jugendlichen um die Orientierung an „gesellschaftlicher Anerkennung für individuelle Leistungen und Erfolge" (vgl. ebd.: 310). In Ansätzen lässt sich dieses Streben danach, sich von anderen abzuheben „sei es durch überdurchschnittliche Schulleistungen, durch sportliche Leistungen, religiöses Wissen, durch Autonomie oder einen hedonistischen, konsumorientierten Lebensstil" (ebd.), mithin das Streben nach *individueller Besonderheit*, das sich mit der Suche nach der Anerkennung durch Autoritäten (Lehrern) und durch konkrete Gruppen von signifikanten Anderen (etwa der Klassengemeinschaft) *verbindet*, allerdings in Gruppe *Pinie* finden.

8.2.2 Ursachen der Distinktion: Bildung und Quartier

In den soziogenetischen Analysen im siebten Kapitel wird deutlich, dass allein die Zuordnung zu bestimmten Schulformen oder die Bestimmung des Bildungshintergrunds der Teilnehmer*innen nicht hinreicht, um die Entstehung der unterschiedlichen Formen von Distinktion und der damit korrespondierenden Orientierungen zu Zugehörigkeit in den Gruppen zu erklären. So lassen sich die Ergebnisse gerade nicht als Beleg dafür sehen, dass sich etwa Gruppen, deren Mitglieder das Gymnasium besuchen, generell gegenüber sozial inkompetent eingeschätzten Gleichaltrigen abgrenzen, wie bei Oswald und Krappmann angedeutet wird (Oswald/Krappmann 2004). Auch die von Offen identifizierten „Gelingensfaktoren für die Behauptung veruneindeutigender Geltungsversuche" (Offen 2013: 166) sexueller Orientierung und Geschlechtszugehörigkeit scheinen im Lichte der Analysen der vorliegenden Arbeit nur einen Teil der für die Genese handlungsleitender Orientierungen zu Zugehörigkeit relevanten Aspekte zu erfassen: Zentral scheinen bei Offen die Indikatoren Bildungshintergrund und sozialer Hintergrund der Befragten (vgl. ebd.: 166). Allerdings weist sie auch darauf hin, dass ein Anmahnen von Geschlechtergerechtigkeit und Antidiskriminierung in den von ihr befragten Gruppen eher aus einer Position *des eigenen unangefochtenen sozialen Status* erfolgt, während ein Deklassierungserleben der Befragten im Zusammenhang mit einer starken bis gewalthaltigen Verteidigung geschlechterbezogener Privilegien auftritt (ebd.: 168). Die typenvergleichenden Korrespondenzanalysen in der vorliegenden Arbeit verdeutlichen einen ähnlichen Zusammenhang: Erst die Verschränkung der Erfahrungen der Jugendlichen im Bereich der Quartierszugehörigkeit (unter Berücksichtigung der sozialstrukturellen Unterschiede zwischen Quartieren) mit der jeweiligen Perspektive milieuspezifischer sozialer Mobilität scheint eine mögliche Erklärung für die Entstehung unterschiedlicher Orientierungen zu bieten. Unterscheiden lässt sich vereinfacht gesprochen die Perspektive eines sozialen oder Bildungs-Abstiegs im Sinne einer negativen Milieu-Diskontinuität in den Gruppen des Typ I von der Perspektive des sozialen bzw. Bildungs-Aufstiegs im Sinne einer positiven Milieu-Diskontinuität in den Gruppen des Typ II und der Perspektive des Statuserhalts im Sinne einer Milieu-Kontinuität in den Gruppen des Typ III. Diese gesellschaftliche Verortung korrespondiert wie gesehen weitgehend mit der *Selbst*verortung der Jugendlichen und wird dadurch zusätzlich validiert: Die Abgrenzung von im öffentlichen Diskurs als schwach, anders oder unnütz markierten Gruppen in Typ I, von leistungs- und/oder aufstiegsunwilligen Gruppen in Typ II und der weitgehenden Vermeidung von stereotypen Statuszuweisungen in den Gruppen des Typ III. In den Typen I und II ist die Aushandlung neuer Milieubezüge oder der Versuch des Absicherung des sozialen Aufstiegs möglicherweise der Auslöser für die rekonstruierten Abgrenzungsprozesse. Die soziogenetischen Interpretationen belegen darüber hinaus die unterschiedliche Relevanz konjunktiver Erfahrungen der Jugendlichen nicht nur in der Schule und im Quartier, sondern auch im Bereich der Geschlechts- und der Peergroup-Zugehörigkeit.

Im Anschluss an diese Überlegungen und mit Blick auf die Grenzen des empirischen Materials der vorliegenden Arbeit wäre nun zunächst sinnvoll, die *sozialräumlichen Handlungskontexte*, in denen sich die Jugendlichen bewegen, in den Blick zu nehmen. Der relationale Raumbegriff, der in der Raumsoziologie aber auch in Theorie und Praxis der Sozialen Arbeit seit einigen Jahren präsent ist (vgl. Löw 2001; Kessl/Reutlinger 2010), bietet hier Anschlussmöglichkeiten. *Soziale Räume* werden in den entsprechenden theoretisch-konzeptionellen Überlegungen nicht als absolute Einheiten, sondern „als relationale (An)Ordnung sozialer Güter und Menschen" (Löw 2001: 158) bzw. als „ständig (re)produzierte Gewebe sozialer Praktiken" (Kessl/Reutlinger 2010: 19) gefasst. Damit bietet sich die Möglichkeit, die unterschiedliche Art und Weise zu rekonstruieren, in der Räume überhaupt erst konstituiert werden (vgl. auch Amling i.E.). Die Bedeutung des *Erfahrungsraums Bildung* wird hingegen auch in der Arbeit von Pfaff, Hoffmann und Hänert (2010) und bei Franz (2013) herausgearbeitet. Gerade im Lichte der referierten Analysen müsste hier allerdings noch genauer konturiert werden, worauf der Begriff im Einzelnen verweist. Wie deutlich geworden sein sollte, ist damit *auch* der *Zugang* zu Bildungsinstitutionen bezeichnet. In den soziogenetischen Interpretationen deutet sich aber darüber hinaus, also auch unabhängig von den über die Indikatoren Bildungshintergrund der Herkunftsfamilie und Bildungshintergrund und Bildungsaspirationen der Jugendlichen bestimmten Perspektiven milieuspezifischer sozialer Mobilität, an, dass die Form der *Ausgestaltung des sozialen Raums Schule* in konkreten Peerbeziehungen eine relevante Dimension konjunktiver Erfahrungen der Jugendlichen ist. Das lässt sich einerseits wiederum auf die Ergebnisse der Arbeit von Franz beziehen, die von unterschiedlichen „Schulmilieus" spricht, die „als institutionalisierte gesellschaftliche Anerkennungsverhältnisse mehr oder weniger relevant für die Jugendlichen" werden (Franz 2013: 316). Andererseits ließe sich hier auch an die referierten, rekonstruktiv angelegten Arbeiten anschließen, die die Bedeutung von Peergroups für individuelle Bildungsverläufe herausarbeiten (vgl. Krüger/Deinert/Zschach 2012; Krüger/Köhler/Zschach 2010; Krüger/Köhler/Pfaff/ Zschach 2008).

8.2.3 Normativer Bezugsrahmen: Theorie der Anerkennung?

Offen schließt in ihrer bereits referierten Arbeit zu den „Achsen adoleszenter Zugehörigkeitsarbeit" mit Blick auf das unterschiedlich hohe „Dramatisierungsniveau", dass nicht alle der von ihre untersuchten Gruppen von Jugendlichen „in selber Weise auf die Anerkennung durch die Gruppe angewiesen" bzw. „vom Verlust der Anerkennung bedroht" sind (Offen 2013: 163). Die positive Bezugnahme auf eine Theorie der Anerkennung als Bezugsrahmen zur Interpretation der alltäglichen und insbesondere der Distinktions-Praktiken Jugendlicher findet sich im Hinweis auf die Relevanz der Etablierung einer ‚positiven sozialen Identität' auch bei Eckert, Reis und Wetzstein (Eckert/Reis/Wetzstein 2000) und in der ausführlich diskutierten Untersuchung von Franz (Franz 2013). Erster Anknüpfungspunkt ist in allen diesen Arbeiten die „Theorie der Anerkennung" von Axel Honneth (Honneth 1992, 2003).[70] Honneth kommt im Durchgang durch eine Reihe empirischer Studien zu dem Schluss, dass das praktische Geschehen sozialer Kämpfe unter den Menschen nicht in erster Linie auf Selbsterhaltungsmotive und damit auf die Verteilung von materiellen Ressourcen, sondern auf *moralische* Antriebe zurückgeführt werden kann: Kämpfe um soziale Gerechtigkeit werden demnach durch die *Störung sozialer Anerkennungsbeziehungen* ausgelöst, da „die Subjekte von der Gesellschaft vor allem die Anerkennung ihrer Identitätsansprüche erwarten" (Honneth 2003: 154f.). Honneth unterscheidet drei „Muster intersubjektiver Anerkennung", die jeweils verschiedenen Sphären zugeordnet werden (vgl. Honneth 1992: 148ff.): Die Kategorie „Liebe" fasst die emotionale Zuwendung in Primärbeziehungen, in der die für die Ausbildung eines stabilen Selbstvertrauens und damit für eine selbstbestimmte Teilnahme am öffentlichen Leben gelegt werden, die Kategorie „Recht" die Anerkennung jedes Individuums als Rechtssubjekt in Absehung der konkreten Eigenschaften. Die Kategorie „Solidarität" beschreibt schließlich die Anerkennung des Einzelnen als Subjekt, dessen Fähigkeiten für die Gemeinschaft von konstitutiven, von grundlegendem Wert sind. Die empirischen Rekonstruktionen der vorliegenden Arbeit lassen sich in dieser Perspektive auch als unterschiedliche Formen der (handlungspraktischen) Suche *nach* und auf der Basis impliziten Wissens erfolgenden Vergabe *von* Anerkennung auf der Ebene der „Solidarität" oder der „sozialen Wertschätzung" verstehen, denn soziale Wertschätzung wird vergeben „für Aspekte, die einen Menschen von den übrigen Angehörigen der Gesellschaft unterscheiden" (Kaletta 2008: 24). Wenn man das in den Begriffen Goffmans, mit denen ich in der vorliegenden Arbeit hauptsächlich operiere, reformuliert, geht es mithin um die Frage, inwiefern sich in den Diskussionen die Fähigkeit der Jugendlichen dokumentiert, die besondere Einzigartigkeit des jeweiligen Gegenübers wahrzunehmen und wertzuschätzen, also seine ‚persönliche Identität' anzuerkennen.

Es ist nun offensichtlich, dass die mit den rekonstruierten Orientierungen der Typen I und II verbundenen relativ starren Normalitätserwartungen, die die Herstellung von Zugehörigkeit anleiten, zu einer Verweigerung von Anerkennung führen können, etwa indem Abweichungen von den Normalitätserwartungen und damit auch die Fähigkeit des Individuums, sich anders als erwartet zu verhalten, nicht wahrge-

70 Zur Bedeutung der Anerkennungstheorie in der empirischen Ungleichheitsforschung vgl. auch die Beiträge in Wimbauer/Henninger/Gottwald 2007 und Kaletta 2008. Die Auseinandersetzung mit der Anerkennungstheorie Honneths vor den Hintergrund ausgewählten empirischen Materials meiner Arbeit habe ich bereits an anderer Stelle angedeutet (Amling 2013).

nmommen (Typ I),[71] oder indem die Individuen auf eine pathologisierte Form der ‚persönlichen Identität' festgelegt werden (Typ II). Allerdings kann, wie bereits angedeutet wurde, auch die mit der Orientierung an individueller Authentizität und die damit verbundene Abgrenzung von „oberflächlichem" oder einem einer zugeschriebenen ‚persönlichen Identität' nicht angemessenen Verhalten in den Gruppen des Typ III zu einer Verweigerung von Anerkennung führen, und zwar dann, wenn es dem jeweiligen Gegenüber nicht möglich ist, der dieser Orientierung inhärenten Vorstellung eines selbstbewußten und autonomen Ichs zu entsprechen. Mit anderen Worten: Auch die Vorstellung von Individualität und Authentizität in den Gruppen des Typ III ist nicht nur eine *milieuspezifische*, sondern gleichzeitig Ausdruck gesellschaftlicher Machtverhältnisse. Mit Blick auf die Reproduktion von gesellschaftlichen Normen mit Bourdieu ließe sich nämlich auch davon sprechen, dass in den Gruppen des Typ III die Normalitätserwartungen im Kontext von Individualisierungsprozessen, die vor allem als Veränderung des gesellschaftlichen *Zurechnungsmodus* hin zu individualisierten Zuschreibungsmustern gefasst werden können (vgl. Wohlrab-Sahr 1997) und mit der Vorstellung eines selbstbewußten und autonomen Ichs einher gehen, *auch tatsächlich verwirklichbar* sind – der Bezug auf individuelle Authentizität könnte sich dann, wie bereits erläutert wurde, als ein Exklusionsmechanismus erweisen, mit dessen Hilfe ähnlich wie in der Distinktion qua Geschmack „soziale Grenzen konstruiert, legitimiert, naturalisiert und überwacht werden" (Wellgraf 2012: 258). In ganz ähnlicher Weise werden im Übrigen auch Goffmans Arbeiten als eine Theorie der „Normalisierung" rezipiert (vgl. Jungwirth 2007: 359): Identitätsnormen sind dann Mittel der „Reproduktion von gesellschaftlichen Normen durch die Unterwerfung sozialer Akteurinnen und Akteure unter ihre Anforderungen" (ebd.), und zwar, „indem sie entsprechend des Grades ihrer Erfüllung in ein hierarchisch strukturiertes Verhältnis gebracht werden" (ebd.). Sie können das Verhalten der Akteure fördern oder behindern und z. B. Möglichkeiten der Selbstentfaltung, Identitätsproduktion und –ausschöpfung bedingen (vgl. Goffman 1994: 111).

Im Lichte dieser Überlegungen wird der Anspruch Honneths, die konzeptuellen Mittel zu bestimmen, mit denen die Sozialtheorie über die Erfahrungen der Subjekte zu befinden und legitime oder illegitime Ansprüche an soziale Gerechtigkeit zu *bewerten* vermag (vgl. Honneth 2003:

71 Man könnte hier im Anschluss an die einschlägigen Theorien sozialer Ungleichheit auch von „statistischer Diskriminierung" sprechen, insofern „Entscheidungen über das einzelne Individuum auf der Grundlage von Verhaltensannahmen bezüglich ganzer sozialer Gruppen getroffen werden" (Solga / Powell / Berger 2009: 20).

149ff.), zumindest fragwürdig. Denn anstatt etwas über die normativen Erwartungen auszusagen, die die sozialen Akteure „*im allgemeinen* an die gesellschaftliche Ordnung richten" (ebd.: 154; Herv. von mir), müsste das Augenmerk sich eher auf eine *relationale Bestimmung* von sozialer Ungleichheit richten, die zudem die historische Dimension auch der Definition von Ungleichheit berücksichtigt. Und wenn die Prozesse der wechselseitigen Zuschreibung ‚sozialer' und ‚persönlicher Identität' als *Ausdruck sozialer Kämpfe* verstanden werden, in denen um die Anerkennung des sozialen Wertes von gesellschaftlichen Gruppen gerungen wird, und wenn weiter davon ausgegangen wird, dass „bei der Festlegung der kollektiven Einordnung und Hierarchie der Geltungen, die Gruppen und einzelnen zugewiesen sind, [...] nicht alle Urteile dasselbe Gewicht" haben (Bourdieu 1997 | 1979: 254f.), kommen hier notwendiger Weise weitere Analyseebenen ins Spiel – etwa die Passung von Habitusformen und den in bestimmten sozialen Feldern relevanten Kapitalien. Sobald es also nicht um eine entsprechende Relationierung geht und gleichzeitig von der konkreten Interaktionssituation oder von den empirisch rekonstruierten Anerkennungsansprüchen der konkreten Interaktionspartner abstrahiert wird, laufen anschließende Theoretisierungen Gefahr, relativ statische Aussagen über konkrete Individuen zu treffen. Wenn ich richtig sehe, gehen auch Nancy Frasers Bedenken gegenüber Honneths Konzept in diese Richtung. Fraser betont zwar durchaus die Bedeutung der Anerkennungs*verweigerung* für das Entstehen sozialer Ungleichheit, stellt Honneths Theorie aber die „Norm partizipatorischer Gleichberechtigung" entgegen, die es „allen (erwachsenen) Gesellschaftsmitgliedern erlauben [soll], miteinander als Ebenbürtige zu verkehren" (Fraser 2003: 55). Diese Norm, die auch die Forderung nach der Umverteilung materieller Ressourcen mit einbezieht, verzichtet darauf, allgemeine Anerkennungsbedürfnisse festzuschreiben und beinhaltet eine im Wesentlichen *negative Bestimmung* von sozialer Gerechtigkeit: Fraser fordert in erster Linie die *Abschaffung institutionalisierter* Wertmuster, „die einige Gruppen und die mit ihnen verbundenen Qualitäten systematisch herabsetzen" (ebd.), ihnen also die (rechtliche oder soziale) Anerkennung *systematisch* (und nicht punktuell) verweigern.

8.3 Zur relationalen Analyse sozialer Ungleichheit

8.3.1 Distinktion und Scham

Eine Arbeit, die in Richtung auf eine solche relationale Analyse sozialer Ungleichheit weist, ist die Untersuchung Sighard Neckels zum Zusammenhang von „Status und Scham" (Neckel 1991). Neckel fokussiert hierin die „symbolische Reproduktion sozialer Ungleichheit" und konstatiert, dass Scham die „Wahrnehmung von Ungleichheit" ist und „Beschämung eine Machtausübung, die Ungleichheit reproduziert" (ebd.: 21). Neckel nimmt also „Emotionen" in den Blick, die er im Anschluss an Norbert Elias „als Resultate eines humanspezifischen und dabei historisch modifizierten Lernprozesses" fasst, „der seine Ursachen in den jeweiligen sozialen Abhängigkeiten findet" (ebd.: 121). Emotionen werden also als „erlernte Selbstregulierungen" (Elias 1978 I 1939: 360) verstanden, die zwar auf natürlichen Impulsen basieren, aber „durch kulturell erlernte Verhaltensregulierungen überformt" werden (Neckel 1991: 122). Dabei knüpft Neckel auch an Goffman an, der betont, dass die Vorstellung beschämender Andersartigkeit den Glauben an eine prinzipielle Gleichheit voraussetze (vgl. Goffman 2012 I 1963: 161), also die Annahme, dass das stigmatisierte Individuum „zu denselben Auffassungen von Identität [tendiert] wie wir" (ebd.: 15f.). Neckel verbindet diese Überlegungen Goffmans mit einer historischen Analyse der Entwicklung und Veränderung von Anerkennungsbeziehungen und macht einen *Wandel der Schamkultur* „vom kollektiven Status zur defizitären Individualität" (Neckel 1991: 146ff.) aus, der parallel zur Entwicklung der bürgerlichen Gesellschaft verläuft. In der bürgerlichen Gesellschaft, so Neckel, bestehen „keine herkunfts*rechtlichen* Schranken mehr [...], sich Bildung, Titel, Kompetenz durch Leistung zu verschaffen" (ebd.: 159; Herv. im Original). Sozial unterlegen zu sein, so schlußfolgert er, „bezieht sich nun nicht mehr auf einzelne instrumentelle Fähigkeiten oder schlicht auf die ‚Stellung', sondern auf das, was man persönlich ist" (ebd.). Hierin liegt nach Neckels Ansicht die Ursache dafür, daß es heutzutage bzw. in modernen westlichen Industriegesellschaften eben „Identitätsnormen" (Goffman 2012 I 1963: 161) sind, bei deren Verfehlung man sich unterlegen fühlt. Neckel weist dabei auch darauf hin, dass ein auf Beschämung basierendes Stigma auf der Ebene ‚sozialer Identität' zunächst nur eine *Zuschreibung* ist (vgl. Bohnsack/ Nohl 2001a: 18). Inwiefern diese Zuschreibung in der Alltagspraxis der Akteure einen Unterschied macht, hängt auch davon ab, ob eine Stigmatisierung überhaupt als solche *erfahren* und damit auch handlungspraktisch relevant wird. Das lässt sich erst in der konkreten Interaktionssituation bzw. in der empirischen Rekonstruktion nachweisen. Neckel stellt in diesem Sinne fest, dass es eine Differenzierung der Übersetzung der entsprechenden kulturellen Muster gibt, insofern „[p]otentiell schamauslösende Anlässe [...] erst durch die jeweiligen Deutungsmuster der Individuen hindurch gefiltert und als solche qualifiziert werden [müssen], um sich als beschämend in der Wahrnehmung bemerkbar machen zu können" (Neckel 1991: 135).

Die in der vorliegenden Forschungsarbeit rekonstruierten Milieus lassen sich im Anschluss an diese Überlegungen nicht nur danach differenzieren, ob bzw. in welcher Weise sie sich auf Identitätsnormen beziehen, sondern auch danach, auf welcher Ebene Beschämung als solche wahrgenommen wird. Die wiederkehrende negative Bezugnahme auf peinliches Verhalten in den Gruppen des ersten Typs lässt sich etwa im Anschluss an Elias' Untersuchungen zum Prozess der Zivilisation in einen Zusammenhang mit dem „Vorrücken der Peinlichkeitsschwelle und Schamgrenze" (Elias 1978 | 1939: 89) setzen. In diesen Gruppen scheint die Erfahrung von Scham als verinnerlicherter sozialer Zwang in erster Linie an das Individuum in seiner Leiblichkeit gebunden, das sich als permanent defizitär erlebt – was sich etwa in der Fixierung auf den Körper ausdrückt und der damit verbundenen Abgrenzung von ‚persönlicher Identität' als solcher. In den Gruppen des Typ II sind die Erfahrungen von Scham hingegen an status-gebundene Rollen- oder Normalitätserwartungen geknüpft (vgl. Neckel 1991: 158f.). In den Diskussionen dokumentiert sich, dass die Teilnehmer*innen sich oder andere dann als defizitär erleben, wenn sie von dem für ihre Gruppe/ihren Status angemessenen „Stil" abweichen. Die Gruppen des Typ III hingegen sind durch ich-gebundene Normalitätserwartungen gekennzeichnet (vgl. ebd.: 174) – und die angedeutete kritische Diskussion der in diesen Gruppen sich dokumentierenden Orientierung an Authentizität lässt sich in diesem Zusammenhang auch auf die Beobachtung Goffmans beziehen, dass das Selbst des Menschen in den Interaktionsritualen des Alltags zum geheiligten Objekt wird (vgl. Goffman 1984 | 1967: 104f.).

In Bezug auf die Ergebnisse der vorliegenden Arbeit lässt sich nun zwar Neckels Annahme relativieren, dass im Rahmen des von ihm ausgemachten Kulturwandels „die Suche nach dem wahren, authentischen Ich vom Training des funktionalen Ich abgelöst wurde, das nichts so sehr fürchtet, wie anderen unterlegen zu sein" (Neckel 1991: 174). Dies scheint mit Blick auf die empirischen Rekonstruktionen nur für das zweite Milieu nachweisbar und auch hier nur ansatzweise, insofern in diesen Gruppen der soziale Aufstieg *auch* über die Entsprechung eigenen Verhaltens mit gesellschaftlichen Konventionen abgesichert wird. Tatsächlich spielt aber die Bezugnahme auf das „authentische Ich" in den Gruppen des dritten Milieus eine äußerst prominente Rolle und ich habe bereits darauf hingewiesen, dass sich dies auch als Hinweis auf den Wandel der Form, in der Subjektivität denk- und sagbar wird, verstehen lässt (vgl. Geimer 2014).[72] Die Frage wäre dann im Anschluss an Neckel und

72 Reckwitz weist in diesem Zusammenhang auch auf die Arbeiten Foucaults zum Verhältnis von Subjekt und Macht hin (Reckwitz 2010: 23ff. vgl. zudem Foucault 2005).

mit Blick auf die Annahme, dass sich hier ein neues „hegemoniales Anforderungsprofil" (Bröckling 2012: 131) ausbildet, inwiefern sich das „authentische Selbst" für bestimmte Verwertungskontexte tatsächlich als sehr *funktional* erweisen könnte.

8.3.2 Soziale Klassifikationen und Deutungsmuster sozialer Ungleichheit

Neckels Arbeit zu „Status und Scham" lässt sich in eine Reihe von Untersuchungen einordnen, die sich der Rekonstruktion von symbolischen Grenzziehungen widmen (vgl. Weiß et al. 2001a; Schmidt/Woltersdorff 2008; Rademacher/Wiechens 2001). Im Fokus etwa auf „Deutungsmuster sozialer Ungleichheit" (Sachweh 2010; vgl. auch Mau 2004) oder „soziale Klassifikationen" (Neckel 2003, Neckel/Sutterlüty 2005 und 2008; Berger 1989) wird in diesen Studien – wenn auch in unterschiedlicher Akzentuierung – auf die Arbeiten Pierre Bourdieus Bezug genommen. Soziale Klassifikationen, so die zugrunde liegenden Annahme, bilden ein Begriffssystem von Unterscheidungen, die „eine unvermeidliche und notwendige Orientierung im sozialen Raum dar[stellen]" (Neckel/ Sutterlüty 2008: 16). Ohne die an die habitualisierten Wahrnehmungs-, Denk- und Handlungsschemata gebundenen alltagsweltlichen Klassifikationssysteme könnten Akteure zu keiner Ordnung ihrer Wahrnehmungen und Handlungsweisen gelangen, sie sind „eine unabdingbare Voraussetzung für die Handlungsfähigkeit von Personen und Gruppen" (ebd.) und stellen ein Orientierungssystem bereit, das es Akteuren erlaubt, ihren Platz in der Gesellschaft zu bestimmen (vgl. auch Neckel 2003; Berger 1989). Die Arbeiten heben daher einerseits die Bedeutung der Rekonstruktion der lebensweltlichen Perspektive der sozialen Akteure hervor und richten andererseits den Fokus auf die alltäglichen Kämpfe der verschiedenen alltagsweltlichen Klassifikationssysteme als die „vergessene Dimension der Klassenkämpfe" (Bourdieu 1997 | 1979: 755).

Die empirischen Rekonstruktionen der vorliegenden Arbeit legen nun vor allem einen Anschluss an jene Untersuchungen nahe, die die verschiedenen Formen von Klassifikationen als „Ungleichheitssemantiken" (Berger 1989) zu unterscheiden suchen. In den Arbeiten von Berger und von Neckel und Sutterlüty wird etwa „grundlegend zwischen zwei Ungleichheitssemantiken differenziert, in denen sich entweder ‚graduelle' oder ‚kategoriale' Unterschiede zwischen Personen und Gruppen manifestieren" (Neckel/Sutterlüty 2008: 19). *Graduelle* Klassifikationen verhandeln Akteure unter dem Gesichtspunkt von „quantitativen" Differenzen und bringen dafür vor allem *erworbene* Merkmale wie Bildung, Einkommen oder den beruflichen Status in Anschlag. *Kategoriale* Klassifikationen fällen „qualitative" Urteile über die Andersartigkeit von Personen und beziehen sich vor allem auf *askriptive* Merkmale, weil diese unveränderlich sind und als Gegensatzpaare auftreten (etwa Mann/Frau, schwarz/weiß). Ist die „Logik der Differenz" (Bourdieu 1992 | 1987: 146), auf die graduelle Klassifikationen verweisen, prinzipiell „konjunktiv" organisiert, „weil sie auf einem sozial geteilten Erfahrungsraum und der Zuschreibung grundlegender Zugehörigkeit basiert" (Neckel 2003: 163), dokumentiert sich in kategorialen Klassifikationen eine Logik der Differenz, die „‚disjunktiv' organisiert ist, weil die Kategorisierungen vorausgesetzter Gemeinsamkeiten entbehren" (vgl. ebd.: 164).

Mit Blick auf die Rekonstruktionen der vorliegenden Arbeit ist offensichtlich, dass sich gerade in den Gruppen des Typ I in der Konstruktion ‚totaler Identitäten' aber auch in der Verwendung von gesellschaftlich etablierten Differenzierungskategorien eine *kategoriale* Form der Klassifikation findet. Besonders interessant scheint dabei der ausgeprägte Bezug auf Körperlichkeit zu sein, der bereits in der „intersektionalen Ungleichheitsanalyse" nach Degele und Winker als eine zentrale Differenzlinie herausgearbeitet wurde (Degele/Winker 2007 und 2010). Körperlichkeit erscheint so als „Mittel der Positionierung von Individuen und der Bildung sozialer Strukturen" (Degele/Winker 2007: 7). Die Zuschreibung körperlicher Abweichung ist in den Gruppen des Typ I, wie ich bereits im sechsten Kapitel aufgezeigt habe, mit einer Ablehnung von Individualität in ihrer letzten, unhintergehbaren Qualität verbunden und beinhaltet darüber hinaus eine *grundsätzliche Unveränderbarkeit*, und zwar aufgrund der diffusen Maßstäbe, an der die ‚Normalität' von Körperlichkeit in diesen Gruppen gemessen wird. Die Ergebnisse korrespondieren an dieser Stelle mit der Arbeit Sachwehs, der auf der Grundlage von Interviews zu „Deutungsmustern sozialer Ungleichheit" eine Form der „moralischen Grenzziehung" herausarbeitet und diese von „sozioökonomischen" und „kulturellen Grenzziehungen" unterscheidet (Sachweh 2010: 163ff.). Moralische Grenzen werden, so stellt Sachweh fest, „meist mit Blick auf bestimmte Werthaltungen und Charaktereigenschaften gezogen" (ebd.: 180). Analog zu den Abgrenzungen von „Hartz IV-Empfängern" und „Arbeitslosen" etwa in Gruppe *Zelt* orientieren sich die Befragten bei Sachweh, für die ein solche Form der Grenzziehung rekonstruiert werden kann, an der Annahme, „dass die Armen ihre benachteiligte gesellschaftliche Lage aufgrund ihres eigenen Fehlverhaltens selbst herbeigeführt hätten und keine ausreichenden Anstrengungen unternehmen würden, sich aus selbiger zu befreien" (ebd.: 184f.). Die „Hartz IV-Empfänger", „Arbeitslosen" aber auch die „Ausländer" sind durch „mangelndes Arbeitsethos, fehlende Fähigkeit zum Gratifikationsaufschub, eine starke Gegenwartsorientierung oder sexuelle Promiskuität" gekennzeichnet (ebd.: 185). In den Gruppen des Typ II folgt die Differenzsetzung hingegen primär einer *graduellen* Klassifikation. Dies dokumentiert sich insbesondere in der Bezugnahme auf die Kategorien Bildung und Erziehung, aber auch im Versuch der Relativierung der Zuschreibung von stereotypen Verhaltenserwartungen durch Verweis auf die Lebensgeschichten der in Frage stehenden Individuen oder der Angehörigen der sozialen Gruppen, die im negativen Horizont der Jugendlichen stehen. Auch hier zeigen sich Anknüpfungspunkte an die Arbeit Sachwehs. Die Distinktionsprozesse in diesen Gruppen können als „kulturelle Grenzziehungen" verstanden werden, in denen „der Ausübung der ‚richtigen' kulturellen Praktiken eine wichtige symbolische Funktion zu[kommt], da sie die legitime Zugehörigkeit zu den besser gestellten Bevölkerungsgruppen signalisiert" (ebd.: 175). Während sich aber in Sachwehs Erhebung eine Tendenz zu klassenspezifischen Abgrenzungsmustern abzeichnet – die Befragten in seiner Studie aus den oberen Klassen neigen weitaus eher dazu, sich selbst und andere auf der Grundlage kultureller Gesichtspunkte zu definieren als Befragte aus unteren Klassenlagen (vgl. ebd.: 174) – geht es bei den Gruppen des Typ II mit Blick auf die Kennzeichnung als Bildungs-Aufsteiger eher um eine Strategie, die die Einfindung in Erfahrungsräume begleitet, die nicht der eigenen Habitualisierung entsprechen. Statt als Bewahrung einer sozialen Position, so könnte man argumentieren, begleiten ihre Distinktionsstrategien im Zusammenhang mit der ausgeprägten Orientierung an „vernünftiger" und konventioneller Ordnung den *sozialen Aufstieg*.[73]

8.3.3 Das Theorem der kulturellen Passung

In Bezug auf die Funktion, die die genannten Autoren den alltagsweltlichen Klassifikationssystemen zuweisen (die Orientierung im sozialen Raum), ist nun vor allem interessant, dass sich in den beiden Milieus, die durch eine Diskontinuität in der *Bildungslagerung im Generationenvergleich* gekennzeichnet sind (die durch die Erfahrungen der Jugendlichen in sozialstrukturell unterschiedlichen Räumen resp. Quartieren überformt wird), ein besonderer Bedarf der Distinktion zeigt, der offensichtlich zu einer Orientierung an stabilen Normalitätserwartungen beiträgt. Die Ergebnisse lassen sich an dieser Stelle auf Pierre Bourdieus Überlegungen

73 Interessant ist in dieser Hinsicht, dass in diesen Gruppen in der Zuschreibung von Geschlechtszugehörigkeit oder ethnischer Zugehörigkeit auch auf askriptive Merkmale zurückgegriffen wird – es lässt sich hier von einer *sekundären* Form der *kategorialen* Klassifikation sprechen.

zur Diskrepanz zwischen Habitusformen und den objektiven Anforderungen in unterschiedlichen sozialen Feldern beziehen. Nach Bourdieu bestimmt die Position, die jemand im sozialen Raum einnimmt, „das heißt in der Distributionsstruktur der verschiedenen Kapitalsorten [...], auch seine Vorstellungen von diesem Raum und die Positionen, die er in den Kämpfen um dessen Erhalt oder Veränderung bezieht" (Bourdieu 1998 | 1994: 26). Die Erzeugungsgrundlage der unterschiedlichen Habitusformen und damit der Wahrnehmungs-, Denk- und Handlungsschemata sind also die Kapitalkonfigurationen. Gleichzeitig werden die Habitusformen in unterschiedlichen sozialen Feldern in unterschiedlicher Weise relevant, denn der Habitus funktioniert „immer innerhalb bestehender sozialer Strukturen, und dazu gehören die Strukturen des sozialen Raumes ebenso wie die sozialen Felder mit ihren besonderen Spielregeln und Einsätzen" (Krais 1993: 235). Das heißt, die *Anwendungsbedingungen* des Habitus werden strukturiert durch „soziale Felder", die Bourdieu mit der Analogie des Spiels beschreibt (vgl. etwa Bourdieu/ Wacquant 1996 | 1992: 127). Die Felder haben eine relative Unabhängigkeit voneinander, jedes Feld folgt einer anderen Logik und „[w]ie in Sprach- und anderen Spielen unterscheiden sich nicht nur die ‚Regeln' und erforderlichen Fähigkeiten voneinander, sondern auch die Ziele und Einsätze, die innerhalb der Felder von Bedeutung sind" (Rehbein 2006: 106). Der Habitus kann in dieser Perspektive als Sinn für das Spiel in einem sozialen Feld gelten, den man im Alltag meist als „Talent" bezeichnet (vgl. Bourdieu 1992 | 1987: 84f.). Das heißt aber auch, dass das, was als wertvolle Ressource gewertet wird, und in bestimmten Situationen auf bestimmten (Spiel-)Feldern eingesetzt werden kann, um die eigene Position zu legitimieren oder durchzusetzen, nicht nur von Feld zu Feld variiert, sondern innerhalb der Felder selbst umkämpft und historisch variabel ist. Damit ist einerseits gekennzeichnet, dass soziale Verhältnisse „immer Resultat historischer Hervorbringungsprozesse [sind] und damit zugleich Ausdruck der sich darin abbildenden Kräfteverhältnisse, die wiederum historisch spezifisch sind. Was uns als soziales Geschehen begegnet ist damit immer auch ein spezifischer und damit auch vorläufiger Spielstand [...]." (Helsper/Kramer/Thiersch 2013: 114). Die symbolischen Kämpfe bzw. die Grenzziehungen sind hierbei eine entscheidende Triebkraft. Andererseits gibt es zwischen den Habitusformen und den strukturellen Anforderungen eines sozialen Feldes immer eine sperrige, gebrochene Passung: Ändern sich etwa die sozialen Umstände im Sinne der Feldlogiken gravierend, zeigt sich der Habitus mitunter als träge, was dann zu einer geringen Passung von Struktur und Handeln führen kann. Bourdieu bezeichnet diese Trägheit als „Hysteresis-Effekt" (vgl. Bourdieu 1987 | 1980: 116 und Bourdieu 1997 | 1979: 238f.): Die Dispositionen des Habitus passen nicht (mehr) zu den objektiven Möglichkeiten des sozialen Raums, wodurch sich auch ein Anlass für Transformationen ergibt.

Hinsichtlich der empirischen Ergebnisse der vorliegenden Arbeit lässt sich konstatieren, dass die Orientierung an ausgesprochen stabilen Normalitätserwartungen im ersten Milieu und an einer Überidentifizierung mit gesellschaftlich akzeptierten Normalitätserwartungen im zweiten Milieu sich vor dem Hintergrund der über die Korrespondenzanalyse angedeuteten Relevanz der Diskontinuität der Bildungslagerung im Generationenvergleich auch als ein Brüchigwerden der Gewißheit lesen läßt, im sozialen Feld der Bildung „am richtigen Platz zu sein" – und gerade am Beispiel des schulischen Feldes ist, wie Helsper et al. feststellen, „eindrucksvoll belegt, dass jeweils spezifische Habitus' tatsächlich als Kapital fungieren und damit eine Privilegierung Angehöriger einer bestimmten sozialen Herkunft einhergeht, während andere soziale Schichten und die ihnen zugeordneten Wissensbestände unterprivilegiert sind" (Helsper/Kramer/Thiersch 2013: 114).[74]

8.4 Fazit

Ausgehend von den in diesem Kapitel angestellten gegenstandstheoretischen Überlegungen, scheint es *erstens* sinnvoll, den Ähnlichkeiten der in dieser Arbeit rekonstruierten kollektiven Orientierungsrahmen zu den Ergebnissen der Arbeiten von Offen (Offen 2013), Franz (Franz 2013) und Hoffmann (Hoffmann 2014) weiter nachzugehen. Dies könnte zu einer komparativen Re-Analyse des empirischen Materials führen oder die Form einer Meta-Typenbildung zum Umgang mit Zugehörigkeit und Differenz in jugendlichen Peergroups annehmen. Im Sinne der Variation der empirischen Vergleichshorizonte und als Ausblick auf eine international vergleichende Forschung wäre zudem interessant, in eine solche Analyse oder Meta-Typenbildung die Ergebnisse von parallel zu meiner Dissertation durchgeführten Gruppendiskussionen mit Jugendlichen in Istanbul einzubeziehen (vgl. Amling/Warth 2012 und 2014): Im Unterschied zu den in der vorliegenden Arbeit diskutierten Berliner Gruppen, in denen tendenziell die *Abwesenheit* von verbindlichen Regeln den Rahmen für die Auseinandersetzung mit Zugehörigkeit zu setzen scheint, konnte herausgearbeitet werden, dass in den untersuchten Gruppen in

74 Vgl. hierzu etwa die Arbeiten von Bourdieu/Passeron 1971 | 1970; Krüger et al. 2010; Bremer 2007; Ecarius 2006.

Istanbul diese Auseinandersetzung vor dem Hintergrund der *Präsenz* sozialer Regeln erfolgt.

Zweitens, und um die Ergebnisse der soziogenetischen Analysen im Sinne der gewählten rekonstruktiven Forschungsperspektive zu validieren, könnte eine Rekonstruktion der *Gemeinsamkeiten in der Erlebnisschichtung* über die Erhebung und Auswertung narrativer, biographischer Interviews angeschlossen werden. Gerade die Bedeutung der „familialen Transmissionsdynamik" wird etwa in den systematischen Überlegungen von Helsper, Kramer und Thiersch (2013) unterstrichen, sie spielen aber bereits in den erwähnten empirischen Analysen von Bohnsack und Anderen (1995) eine Rolle: So gelingt es diesen erst durch die Auswertung zusätzlich zu Gruppendiskussionen erhobener narrativer Interviews, die in der sinngenetischen Typenbildung rekonstruierten Formen handlungsleitender Orientierungen auf strukturidentische (und milieuspezifische) Erfahrungen in der innerfamilialen Kommunikation zu beziehen. Es wäre in diesem Zusammenhang allerdings hilfreich, die Anhaltspunkte für eine soziogenetische Interpretation, auf die ich in Kapitel 5 verwiesen habe (vgl. auch Amling/Hoffmann 2014), weiter zu konturieren. So sollte der Frage nachgegangen werden, ob und in welcher Weise sich die für die Genese der kollektiven Orientierungsrahmen des jeweiligen Falls relevanten Erfahrungen oder konjunktiven Erfahrungsräume im Material selbst dokumentieren (müssen), um valide Aussagen zu entsprechenden Gemeinsamkeiten in der Erlebnisschichtung treffen zu können.

Weiterhin scheint es *drittens* lohnend, den Erfahrungsraum ‚Bildung' genauer zu konturieren und dabei insbesondere der Frage nachzugehen, welche Bedeutung hier a) der *Zugang zu Bildungsinstitutionen* hat, etwa auch mit Blick auf Erfahrungen der Stigmatisierung aufgrund der Zugehörigkeit zu einem bestimmten Schultyp, die Wellgraf herausarbeitet (Wellgraf 2012), und welche Rolle b) die *Ausgestaltung des sozialen Raums Schule* in konkreten Peerbeziehungen spielt. Dabei ließe sich, wie bereits erläutert, auch an die referierten Arbeiten anschließen, die die Bedeutung von Peergroups für Bildungsverläufe herausarbeiten, darüber hinaus aber auch an Arbeiten, die das Verhältnis von Peer- und Schulkultur in den Blick nehmen.[75]

Viertens wären neben der Analyse des Erfahrungsraums Bildung auch die sozialräumlichen Handlungskontexte, in denen sich die Jugendlichen bewegen und in denen sie als ‚signifikante Andere' wahrgenommen werden, ein relevanter Fokus für weitere Analysen (vgl. hierzu auch Amling i.E.). Wie bereits angedeutet, bietet der relationale Raumbegriff, der

75 Vgl. hierzu auch die Arbeit von Rosenberg (2009) und die systematischen Überlegungen zur Forschungspraxis bei Helsper (2008).

in der Raumsoziologie aber auch in Theorie und Praxis der Sozialen Arbeit seit einigen Jahren präsent ist, Anschlussmöglichkeiten für eine rekonstruktiv angelegte Arbeit. Allerdings müsste in der Analyse der Konstruktion von sozialen Räumen noch eine schärfere Trennung zwischen subjektiver *Wahrnehmung* und kollektiver *Alltagspraxis* vorgenommen werden (vgl. zu dieser Kritik auch Dörfler 2013). Zudem wäre hinsichtlich der sich in den typenvergleichenden Korrespondenzanalysen andeutenden Relevanz der Unterschiede in der Sozialstruktur der Quartiere interessant, empirische Rekonstruktionen zur Konstitution sozialer *Räume* mit in standardisierten Erhebungen gewonnenen Daten zur Sozialstruktur geographisch lokalisierbarer *Orte* (vgl. zu dieser Unterscheidung Löw 2001) zu verbinden und die Verknüpfung der auf diese Weise gewonnenen unterschiedlichen Datenformen bzw. der zugrunde liegenden paradigmatischen Perspektiven weiter zu diskutieren.

Fünftens, und um die Dynamik der sozialen „Kämpfe um Zugehörigkeit" in den Blick zu bekommen, aber auch um die gesellschaftliche Relevanz der rekonstruierten handlungsleitenden Orientierungen und Alltagsroutinen der Jugendlichen besser einschätzen zu können, wäre es sinnvoll, eine Relationierung zu anderen „Aggregierungs- und Sinnebenen des Sozialen" (Helsper/Hummrich/Kramer 2010: 119) zu suchen. Hier läßt sich an die angestellten Ausblicke auf die Analyse symbolischer Grenzziehungen anschließen und die Rekonstruktion der Orientierungsrahmen etwa mit der Rekonstruktion von Feldlogiken in Verbindung bringen. Da es bei den Auseinandersetzungen der Jugendlichen mit Zugehörigkeit und der ‚Normalität' des Individuums aber eher ganz allgemein um eine „Teilnahme am sozialen Spiel" (Dölling/Krais 1997) geht und sie sich mit verschiedenen Dimensionen von Normalitätserwartungen oder Identitätsnormen auseinander- bzw. sich zu ihnen ins Verhältnis setzen müssen, scheint zudem lohnend, eine Analyse gesellschaftlicher Eigenlogiken im Sinne symbolisch strukturierter Aussagesysteme bzw. von Diskursen an die vorliegenden Rekonstruktionen anzuschließen.

9. Methodologische und grundlagentheoretische Anfragen an die Milieuanalyse der dokumentarischen Methode

Die Fragen und Probleme, die ich in diesem Kapitel diskutiere, sind im Laufe der Erhebung und Auswertung des diskutierten Materials aufgetreten. Sie beziehen sich einerseits auf die Verknüpfung des meta-theoretischen Analyserahmens der vorliegenden Arbeit mit der meta-theoretischen Fundierung von anderen forschungsleitenden Perspektiven, andererseits auf die forschungspraktische Umsetzung einer Analyse sozialer Ungleichheit, die aus einer rekonstruktiven Perspektive von der Alltagspraxis der sozialen Akteure ihren Ausgang nimmt. Dass solche Fragen und Probleme deutlich werden und reflektiert werden müssen, ergibt sich, wie ich im zweiten Kapitel bereits erläutert habe, aus dem rekonstruktiven Vorgehen meiner Untersuchung selbst: Wenn rekonstruktiv gearbeitet wird, können grundlagentheoretische Überlegungen nur gegenstandsbezogen entwickelt werden, insofern laufen in der vorliegenden Arbeit diese beiden Stränge notwendiger Weise nebeneinander her. Es rücken vor allem zwei Fragen in den Mittelpunkt: Erstens, wie kann die auf die Rekonstruktion *sozialer Regelmäßigkeiten* konzentrierte Milieuanalyse der dokumentarischen Methode sich mit dem Interesse an konkreten Individuen und Gruppen verbinden? Dazu diskutiere ich das Verhältnis von Milieuanalyse und der Analyse von Einzelfällen (9.1). Zweitens, wie lassen sich die empirischen Rekonstruktionen auf andere „Aggregierungs- und Sinnebenen des Sozialen" (Helsper/Hummrich/Kramer 2010: 119) beziehen? Hierzu diskutiere ich – auch mit Blick auf die Möglichkeiten einer relationalen Analyse sozialer Ungleichheit, die einer rekonstruktiven Perspektive folgt – die Relationierung der Milieuanalyse mit einer Analyse von sozialen Feldern und von Diskursen (9.2).

9.1 Milieuanalyse und Analyse von Einzelfällen

Die Diskussion der empirischen Ergebnisse der vorliegenden Arbeit hat sich gerade vor dem Hintergrund von Studien aus dem Bereich der Jugendforschung als nicht besonders ergiebig erwiesen. Ich habe in diesem

Zusammenhang bereits angedeutet, dass sich in dieser Tatsache auch die Schwierigkeit dokumentiert, paradigmatisch unterschiedliche Perspektiven auf den Gegenstand zu verbinden. Das gewählte Paradigma der vorliegenden Arbeit, also die forschungsleitende Perspektive einer praxeologischen Wissenssoziologie, fokussiert Peergroups *als Repräsentanten von Milieus*. Das Interesse richtet sich ausgehend von dieser Perspektive also gerade nicht auf individuelle Biographien oder reale Gruppen. Interessant ist in diesem Zusammenhang eine Feststellung von Robert Kreitz, der in seinen Überlegungen zur Beziehung von Fall und Typus in der Forschungspraxis der dokumentarischen Methode konstatiert, dass hier anstelle einer Typologie über Gruppen oder Personen eine Typologie über Orientierungsrahmen erfolgt (vgl. Kreitz 2010: 96). Kreitz kritisiert nun, dass man über die Gruppen und Personen, die Träger dieser Rahmen sind, auf diese Weise sehr wenig erfährt. Tatsächlich geht es in der Milieuanalyse der dokumentarischen Methode nicht um „Typus-Fall-Relationen" (ebd.), zumindest dann nicht, wenn damit gemeint ist, den Fall (sei dies eine reale Gruppe oder ein Individuum) in seiner Einzigartigkeit und fallspezifischen Besonderheit *als Ganzes* in der Typologie zu berücksichtigen oder aufgehen zu lassen. Wie bereits erläutert wurde, ist die Typenbildung im Rahmen der dokumentarischen Methode vielmehr durch eine *mehrfache* „Aspekthaftigkeit" gekennzeichnet: Diese bezieht sich auf die „Dimensionen-, Standort- und Paradigmengebundenheit" (Bohnsack 2010b). Während in der Skizzierung eines meta-theoretischen Analyserahmens die gewählte *paradigmatische Perspektive* begründet und damit die Paradigmengebundenheit der vorliegenden Arbeit transparent gemacht wurde, finden sich in den Ausführungen zur Umsetzung dieser paradigmatischen Perspektive in die Forschungspraxis der dokumentarischen Methode Hinweise darauf, wie mit der „Standortgebundenheit" bzw. den „Handlungs- und Deutungsinteressen" (Bohnsack 2005) und also mit der durch die „Seinsverbundenheit" bedingten, milieuspezifischen Perspektive des Sozialforschers umgegangen wird: Durch die komparative Analyse vor dem Hintergrund empirischer Vergleichshorizonte wird es ermöglicht, diese Standortgebundenheit methodologisch und forschungspraktisch zu relationieren. Demgegenüber betrifft die Frage nach dem Verhältnis von Einzelfall und Milieu eine dritte Ebene, nämlich die „Dimensionengebundenheit" der Typenbildung: Die Ergebnisse der empirischen Rekonstruktionen im Rahmen der sinngenetischen Typenbildung sind in der Regel nur in Bezug auf *eine spezifische* Fragestellung oder *eine Dimension handlungsleitenden Wissens* aussagekräftig. Das, was in der Milieuanalyse auf dieser Ebene in den Blick genommen wird, stellt in der Regel also nur *eine Dimension* habitualisierten Wissens der jeweiligen Realgruppe oder des jeweiligen Individuums dar. Zwar wird in der *soziogenetischen* Typenbildung der Versuch unternommen, die soziale Genese der typisierten Orientierungsrahmen auch durch die Überlappung verschiedener konjunktiver Erfahrungsräume zu erklären (vgl. auch Bohnsack 2010b). In dieser Hinsicht hat etwa Bohnsack (1989) eine komplexe Typologie erarbeitet, in der er eine Überlagerung der Dimensionen des Bildungsmilieus, des sozialräumlichen Milieus, des Geschlechts und der Generation nachweisen kann. Es geht aber auch hier nicht um die Erfassung des Einzelfalls in seiner Totalität bzw. darum, festzustellen, welche Relevanz die rekonstruierten handlungsleitenden Orientierungen in einer Dimension für die Handlungspraxis einer konkreten Gruppe oder eines konkreten Falls *insgesamt* haben. In Anlehnung an Wohlrab-Saar kann man festhalten, dass die Milieuanalyse die „Sehnsucht nach dem ‚Ganzen' und dem ‚Eigentlichen'" (Wohlrab-Saar 1994: 1) nicht stillen kann (vgl. auch Bohnsack 2005), da die paradigmatische Annahme zugrunde liegt, dass jedes Individuum und jede Gruppe Teil an *verschiedenen* Milieus hat bzw. *unterschiedliche* Milieus repräsentiert.

Um diese Perspektive auf das Individuum oder die soziale Gruppe zu verdeutlichen, lässt sich an dieser Stelle auf eine Analogie zur Systemtheorie verweisen (vgl. Nassehi 2008 | 1997; Luhmann 2008 | 1995). In der Theorie funktionaler Differenzierung stellt sich die unvollständige bzw. immer nur partielle Inklusion des Individuums in einzelne Teilsysteme als Normalfall moderner Vergesellschaftung dar. Nassehi spricht daher im Anschluss an Luhmann von einer „Exklusionsindividualität" (Nassehi 2008 | 1997: 180). Er führt dann weiter aus, dass es gerade nicht die *Zugehörigkeit* des Individuums zu gesellschaftlichen Teilsystemen ist, die seine Individualität ausmacht, sondern seine *Nicht-Zugehörigkeit* (vgl. ebd.). Das Individuum erscheint in modernen Gesellschaften in der Perspektive der Systemtheorie als *Dividuum,* insofern „nicht ganze Menschen, nicht *Individuen* in die gesellschaftlichen Teilsysteme inkludiert [werden], sondern lediglich rollen- bzw. inklusionsspezifische Teilaspekte der Person" (ebd.: 178). Das heißt, dass „die Teilsystemgrenzen in der funktional differenzierten Gesellschaft durch Individuen hindurch[gehen]" (ebd.) und Grenzziehungen zwischen Teilsystemen nicht wie in vormodernen Gesellschaften *auch* Grenzen zwischen ganzen Personen oder mehr oder weniger festgelegten Lebensformen sind. Natürlich ist die Annahme einer (rollenspezifischen) Inklusion in verschiedene Funktionssysteme als Normalfall moderner Vergellschaftung von den auf die Schwierigkeiten eines methodisch kontrollierten Fremdverstehens und die Aspekthaftigkeit wissenschaftlicher Erkenntnis bezogenen Reflexionen im Rahmen der praxeologischen Wissenssoziologie zu unterscheiden. Es geht an dieser Stelle nicht um den Versuch, eine Beziehung zwischen zwei paradigmatisch unterschiedlichen Ansätzen herzustellen (vgl.

hierzu Bohnsack 2010a), sondern darum, auf eine Analogie hinzuweisen. Diese Analogie liegt in der Perspektive: Liegen in der Theorie funktionaler Differenzierung Individuum und *Teilsystem* quer zueinander, gilt das in der Milieuanalyse einer praxeologischen Wissenssoziologie für das Verhältnis von Individuum und *Milieu*. Statt Milieus im Sinne einer im wesentlichen unbewusst bleibenden bzw. sich in der Handlungspraxis dokumentierenden, aber *das Individuum als Ganzes* erfassende Form der Zugehörigkeit zu fassen (was es erlauben würde, einzelne Individuen *einem* Milieu zuzuordnen), liegt der Fokus der praxeologischen Wissenssoziologie auf einer *aspekthaften* und konsequent relationalen Analyse, die die *Mehrdimensionalität* des Habitus berücksichtigt. Die Analysen von konkreten Fällen (Individuen/Gruppen) und von Milieus sind also auf *kategorial unterschiedlichen* Ebenen angesiedelt. Das macht eine Verbindung von biographisch orientierten Studien mit der Milieuanalyse zu einer Herausforderung, was sich nicht zuletzt an den Überlegungen von Helsper, Kramer und Thiersch verdeutlichen lässt, die in den Arbeiten zur Relevanz von Peergroups für individuelle Bildungsverläufe oder Schulkarrieren, auf die bereits mehrfach hingewiesen wurde, eine Unterscheidung von „individuellen" und „kollektiven Orientierungsrahmen" vornehmen. Sie unterscheiden damit zwei systematisch miteinander verschränkte „Generierungsprinzipien von Habitusformationen" (Helsper/Kramer/Thiersch 2013: 116), jenes der „objektiven Homogenisierung durch analoge Konditionierungen und konjunktive Erfahrungsräume" und jenes „der individuell-lebensgeschichtlichen Abfolge und Erfahrungsaufschichtung" (ebd.). Helsper, Kramer und Thiersch beziehen sich dabei auf Bourdieu, der den Begriff des „individuellen Gepräges des Habitus" verwendet, der nach Ansicht der Autoren darauf verweist, dass die „unendlich vielen Kombinationen [...], die die Variablen des Lebenslaufs jedes Individuums und die Variablen seiner Abstammungsgruppe miteinander eingehen können" (Bourdieu 1993: 113) zu Unterschieden in den „individuellen Habitusformen" führen (vgl. Helsper/Kramer/Thiersch 2013: 116). Ausgehend vom Milieubegriff der praxeologischen Wissenssoziologie lässt sich hier aber m.E. sinnvoller von unterschiedlichen *Perspektiven* auf denselben Gegenstand sprechen, statt von unterschiedlichen *Generierungsprinzipien*: Denn auch „individuelle Orientierungsrahmen" wurzeln in der *primären Sozialität* konjunktiver Erfahrungen, die Trennung ist also nur eine analytische.

Es kann insofern festgehalten werden, dass, da Ziel der Milieuanalyse der dokumentarischen Methode nicht die Bildung von Realtypen ist bzw. die Typenbildung nicht (einzel)fallbezogen erfolgt, sich eine Verbindung zu anderen „Aggregierungs- und Sinnebenen des Sozialen" (Helsper/Hummrich/Kramer 2010: 119) eher anbietet, als die Verknüpfung mit

Fallanalysen, die auf das Individuum oder die Gruppe in seiner/ihrer Totalität abheben. Der Anspruch, eine „Dimensionengebundenheit" der Erkenntnis zu relativieren, wäre allerdings auch ausgehend von den Überlegungen Nohls zu einer „relationalen Typenbildung" zu erreichen (vgl. Nohl 2012; 2013), hier stünde dann die Verknüpfung *mehrerer* Orientierungs-Dimensionen eines Falls im Vordergrund.

9.2 Milieuanalyse und Analyse gesellschaftlicher Eigenlogiken

Wie deutlich geworden sein sollte, bietet die Analyse der Korrespondenzen zwischen rekonstruierten kollektiven Orientierungsrahmen und standardisiert erhobenen Daten zu relevanten Dimensionen ‚sozialer Lagerung' im Typen- oder Milieuvergleich eine Möglichkeit, die Ergebnisse der Milieuanalyse der praxeologischen Wissenssoziologie an die empirische Ungleichheitsforschung anzuschließen. Der folgende Abschnitt diskutiert nun die Möglichkeiten einer *relationalen Analyse* sozialer Ungleichheit, die erstens einer *rekonstruktiven* Perspektive folgt und also erstens von der Alltagspraxis der sozialen Akteure und ihren Erfahrungen ausgeht, zweitens Unterschiede in den Blick nimmt, ohne *ex ante* einen normativen Bezugsrahmen theoretisch zu begründen, der die Bewertung von Unterschieden als Ungleichheiten erlaubt, und der drittens nicht die Handlungspraxis benennbarer Gruppen, sondern die regelmäßigen Relationen zwischen alltäglicher Handlungspraxis und den diese Handlungspraxis rahmenden sozialen Bedingungen in den Blick nimmt. Dazu gibt es bereits Überlegungen, die ich vor dem Hintergrund meines empirischen Materials kurz diskutieren will.

Ist die „systematische Einbeziehung differenter Aggregierungs- und Sinnebenen des Sozialen" (Helsper/Hummrich/Kramer 2010: 119) in Arbeiten mit der dokumentarischen Methode etwa im Bereich der Organisationsforschung bereits gelungen,[76] bietet sich mit Blick auf jugendliche Peergroups, die sich vor allem in informellen Zusammenhängen bewegen, zunächst eine Verknüpfung der praxeologisch-wissenssoziologischen Milieuanalyse mit der Analyse von Feldlogiken an. Denn mit Blick auf die Annahme, dass Erzeugungsgrundlage der Habitusformen die Kapitalkonfigurationen sind, lassen sich zwar auch die in dieser Arbeit rekonstruierten kollektiven Orientierungsrahmen bzw. genauer die Orientierungsmuster im Sinne habitueller Wissensbestände als *Ausdruck* für ungleichheitsrelevante Strukturen fassen, die die Praktiken der Ak-

76 Zu nennen sind hier etwa die Arbeiten von Vogd 2003; Kutscher 2006; Mensching 2008; Kubisch 2008.

teure bestimmen und zugleich durch deren Praxis reproduziert werden. Damit ist aber – ähnlich wie bei der Einbindung standardisierter Verfahren über eine typenvergleichende Korrespondenzanalyse – die Schwierigkeit verbunden, dass die vermeintlich *objektiven* Verteilungsstrukturen von Handlungsressourcen über Kapitaldistribution als einziges oder wenigstens als wesentlichstes Merkmal der Bewertung von Ungleichheit verstanden würden. Eine *reine* Milieuanalyse, so der Vorwurf Michael Florians, liefe allerdings Gefahr, die soziale Positionierung der Akteure „auf bestimmte ‚mesosoziale' Merkmale zu reduzieren (wie z.B. Generation, Geschlecht)" (vgl. Florian 2012: 274) und damit letztlich die gesellschaftliche Dimension sozialer Ungleichheit aus dem Blick zu verlieren.

Wie im vorangegangenen Kapitel bereits erläutert wurde, realisiert sich eine konkrete Praxis in der Theorie Pierre Bourdieus immer „in Relation zu bestimmten Akteuren bei gleichzeitiger (selektiver) Reaktivierung der objektiven Strukturen und Determinanten eines Feldes" (Schwingel 1993: 45). Mit anderen Worten: Handlungspraktiken spielen sich in sozialen Feldern ab und diese sozialen Felder lassen sich nicht vollständig auf Habitusformen zurückführen oder einzig aus Handlungen von Akteuren oder Akteursgruppen erklären. Die soziale Praxis vollzieht sich letzlich in der *Verzahnung* zwischen Habitus und Feld. Wird nun die dokumentarische (Milieu-)Analyse mit der Feldanalyse verknüpft, bietet sich die Möglichkeit, soziale Ungleichheit *relational* zu bestimmen: Sie lässt sich dann über die Analyse der Passungsverhältnisse zwischen milieuspezifischem Habitus und der Logik des Feldes oder feldspezifischer Regeln und Sinnstrukturen fassen. In den Fokus rückt damit *erstens* die bereits angesprochene Frage, wie die unterschiedlichen kollektiven Habitus auf den jeweiligen Feldern, auf denen sich die Akteure bewegen, in symbolisches Kapital umgewandelt werden können. Diesen Schritt charakterisiert Bourdieu als die „Analyse der Struktur der objektiven Beziehungen zwischen den Positionen, die von den miteinander um die Legitimität konkurrierenden Individuen oder Gruppen eingenommen werden" (Bourdieu 2001 | 1992: 340). Hier würde sich der Fokus auf symbolische Grenzziehungen oder öffentliche Definitions- und Deutungskämpfe richten oder genauer: auf die Analyse der symbolischen Ordnung des jeweiligen sozialen Feldes, das im Zentrum der Untersuchung steht, und zwar über die Rekonstruktion feldspezifischer Distinktions- und Anerkennungspraktiken unterschiedlicher im Feld präsenter Akteure. Es bietet sich zudem *zweitens* die Möglichkeit einer Verknüpfung der Milieuanalyse mit der Analyse von Einzelfällen, insofern sich über die Rekonstruktion von Habitusformationen und Feldlogiken auch der Prozess der Inkorporierung analysieren ließe (vgl. auch Helsper/Kramer/Thiersch (2013).

Nun ist bereits mehrfach festgehalten worden, dass es bei der rekonstruierten Auseinandersetzung der Jugendlichen mit Zugehörigkeit und der ‚Normalität' des Individuums ganz allgemein um eine „Teilnahme am sozialen Spiel" (Dölling/Krais 1997) geht, in deren Verlauf sich die Jugendlichen die Normalitätshorizonte des Alltags in milieuspezifischer Weise aneignen bzw. sich zu diesen ins Verhältnis setzen. Das spezifische soziale Feld, auf dem sich die Jugendlichen bewegen, ist insofern nicht ganz einfach zu bestimmen. Einige der in Kapitel 8 referierten Autoren fassen zudem Klassifikationen oder Deutungsmuster nicht als Ausdruck von Habitusformen, sondern als *relativ eigenständige, symbolisch strukturierte Sinnsysteme*. So konzipiert etwa Berger „Ungleichheitssemantiken" als „höherstufig generalisierte, relativ situations-unabhängig verfügbare, aber doch historisch variable Regeln der Sinnverarbeitung und Wirklichkeitsdeutung, die Ungleichheit zum Thema haben" (Berger 1989: 49). Diese Semantiken sind in der Form historisch tradierter Wissensbestände, Klassifikationsregeln und Topoi „immer auch Voraussetzung der Wahrnehmung und Beschreibung gesellschaftlicher Strukturen" (ebd.). Und auch bei Sachweh heißt es, dass sich in der Analyse sozialer Deutungsmuster eine „subjektorientierte Perspektive auf Ungleichheitsstrukturen" mit der „Einbettung individueller Interpretations- und Deutungsprozesse in sozial geteilte Sinnstrukturen" verbindet (Sachweh 2010: 12). Die von den genannten Autoren angesprochenen, relativ eigenständigen, symbolisch strukturierten Sinnsysteme lassen sich als gesellschaftliche Eigenlogiken im Sinne von Diskursen fassen, als geregelte Aussage-Formationen, durch die bestimmt wird, was zu einem bestimmten Zeitpunkt denk- und sagbar ist. Andreas Reckwitz (2008) konstatiert nun mit Blick auf die Unterschiede zwischen Praxistheorie und Diskursanalyse, dass in beiden Vokabularen der Leitbegriff des jeweils anderen als *Phänomen* vorkomme, dem jedoch eine sekundäre Rolle zugeschrieben wird (vgl. Reckwitz 2008: 194). Er stellt allerdings in Frage, dass die beiden Perspektiven einander ausschließen und diskutiert sie als „zwei Seiten des gleichen kulturwissenschaftlichen Analyseprojekts" (ebd.: 190). Die konzeptuelle Perspektive, die Reckwitz entwickelt, ist die eines „praxeologisch-kukturtheoretischen Ansatzes, der jedoch nicht zu einer Abwertung oder Marginalisierung von Diskursen oder Diskursanalyse führt" (ebd.: 200).[77]

---

77 Reckwitz argumentiert hier anders als Renn (2011), der mit Blick auf die Verbindung einer auf einem solchen Diskursbegriff fußende Analyse mit der Analyse von sozialen Praktiken, von einem Problem der „Übersetzung zwischen Handlungs- und Differenzierungstheorie" (Renn 2011: 99) spricht und eine grundsätzliche „Inkommensurabilität" konstatiert.

Unter anderem an die Überlegungen von Reckwitz schließt die Skizze der forschungspraktischen Umsetzung einer solchen konzeptuellen Perspektive bei Alexander Geimer an (Geimer 2012). Geimer setzt sich mit Blick auf die „dissoziative Aneignung von diskursiven Subjektfiguren in posttraditionellen Gesellschaften" mit der Frage auseinander, wie die Gleichzeitigkeit unterschiedlicher Formen der kulturellen Regulierung sozialer Praxis so zu berücksichtigen sei, „dass die Relation zwischen Praktiken der reflexiven Führung des Selbst gemäß Identitätsentwürfen und habituellen, implizit-präreflexiven Wissensbeständen fassbar wird und verschiedene Formen von Subjektivierungsprozessen in den Blick geraten" (ebd.: 233). Er will mit seinen theoretisch-konzeptionellen Überlegungen die auch von Reckwitz konstatierte Lücke zwischen diskursiven kulturellen Codes oder Deutungsangeboten einerseits und ihrer Realisierung bzw. alltäglichen Aneignung andererseits schließen. Geimer unterscheidet nun zwei Formen der möglichen Bezugnahme der Akteure auf diskursive Wissensbestände, die „Aneignung" und die „Reflexion": Während Aneignung die „Rezeption vor dem Hintergrund eines konjunktiven Wissens" bezeichnet oder ein „unmittelbares Verstehen", bewegen sich „Reflexionen von Subjektfiguren" auf der Ebene einer „expliziten Interpretation und (inter- oder intrasubjektiven) Aushandlung von Bedeutung" (ebd.: 236). Geimers Überlegungen basieren nun zwar auf der Annahme, dass sich symbolisch strukturierte Aussagesysteme oder Diskurse in erster Linie als „Common Sense-Konstruktionen" fassen lassen, sich ihre Analyse also ausschließlich auf die Ebene des kommunikativ-generalisierten Wissens bezieht.[78] Er diskutiert aber zugleich die bereits angedeutete Frage, inwiefern eine *Aufwertung* der Analyse des kommunikativen Wissens im Rahmen der dokumentarischen Methode möglich und sinnvoll ist und bezieht sich dabei auf Ansätze, die der Annahme folgen, dass „gewisse Formen eines diskursiven Common Sense zwar als explizites Wissen und doch in gewisser Hinsicht als implizit-unbewusst wirksam verstanden werden [können]" (ebd.: 237). Geimer argumentiert im Anschluss an diese Ansätze, dass „ideologische Fantasien" oder „Mythen des Selbst" das Selbstverständnis von Akteuren anleiten, aber zugleich von der Logik der Alltagspraxis gelöst sind und in

78 Einer Reihe von Ansätzen der Diskursanalyse liegt im Unterschied hierzu eine „praxeologische Interpretation des Diskursbegriffs" (Bührmann/Schneider 2008: 112) zugrunde, die auf einer bestimmten Lesart von Foucaults Diskursbegriff beruht. Foucault hat Diskurse gerade nicht (nur) als „Gesamtheiten von Zeichen (von bedeutungstragenden Elementen, die auf Inhalte oder Repräsentationen verweisen), sondern als Praktiken verstanden, die systematisch die Gegenstände bilden, von denen sie sprechen" (Foucault 1981 | 1969: 74).

einem (subjektiv kaum realisierten) Widerspruch zu den die Alltagspraxis strukturierenden Orientierungen stehen können.

9.3 Fazit

Im Rahmen der vorliegenden Arbeit bin ich der Frage nachgegangen, welche Formen der Herstellung von Zugehörigkeit und Differenz und diesen zugrundeliegenden habituellen oder handlungsleitenden Orientierungen sich in jugendlichen Peergroups unterscheiden lassen und auf welche sozialen Kontexte ihrer Entstehung im Sinne konjunktiver Erfahrungsräume sie verweisen. Neben den vertiefenden Analysen, etwa zu den Erfahrungshintergründen der Jugendlichen über die Erhebung narrativer oder biographischer Interviews, die am Ende des achten Kapitels bereits angedeutet wurden, ist vor dem Hintergrund der in diesem Kapitel angestellten Überlegungen besonders die Verknüpfung der Milieuanalyse einer praxeologischen Wissenssoziologie mit grundlagentheoretisch anders fundierten Erhebungs- und Auswertungsverfahren eine interessante Perspektive. Eine Richtung, in die eine ungleichheitstheoretisch informierte Arbeit, die rekonstruktiv angelegt ist, gehen könnte, ist die in verschiedenen Arbeiten bereits angedeutete Analyse der Passungsverhältnisse von Habitusformen und sozialen Feldern, und zwar unter Berücksichtigung der Relevanz gesellschaftlicher Diskurse, die die symbolischen Auseinandersetzungen um soziale Ungleichheit auf den entsprechenden Feldern rahmen. Eine solche Mehr-Ebenen-Analyse würde auch der Forderung entsprechen, die Analyse „unterschiedliche[r] soziale[r] Aggregierungsebenen in ihrem ‚vertikalen' Zusammenspiel" (Kramer/Helsper 2010: 122) miteinander zu verbinden. In an die vorliegende Arbeit anschließenden Querschnittsuntersuchungen müsste es dann darum gehen, „das Zusammenspiel verschiedener Felder in der Spannung von homologen Sinnstrukturierungen sowie inkonsistenten, gespaltenen und ambivalenten kulturellen Formen für die reproduktiven oder transformatorischen Erzeugungs- und Spielräume des Habitus" (ebd.: 122) in den Blick zu nehmen. Dabei ginge es um eine Analyse auf drei Ebenen:

1) Analyse des kommunikativen und des konjunktiven Wissens im Sinne der Rekonstruktion kollektiver Orientierungsrahmen bei gleichzeitiger Aufwertung der Analyse des kommunikativen Wissens unter Berücksichtigung der sich darin dokumentierenden Bezugnahme auf Normalitätshorizonte des Alltags im Sinne gesellschaftlich relevanter Diskurse – hier bieten sich mit Blick

auf die Ergebnisse der vorliegenden Arbeit etwa Diskurse zu Geschlecht (Goffman 2001 | 1994), Körper (Meuser/Keller 2011) oder zu diskursiven Subjektfiguren (Geimer 2012) an.

2) Relationierung kollektiver Orientierungsrahmen mit den ihrer Entstehung zugrunde liegenden Formen strukturidentischer Erlebnisschichtung, also eine Milieuanalyse im Sinne der praxeologischen Wissenssoziologie, die Milieus als ‚strukturierte' und ‚strukturierende Struktur' begreift – eventuell mit Ausblick auf milieuübergreifende soziale Zusammenhänge wie die Verteilungsstrukturen von Handlungsressourcen oder die Kapitaldistribution, wie sie in der typenvergleichenden Korrespondenzanalyse in Kapitel 7 als Identifizierung im Typenvergleich relevanter Dimensionen ‚sozialer Lagerungen' angedeutet wurde.
3) Analyse der regelmäßigen Relationen zwischen Feldlogiken und Habitusformen, insbesondere mit Blick auf die Frage nach der Passung zwischen handlungsleitenden Orientierungen und den für die relativ autonomen Felder geltenden Regeln (Beteiligungsformen, Einsätze, Ziele) – mit Blick auf die vorliegenden Ergebnisse wäre hier vor allem das Feld der Bildung interessant.

Es stellt sich allerdings das Problem der forschungspraktischen Umsetzung einer solchen Mehr-Ebenen-Analyse: Wie in der Auseinandersetzung mit den unterschiedlichen Perspektiven auf Zugehörigkeit und Differenz im zweiten Kapitel und in den Erläuterungen zur forschungspraktischen Umsetzung der Perspektive der praxeologischen Wissenssoziologie im fünften Kapitel deutlich geworden sein sollte, liegt der Vorteil der Methodologie der dokumentarischen Methode darin, dass sie die in den Schriften Karl Mannheims ausgearbeitete analytische Einstellung übernimmt, „welche zwar in der Lage ist, die Sinnstruktur des beobachteten Handelns vom subjektiv gemeinten Sinn der Akteure abzuheben und in ihrer Eigenstrukturiertheit zu erkennen, gleichwohl aber das Wissen bzw. die Erfahrung oder das Erleben der Akteure selbst als die empirische Basis der Analyse" (Bohnsack 2014a: 18). Auch in den empirischen Analysen ist mehrfach darauf hingewiesen worden, dass es sich bei den handlungsleitenden Orientierungen nicht um ein den Akteuren exteriores Wissen handelt und dass sich die Normalitätshorizonte des Alltags (oder eben: die diskursiven Vorgaben oder die geltenden Regeln sozialer Felder) erst benennen lassen, wenn die Teilnehmer auf sie Bezug nehmen. Nun ließe sich mit Reckwitz der Diskurs durchaus als „spezifische Beobachterkategorie" (Reckwitz 2008: 203) begreifen, „welche Zeichen verwendende Praktiken unter dem Aspekt ihrer Produktion von Repräsentationen betrachtet" (ebd.). Damit würde aber diese „Sinnebene des

Sozialen" nur indirekt in die Analyse einbezogen. Andererseits ließe sich an die Überlegungen Stuart Halls zu Herstellung und Wirkungskraft dominanter symbolischer Ordnungen anschließen (Hall 1980), die Stefan Wellgraf in der referierten Arbeit zur „gesellschaftlichen Produktion von Verachtung" aufgreift (Wellgraf 2012). Allerdings kann auch Wellgraf nur auf eine „lose Kopplung" zwischen medialen Repräsentationen und den Alltagspraktiken der Jugendlichen hinweisen. Mit Blick auf das Verhältnis von Feldlogiken oder diskursiven Wissensbeständen zu handlungsleitenden Orientierungen müsste also weiter diskutiert werden, ob und in welcher Weise über eine Analyse von Korrespondenzen oder Korrelationen überhaupt hinausgegangen werden kann.

10. Ausblick

Die vorliegende Arbeit leistet eine systematische Rekonstruktion der unterschiedlichen Modi der Differenzsetzung und Attribution in jugendlichen Peergroups und der Formen habituellen Wissens, das diese orientiert. Sie kann die einschlägigen Studien aus dem Kontext der soziologischen Jugendforschung und der empirischen Ungleichheitsforschung insofern sinnvoll ergänzen, als sie zum einen unterstreicht, dass Distinktionspraktiken in jugendlichen Peergroups nicht nur eine sehr unterschiedliche *Bedeutung* zukommt, sondern dass diese Praktiken auch sehr unterschiedliche *Formen* annehmen können; zum anderen indem sie auf die Zusammenhänge zwischen Distinktionspraktiken und impliziten, handlungspraktischen Wissensbeständen hinweist, die jeweils milieuspezifische Normalitätserwartungen beinhalten (1); schließlich, indem die Arbeit einige der für die soziale Genese der Distinktionspraktiken und der damit korrespondierenden handlungsleitenden Orientierungen ursächlichen konjunktiven Erfahrungen rekonstruieren kann (2). Aus den gegenstandstheoretischen, methodologischen und grundlagentheoretischen Reflexionen, die durch die empirischen Ergebnisse angeregt werden, ergeben sich schließlich Ausblicke auf eine rekonstruktiv angelegte Analyse sozialer Ungleichheit (3) und auf die Möglichkeiten einer Differenzierung pädagogischer Konzepte im Umgang mit Distinktion in jugendlichen Peergroups (4).

(1) Die empirischen Rekonstruktionen der vorliegenden Forschungsarbeit machen darauf aufmerksam, dass es in jugendlichen Peergroups sehr unterschiedliche Formen der Herstellung von Zugehörigkeit und handlungspraktische Lösungen der Auseinandersetzung mit der ‚Normalität' des Individuums gibt. Im ersten von drei Milieus, die auf der Grundlage der komparativen Analyse von zehn Fällen rekonstruiert werden konnten, ist die Herstellung von Zugehörigkeit an einer ‚phantom normalcy' orientiert, die Differenzsetzung konzentriert sich auf von relativ diffusen Normalitätserwartungen abweichende Körperlichkeit und führt zur Konstruktion ‚totaler Identitäten'; im zweiten Milieu läuft Distinktion im Wesentlichen über den „richtigen Stil" bzw. über die Kategorie des „sinnlosen" oder unvernünftigen Verhaltens und die Gruppen orientieren sich an kollektiven Normalitätserwartungen oder an der ‚Normalität' eines

abgrenzbaren Kollektivs; im dritten Milieu wird die Differenzsetzung vor allem über die Dimension der Authentizität vollzogen. In diesem Milieu spielt Distinktion allerdings eine sehr untergeordnete Rolle bei der Herstellung von Zugehörigkeit, die sich hier auf der Grundlage der wechselseitigen Anerkennung ‚persönlicher Identität' konstituiert.

Den aufgewiesenen Ähnlichkeiten dieser empirischen Rekonstruktionen zu den Ergebnissen einer Reihe von rekonstruktiv angelegten Arbeiten, die sich ebenfalls auf die Distinktionspraktiken Jugendlicher und/oder deren Auseinandersetzung mit Zugehörigkeit konzentrieren, sollte in einer Re-Analyse des empirischen Materials oder in Form einer Art Meta-Typenbildung zum Umgang mit Zugehörigkeit und Differenz in jugendlichen Peergroups nachgegangen werden. Dadurch ließe sich auch die Generalisierungsfähigkeit der vorliegenden Ergebnisse erweitern. In der Arbeit hat sich zudem gezeigt, dass eine genauere Differenzierung der in Frage stehenden Analyse-Ebenen für weitere Untersuchungen hilfreich wäre. Ich habe in der Diskussion von ausgewählten Arbeiten aus dem Kontext der soziologischen Jugendforschung und der empirischen Ungleichheitsforschung für folgende Unterscheidung plädiert: a) Die *Kategorien* oder ‚sozialen Identitäten', die von den Akteuren für die Differenzsetzung verwendet werden, b) die *Dimensionen, über die* Differenz erzeugt wird, die sowohl die Verhaltenserwartungen umfassen, auf die bei der Zuschreibung von ‚sozialen Identitäten' Bezug genommen wird, aber auch die Attribute oder Aufhänger, an der die Zuschreibungen ansetzen und c) die *Formen*, die dieser Prozess der Differenzsetzung annimmt. Betreffen die beiden ersten Aspekte die Ebene der Differenzkonstruktion, verweist der dritte Aspekt auf die impliziten handlungsleitenden Orientierungen. Die empirischen Rekonstruktionen der vorliegenden Arbeit sind zudem zwar auf den *Zusammenhang* beider Ebenen gerichtet (darauf verweist der Begriff des kollektiven Orientierungsrahmens), an mehreren Stellen ist allerdings deutlich geworden, dass in der Perspektive der praxeologischen Wissenssoziologie der eigentliche Fokus auf dem habituellen oder impliziten Wissen liegt. Inwiefern in weiteren Analysen die Ebene der kommunikativen Aushandlung der Selbst- und Fremdzuschreibung ‚sozialer' und ‚persönlicher Identität' stärker gewichtet werden sollte, um etwa die kommunikativen Routineverfahren stärker in den Blick zu bekommen, über die Peergroups sich kontinuieren, und darüber möglicherweise auch die unterschiedlichen Formen sozialer Beziehungen *innerhalb* der jeweiligen Gruppen, müsste weiter diskutiert werden.

(2) Die Unterschiede in den kollektiven Orientierungsrahmen (als Zusammenhang von Distinktionspraktiken und handlungsleitenden Orien-

tierungen zu Zugehörigkeit) konnten ansatzweise auf regelmäßige Unterschiede in den zugrunde liegenden und von den Jugendlichen einer Gruppe geteilten biographischen Erfahrungen bezogen werden. Die soziogenetischen Interpretationen haben in dieser Hinsicht gezeigt, dass die konjunktiven Erfahrungen in Schule, Quartier, Geschlecht und Peergroup in je spezifischer Überlappung zur Ausbildung der Orientierungsrahmen beitragen. Die anschließenden qualitativ orientierten Korrespondenzanalysen unterstreichen zudem die Bedeutung des Zugangs zu Bildungsinstitutionen in Verbindung mit der Zugehörigkeit zu sozialstrukturell unterschiedlichen Quartieren als im Typenvergleich relevante Dimensionen ‚sozialer Lagerung'. Der Frage, wie sich die Ergebnisse beider Analysen aufeinander beziehen lassen, ob also etwa der Zugang zu Bildungsinstitutionen (so der Hinweis aus der Korrespondenzanalyse) oder eher die Form der Ausgestaltung des sozialen Raums Schule in konkreten Peerbeziehungen (so das Ergebnis der soziogenetischen Interpretationen der Fälle) die relevante Dimension der Erfahrungsbildung ist, dieser Frage müsste in weiteren Erhebungen nachgegangen werden. Zudem könnten über narrative Interviews weitere biographische Gemeinsamkeiten in den Blick geraten, etwa Gemeinsamkeiten in den Formen innerfamilialer Kommunikation, die in einer Reihe von Studien als relevante Dimension der Erfahrungsbildung herausgearbeitet wurden. Dadurch ließen sich auch die Ergebnisse der soziogenetischen Analysen ergänzen und/oder validieren.

(3) Die Diskussion der Ergebnisse hat gezeigt, dass eine ungleichheitstheoretische Deutung vor dem Hintergrund des gewählten Paradigmas nicht unmittelbar gelingt. Die Perspektive einer praxeologischen Forschung unterscheidet sich von einem Zugang, der nicht nur in der mit standardisierten Erhebungsverfahren operierenden Sozialstrukturanalyse nach wie vor sehr verbreitet ist, und in dem von der Ungleichverteilung von materiellen Ressourcen als Maßstab zur Bewertung von Ungleichheit im Sinne einer Einschränkung von „Lebenschancen" ausgegangen wird. Auch in einer bestimmten Lesart der Arbeiten von Pierre Bourdieu, in der die Entstehung der Habitusformen *in erster Linie* an eine Ungleichverteilung von Kapitalien geknüpft und die *Unterschiede* zwischen Habitusformen als *unmittelbarer Ausdruck von sozialer Ungleichheit* verstanden werden, ist diese Perspektive präsent. In der praxeologischen Wissenssoziologie stehen hingegen statt der Verteilung materieller Ressourcen die Strukturidentitäten in der ‚Erlebnisschichtung' im Fokus und nur deren Rekonstruktion ermöglicht es in dieser Perspektive, Aussagen über die Entstehung von Gemeinsamkeiten in den handlungsleitenden Orientierungen oder im habituellen Wissen zu treffen. Ergebnis der

Milieuanalyse der praxeologischen Wissenssoziologie ist dann die Relationierung von typisierten kollektiven und handlungsleitenden Orientierungen (genauer: von typisierten kollektiven Orientierungsrahmen) und für deren Ausbildung ursächlichen existenziellen Erlebnis- und Erfahrungszusammenhängen, in denen die Entstehung der Orientierungen gründet (konjunktive Erfahrungsräume). Diese Perspektive überwindet nun zwar einen Milieubegriff, der in erster Linie an die Sozialstruktur der Gesellschaft gekoppelt ist, wodurch die „anhaltende Differenz zwischen als objektiv gedachten gesellschaftlichen Strukturen und subjektiv konzipierten Verarbeitungsformen und Deutungen in der sozialwissenschaftlichen Beobachtung aufgehoben [wird], indem die soziale Einbettung und performative Hervorbringung kollektiv verfasster habitueller Orientierungen und Praktiken zum Forschungsgegenstand wird" (Pfaff/ Weller 2013: 70), wie Pfaff und Weller resümieren. Es bleibt aber offen, vor dem Hintergrund welchen normativen Bezugsrahmens die im Rahmen einer Milieuanalyse aufgefundenen *Unterschiede* als *Ungleichheiten* bewertet werden können, und diese Schwierigkeit bezieht sich, wie ich an verschiedenen Stellen der vorliegenden Arbeit deutlich gemacht habe, nicht nur auf die ungleichen Ausgangsbedingungen, die für die *Genese* der handlungsleitenden Orientierungen ursächlich sind, sondern auch auf die Ebene der Distinktionspraktiken der Jugendlichen selbst: Es geht in den empirischen Rekonstruktionen ja unter ‚Einklammerung des Geltungscharakters' einerseits nicht darum, die Common-Sense-Konstruktionen der Akteure gemessen an einer „objektiven Wirklichkeit" als „falsch" einzuordnen, andererseits nicht darum, die rekonstruierten modi operandi *Realgruppen* zuzurechnen und die Relevanz der rekonstruierten handlungsleitenden Orientierungen für deren tatsächliche Handlungspraxis in den Blick zu nehmen.

Wie eine Analyse sozialer Ungleichheit aussehen könnte, die einer rekonstruktiven Perspektive folgt und also einerseits von der Alltagspraxis der sozialen Akteure und ihren Erfahrungen ausgeht, andererseits Unterschiede in den Blick nimmt, ohne *ex ante* einen normativen Bezugsrahmen theoretisch zu begründen, der die Bewertung von Unterschieden als Ungleichheiten erlaubt, und drittens nicht die Handlungspraxis benennbarer Gruppen, sondern die regelmäßigen Relationen zwischen Handlungspraxis und den diese Handlungspraxis rahmenden sozialen Bedingungen in den Blick nimmt, konnte in der vorliegenden Arbeit nur skizziert werden. Es ist aber nicht zuletzt in der Diskussion entsprechender Studien im 8. Kapitel deutlich geworden, dass gerade relationistische Ansätze nicht nur der Aporie von Objektivismus und Subjektivismus beikommen. Sie ermöglichen es auch, je weiter sie getrieben werden, den *theoriegebundenen* normativen Bewertungen weniger Raum zu lassen und diese gleichzeitig nicht allein durch die Rekonstruktion *akteursgebundener Deutungsmuster*, sondern durch die Rekonstruktion *spezifischer sozialer Bedingungen*, die zur Entstehung dieser Deutungsmuster führen, zu ergänzen. Die Verknüpfung der Milieuanalyse mit einer Rekonstruktion der Logiken sozialer Felder, aber auch mit der Analyse von Diskursen oder Klassifikationssystemen scheint mir insofern für eine praxeologisch informierte und rekonstruktiv angelegte Ungleichheitsforschung die lohnendste Perspektive – wenn auch noch zu klären wäre, wie diese Perspektive methodologisch eingeholt werden kann.

(4) Der Schwerpunkt der Arbeit liegt auf einer empirisch fundierten Reflexion zu den Distinktionspraktiken Jugendlicher im Besonderen und zu Mechanismen der Herstellung von Zugehörigkeit und sozialer Differenz im Allgemeinen. Gleichwohl legen die Ergebnisse die Frage nahe, wie sich das hier rekonstruierte Alltagswissen der befragten Jugendlichen wieder in soziale und das heißt hier in erster Linie: in pädagogische Praxis übersetzen lässt. Gerade mit Blick auf die in der vorliegenden Arbeit rekonstruierten Milieuzusammenhänge steht dabei zunächst die Frage im Raum, inwiefern die kollektive Dimension der Erfahrungsbildung in pädagogischen Ansätzen berücksichtigt wird: Denn das Subjekt bleibt mit Blick auf die Aufgabe der Herstellung von Handlungsfähigkeit Schlüsselbegriff nicht nur der referierten Ansätze der Identitätstheorie (etwa bei Habermas und Goffman), sondern auch einer Bildungsarbeit, die die Eingebundenheit dieses Subjekts in gesellschaftliche Verhältnisse durchaus thematisiert (vgl. Scherr 2010c; Bünger 2010). Es wäre in dieser Hinsicht hilfreich, die Perspektive für eine Bildungsarbeit auszuarbeiten, die nicht nur Konzepte bereitstellt, die helfen, Pädagog*innen für eine Haltung zu sensibilisieren, die die *Wahrnehmung* sozialer Strukturiertheit individuellen Handelns und Erlebens erlaubt (vgl. etwa den Begriff der „Beobachtungshaltung" bei Radvan 2010), sondern die darüber hinaus die sozialen Akteure gerade nicht nur *als Einzelne adressiert*, sondern als Repräsentanten von Kollektiven. Erste Überlegungen dazu finden sich in den Arbeiten der interkulturellen Pädagogik (etwa der „Migrationspädagogik" bei Mecheril 2004), in Untersuchungen, die auf die Relevanz pädagogischer Organisationen hinweisen (so in der Arbeit zu institutioneller Diskriminierung von Gomolla und Radtke 2007) oder im Konzept einer responsiv-rekonstruktiven Evaluationsforschung von Lamprecht (Lamprecht 2012), aber auch in Nohls „Pädagogik kollektiver Zugehörigkeiten" (Nohl 2006b). Im Lichte der empirischen Ergebnisse der vorliegenden Arbeit ließe sich über diese Ansätze hinaus auch der Bezug auf das Quartier stärker machen (vgl. Amling i.E.). Der Blick würde sich dann auf die lokalen Strukturen, Kiezecken oder „Streifräume Jugendli-

cher“ (Muchow/Muchow 1998 | 1935) richten und der sozialräumliche Handlungskontexts des Quartiers würde als *Bildungsraum* in den Fokus geraten.

Darüber hinaus scheint allerdings fraglich, ob es sinnvoll ist, die *Reflexion der eigenen Handlungspraxis*, etwa auch im Sinne des Gewahrwerdens der unterschiedlichen Dimensionen der Verhaltenszuschreibungen, denen man ausgesetzt ist oder die man selbst vornimmt, als Ziel pädagogischer Interventionen im Besonderen und von Sozialisationsprozessen im Allgemeinen zu postulieren (vgl. etwa die referierte Identitätstheorie bei Habermas 1976 | 1974, stellvertretend auch den Identitätsbegriff bei Krappmann 2005). Zwar lässt sich in dieser Perspektive durchaus die kollektive Dimension individuellen Handelns und Erlebens in Rechnung stellen und etwa eine reflexive Aneignung von Wissen über andere und das eigene Milieu anstreben, die etwa der Aufklärung, Verbesserung, Verbreiterung und Kontrastierung der unterschiedlichen Wissensbestände und interpretativer Zugänge in Nohls Konzept einer „Pädagogik kollektiver Zugehörigkeiten“ entspricht (vgl. Nohl 2006b: 169ff.). Gerade die *praktische* Auseinandersetzung mit Milieudifferenzen oder mit milieufremden Orientierungen erfolgt aber, wie ebenfalls Nohl feststellt, vor allem *nicht reflektiert*, auf der Ebene der Handlungspraxis. Die habituelle Verankerung von handlungsleitenden Orientierungen im Sinne der in der vorliegenden Arbeit rekonstruierten kollektiven und impliziten Wissensbestände, die einer Handlungsgrammatik gleich diese Handlungspraxis strukturieren, markiert insofern eine Grenze, nicht unbedingt von Lern- aber von Bildungsprozessen, wenn man darunter mit Marotzki eine Transformation grundlegender Selbst- und Weltorientierungen versteht (vgl. Marotzki 1990; Nohl 2006a; Rosenberg 2011). Eine Bildungsarbeit, die potentiell diskriminierende Distinktionspraktiken und die zugrunde liegenden Normalitätserwartungen zu bearbeiten trachtet, wäre also so zu konzipieren, dass sie eine *Transformation* von impliziten und grundlegenden Handlungsorientierungen anzuregen hilft. Folgt man der hier angedeuteten Perspektive müsste dabei mehr auf die *Erfahrung* von Milieudifferenzen, als auf deren Interpretation gesetzt werden, auch wenn eine solche Form der Intervention, die gewissermaßen auf eine Einsozialisierung neuer Orientierungen über die Teilnahme an konjunktiven Erfahrungsräumen setzt, an die Grenzen des pädagogisch Machbaren gerät.

Anhang

Literaturverzeichnis

Amling, Steffen (i.E.): Diskriminierende Praktiken Jugendlicher als Quartierseffekt? Empirische Rekonstruktionen am Beispiel jugendlicher Peergroups. Erscheint in: El-Mafaalani, Aladin/Strohmeier, Klaus Peter (Hrsg.): Auf die Adresse kommt es an... Segregierte Stadtteile als Problem- und Möglichkeitsräume. Wiesbaden: VS Verlag.

Amling, Steffen (2013): Soziale Ungleichheit als Ergebnis milieuspezifischer Anerkennungspraxis? Empirische Rekonstruktionen auf der Basis von Gruppendiskussionen mit jugendlichen Peer-Groups. In: Endreß, Martin/Berli, Oliver (Hrsg.): Wissen und soziale Ungleichheit. Weinheim/München: Juventa-Verlag, S. 350-370.

Amling, Steffen/Hoffmann, Nora (i.E.): Milieuanalyse im Kontext von Dokumentarischer Methode und Praxeologischer Wissenssoziologie. Erscheint in: Müller, Stella/ Zimmermann, Jens (Hrsg.): Soziale Milieus in heterogenen Gesellschaften. Wiesbaden: VS Verlag.

Amling, Steffen/Hoffmann, Nora (2014): Die soziogenetische Typenbildung in der Diskussion – zur Rekonstruktion der sozialen Genese von Milieus in der dokumentarischen Methode. In: Zeitschrift für Qualitative Forschung, Heft 2/2013, 179-198.

Amling, Steffen/Warth, Annegret (2014): „Ich finde, wenn das nicht aus einem Menschen selbst raus kommt, hat niemand einen schlechten Einfluss auf dich" – Empirische Rekonstruktionen der Orientierungen zu sozialer Ordnung bei Jugendlichen in Deutschland und der Türkei. In: Kreiser, Klaus/Motika, Raoul/Steinbach, Udo/Joppien, Charlotte/Schulz, Ludwig (Hrsg.): Junge Perspektiven der Türkeiforschung in Deutschland (Band 1-2013). Wiesbaden: Springer VS, S. 203-226.

Amling, Steffen/Warth, Annegret (2012): Orientierungen zu Zugehörigkeit in jugendlichen Peer-Groups im internationalen Vergleich Deutschland / Türkei – ein Projektbericht. In: Ozil, Seyda/ Hofmann, Michael/Dayıoglu-Yücel, Yasemin (Hrsg.): 51 Jahre türkische Gastarbeitermigration in Deutschland. Göttingen: V&R unipress, S. 151-165.

Anderson, Benedict (1988 | 1983): Die Erfindung der Nation: zur Karriere eines erfolgreichen Konzepts. Frankfurt am Main [u.a.]: Campus-Verlag.

Arbeitsgruppe Bielefelder Jugendforschung (1990): Das Individualisierungs-Theorem – Bedeutung für die Vergesellschaftung von Jugendlichen. In: Heitmeyer, Wilhelm/Olk, Thomas (Hrsg.): Individualisierung von Jugend. Gesellschaftliche Prozesse, subjektive Verarbeitungsformen, jugendpolitische Konsequenzen. Weinheim/München: Juventa-Verlag, S. 11-34.

Assmann, Aleida/Heidrun Friese (Hrsg.) (1998): Identitäten. Frankfurt am Main: Suhrkamp Verlag.

Auer, Peter (1999): Sprachliche Interaktion. Eine Einführung anhand von 22 Klassikern. Tübingen: Niemeyer.

Austin, John L. (1972 | 1962): Zur Theorie der Sprechakte. Stuttgart: Reclam.

Baacke, Dieter (2007): Jugend und Jugendkulturen. Darstellung und Deutung. 5. Auflage. Weinheim/München: Juvanta-Verlag.

Baacke, Dieter/Ferchhoff, Wilfried (1993): Jugend und Kultur. In: Krüger, Heinz-Hermann (Hrsg.): Handbuch der Jugendforschung. Opladen: Leske + Budrich, S. 403-446.

Barlösius, Eva (2004): Kämpfe um soziale Ungleichheit: machttheoretische Perspektiven. Wiesbaden: VS Verlag.
Bauer, Katrin (2010): Jugendkulturelle Szenen als Trendphänomene. Geocaching, Crossgolf, Parkour und Flashmobs in der entgrenzten Gesellschaft. Münster: Waxmann.
Baumert, Jürgen/Maaz, Kai (2006): Das theoretische und methodische Konzept von PISA zur Erfassung sozialer und kultureller Ressourcen der Herkunftsfamilie: internationale und nationale Rahmenkonzeption. In: Baumert, Jürgen/Stanat, Petra/Watermann, Rainer (Hrsg.): Herkunftsbedingte Disparitäten im Bildungswesen: Differenzielle Bildungsprozesse und Probleme der Verteilungsgerechtigkeit. Wiesbaden: VS Verlag, S. 11-29.
Baumert, Jürgen/Stanat, Petra/Watermann, Rainer (Hrsg.) (2006): Herkunftsbedingte Disparitäten im Bildungswesen: Differenzielle Bildungsprozesse und Probleme der Verteilungsgerechtigkeit. Wiesbaden: VS Verlag.
Baumert, Jürgen/Watermann, Rainer/Schümer, Gundel (2003): Disparitäten der Bildungsbeteiligung und des Kompetenzerwerbs. In: Zeitschrift für Erziehungswissenschaft (ZfE) 2003,Vol. 6(1), S. 46-71.
Beck, Ulrich (1983): Jenseits von Klasse und Stand? Soziale Ungleichheit, soziale Individualisierungsprozesse und die Entstehung neuer Formationen und Identitäten. In: Kreckel, Reinhard (Hrsg.): Soziale Ungleichheiten. Soziale Welt, Sonderband 2. Göttingen: Schwartz, S. 35-74.
Berger, Peter A. (1989): Ungleichheitssemantiken. Graduelle Unterschiede und kategoriale Exklusivitäten. In: Archives Européennes de Sociologie, Jg. 30, H. 1, 48-60.
Berger, Peter A./Hitzler, Ronald (Hrsg.) (2010): Individualisierungen: Ein Vierteljahrhundert „jenseits von Stand und Klasse"? Wiesbaden: VS Verlag.
Berger, Peter L./Luckmann, Thomas (1999 | 1969): Die gesellschaftliche Konstruktion der Wirklichkeit. 16. Auflage. Frankfurt am Main: Suhrkamp.
Bergmann, Jörg R. (2012): Ethnomethodologie. In: Flick, Uwe/Kardorff, Ernst von/Steinke, Ines (Hrsg.): Qualitative Forschung. Ein Handbuch. 9. Auflage. Reinbek bei Hamburg: Rowohlt, S. 118-135.
Berlin/SenVer Gesundheit, Umwelt und Verbraucherschutz (2008): Sozialstrukturatlas Berlin. Berlin: Senatsverwaltung für Gesundheit, Umwelt u. Verbraucherschutz. URL: www.berlin.de/sen/gessoz/_assets/publikationen/gesundheits-und-sozialberichterstattung/gesundheitsberichterstattung-epidemiologie/spezialberichte/gbe_spezial_2009_1_ssa2008.pdf (zuletzt aufgerufen: 30.11.2014).
Bohnsack, Ralf (2014a): Die Milieuanalyse der Praxeologischen Wissenssoziologie. In: Renn, Joachim/Isenböck, Peter/Nell, Linda (Hrsg.): Die Form des Milieus. Zum Verhältnis von gesellschaftlicher Differenzierung und Formen der Vergemeinschaftung. Weinheim: Beltz Juventa, S. 16-45.
Bohnsack, Ralf (2014b): Habitus, Norm und Identität. In: Helsper, Werner/Kramer, Rolf-Torsten/Thiersch, Sven (Hrsg.): Schülerhabitus. Theoretische und empirische Analysen zum Bourdieuschen Theorem der kulturellen Passung. Wiesbaden: VS Verlag, S. 33-54.
Bohnsack, Ralf (2012): Orientierungsschemata, Orientierungsrahmen und Habitus. Elementare Kategorien der dokumentarischen Methode mit Beispielen aus der Bildungsmilieuforschung. In: Karin Schittenhelm (Hrsg.): Qualitative Bildungs- und Arbeitsmarktforschung. Theoretische Perspektiven und Methoden. Wiesbaden: VS Verlag, S. 119-153.
Bohnsack, Ralf (2010a): Dokumentarische Methode und Typenbildung – Bezüge zur Systemtheorie. In: John, René/Henkel, Anna/Rückert-John, Jana (Hrsg.): Die Methodologien des Systems. Wie kommt man zum Fall und wie dahinter? Wiesbaden: VS Verlag, S. 291-320.
Bohnsack, Ralf (2010b): Die Mehrdimensionalität der Typenbildung und ihre Aspekthaftigkeit. In: Ecarius, Jutta/Schäffer, Burkhard (Hrsg.): Typenbildung und Theoriegenerierung. Methoden und Methodologien qualitativer Bildungs- und Biographieforschung. Opladen & Farmington Hills: Barbara Budrich, S. 47-72.

Bohnsack, Ralf (2010c): Qualitative Evaluationsforschung und dokumentarische Methode. In: Bohnsack, Ralf/Nentwig-Gesemann, Iris (Hrsg.): Dokumentarische Evaluationsforschung. Theoretische Grundlagen und Beispiele aus der Praxis. Opladen & Farmington Hills: Barbara Budrich, S. 23-62.
Bohnsack, Ralf (2009): Qualitative Bild- und Videointerpretation: die dokumentarische Methode. Opladen [u.a.]: Budrich.
Bohnsack, Ralf (2008): Rekonstruktive Sozialforschung. Einführung in qualitative Methoden. 7. Auflage. Opladen & Farmington Hills: Barbara Budrich.
Bohnsack, Ralf (2007a): Typenbildung, Generalisierung und komparative Analyse. In: Bohnsack, Ralf/Nentwig-Gesemann, Iris/Nohl, Arnd-Michael (Hrsg.): Die dokumentarische Methode und ihre Forschungspraxis. 2. Auflage. Wiesbaden: VS Verlag, S. 225-253.
Bohnsack, Ralf (2007b): Performativität, Performanz und dokumentarische Methode. In: Wulf, Christoph/Zirfas, Jörg (Hrsg.): Pädagogik des Performativen. Theorien, Methoden, Perspektiven. Weinheim: Beltz, S. 200-212.
Bohnsack, Ralf (2006a): Mannheims Wissenssoziologie als Methode. In: Tänzler, Dirk/Knoblauch, Hubert/Soeffner, Hans-Georg (Hrsg.): Neue Perspektiven der Wissenssoziologie. Konstanz: UVK Verlagsgesellschaft, S. 271-291.
Bohnsack, Ralf (2006b): Qualitative Evaluation und Handlungspraxis. Grundlagen dokumentarischer Evaluationsforschung. In: Flick, Uwe (Hrsg.): Qualitative Evaluationsforschung. Konzepte-Methoden-Umsetzungen. Reinbek bei Hamburg: Rowohlt, S. 135-155.
Bohnsack, Ralf (2005): Standards nicht-standardisierter Forschung in den Erziehungs- und Sozialwissenschaften. In: Zeitschrift für Erziehungswissenschaft (ZfE), 8. Jg., Beiheft Nr. 4 (2005). Wiesbaden: VS Verlag, S. 63-81.
Bohnsack, Ralf (2004): Rituale des Aktionismus bei Jugendlichen. Kommunikative und konjunktive, habitualisierte und experimentelle Rituale. In: Zeitschrift für Erziehungswissenschaft (ZfE), 7. Jg., Beiheft Nr. 2 (2004): Innovation und Ritual. Jugend, Geschlecht und Schule. Wiesbaden: VS Verlag, S. 81-90.
Bohnsack, Ralf (2003a): Dokumentarische Methode. In: Bohnsack, Ralf/Marotzki, Winfried/Meuser, Michael (Hrsg.): Hauptbegriffe Qualitativer Sozialforschung. Ein Wörterbuch. Opladen: Barbara Budrich, S. 40-44.
Bohnsack, Ralf (2003b): Praxeologische Wissenssoziologie. In: Bohnsack, Ralf/Marotzki, Winfried/Meuser, Michael (Hrsg.): Hauptbegriffe Qualitativer Sozialforschung. Ein Wörterbuch. Opladen: Barbara Budrich, S. 137-138.
Bohnsack, Ralf (2003c): Differenzerfahrungen der Identität und des Habitus. In: Liebsch/Straub (Hrsg.): Lebensformen im Widerstreit. Frankfurt am Main/New York: Campus Verlag, S. 136-160.
Bohnsack, Ralf (2001): Dokumentarische Methode. Theorie und Praxis wissenssoziologischer Interpretation. In: Hug, Theo (Hrsg.): Wie kommt Wissenschaft zu Wissen? Einführung in die Methodologie der Sozial- und Kulturwissenschaften. Baltmannsweiler: Schneider-Verlag Hohengehren, S. 326-345.
Bohnsack, Ralf (1998): Milieu als konjunktiver Erfahrungsraum. Eine dynamische Konzeption von Milieu in empirischer Analyse. In: Matthiesen, Ulf (Hrsg.): Die Räume der Milieus: neue Tendenzen in der sozial- und raumwissenschaftlichen Milieuforschung, in der Stadt- und Raumplanung. Berlin: Ed. Sigma, S. 119-131.
Bohnsack, Ralf (1997): »Orientierungsmuster«: Ein Grundbegriff qualitativer Sozialforschung. In: Schmidt, Folker (Hrsg.): Methodische Probleme der empirischen Erziehungswissenschaft. Baltmannsweiler: Schneider-Verlag Hohengehren, S. 49-61.
Bohnsack, Ralf (1995): Episodale Schicksalsgemeinschaft und die Genese von Jugendgewalt - Zur Alltagspraxis und Sozialisationsgeschichte von Hooligans. In: „Soziale Probleme", Zeitschrift der Sektion Soziale Probleme und Soziale Kontrolle, 6. Jg., Heft 2 (1995), S. 216-231.
Bohnsack, Ralf (1989): Generation, Milieu und Geschlecht - Ergebnisse aus Gruppendiskussionen mit Jugendlichen. Opladen: Leske + Budrich.

Bohnsack, Ralf/Przyborski, Aglaia/Schäffer, Burkhard (Hrsg.) (2010): Das Gruppendiskussionsverfahren in der Forschungspraxis. 2. Auflage. Opladen [u.a.]: Budrich.

Bohnsack, Ralf/Nentwig-Gesemann, Iris (2010): Dokumentarische Evaluationsforschung und Gruppendiskussionsverfahren. Am Beispiel einer Evaluationsstudie zu Peer-Mediation an Schulen. In: Bohnsack, Ralf/Przyborski, Aglaia/Schäffer, Burkhard (Hrsg.) (2010): Das Gruppendiskussionsverfahren in der Forschungspraxis. 2. Auflage. Opladen [u.a.]: Budrich, S. 267-283.

Bohnsack, Ralf/Przyborski, Aglaja (2007): Gruppendiskussionsverfahren und Focus Groups. In: Buber, Renate/Holzmüller, Hartmut H. (Hrsg.): Qualitative Marktforschung – Konzepte, Methoden, Analysen. Wiesbaden: Gabler, S. 491-506.

Bohnsack, Ralf/Nentwig-Gesemann, Iris/Nohl, Arnd-Michael (Hrsg.) (2007): Die dokumentarische Methode und ihre Forschungspraxis. 2. Auflage. Wiesbaden: VS Verlag.

Bohnsack, Ralf/Nohl, Arnd-Michael (2001a): Ethnisierung und Differenzerfahrung: Fremdheit als alltägliches und als methodologisches Problem. In: Zeitschrift für qualitative Bildungs-, Beratungs- und Sozialforschung. H. 3 (2001), S. 15-36.

Bohnsack, Ralf/Nohl, Arnd-Michael (2001b): Jugendkulturen und Aktionismus – Eine rekonstruktive empirische Analyse am Beispiel des Breakdance. In: Merkens, Hans/Zinnecker, Jürgen (Hrsg.): Jahrbuch Jugendforschung. 1. Ausgabe 2001. Wiesbaden: VS Verlag, S. 17-37.

Bohnsack, Ralf/Nohl, Arnd-Michael (1998): Adoleszenz und Migration. Empirische Zugänge einer praxeologisch fundierten Wissenssoziologie. In: Bohnsack, Ralf/Marotzki, Winfried (Hrsg.): Biographieforschung und Kulturanalyse. Transdisziplinäre Zugänge qualitativer Forschung. Opladen: Leske + Budrich, S. 260-282.

Bohnsack, Ralf/Loos, Peter/Schäffer, Burkhard/Staedtler, Klaus/Wild, Bodo (1995): Die Suche nach Gemeinsamkeit. und die Gewalt der Gruppe - Hooligans, Musikgruppen und andere Jugendcliquen. Opladen: Leske + Budrich.

Bohnsack, Ralf/Mangold, Werner (1988): Kollektive Orientierungen in Gruppen von Jugendlichen. Forschungsbericht für die Deutsche Forschungsgemeinschaft. Erlangen.

Bourdieu, Pierre (1997a): Die männliche Herrschaft. In: Dölling, Irene (Hrsg.): Ein alltägliches Spiel. Geschlechterkonstruktion in der sozialen Praxis. Frankfurt am Main: Suhrkamp, S. 153-217.

Bourdieu, Pierre (1997b): Eine sanfte Gewalt. In: Dölling, Irene (Hrsg.): Ein alltägliches Spiel. Geschlechterkonstruktion in der sozialen Praxis. Frankfurt am Main: Suhrkamp, S. 218-230.

Bourdieu, Pierre (1998 | 1994): Praktische Vernunft: zur Theorie des Handelns. Frankfurt am Main: Suhrkamp.

Bourdieu, Pierre (2001 | 1992): Die Regeln der Kunst. Genese und Struktur des literarischen Feldes. 6. Auflage. Frankfurt am Main: Suhrkamp.

Bourdieu Pierre (1992 | 1987): Rede und Antwort. Frankfurt am Main: Suhrkamp.

Bourdieu, P. (1991 | 1984): Sozialer Raum und ‚Klassen'. In: Ders.: Sozialer Raum und ‚Klassen'- Lecon sur la lecon. Zwei Vorlesungen. Frankfurt am Main: Suhrkamp, S. 7-46.

Bourdieu, Pierre (1992 | 1983): Ökonomisches Kapital, kulturelles Kapital, soziales Kapital. In: Kreckel, Reinhard (Hrsg.): Soziale Ungleichheiten. Soziale Welt, Sonderband 2. Göttingen: Schwartz, S. 183-198.

Bourdieu, Pierre (1987 | 1980): Sozialer Sinn. Kritik der theoretischen Vernunft. Frankfurt am Main: Suhrkamp.

Bourdieu, Pierre (1997 | 1979): Die feinen Unterschiede. Kritik der gesellschaftlichen Urteilskraft. 9. Auflage. Frankfurt am Main: Suhrkamp.

Bourdieu, Pierre (2009 | 1972): Entwurf einer Theorie der Praxis. 2. Auflage. Frankfurt am Main: Suhrkamp.

Bourdieu, Pierre et.al (1997 | 1993): Das Elend der Welt. Konstanz: UVK Verlag.

Bourdieu, Pierre/Wacquant, Loic (1996 | 1992): Reflexive Anthropologie. Frankfurt am Main: Suhrkamp.

Bourdieu, Pierre/Passeron, Jean-Claude (1971 | 1970): Die Illusion der Chancengleichheit: Untersuchungen zur Soziologie des Bildungswesens am Beispiel Frankreichs. Stuttgart: Klett.
Branner, Rebecca (2003): Scherzkommunikation unter Mädchen. Eine ethnographisch-gesprächsanalytische Untersuchung. Frankfurt am Main/New York: Peter Lang.
Bremer, Helmut (2007): Soziale Milieus, Habitus und Lernen: zur sozialen Selektivität des Bildungswesens am Beispiel der Weiterbildung. Weinheim/München: Juventa-Verlag.
Bremer, Helmut (2004): Von der Gruppendiskussion zur Gruppenwerkstatt. Ein Beitrag zur Methodenentwicklung in der typenbildenden Mentalitäts-, Habitus- und Milieuanalyse, Münster-Hamburg-London: Lit.
Bremer, Helmut/Lange-Vester, Andrea (Hrsg.) (2006): Soziale Milieus und Wandel der Sozialstruktur: die gesellschaftlichen Herausforderungen und die Strategien der sozialen Gruppen. Wiesbaden : VS Verlag.
Bröckling, Ulrich (2012): Der Ruf des Polizisten. Die Regierung des Selbst und ihre Widerstände. In: Keller, Reiner/Schneider, Werner/Viehöfer, Willy (Hrsg.): Diskurs – Macht – Subjekt. Theorie und Empirie von Subjektivierung in der Diskursforschung. Wiesbaden: VS Verlag, S. 131-144.
Bröckling, Ulrich (2007): Das unternehmerische Selbst. Soziologie einer Subjektivierungsform. Frankfurt am Main: Suhrkamp.
Budde, Jürgen/Mammes, Ingelore (Hrsg.) (2009): Jungenforschung empirisch. Zwischen Schule, männlichem Habitus und Peerkultur. Wiesbaden: VS Verlag.
Bührmann, Andrea/Schneider, Werner (2008): Vom Diskurs zum Dispositiv. Bielefeld: transcript.
Bührmann, Andrea/Schneider, Werner (2007): Mehr als nur diskursive Praxis? Konzeptionelle Grundlagen und methodische Aspekte der Dispositivanalyse. In: FQS, Jg. 8, H. 2, URL: www.qualitative-research.net/index.php/fqs/article/view/237/525 (zuletzt aufgerufen: 30.11.2014).
Bünger, Carsten (2010): Politische Bildung nach dem ‚Tod des Subjekts'. In: Lösch, Bettina/Thimmel, Andreas [Hrsg.] (2010): Kritische politische Bildung: ein Handbuch. Schwalbach/Ts.: Wochenschau-Verlag, S. 315-326.
Bünger, Sabine (2011): Die deutsche Peerforschung: ein historischer und methodischer Überblick über die Peerforschung im deutschsprachigen Raum von 1950–2007. In: Ittel, Angela/Merkens, Hans/ Stecher, Ludwig (Hrsg.): Jahrbuch Jugendforschung. 10. Ausgabe 2010. Wiesbaden: VS Verlag, S. 267–289.
Bukow, Wolf-Dietrich/Ottersbach, Markus/Tuider, Elisabeth/Yildiz, Erol (Hrsg.) (2006): Biographische Konstruktionen im multikulturellen Bildungsprozess. Wiesbaden: VS Verlag.
Butler, Judith (1991): Das Unbehagen der Geschlechter. Frankfurt am Main: Suhrkamp.
Burzan, Nicole (2011): Soziale Ungleichheit: Eine Einführung in die zentralen Theorien. 2. Auflage. Wiesbaden: VS Verlag.
Clarke, John et al. (Hrsg.) (1979): Jugendkultur als Widerstand. Frankfurt am Main: Syndikat.
Dahrendorf, Ralf (1979): Lebenschancen: Anläufe zur sozialen und politischen Theorie. Frankfurt am Main: Suhrkamp.
Degele, Nina (2004): Sich schön machen: zur Soziologie von Geschlecht und Schönheitshandeln. Wiesbaden: VS Verlag.
Degele, Nina/Winker, Gabriele (2010): Intersektionalität: zur Analyse sozialer Ungleichheiten. Bielefeld: transcript.
Degele, Nina/Dries, Christian (2005): Modernisierungstheorie: eine Einführung. München: Fink.
Deppermann, Arnulf/Schmidt, Axel (2003): Vom Nutzen des Fremden für das Eigene. Interaktive Praktiken der Konstitution von Gruppenidentität durch soziale Abgrenzung

unter Jugendlichen. In: Merkens, Hans/Zinnecker, Jürgen (Hrsg.): Jahrbuch Jugendforschung. 3. Ausgabe 2003. Opladen: Leske + Budrich, S. 25-56.

Deppermann, Arnulf/Neumann-Braun, Klaus (1998): Ethnographie der Kommunikationskulturen Jugendlicher. Zur Gegenstandskonzeption und Methodik der Untersuchung von Peergroups. In: Zeitschrift für Soziologie, 27(4), S. 239–255.

Dölling, Irene/Krais, Beate (Hrsg.) (1997): Ein alltägliches Spiel. Geschlechterkonstruktion in der sozialen Praxis. Suhrkamp: Frankfurt am Main.

Dörfler, Thomas (2013): Milieu und Raum - Zur relationalen Konzeptionalisierung eines sozio-räumlichen Zusammenhangs. In: Rothfuß, Eberhard/Dörfler, Thomas (Hrsg.): Raumbezogene qualitative Sozialforschung. Wiesbaden: Springer, S. 33-60.

Dombrowski, Rosine/Solga, Heike (2009): Soziale Ungleichheiten in schulischer und außerschulischer Bildung. Stand der Forschung und Forschungsbedarf. Arbeitspapier 171. Düsseldorf. URL: www.boeckler.de/pdf/p_arbp_171.pdf (zuletzt aufgerufen: 30.11. 2014).

Du Bois-Reymond, Manuela/Oechsle, Mechtild (Hrsg.) (1990): Neue Jugendbiographie? : zum Strukturwandel der Jugendphase. Opladen: Leske + Budrich.

Durkheim, Émile (1981 | 1912): Die elementaren Formen des religiösen Lebens. Frankfurt am Main: Suhrkamp.

Ecarius, Jutta (2012): ‚Generationenordnung' der Jugendphase: Zum Wandel von Jugendkonzeptionen und gegenwärtigen Sozialisationskontexten. In: Ecarius, Jutta/Eulenbach, Marcel (Hrsg.): Jugend und Differenz: Aktuelle Debatten der Jugendforschung. Wiesbaden: VS Verlag, S. 27-50.

Ecarius, Jutta (2009): Kanon, Diskurse und Tabuisierung. Pädagogische Theoriebildung am Beispiel von Jugend und Bildung. In: Bilstein, Johannes/Ecarius, Jutta (Hrsg.): Standardisierung – Kanonisierung: erziehungswissenschaftliche Reflexionen. Wiesbaden: VS Verlag, S. 53–76.

Ecarius, Jutta (2006): Elitebildung, Bildungselite : erziehungswissenschaftliche Diskussionen und Befunde über Bildung und soziale Ungleichheit. Opladen: Budrich.

Ecarius, Jutta/Hößl, Stefan E./Berg, Alena (2012): Peergroup – Ressource oder biographische Gefährdung? In: Ecarius, Jutta/Eulenbach, Marcel (Hrsg.): Jugend und Differenz: Aktuelle Debatten der Jugendforschung. Wiesbaden: VS Verlag, S. 161-182.

Ecarius, Jutta/Eulenbach, Marcel/Fuchs, Thorsten/Walgenbach, Katharina (2011): Jugend und Sozialisation. Wiesbaden: VS Verlag.

Eckert, Roland/Reis, Christa/Wetzstein, Thomas (2000): „Ich will halt anders sein wie die anderen". Abgrenzung, Gewalt und Kreativität bei Gruppen Jugendlicher. Opladen: Leske + Budrich.

Eder, Klaus (2001): Klasse, Macht und Kultur. Zum Theoriedefizit der Ungleichheitsforschung. In: Weiß, Anja/Koppetsch, Cornelia/Scharenberg, Albert/Schmidtke, Oliver (Hrsg.): Klasse und Klassifikation. Die symbolische Dimension sozialer Ungleichheit. Wiesbaden: Westdeutscher Verlag, S. 27-60.

Eickelpasch, Rolf (2001): Hierarchie und Differenz. Anmerkungen und Anfragen zur „konstruktivistischen Wende" in der Analyse sozialer Ungleichheit. In: Rademacher, Claudia/Wiechens, Peter (Hrsg.): Geschlecht – Ethnizität – Klasse. Zur sozialen Konstruktion von Hierarchie und Differenz. Opladen: Leske + Budrich, S. 53-63.

Elias, Norbert (1978 | 1939): Über den Prozeß der Zivilisation: soziogenetische und psychogenetische Untersuchungen. Band II: Wandlungen der Gesellschaft, Entwurf zu einer Theorie der Zivilisation. 5. Auflage. Frankfurt am Main: Suhrkamp.

Elias, Norbert/Scotson, John L. (1990 | 1965): Etablierte und Außenseiter. Frankfurt am Main: Suhrkamp.

Engel, Nicolas (2011): Szenen in Organisationen. Überlegungen zu einer praxistheoretischen Bezugnahme pädagogisch-ethnographischer Organisationsforschung. In: Ecarius, Jutta/Miethe, Ingrid (Hrsg): Methodentriangulation in der Qualitativen Bildungsforschung. Opladen [u.a.]: Barbara Budrich, S. 155-172.

Erikson, Erik H. (1991): Identität und Lebenszyklus. Frankfurt am Main: Suhrkamp.
Erikson, Erik H. (1988): Jugend und Krise. Die Psychodynamik im sozialen Wandel. München: dtv.
Eulenbach, Marcel/Ecarius, Jutta (2012): Zum Systematisierungsdefizit in aktuellen Debatten der Jugendforschung. In: Dies. (Hrsg.): Jugend und Differenz: Aktuelle Debatten der Jugendforschung. Wiesbaden: VS Verlag, S. 7-23.
Farin, Klaus (2001): Generation Kick.de: Jugendsubkulturen heute. Bonn: Bundeszentrale für politische Bildung.
Fend, Helmut (2000): Entwicklungspsychologie des Jugendalters: Ein Lehrbuch für pädagogische und psychologische Berufe. Wiesbaden: VS Verlag.
Ferchhoff, Wilfried (2011): Jugend und Jugendkulturen im 21. Jahrhundert: Lebensformen und Lebensstile. 2. aktualisierte und überarbeitete Auflage. Wiesbaden: VS Verlag.
FES und TNS Infratest (2009): Gesellschaft im Reformprozess. Zentrale Ergebnisse: www.infratest-politikforschung.de/download/FES_Ergebnisse.pdf (zuletzt aufgerufen: 30.11.2014).
Florian, Michael (2012): Dokumentarische Feldanalyse. Zur Rekonstruktion symbolischer Machtkämpfe im Vorfeld des Enron-Skandals. In: Bernhard, Stefan/Schmidt-Wellenburg, Christian (Hrsg.): Feldanalyse als Forschungsprogramm 1. Der programmatische Kern. Wiesbaden: VS Verlag, S. 265-288.
Foucault, Michel (2005 | 1982): Subjekt und Macht. In: Ders.: Schriften in vier Bänden. Band 4. Frankfurt am Main: Suhrkamp, S. 253-279.
Foucault, Michel (1981 | 1969): Archäologie des Wissens. 16. Auflage. Frankfurt am Main: Suhrkamp.
Franz, Julia (2013): Muslimische Jugendliche? : eine empirisch-rekonstruktive Studie zu kollektiver Zugehörigkeit. Opladen [u.a.]: Barbara Budrich.
Fraser, Nancy (2003): Soziale Gerechtigkeit im Zeitalter der Identitätspolitik. In: Honneth, Axel/Fraser, Nancy: Umverteilung oder Anerkennung? Eine politisch-philosophische Kontroverse. Frankfurt am Main: Suhrkamp, S. 13-128.
Gaffer, Yvonne/Liell, Christoph (2007): Handlungstheoretische und methodologische Aspekte der dokumentarischen Interpretation jugendkultureller Praktiken. In: Bohnsack, Ralf/Nentwig-Gesemann, Iris/Nohl, Arnd-Michael (Hrsg.): Die dokumentarische Methode und ihre Forschungspraxis: Grundlagen qualitativer Sozialforschung. Wiesbaden: VS Verlag, S. 183-207.
Garfinkel, Harold (1972): Conditions of Successful Degradation Ceremonies. In: Manis, Jerome G./Metzer, Bernard N. (Hrsg.): Symbolic Interaction. Boston: Allyn & Bacon, S. 201-208.
Garfinkel, Harold (1967): Studies in ethnomethodology. Englewood Cliffs, N.J.: Prentice-Hall.
Garfinkel, Harold/Sacks, Harvey (1976 | 1970): Über formale Strukturen praktischer Handlungen. In: Sack, Fritz/Schenkein, Jim (Hrsg.): Ethnomethodologie – Beiträge zu einer Soziologie des Alltagshandelns. Frankfurt am Main: Suhrkamp, S. 130-176.
Gebhardt, Winfried (2010): ‚We are different!' Zur Soziologie jugendlicher Vergemeinschaftung. In: Honer, Arne/Meuser, Michael/Pfadenhauer, Michaela (Hrsg.): Fragile Sozialität. Inszenierungen, Sinnwelten, Existenzbastler. Wiesbaden: VS Verlag, S. 327-339.
Geimer, Alexander (2014): Das authentische Selbst in der Popmusik – Zur Rekonstruktion von diskursiven Subjektfiguren sowie ihrer Aneignung und Aushandlung mittels der Dokumentarischen Methode. In: Österreichische Zeitschrift für Soziologie (2014) 39, S. 111–130.
Geimer, Alexander (2012): Bildung als Transformation von Selbst- und Weltverhältnissen und die dissoziative Aneignung von diskursiven Subjektfiguren in posttraditionellen Gesellschaften. In: Zeitschrift für Bildungsforschung. Dezember 2012, Volume 2, Issue 3, S. 229-242.

Geimer, Alexander (2011): Das Konzept der Aneignung in der qualitativen Rezeptionsforschung. Eine wissenssoziologische Präzisierung im Anschluss an die und Abgrenzung von den Cultural Studies. In: ZfS, Zeitschrift für Soziologie, Jg. 40, H. 4, S. 191-207.

Geisen, Thomas/Riegel, Christine (2010a): Zugehörigkeit(en) im Kontext von Jugend und Migration - eine Einführung. In: Dies. (Hrsg.): Jugend, Zugehörigkeit und Migration: Subjektpositionierung im Kontext von Jugendkultur, Ethnizitäts- und Geschlechterkonstruktionen. Wiesbaden: VS Verlag, S. 7-23.

Geisen, Thomas/Riegel, Christine (Hrsg.) (2010b): Jugend, Zugehörigkeit und Migration: Subjektpositionierung im Kontext von Jugendkultur, Ethnizitäts- und Geschlechterkonstruktionen. Wiesbaden: VS Verlag.

Geißler, Rainer (2011): Die Sozialstruktur Deutschlands : zur gesellschaftlichen Entwicklung mit einer Bilanz zur Vereinigung. 6. Auflage. Wiesbaden: VS Verlag.

Giddens, Anthony (1984): Interpretative Soziologie – eine kritische Einführung. Frankfurt am Main [u.a.]: Campus Verlag.

Gildemeister, Regine (2001): Soziale Konstruktion von Geschlecht: Fallen, Missverständnisse und Erträge einer Debatte. In: Rademacher, Claudia/Wiechens, Peter (Hrsg.): Geschlecht – Ethnizität – Klasse. Zur sozialen Konstruktion von Hierarchie und Differenz. Opladen: Leske + Budrich, S. 65-90.

Gildemeister, Regine/Wetterer, Angelika (1995): Wie Geschlechter gemacht werden. Die soziale Konstruktion der Zweigeschlechtlichkeit und ihre Reifizierung in der Frauenforschung. In: Knapp, Gudrun-Axeli/Wetterer, Angelika (Hrsg.): TraditionenBrüche. Entwicklungen feministischer Theorie. 2. Aufl. Freiburg i.Br.: Kore Verlag, S. 201-254.

Glaser, Barney G./Strauss, Anselm (2005 | 1967): Grounded theory: Strategien qualitativer Forschung. 2. Auflage. Bern [u.a.]: Huber.

Goffman, Erving (2001 | 1994): Interaktion und Geschlecht. 2. Auflage. Herausgegeben und eingeleitet von Hubert Knoblauch. Frankfurt am Main/New York: Campus Verlag.

Goffman, Erving (1980 | 1974): Rahmen-Analyse. Ein Versuch über die Organisation von Alltagserfahrungen. Frankfurt am Main: Suhrkamp.

Goffman, Erving (1981 | 1979): Geschlecht und Werbung. Frankfurt am Main: Suhrkamp.

Goffman, Erving (2011 | 1959): Wir alle spielen Theater: die Selbstdarstellung im Alltag. 10. Auflage. München: Piper.

Goffman, Erving (1984 | 1967): Interaktionsrituale. Über Verhalten in direkter Kommunikation. 3. Auflage. Frankfurt am Main: Suhrkamp.

Goffman, Erving (2012 | 1963): Stigma: über Techniken der Bewältigung beschädigter Identität. 21. Auflage. Frankfurt am Main: Suhrkamp.

Goffman, Erving (1973 | 1961): Asyle: über die soziale Situation psychiatrischer Patienten und anderer Insassen. Frankfurt am Main: Suhrkamp.

Griese, Hartmut/Mansel, Jürgen/Scherr, Albert (Hrsg.) (2003): Theoriedefizite der Jugendforschung. Standortbestimmung und Perspektiven. Weinheim/München: Juventa-Verlag.

Günther, Marga (2010). „So genieße ich jetzt das Single-Leben in Frankfurt" Adoleszente Bearbeitung der Migrationssituation. In: Geisen, Thomas/Riegel, Christine (Hrsg.): Jugend, Zugehörigkeit und Migration: Subjektpositionierung im Kontext von Jugendkultur, Ethnizitäts- und Geschlechterkonstruktionen. Wiesbaden: VS Verlag, S. 131-148.

Habermas, Jürgen (1976 | 1974): Moralentwicklung und Ich-Identität, in: Ders.: Zur Rekonstruktion des Historischen Materialismus. Frankfurt am Main: Suhrkamp, S. 63-91.

Habermas, Jürgen (1973 | 1968): Stichworte zu einer Theorie der Sozialisation. In: Ders.: Kultur und Kritik. Verstreute Aufsätze. Frankfurt am Main: Suhrkamp, S. 118-194.

Hackmann, Kristina (2007): Changierende Suchbewegungen. Adoleszente Mädchen zwischen homosexuellen und heterosexuellen Wünschen und Phantasien. In: Hartmann, Jutta/Klesse, Christian/Wagenknecht, Peter/Fritzsche, Bettina/Hackmann, Kristina (Hrsg.): Heteronormativität. Empirische Studien zu Geschlecht, Sexualität und Macht. Wiesbaden: VS Verlag, S. 141-150.

Hackmann, Kristina (2003): Adoleszenz, Geschlecht und sexuelle Orientierungen. Eine empirische Studie mit Schülerinnen. Opladen: Leske + Budrich.
Hagemann-White, Carol (1993): Die Konstrukteure des Geschlechts auf frischer Tat ertappen? Methodische Konsequenzen einer theoretischen Einsicht. In: Feministische Studien 11, Heft 2, S. 68-78.
Hall, Stuart (1993): The Question of Cultural Identity. In: Hall, Stuart/Held, David/McGrew, Tony (Hrsg.): Modernity and Its Futures. Cambridge: Polity Press, S. 274-325.
Hall, Stuart (1980): Encoding/Decoding. In: Ders.: Culture, Media, Language. London: Hutchinson, S.128-138.
Harring, Marius/Böhm-Kasper, Oliver/Rohlfs, Carsten/Palentien, Christian (2010a) (Hrsg.): Freundschaften, Cliquen und Jugendkulturen. Peers als Bildungs- und Sozialisationsinstanz. Wiesbaden: VS Verlag.
Harring, Marius/Böhm-Kasper, Oliver/Rohlfs, Carsten/Palentien, Christian (2010b): Peers als Bildungs- und Sozialisationsinstanzen– eine Einführung in die Thematik. In: Dies. (Hrsg.): Freundschaften, Cliquen und Jugendkulturen. Peers als Bildungs- und Sozialisationsinstanz. Wiesbaden: VS Verlag, S. 9-19.
Hartmann, Jutta/Klesse, Christian/Wagenknecht, Peter/Fritzsche, Bettina/Hackmann, Kristina (Hrsg.) (2007): Heteronormativität. Empirische Studien zu Geschlecht, Sexualität und Macht. Wiesbaden: VS Verlag.
Havighurst, Robert James (1948): Developmental Tasks and Education. 3. Auflage. New York: Longman.
Helsper, Werner/Kramer, Rolf-Torsten/Thiersch, Sven (2013): Orientierungsrahmen zwischen Kollektivität und Individualität – ontogenetische und transformationsbezogene Anfragen an die dokumentarische Methode. In: Loos, Peter/Nohl, Arnd-Michael/Przyborski, Aglaja/Schäffer, Burkhard (Hrsg.): Dokumentarische Methode: Grundlagen, Entwicklungen, Anwendungen. Opladen [u.a.]: Barbara Budrich, S. 111-140.
Helsper, Werner/Hummrich, Merle/Kramer, Rolf-Torsten (2010): Qualitative Mehrebenenanalyse. In: Friebertshäuser, Barbara/Langer, Antje/Prengel, Annedore (Hrsg.): Handbuch Qualitative Forschungsmethoden in der Erziehungswissenschaft. Weinheim/München: Juventa-Verlag, S. 119-135.
Helsper, Werner/Kramer, Rolf-Torsten/Brademann, Sven/Ziems, Carolin (2007): Der individuelle Orientierungsrahmen von Kindern und der Übergang in die Sekundarstufe. In: Zeitschrift für Pädagogik, Jg. 53; H. 4, S. 477-490.
Hess, Sabine (Hrsg.) (2011): Intersektionalität revisited: empirische, theoretische und methodische Erkundungen. Bielefeld: transcript.
Hirschauer, Stefan (2001): Das Vergessen der Geschlechter. Zur Praxeologie einer Kategorie sozialer Ordnung. In: Heintz, Bettina (Hrsg.): Geschlechtersoziologie. Kölner Zeitschrift für Soziologie und Sozialpsychologie, 41/2001, 208-235.
Hitzler, Ronald (2008): Brutstätten posttraditionaler Vergemeinschaftung. Über Jugendszenen. In: Hitzler, Ronald/Honer, Arne/Pfadenhauer, Michaela (Hrsg.): Posttraditionale Gemeinschaften. Theoretische und ethnographische Erkundungen. Wiesbaden: VS Verlag, S. 55-72.
Hitzler, Ronald/Niederbacher, Arne (2010a): Leben in Szenen. Formen jugendlicher Vergemeinschaftung heute. 3. vollständig überarbeitete Auflage. Wiesbaden: VS Verlag.
Hitzler, Ronald/Niederbacher, Arne (2010b): Forschungsfeld 'Szenen' – zum Gegenstand der DoSE. In: Harring, Marius/Böhm-Kasper, Oliver/Rohlfs, Carsten/Palentien, Christian (Hrsg.): Freundschaften, Cliquen und Jugendkulturen : Peers als Bildungs- und Sozialisationsinstanzen. Wiesbaden: VS Verlag, S. 91-103.
Hitzler, Ronald/Honer, Arne/Pfadenhauer, Michaela (Hrsg.) (2008): Posttraditionale Gemeinschaften. Theoretische und ethnographische Erkundungen. Wiesbaden.
Hörning, Karl H. (Hrsg.) (2004): Doing culture: neue Positionen zum Verhältnis von Kultur und sozialer Praxis. Bielefeld: transcript.

Hoffmann, Nora (2014): Zur Reproduktion sozialer Ungleichheit in juvenilen Szenen. Eine qualitative Studie zu habitualisierten Stilen in der Techno-/Elektro-Szene. Dissertation an der Universität Halle/Wittenberg. Unveröffentlichtes Manuskript.

Hoffmann-Riem, Christa (1980): Die Sozialforschung einer interpretativen Soziologie – Der Datengewinn. In: Kölner Zeitschrift für Soziologie und Sozialpsychologie 32, S. 337-372.

Honneth, Axel (2003): Umverteilung als Anerkennung. Eine Erwiderung auf Nancy Fraser. In: Honneth, Axel/Fraser, Nancy (2003): Umverteilung oder Anerkennung? Eine politisch-philosophische Kontroverse. Frankfurt am Main: Suhrkamp, S. 129–224.

Honneth, Axel (1992): Kampf um Anerkennung: zur moralischen Grammatik sozialer Konflikte. Frankfurt am Main: Suhrkamp.

Hradil, Stefan (2009): Die Sozialstruktur Deutschlands im internationalen Vergleich. 3. Auflage. Wiesbaden: VS Verlag.

Hradil, Stefan (2001): Soziale Ungleichheit in Deutschland. Opladen: Leske + Budrich.

Hurrelmann, Klaus (2002): Einführung in die Sozialisationstheorie. Weinheim/Basel: Beltz Verlag.

Joas, Hans/Knöbl, Wolfgang (2004): Sozialtheorie: zwanzig einführende Vorlesungen. Frankfurt am Main: Suhrkamp.

Jösting, Sabine (2007): Einarbeitungsprozesse männlicher Jugendliche in die heterosexuelle Ordnung. In: Hartmann, Jutta; Klesse, Christian; Wagenknecht, Peter/Fritzsche, Bettina/Hackmann, Kristina (Hrsg.): Heteronormativität. Empirische Studien zu Geschlecht, Sexualität und Macht. Wiesbaden: VS Verlag, S. 151-170.

Jösting, Sabine (2005): Jungenfreundschaften. Zur Konstruktion von Männlichkeit in der Adoleszenz. Wiesbaden.

Jungwirth, Ingrid (2007): Zum Identitätsdiskurs in den Sozialwissenschaften: eine postkolonial und queer informierte Kritik an George H. Mead, Erik H. Erikson und Erving Goffman. Bielefeld : transcript.

Kaletta, Barbara (2008): Anerkennung oder Abwertung: über die Verarbeitung sozialer Desintegration. Wiesbaden: VS Verlag.

Kelle, Udo/Kluge, Susann (2010): Vom Einzelfall zum Typus. Fallvergleich und Fallkontrastierung in der qualitativen Sozialforschung. 2. Auflage. Wiesbaden: Springer Verlag.

Kessl, Fabian/Reutlinger, Christian (2010): Sozialraum. Eine Einführung. 2. Auflage. Wiesbaden: VS Verlag.

Keupp, Heiner (Hrsg.) (2009): Identitätsarbeit heute : klassische und aktuelle Perspektiven der Identitätsforschung. Frankfurt am Main : Suhrkamp.

Keupp, Heiner (2008): Identitätskonstruktionen : das Patchwork der Identitäten in der Spätmoderne. 4. Auflage. Reinbek bei Hamburg : Rowohlt.

King, Vera (2013): Die Entstehung des Neuen in der Adoleszenz : Individuation, Generativität und Geschlecht in modernisierten Gesellschaften. 2. Auflage. Wiesbaden: VS Verlag.

King, Vera/Koller, Hans-Christoph (Hrsg.) (2009): Adoleszenz - Migration - Bildung: Bildungsprozesse Jugendlicher und junger Erwachsener mit Migrationshintergrund. 2., erweiterte Auflage. Wiesbaden: VS Verlag.

Klinger, Cornelia/Axeli-Knapp, Gudrun (Hrsg.) (2007): Achsen der Ungleichheit: zum Verhältnis von Klasse, Geschlecht und Ethnizität. Frankfurt am Main [u.a.]: Campus Verlag.

Knoblauch, Hubert (2001): Erving Goffmans Reich der Interaktionen. In: Goffman, Erving (2001 | 1994): Interaktion und Geschlecht. 2. Auflage. Herausgegeben und eingeleitet von Hubert Knoblauch. Frankfurt am Main/New York: Campus Verlag, S. 7-49.

Krappmann, Lothar (2005): Soziologische Dimensionen der Identität: Strukturelle Bedingungen für die Teilnahme an Interaktionsprozessen. 10. Auflage. Stuttgart : Klett-Cotta.

Kraus, Wolfgang (1996): Das erzählte Selbst. Die narrative Konstruktion von Identität in der Spätmoderne. 2. Auflage. Pfaffenweiler: Centaurus-Verlag.

Köhler, Sina-Mareen (2012): Freunde, Feinde oder Klassenteam?: Empirische Rekonstruktionen von Peerbeziehungen an globalen Schulen. Wiesbaden: VS Verlag.

Kohlberg, Lawrence (1996): Die Psychologie der Moralentwicklung. Frankfurt am Main: Suhrkamp.
Kokemohr, Rainer (2007): Bildung als Welt- und Selbstentwurf im Anspruch des Fremden. Eine theoretisch-empirische Annäherung an eine Bildungsprozesstheorie. In: Koller, Hans-Christoph / Marotzki, Winfried / Sanders, Olaf (Hrsg.): Bildungsprozesse und Fremdheitserfahrung - Beiträge zu einer Theorie transformatorischer Bildungsprozesse. Bielefeld: transcript, S. 13-68.
Koller, Hans-Christoph (2012): Bildung anders denken: Einführung in die Theorie transformatorischer Bildungsprozesse. Stuttgart: Kohlhammer.
Krais, Beate (2008): Zur Funktionsweise von Herrschaft in der Moderne. Soziale Ordnungen, symbolische Gewalt und gesellschaftliche Kontrolle. In: Schmidt, Robert / Woltersdorff, Volker (Hrsg.): Symbolische Gewalt : Herrschaftsanalyse nach Pierre Bourdieu. Konstanz: UVK-Verlagsgesellschaft, S. 45-58.
Krais, Beate (1993): Geschlechterverhältnis und symbolische Gewalt. In: Gebauer, Gunter / Wulf, Christoph (Hrsg.): Praxis und Ästhetik. Neue Perspektiven im Denken Pierre Bourdieus, Frankfurt am Main: Suhrkamp, S. 208-250.
Kramer, Rolf-Thorsten / Helsper, Werner (2010): Kulturelle Passung und Bildungsungleichheit. Potenziale einer an Bourdieu orientierten Analyse der Bildungsungleichheit. In: Krüger, Heinz-Hermann / Budde, Jürgen / Rabe-Kleberg, Ursula / Kramer, Rolf-Torsten (Hrsg.) (2010): Bildungsungleichheit revisited: Bildung und soziale Ungleichheit vom Kindergarten bis zur Hochschule. Wiesbaden: VS Verlag, S. 103-125.
Kreckel, Reinhard (1997): Politische Soziologie der sozialen Ungleichheit. 2. Auflage. Frankfurt am Main; New York: Campus Verlag.
Kreckel, Reinhard (Hrsg.) (1983): Soziale Ungleichheiten. Soziale Welt, Sonderband 2. Göttingen: Schwartz.
Kreitz, Robert (2010): Zur Beziehung von Fall und Typus. In: Ecarius, Jutta / Schäffer, Burkhard (Hrsg.): Typenbildung und Theoriegenerierung. Methoden und Methodologien qualitativer Bildungs- und Biografieforschung. Opladen / Farmington Hills: Barbara Budrich, S. 91-111.
Krüger, Heinz-Hermann (2010): Vom Punk bis zum Emo – Ein Überblick über die Entwicklung und die aktuelle Kartographie jugendkultureller Stile. In: Richard, Birgit / Krüger, Heinz-Hermann (Hrsg.): Intercool 3.0. Jugend. Bild. Medien. Ein Kompendium zur aktuellen Jugendkulturforschung. München: Fink, S. 13-43.
Krüger, Heinz-Hermann / Deinert, Aline / Zschach, Maren (Hrsg.) (2012): Jugendliche und ihre Peers - Freundschaftsbeziehungen und Bildungsbiografien in einer Längsschnittperspektive. Opladen [u.a.]: Barbara Budrich.
Krüger, Heinz-Hermann / Budde, Jürgen / Rabe-Kleberg, Ursula / Kramer, Rolf-Torsten (Hrsg.) (2010): Bildungsungleichheit revisited: Bildung und soziale Ungleichheit vom Kindergarten bis zur Hochschule. Wiesbaden: VS Verlag.
Krüger, Heinz-Hermann / Köhler, Sina-Mareen / Zschach, Maren (2010): Teenies und ihre Peers – Freundschaftsgruppen, Bildungsverläufe und soziale Ungleichheit. Opladen [u.a.]: Barbara Budrich.
Krüger, Heinz-Hermann / Deppe, Ulrike / Köhler, Sina-Mareen (2010): Mikroprozesse sozialer Ungleichheit an der Schnittstelle von Schule und Peerkultur in einer Längsschnittperspektive. In: Krüger, Heinz-Hermann / Köhler, Sina-Mareen / Zschach, Maren (2010): Teenies und ihre Peers – Freundschaftsgruppen, Bildungsverläufe und soziale Ungleichheit. Opladen [u.a.]: Barbara Budrich, S. 31-51.
Krüger, Heinz-Hermann / Köhler, Sina-Mareen / Pfaff, Nicolle / Zschach, Maren (2008): Kinder und ihre Peers : Freundschaftsbeziehungen und schulische Bildungsbiographien. Opladen [u.a.]: Barbara Budrich.
Kubisch, Sonja (2008): Habituelle Konstruktion sozialer Differenz: eine rekonstruktive Studie am Beispiel von Organisationen der freien Wohlfahrtspflege. Wiesbaden: VS Verlag.

Kutscher, Nadja (2006): Die Rekonstruktion moralischer Orientierungen von Professionellen auf der Basis von Gruppendiskussionen. In: Bohnsack, Ralf/Przyborski, Aglaja/Schäffer, Burkhard (Hrsg.): Das Gruppendiskussionsverfahren in der sozialwissenschaftlichen Praxis. Opladen: Barbara Budrich-Verlag, S. 189-202.
Lamprecht, Juliane (2012): Rekonstruktiv-responsive Evaluation in der Praxis: neue Perspektiven dokumentarischer Evaluationsforschung. Wiesbaden: VS Verlag.
Lang, Susanne (2006): Biographien deutsch-arabischer Jugendlicher: Beobachtungen von Selbst- und Fremdkonstruktionen im Rahmen jugendpolitischer Interventionen der sozialen Stadtentwicklung. In: Bukow, Wolf-Dietrich/Ottersbach, Markus/Tuider, Elisabeth/Yildiz, Erol (Hrsg.): Biographische Konstruktionen im multikulturellen Bildungsprozess. Wiesbaden: VS Verlag, S. 135-154.
Lange, Andreas/Xyländer, Margret (2008): Jugend. In: Willems, Herbert (Hrsg.): Lehr(er)-buch Soziologie: für die pädagogischen und soziologischen Studiengänge. Bd. 2. Wiesbaden: VS Verlag, S. 593-609.
Lareau, Anette (2003): Unequal childhoods. Class, race, and family life. Berkeley: University of California Press.
Lauenburg, Frank (2008): Jugendszenen und Authentizität. Wien: LIT Verlag.
Lenz, Karl/Nestmann, Frank (2009): Persönliche Beziehungen – Eine Einleitung. In: Lenz, Karl/Nestmann, Frank [Hrsg.]: Handbuch Persönliche Beziehungen. Weinheim/München: Juventa-Verlag, S. 9-26.
Loenhoff, Jens (Hrsg.) (2012): Implizites Wissen. Epistemologische und handlungstheoretische Perspektiven. Weilerswist: Velbrück.
Löw, Martina (2001): Raumsoziologie. Frankfurt am Main: Suhrkamp.
Loos, Peter/Schäffer, Burkhard (2001): Das Gruppendiskussionsverfahren. Opladen: Leske + Budrich.
Luhmann, Niklas (2008 | 1995): Inklusion und Exklusion. In: Imbusch, Peter/Heitmeyer, Wilhelm (Hrsg.): Integration - Desintegration: ein Reader zur Ordnungsproblematik moderner Gesellschaften. Wiesbaden: VS Verlag, S. 149-168.
Luhmann, Niklas (1975): Einfache Sozialsysteme. In: Ders.: Soziologische Aufklärung 2. Aufsätze zur Theorie der Gesellschaft. Opladen: Westdeutscher Verlag, S. 21-38.
Lutz, Helma/Supik, Linda (Hrsg.) (2010): Fokus Intersektionalität: Bewegungen und Verortungen eines vielschichtigen Konzepts. Wiesbaden: VS Verlag.
Mangold, Werner (1960): Gegenstand und Methode des Gruppendiskussionsverfahrens. Frankfurt am Main: Europ. Verlagsanstalt.
Mannitz, Sabine (2006): Die verkannte Integration. Bielefeld: transcript.
Mannheim, Karl (1984 | 1925): Konservatismus. Ein Beitrag zur Soziologie des Wissens. Frankfurt am Main: Suhrkamp.
Mannheim, Karl (1980 | 1922): Strukturen des Denkens. Frankfurt am Main: Suhrkamp.
Mannheim, Karl (1964a | 1921-22): Beiträge zur Theorie der Weltanschauungs-Interpretation. In: Ders.: Wissenssoziologie. Auswahl aus dem Werk. Berlin [u.a.]: Luchterhand, S. 91-154.
Mannheim, Karl (1964b | 1928): Das Problem der Generationen. In: Ders.: Wissenssoziologie. Auswahl aus dem Werk. Berlin [u.a.]: Luchterhand, S. 509-565.
Mannheim, Karl (1964c | 1926): Ideologische und soziologische Interpretation der geistigen Gebilde. In: Ders.: Wissenssoziologie. Auswahl aus dem Werk. Berlin [u.a.]: Luchterhand, S. 388-407.
Mannheim, Karl (1952 | 1929): Ideologie und Utopie. Frankfurt am Main: Schulte-Bulmke.
Marotzki, Winfried (1990): Entwurf einer strukturalen Bildungstheorie: biographietheoretische Auslegung von Bildungsprozessen in hochkomplexen Gesellschaften. Weinheim: Dt. Studien-Verlag.
Matthiesen, Ulf (1989): „Bourdieu" und „Konopka". Imaginäres Rendezvous zwischen Habituskonstruktion und Deutungsmusterrekonstruktion. In: Eder, Klaus (Hrsg.): Klassenlage, Lebensstil und kulturelle Praxis. Theoretische und empirische Beiträge zur Ausei-

nandersetzung mit Pierre Bourdieus Klassentheorie. Frankfurt am Main: Suhrkamp, S. 221-299.
Mau, Steffen (2004): Moralökonomie. Eine konzeptionelle Bestimmung aus ungleichheitstheoretischer Sicht. In: Berger, Peter A. (Hrsg.): Welche Gleichheit - welche Ungleichheit? Grundlagen der Ungleichheitsforschung. Wiesbaden: VS Verlag, S. 165-190.
Mecheril, Paul (2003): Prekäre Verhältnisse. Über natio-ethno-kulturelle (Mehrfach-) Zugehörigkeit. Münster [u.a.]: Waxmann.
Mecheril, Paul (1999): Wer spricht und über wen? Gedanken zu einem (re-)konstruktiven Umgang mit dem Anderen des Anderen in den Sozialwissenschaften. In: Bukow, Wolf-Dietrich/Ottersbach, Markus (Hrsg.): Fundamentalismusverdacht – Plädoyer für eine Neuorientierung der Forschung im Umgang mit allochthonen Jugendlichen. Opladen: Leske + Budrich, S. 231-266.
Mecheril, Paul/Hoffahrt, Britta (2009): Adoleszenz und Migration. Zur Bedeutung von Zugehörigkeitsordnungen. In: King, Vera/Koller, Hans-Christoph (Hrsg.): Adoleszenz - Migration - Bildung: Bildungsprozesse Jugendlicher und junger Erwachsener mit Migrationshintergrund. 2. erweiterte Auflage. Wiesbaden: VS Verlag, S. 239-258.
Mensching, Anja (2008): Gelebte Hierarchien: Mikropolitische Arrangements und organisationskulturelle Praktiken am Beispiel der Polizei. Wiesbaden: VS Verlag.
Merkens, Hans (2008): Jugendforschung. Auf der Suche nach dem Gegenstand? In: Ittel, Angela/Stecher, Ludwig/Merkens, Hans/Zinnecker, Jürgen (Hrsg.): Jahrbuch Jugendforschung. 7. Ausgabe 2007. Wiesbaden: VS Verlag, S. 349-380.
Meuser, Michael (2007): Repräsentation sozialer Strukturen im Wissen. Dokumentarische Methode und Habitusrekonstruktion. In: Bohnsack, Ralf/Nentwig-Gesemann, Iris/Nohl, Arnd-Michael (Hrsg.): Die dokumentarische Methode und ihre Forschungspraxis. Opladen: Leske + Budrich, S. 209-224.
Meuser, Michael (1999): Subjektive Perspektiven, habituelle Dispositionen und konjunktive Erfahrungen. Wissenssoziologie zwischen Schütz, Bourdieu und Mannheim. In: Hitzler, Ronald/Reichertz, Jo/Schröer, Norbert (Hrsg.): Hermeneutische Wissenssoziologie. Standpunkte zur Theorie der Interpretation. Konstanz: UVK Verlagsgesellschaft, S. 121-146.
Meuser, Michael/Keller, Reiner (2011): Wissen des Körpers – Wissen vom Körper. Körper- und wissenssoziologische Erkundungen. In: Dies. (Hrsg.): Körperwissen. Wiesbaden: VS Verlag, S. 9-27.
Michalek, Ruth (2009): Gruppendiskussionen mit Grundschülern. In: Budde, Jürgen/Mammes, Ingelore (Hrsg.): Jungenforschung empirisch. Zwischen Schule, männlichem Habitus und Peerkultur. Wiesbaden: VS Verlag, S. 47-72.
Michalek, Ruth (2006): „Also, wir Jungs sind…". Geschlechtervorstellungen von Grundschülern. Münster/New York/München/Berlin: Waxmann.
Muchow, Martha/Muchow, Hans Heinrich (1998 | 1935): Der Lebensraum des Großstadtkindes. Neuflauge mit einer Einleitung von Jürgen Zinnecker. Weinheim/München: Juventa-Verlag.
Müller-Bachmann, Eckart (2007): Strukturelle Aspekte jugendkultureller Vergemeinschaftungsformen im Zeitalter der Globalisierung. In: Villányi, Dirk/Witte, Matthias D./Sander, Uwe (Hrsg.): Globale Jugend und Jugendkulturen. Aufwachsen im Zeitalter der Globalisierung. Weinheim/München: Juventa-Verlag, S. 137-146.
Nassehi, Armin (2008 | 1997): Inklusion, Exklusion – Integration, Desintegration. Die Theorie funktionaler Differenzierung und die Desintegrationsthese. In: Imbusch, Peter; Heitmeyer, Wilhelm (Hrsg.): Integration - Desintegration: ein Reader zur Ordnungsproblematik moderner Gesellschaften. Wiesbaden: VS Verlag, S. 169-191.
Neckel, Sighard (2008): Flucht nach vorn: Die Erfolgskultur der Marktgesellschaft. Frankfurt am Main [u.a.]: Campus Verlag.
Neckel, Sighard (2003): Kampf um Zugehörigkeit. Die Macht der Klassifikation. In: Leviathan, Jg. 31, H. 2, 159-167.

Neckel, Sighard (1993): Soziale Scham: Unterlegenheitsgefühle in der Konkurrenz von Lebensstilen. In: Gebauer, Gunter/Wulf, Christoph (Hrsg.): Praxis und Ästhetik. Neue Perspektiven im Denken Pierre Bourdieus, Frankfurt am Main: Suhrkamp, S. 270-291.
Neckel, Sighard (1991): Status und Scham. Zur symbolischen Reproduktion sozialer Ungleichheit. Frankfurt am Main [u.a.]: Campus Verlag.
Neckel, Sighard/Sutterlüty, Ferdinand (2008): Negative Klassifikationen und die symbolische Ordnung sozialer Ungleichheit. In: Neckel, Sighard/Soeffner, Hans-Georg (Hrsg.): Mittendrin im Abseits. Ethnische Gruppenbeziehungen im lokalen Kontext. Wiesbaden: VS Verlag, S. 15-25.
Neckel, Sighard/Sutterlüty, Ferdinand (2005): Negative Klassifikationen. Konflikte um die symbolische Ordnung sozialer Ungleichheit. In: Heitmeyer, Wilhelm/Imbusch, Peter (Hrsg.): Integrationspotenziale einer modernen Gesellschaft. Wiesbaden: VS Verlag, S. 409-428.
Nentwig-Gesemann, Iris (2007): Die Typenbildung der dokumentarischen Methode. In: Bohnsack, Ralf/Nentwig-Gesemann, Iris/Nohl, Arnd-Michael (Hrsg.): Die dokumentarische Methode und ihre Forschungspraxis. Opladen: Leske + Budrich, S. 277-302.
Neumann-Braun, Klaus (2003): Jugendliche und ihre Peergroup-Kommunikationen. Einführung in den Themenschwerpunkt. In Merkens, Hans/Zinnecker, Jürgen (Hrsg.): Jahrbuch Jugendforschung. 3. Ausgabe 2003. Opladen: Leske + Budrich, S. 15–24.
Neumann-Braun, Klaus/Deppermann, Arnulf/Schmidt, Alex (2002): Identitätswettbewerbe und unernste Konflikte. Interaktionspraktiken in Peer-Groups. In: Merkens, Hans/ Zinnecker, Jürgen (Hrsg.): Jahrbuch Jugendforschung, 2. Ausgabe (2002). Opladen: Leske + Budrich, S. 241–264.
Niethammer, Lutz (2000): Kollektive Identität. Heimliche Quellen einer unheimlichen Konjunktur. Reinbek: Rowohlt Verlag.
Nohl, Arnd-Michael (2013): Relationale Typenbildung und Mehrebenenvergleich: Neue Wege der dokumentarischen Methode. Wiesbaden: VS Verlag.
Nohl, Arnd-Michael (2012): Dokumentarische Methode in der qualitativen Bildungs- und Arbeitsforschung. Von der soziogenetischen zur relationalen Typenbildung. In: Schittenhelm, Karin (Hrsg.): Qualitative Bildungs- und Arbeitsmarktforschung. Grundlagen, Perspektiven, Methoden. Wiesbaden: VS Verlag, S. 155-182.
Nohl, Arnd-Michael (2007): Komparative Analyse: Forschungspraxis und Methodologie dokumentarischer Methode. In: Bohnsack, Ralf/ Nentwig-Gesemann, Iris/ Nohl, Arnd-Michael (Hrsg.): Die dokumentarische Methode und ihre Forschungspraxis. Grundlagen qualitativer Sozialforschung. Opladen: Leske + Budrich, S. 253-275.
Nohl, Arnd-Michael (2006a): Bildung und Spontaneität: Phasen biographischer Wandlungsprozesse in drei Lebensaltern ; empirische Rekonstruktionen und pragmatistische Reflexionen. Opladen: Budrich.
Nohl, Arnd-Michael (2006b): Konzepte interkultureller Pädagogik: eine systematische Einführung. Bad Heilbrunn, Klinkhardt.
Nohl, Arnd-Michael (2001): Migration und Differenzerfahrung. Junge Einheimische und Migranten im rekonstruktiven Milieuvergleich. Opladen: Leske + Budrich.
Oesch, Daniel (2006): Coming to Grips with a Changing Class Structure. In: International Sociology, 21. Jg, 2006, H.2, S. 263-288.
Oevermann, Ulrich (1996): Theoretische Skizze einer revidierten Theorie professionellen Handelns. In: Combe, Arno/Helsper, Werner (Hrsg.): Pädagogische Professionalität: Untersuchungen zum Typus pädagogischen Handelns. Frankfurt am Main: Suhrkamp, S. 70–182.
Offen, Susanne (2013): Achsen adoleszenter Zugehörigkeitsarbeit. Geschlecht und sexuelle Orientierung im Blick politischer Bildung. Wiesbaden: VS Verlag.
Olk, Thomas (1985): Jugend und gesellschaftliche Differenzierung – Zur Entstrukturierung der Jugendphase. In: Zeitschrift für Pädagogik 19. Beiheft, S. 290-301.

Olk, Thomas (1986): Jugend und Gesellschaft. Entwurf für einen Perspektivenwechsel in der sozialwissenschaftlichen Jugendforschung. In: Heitmeyer, Wilhelm (Hrsg.): Interdisziplinäre Jugendforschung: Fragestellungen, Problemlagen, Neuorientierungen. Weinheim/München: Juventa-Verlag, S. 41-62.

Oswald, Hans (1993): Gruppenformationen von Kindern. In: Markefka, Manfred/Nauck, Bernhard (Hrsg.): Handbuch der Kindheitsforschung. Neuwied [u.a.]: Luchterhand, S. 353–364.

Oswald, Hans/Krappmann, Lothar (2004): Soziale Ungleichheit in der Schulklasse und Schulerfolg. In: Zeitschrift für Erziehungswissenschaft (ZfE), 7. Jg., H. 4, S. 479-496.

Oswald, Hans/Krappmann, Lothar (2003 | 1995): Beziehungsgeflechte und Gruppen von Gleichaltrigen Kindern in der Schule. In: Ittel, Angela/Merkens, Hans/ Stecher, Ludwig (Hrsg.): Jahrbuch Jugendforschung. 10. Ausgabe 2010. Wiesbaden: VS Verlag, S. 319-370.

Otte, Gunnar (2010): „Klassenkultur" und „Individualisierung" als soziologische Mythen? Ein Zeitvergleich des Musikgeschmacks Jugendlicher in Deutschland, 1955-2004. In: Berger, Peter A./Hitzler, Ronald (Hrsg.): Individualisierungen. Ein Vierteljahrhundert „jenseits von Stand und Klasse"? Wiesbaden: VS Verlag, S. 73-95.

Otte, Gunnar (2009 | 2005): Hat die Lebensstilforschung eine Zukunft? Eine Auseinandersetzung mit aktuellen Bilanzierungsversuchen. In: Solga, Heike/Powell, Justin/Berger, Peter A. (Hrsg.): Soziale Ungleichheit. Klassische Texte zur Sozialstrukturanalyse. Frankfurt/New York: Campus Verlag, S. 345-358.

Otte, Gunnar (2007a): Körperkapital und Partnersuche in Clubs und Diskotheken. Eine ungleichheitstheoretische Perspektive. In: Diskurs Kindheits- und Jugendforschung (2007), H. 2, S. 169-186.

Otte, Gunnar (2007b): Jugendkulturen zwischen Klassenästhetik und freier Geschmackswahl – das Beispiel der Leipziger Clubszene. In: Göttlich, Udo/ Müller, Renate/Rhein, Stefanie/Calmbach, Marc (Hrsg.): Arbeit, Politik und Religionen in Jugendkulturen. Engagement und Vergnügen. Weinheim/München: Juventa-Verlag, S. 161-179.

Peirce, Charles Sanders (1976): Schriften zum Pragmatismus und Pragmatizismus. 2. Auflage. Frankfurt am Main: Suhrkamp.

Pfaff, Nicolle (2011): Stichwort: Trends in der Jugendforschung. In: Zeitschrift für Erziehungswissenschaft. Jg. 14, H. 4, S. 523-550.

Pfaff, Nicolle (2010): Social distinction in children's peer groups: first results from Brazil and Germany. In: Bohnsack, Ralf/Pfaff, Nicolle/Weller, Wivian (Hrsg.): Qualitative analysis and documentary method in international educational research. Opladen/Farmington Hills: Barbara Budrich, S. 165-192.

Pfaff, Nicolle (2006): Jugendkultur und Politisierung. Eine multimethodische Studie zur Entwicklung politischer Orientierungen im Jugendalter. Wiesbaden: VS Verlag.

Pfaff, Nicolle/Hoffmann, Nora F./Hänert, Martin (2010): Coolness, Körperlichkeit und Jugendkultur als milieuspezifische Formen der Anerkennung in der Peerkultur. In: Krüger, Heinz-Hermann/Köhler, Sina-Mareen/Zschach, Maren (Hrsg.): Teenies und ihre Peers. Freundschaftsgruppen, Bildungsverläufe und soziale Ungleichheit. Opladen [u.a.]: Barbara Budrich, S. 171-195.

Pfaff, Nicolle/Zschach, Maren/Zitzke, Christian (2008): Peergroup-Praxen und Umgang mit Schule – eine Sache des Geschlechts? In: Krüger, Heinz-Hermann/Köhler, Sina-Mareen/Pfaff, Nicolle/Zschach, Maren (Hrsg.): Kinder und ihre Peers. Freundschaftsbeziehungen und schulische Bildungsbiographien. Opladen [u.a.]: Barbara Budrich, S. 219-235.

Popp, Ulrich (2009): Sozialisationsforschung als gemeinsame Perspektive von (Jugend-) Soziologie und Erziehungswissenschaft? In: Diskurs Kindheits- und Jugendforschung, 4. Jg., H. 3, S. 347-363.

Przyborski, Aglaja (2004): Gesprächsanalyse und dokumentarische Methode: qualitative Auswertung von Gesprächen, Gruppendiskussionen und anderen Diskursen. Wiesbaden: VS Verlag.

Przyborski, Aglaja / Wohlrab-Sahr, Monika (2010): Qualitative Sozialforschung: ein Arbeitsbuch. 3. korrigierte Auflage. München: Oldenbourg.
Rademacher, Claudia / Wiechens, Peter (Hrsg.) (2001): Geschlecht - Ethnizität - Klasse: zur sozialen Konstruktion von Hierarchie und Differenz. Opladen: Leske + Budrich.
Raithel, Jürgen (2006): Lebensstiltypologien Jugendlicher und junger Erwachsener in Deutschland — Eine Metaanalyse und Forschungsüberblick. In: Ittel, Angela / Stecher, Ludwig / Merkens, Hans / Zinnecker, Jürgen (Hrsg.): Jahrbuch Jugendforschung. 6. Ausgabe 2006. Wiesbaden: VS Verlag, S. 271-289.
Reckwitz, Andreas (2012): Die Erfindung der Kreativität: zum Prozess gesellschaftlicher Ästhetisierung. Berlin: Suhrkamp.
Reckwitz, Andreas (2009): Praktiken der Reflexivität – Eine kulturtheoretische Perspektive auf hochmodernes Handeln. In: Böhle, Fritz / Weihrich, Margit (Hrsg.): Handeln unter Unsicherheit. Wiesbaden: VS Verlag, S. 169-182.
Reckwitz, Andreas (2008): Praktiken und Diskurse. Eine sozialtheoretische und methodologische Relation. In: Kalthoff, Herbert / Hirschauer, Stefan / Lindemann, Gesa (Hrsg.): Theoretische Empirie. Zur Relevanz qualitativer Forschung. Frankfurt am Main: Suhrkamp, S. 188-209.
Reckwitz, Andreas (2004): Die Reproduktion und die Subversion sozialer Praktiken. Zugleich ein Kommentar zu Pierre Bourdieu und Judith Butler. In: Hörning, Karl H. / Reuter, Julia (Hrsg.): Doing Culture. Neue Positionen zum Verhältnis von Kultur und sozialer Praxis. Bielefeld: transcript, S. 40-54.
Reckwitz, Andreas (2003): Grundelemente einer Theorie sozialer Praktiken. In: Zeitschrift für Soziologie, Jg. 32, Heft 4, August 2003, S. 282–301.
Reckwitz, Andreas (2000): Die Transformation der Kulturtheorien - Zur Entwicklung eines Theorieprogramms. Weilerswist: Velbrück Verlag.
Rehbein, Boike (2006): Die Soziologie Pierre Bourdieus. Konstanz: UVK-Verlagsgesellschaft.
Reichertz, Jo (2006): Was bleibt vom göttlichen Funken? Über die Logik menschlicher Kreativität. In: Reichertz, Jo / Zaboura, Nadia (Hrsg.): Akteur Gehirn – oder das vermeintliche Ende des handelnden Subjekts. Wiesbaden: VS Verlag, S. 189-206.
Renn, Joachim (2011): Handlungsabstraktion und Differenzierung: zum makrosoziologischen Mandat der Handlungstheorie. In: Schwinn, Thomas / Kroneberg, Clemens / Greve, Jens (Hrsg.): Soziale Differenzierung : Handlungstheoretische Zugänge in der Diskussion. Wiesbaden: VS Verlag, S. 93-111.
Richard, Birgit / Krüger, Heinz-Hermann (Hrsg.) (2010): Intercool 3.0. Jugend. Bild. Medien. Ein Kompendium zur aktuellen Jugendkulturforschung. München: Fink.
Riegel, Christine (2004): Im Kampf um Zugehörigkeit und Anerkennung: Orientierungen und Handlungsformen von jungen Migrantinnen; eine sozio-biografische Untersuchung. Frankfurt am Main [u.a.]: IKO-Verl. für Interkulturelle Kommunikation.
Riegel, Christine / Scherr, Albert / Stauber, Barbara (Hrsg.) (2010): Transdisziplinäre Jugendforschung. Grundlagen und Konzepte. Wiesbaden: VS Verlag.
Rössel, Jörg (2009): Plurale Sozialstrukturanalyse: Eine handlungstheoretische Rekonstruktion der Grundbegriffe der Sozialstrukturanalyse. Wiesbaden: VS Verlag.
Rössel, Jörg / Otte, Gunnar (Hrsg.) (2012): Lebensstilforschung. Wiesbaden: VS Verlag.
Rosenberg, Florian von (2011): Bildung und Habitustransformation: empirische Rekonstruktionen und bildungstheoretische Reflexionen. Bielefeld: transcript.
Rosenberg, Florian von (2009): Habitus und Distinktion in Peergroups : ein Beitrag zur rekonstruktiven Schul- und Jugendkulturforschung. Berlin: Logos-Verlag.
Rothfuß, Eberhard / Dörfler, Thomas (Hrsg.) (2013): Raumbezogene qualitative Sozialforschung. Wiesbaden: Springer.
Sachweh, Patrick (2010): Deutungsmuster sozialer Ungleichheit: Wahrnehmung und Legitimation gesellschaftlicher Privilegierung und Benachteiligung. Frankfurt am Main [u.a.]: Campus Verlag.

Schatzki, Theodore R. (1996): Social Practices. A Wittgensteinian approach to human activity and the social. Cambridge: Cambridge University Press.
Schäffer, Burkhard (2003): Generationen, Medien, Bildung: Medienpraxiskulturen im Generationenvergleich. Opladen: Leske + Budrich.
Schäffer, Burkhard (1996): Die Band: Stil und ästhetische Praxis im Jugendalter. Opladen: Leske + Budrich.
Scherger, Simone (2010): Den Pudding an die Wand nageln... Individualisierungsprozesse im Spiegel empirischer Studien – Probleme und Präzisierungen. In: Berger, Peter A./Hitzler, Ronald (Hrsg.): Individualisierungen: Ein Vierteljahrhundert „jenseits von Stand und Klasse"? Wiesbaden: VS Verlag, S. 119-138.
Scherr, Albert (2010a): Für eine strukturtheoretisch fundierte kritisch-reflexive Jugendforschung – Konturen einer transdisziplinären Perspektive. In: Riegel, Christine/Scherr, Albert/Stauber, Barbara (Hrsg.): Transdisziplinäre Jugendforschung. Grundlagen und Konzepte. Wiesbaden: VS Verlag, S. 47-63.
Scherr, Albert (2010b): Cliquen/informelle Gruppen: Strukturmerkmale, Funktionen und Potentiale. In: Harring, Marius/Böhm-Kasper, Oliver/Rohlfs, Carsten/Palentien, Christian (2010a) (Hrsg.): Freundschaften, Cliquen und Jugendkulturen. Peers als Bildungs- und Sozialisationsinstanz. Wiesbaden: VS Verlag, S. 73-90.
Scherr, Albert (2010c): Subjektivität als Schlüsselbegriff kritischer politischer Bildung. In: Lösch, Bettina/Thimmel, Andreas [Hrsg.] (2010): Kritische politische Bildung: ein Handbuch. Schwalbach/Ts.: Wochenschau-Verlag, S. 303-314.
Scherr, Albert (2009a): Jugendsoziologie. Einführung in Grundlagen und Theorien. 9 Auflage. Wiesbaden: VS Verlag.
Scherr, Albert (2009b): Warum theoretisch undisziplinierte Interdisziplinarität eine gesellschaftstheoretisch fundierte reflexive Jugendforschung nicht ersetzen kann. In: Diskurs Kindheits- und Jugendforschung, 4. Jg., H. 3, S. 321-335.
Scherr, Albert (2003): Konturen einer genuin soziologischen Jugendforschung. In: Griese, Hartmut/Mansel, Jürgen/Scherr, Albert (Hrsg.): Theoriedefizite der Jugendforschung. Standortbestimmung und Perspektiven. Weinheim: Juventa-Verlag. S. 49-66.
Scherr, Albert (2001): Pädagogische Interventionen: gegen Fremdenfeindlichkeit und Rechtsextremismus; eine Handreichung für die politische Bildungsarbeit in Schulen und in der außerschulischen Jugendarbeit. Schwalbach/Ts: Wochenschau-Verlag.
Schittenhelm, Karin (2005): Soziale Lagen im Übergang : junge Migrantinnen und Einheimische zwischen Schule und Berufsausbildung. Wiesbaden: VS Verlag.
Schmidt, Axel (2004): Doing peer-group. Die interaktive Konstitution jugendlicher Gruppenpraxis. Frankfurt am Main [u.a.]: Peter Lang.
Schmidt, Robert/Woltersdorff, Volker (Hrsg.) (2008): Symbolische Gewalt: Herrschaftsanalyse nach Pierre Bourdieu. Konstanz: UVK Verlagsgesellschaft.
Schnur, Olaf (2008): Quartiersforschung: zwischen Theorie und Praxis. Wiesbaden: VS Verlag.
Schütz, Alfred (1971 | 1962): Gesammelte Aufsätze, Bd. 1: Das Problem der sozialen Wirklichkeit. Den Haag: Nijhoff.
Schütz, Alfred/Luckmann, Thomas (2003 | 1975): Strukturen der Lebenswelt. Konstanz: UVK Verlagsgesellschaft.
Schütze Fritz (1987): Das narrative Interview in Interaktionsfeldstudien. Studienbrief der Universität Hagen, Teil 1. Hagen.
Schütze, Fritz/Meinfeld, Werner/Springer, Werner/Weymann, Ansgar (1973): Grundlagentheoretische Voraussetzungen methodisch kontrollierten Fremdverstehens. In: Arbeitsgruppe Bielefelder Soziologien (Hrsg.): Alltagswissen, Interaktion und gesellschaftliche Wirklichkeit. Bd 2. Reinbek: Rowohlt Verlag, S. 433-495.
Schützeichel, Rainer (2012): „Implizites Wissen" in der Soziologie. Zur Kritik des epistemischen Individualismus. In: Loenhoff, Jens (Hrsg.): Implizites Wissen. Epistemologische und handlungstheoretische Perspektiven. Weilerswist: Velbrück, S. 108-128.

Schulze, Erika (2010): „Und ich fühl mich als Kölner, speziell als Nippeser". Lokale Verortung als widersprüchlicher Prozess. In: Geisen, Thomas/Riegel, Christine (Hrsg.): Jugend, Zugehörigkeit und Migration: Subjektpositionierung im Kontext von Jugendkultur, Ethnizitäts- und Geschlechterkonstruktionen. Wiesbaden: VS Verlag, S. 99-112.

Schulze, Erika/Spindler, Susanne (2006): „...dann wird man direkt als asozial abgestempelt." Vom Stigma und seinen Folgen. In: Bukow, Wolf-Dietrich/Ottersbach, Markus/Tuider, Elisabeth/Yildiz, Erol (Hrsg.): Biographische Konstruktionen im multikulturellen Bildungsprozess. Wiesbaden: VS Verlag, S. 63-82.

Schulze, Gerhard (1993): Die Erlebnisgesellschaft: Kultursoziologie der Gegenwart. Frankfurt [u.a.] : Campus-Verlag.

Schwanhäußer, Anja (2010): Kosmonauten des Underground. Ethnografie einer Berliner Szene. Frankfurt/New York: Campus Verlag.

Schwingel, Markus (1993): Analytik der Kämpfe. Macht und Herrschaft in der Soziologie Bourdieus. Hamburg: Argument-Verlag

Solga, Heike/Powell, Justin/Berger, Peter A. (Hrsg.) (2009): Soziale Ungleichheit: klassische Texte zur Sozialstrukturanalyse. Frankfurt am Main [u.a.]: Campus Verlag.

SPoKK (Arbeitsgruppe für Symbolische Politik, Kultur und Kommunikation) (Hrsg.) (1997): Kursbuch JugendKultur. Stile, Szenen und Identitäten vor der Jahrtausendwende. Mannheim: Bollmann.

Stauber, Barbara (2012): Jugendkulturelle Selbstinszenierungen und (geschlechter-) biographische Relevanzen. In: Ecarius, Jutta/Eulenbach, Marcel (Hrsg.): Jugend und Differenz: Aktuelle Debatten der Jugendforschung. Wiesbaden: VS Verlag, S. 51-73.

Stauber, Barbara (2004): Junge Frauen und Männer in Jugendkulturen. Selbstinszenierungen und Handlungspotentiale. Opladen: Leske + Budrich.

Stauber, Barbara/Pohl, Sabine/Walther, Andreas (Hrsg.) (2007): Subjektorientierte Übergangsforschung: Rekonstruktion und Unterstützung biografischer Übergänge junger Erwachsener. Weinheim/München: Juventa-Verlag.

Strohmeier, Klaus Peter/Bertelsmann Stiftung (Hrsg.) (2008): Demographie konkret - soziale Segregation in deutschen Großstädten: Daten und Handlungskonzepte für eine integrative Stadtpolitik. Gütersloh: Verlag Bertelsmann Stiftung.

Strohmeier, Klaus Peter/Friedrich-Ebert-Stiftung (Hrsg.) (2006): Segregation in den Städten. Bonn: Friedrich-Ebert-Stiftung, Abt. Wirtschafts- und Sozialpolitik.

Tajfel, Henri/Turner, John C. (1986): The Social Identity of Intergroup Behaviour. In: Worchel, S.Austin, W.G. (Hrsg.): Psychology of Intergroup Behaviour. Chicago: Nelson Hall, S. 7-25

Tenbruck, Friedrich H. (1962): Jugend und Gesellschaft: soziologische Perspektiven. Freiburg: Rombach.

Thole, Werner/Schoneville, Holger (2010): Jugendliche in Peer Groups und soziale Ungleichheit. In: Harring, Markus/Böhm-Kasper, Oliver/Rohlfs, Carsten/Palentien, Christian (Hrsg.): Freundschaften, Cliquen und Jugendkulturen. Peers als Bildungs- und Sozialisationsinstanzen. Wiesbaden: VS Verlag, S. 141-165.

Tillmann, Klaus-Jürgen (2006): Sozialisationstheorien. Eine Einführung in den Zusammenhang von Gesellschaft, Institution und Subjektwerdung. Reinbek bei Hamburg: Rowohlt.

Turner, Victor (1964): Betwixt and Between: The Liminal Period in Rites de Passage. In: Spiro, Melford E. (Hrsg): Symposium on New Approaches to the Study of Religion. Seattle: American Ethnological Society.

Turner, Victor (1969): The ritual process: Structure and anti-Structure. London: Routledge & Kegan Paul.

Vester, Michael (2004): Die Illusion der Bildungsexpansion. Bildungsöffnungen und soziale Segregation in der Bundesrepublik Deutschland. In: Engler, Steffani/Krais, Beate (Hrsg.): Das Kulturelle Kapital und die Macht der Klassenstrukturen. Sozialstrukturelle Verschiebungen und Wandlungsprozesse des Habitus. Weinheim: Juventa-Verlag, S. 13–53.

Vester, Michael/Teiwes-Kügler, Christel/Lange-Vester, Andrea (2007): Die neuen Arbeitnehmer : zunehmende Kompetenzen - wachsende Unsicherheit. Hamburg: VSA-Verlag.
Vogd, Werner (2003): Ärztliche Entscheidungsprozesse des Krankenhauses im Spannungsfeld von System- und Zweckrationalität : eine qualitativ rekonstruktive Studie unter dem besonderen Blickwinkel von Rahmen (frames) und Rahmungsprozessen. Berlin.
Vollbrecht, Ralf (1997): Von Subkulturen zu Lebensstilen. In: SPoKK (Hrsg.): Kursbuch JugendKultur. Stile, Szenen und Identitäten vor der Jahrtausendwende. Mannheim: Bollmann, S. 22-31.
Weber, Max (1982 | 1922): Gesammelte Aufsätze zur Wissenschaftslehre. 5., erneut durchgesehene Auflage. Tübingen: Mohr.
Weiß, Anja (2001): Rassismus wider Willen: ein anderer Blick auf eine Struktur sozialer Ungleichheit. Wiesbaden: Springer Verlag.
Weiß, Anja/Koppetsch, Cornelia/Scharenberg, Albert/Schmidtke, Oliver (Hrsg.) (2001a): Klasse und Klassifikation. Die symbolische Dimension sozialer Ungleichheit. Wiesbaden: Westdeutscher Verlag.
Weiß, Anja/Koppetsch, Cornelia/Scharenberg, Albert/Schmidtke, Oliver (2001b): Horizontale Disparitäten oder kulturelle Klassifikationen? Zur Integration von Ethnizität und Geschlecht in die Analyse sozialer Ungleichheiten. In: Dies. (Hrsg.): Klasse und Klassifikation. Die symbolische Dimension sozialer Ungleichheit. Wiesbaden: Westdeutscher Verlag, S. 7-20.
Wellgraf, Stefan (2012): Hauptschüler: zur gesellschaftlichen Produktion von Verachtung. Bielefeld : transcript.
Werner, David (2010): Identitätskonstruktion in Jugendszenen. Patchwork und Otakismus als moderne Strategien der Lebensführung. unveröffentlichte Dissertation. URL: http://pub.uni-bielefeld.de/publication/2305490 (zuletzt aufgerufen: 30.11.2014).
Wiezorek, Christine/Brademann, Sven/Köhler, Sina (2006): Die Bedeutung des Politischen in jugendkulturellen Auseinandersetzungen und die Schule als Artikulationsraum für die Jugendkultur. In: Helsper, Werner/Krüger, Heinz-Hermann/Fritzsche, Sylke/Sandring, Sabine/Wiezorek, Christine/ Böhm-Kasper, Oliver/Pfaff, Nicolle (Hrsg.): Unpolitische Jugend? Wiesbaden: VS Verlag, S. 195-230.
Wiezorek, Christine/Fritzsche, Sylke (2010): Methodentriangulation im Forschungsprozess. Zum Beitrag rekonstruktiver Forschungsverfahren im Hinblick auf die Reflexion quantitativer Forschungsverfahren. In: In: Ecarius, Jutta/Schäffer, Burkhard (Hrsg.): Typenbildung und Theoriegenerierung. Methoden und Methodologien qualitativer Bildungs- und Biographieforschung. Opladen & Farmington Hills: Barbara Budrich, S. 127-142.
Willis, Paul (1981): „Profane Culture" – Rocker, Hippies: Subversive Stile der Jugendkultur. Frankfurt am Main: Syndikat.
Willis, Paul (1979): Spaß am Widerstand – Gegenkultur in der Arbeiterschule. Frankfurt am Main: Syndikat.
Wimbauer, Christine/Henninger, Annette/Gottwald, Markus (Hrsg.) (2007): Die Gesellschaft als „institutionalisierte Anerkennungsordnung" : Anerkennung und Ungleichheit in Paarbeziehungen, Arbeitsorganisationen und Sozialstaat. Opladen [u.a.]: Budrich.
Wohlrab-Sahr, Monika (1997): Individualisierung: Differenzierungsprozeß und Zurechnungsmodus. In: Ulrich Beck/Peter Sopp (Hrsg.): Individualisierung und Integration. Neue Konfliktlinien und neuer Integrationsmodus? Opladen: Leske + Budrich, S. 23-36.
Wulf, Christoph/Zirfas, Jörg (2007): Pädagogik des Performativen: Theorien, Methoden, Perspektiven. Weinheim [u.a.]: Beltz.
Zinnecker, Jürgen (1995): Pädagogische Ethnographie – ein Plädoyer. In: Behnken, Imbke/ Jaumann-Graumann, Olga (Hrsg.): Kindheit und Schule - Kinderleben im Blick von Grundschulpädagogik und Kindheitsforschung. Weinheim/München: Juventa-Verlag, S. 21-38.
Zinnecker, Jürgen (1991): Jugend als Bildungsmoratorium. Zur Theorie des Wandels der Jugendphase in west- und osteuropäischen Gesellschaften. In: Melzer, Wolfgang/Heit-

meyer, Wilhelm/Liegle, Ludwig/Zinnecker, Jürgen (Hrsg.): Osteuropäische Jugend im Wandel. Weinheim/München: Juventa-Verlag, S. 9–25.

Zschach, Maren/Rebstock, Lilli (2010): Individuelle und kollektive Stilisierungen junger Jugendlicher – Identifizierung und Abgrenzung gegenüber der Jugendkultur Emo. In: Krüger, Heinz-Hermann/Köhler, Sina-Mareen/Zschach, Maren (Hrsg.): Teenies und ihre Peers – Freundschaftsgruppen, Bildungsverläufe und soziale Ungleichheit. Opladen [u.a.]: Barbara Budrich, S. 195-220.

Richtlinien der Transkription

⌊	Beginn einer Überlappung, d. h. gleichzeitiges Sprechen von zwei DiskussionsteilnehmerInnen oder direkter Anschluss beim Sprechwechsel
û	Ende einer Überlappung
(.)	kurze Pause bis zu einer Sekunde
(3)	Pause, Dauer in Sekunden
<u>nein</u>	betont
nein	laut (in Relation zur üblichen Lautstärke des Sprechers)
°nein°	leise (in Relation zur üblichen Lautstärke des Sprechers)
.	stark sinkende Intonation
;	schwach sinkende Intonation
?	stark steigende Intonation
,	schwach steigende Intonation
viellei-	Abbruch eines Wortes
ja=ja	schneller Anschluss; Zusammenziehung
nei::n	Dehnung, die Häufigkeit vom : entspricht der Länge der Dehnung
(kein)	Unsicherheit bei Transkription, schwer verständliche Äußerung
( )	Äußerung ist unverständlich, die Länge der Klammer entspricht etwa der Dauer der unverständlichen Äußerung
((stöhnt))	Kommentare bzw. Anmerkungen zu parasprachlichen, nicht verbalen oder gesprächsexternen Ereignissen
@nein@	Text wird lachend gesprochen
@(.)@	kurzes Auflachen
@(3)@	drei Sekunden Lachen

In den Transkriptauszügen stehen die Großbuchstaben am Zeilenanfang für die Sprecher*-innen nach der Reihenfolge ihrer Beteiligung an der Diskussion (also A als erste/r Sprecher/in, B als zweite/r usw.), das folgende kleine m oder f steht für maskulin/feminin also die Zuordnung zu einem sozialen Geschlecht. Das Y markiert Beiträge des Interviewers.

Orientiert an den Richtlinien für „Talk in Qualitative Social Research" (TiQ).
In: Bohnsack/Nentwig-Gesemann/Nohl 2007: 373.

Druck: KN Digital Printforce GmbH · Schockenriedstraße 37 · 70565 Stuttgart